反攻

1945年中国抗日战场纪实

李金明　魏鹿兮　著

人民日报出版社

图书在版编目（CIP）数据

反攻：1945年中国抗日战场纪实 / 李金明，魏鹿兮著. —北京：人民日报出版社，2015.8
ISBN 978-7-5115-3945-8

Ⅰ.①反… Ⅱ.①李…②魏… Ⅲ.①抗日战争—史料—中国—1945 Ⅳ.① K265.06

中国版本图书馆CIP数据核字（2016）第116277号

书　　名：	**反攻：1945年中国抗日战场纪实**
著　　者：	李金明　魏鹿兮
出 版 人：	董　伟
责任编辑：	万方正
封面设计：	尚书堂
出版发行：	人民日报出版社
社　　址：	北京金台西路2号
邮政编码：	100733
发行热线：	（010）65369527　65369846　65369509　65369510
邮购热线：	（010）65369530　65363527
编辑热线：	（010）65369521
网　　址：	www.peopledailypress.com
经　　销：	新华书店
印　　刷：	大厂回族自治县彩虹印刷有限公司
开　　本：	710mm×1000mm1/16
字　　数：	450千字
印　　张：	24.5
印　　次：	2017年4月第1版　2025年8月第2次印刷
书　　号：	ISBN 978-7-5115-3945-8
定　　价：	48.00元

目 录

引子 / 001

第一章　日本侵略军最后的疯狂

　　1944年1月初，一个情报震惊了日军大本营。美国新研制成功的大型战略轰炸机B－29共100多架飞越太平洋，降落在中国西南部几个军用机场。这种轰炸机在航程、载重及轰炸目标的精确度方面均处于世界最先进水平，这就使日本本土的安全受到致命威胁。东条英机决定调集军队摧毁中国西南地区中国军队的主要空军基地。1944年4月至12月期间，日军在中国河南、湖南、广西三地开展大规模攻势。8个月的作战中，中国军队在豫湘桂战场上损兵50—60余万，丧失4个省会和146座城市、7个空军基地和36个飞机场，丧失国土20多万平方公里，6000万人民陷于日军铁蹄之下。

东条英机亲笔写下"一号作战"命令 / 008
河南会战：第一战区丢尽了脸 / 011
长衡会战丢长沙 / 019
失陷的衡阳和投降的军长 / 026
桂柳之战和"领路军" / 032
国统区的军队和人民笼罩在失败的阴影中 / 037
大溃败后的迁都风波 / 042

第二章　延安与广袤的敌后根据地

　　1940年8月到12月，八路军总部在华北掀起了大规模的对日进攻作战"百团大战"，给日军企图分割根据地军民的"囚笼政策"以沉重打击。到1940年底，八路军、新四军抗击侵华日军和伪军的人数总计达到70多万人。在华北、华中、华南开辟了16个根据地，加上陕甘宁边区，中国共产党领导的敌后抗日根据地已经发展到近1亿人。中国共产党领导的抗日力量逐渐成为坚持抗战、争取胜利的主要力量，敌后战场逐渐成为抗日的主战场。

熬过艰难的防御相持阶段 / 048

最大的敌后抗日根据地——晋察冀 / 051

战斗在渤海、鲁中——第115师和山东军区 / 062

晋绥劲旅——第120师 / 075

太行雄师——第129师和晋冀鲁豫部队 / 086

江南奇兵——新四军 / 098

南粤孤旅——琼崖纵队和东江纵队 / 107

第三章　陪都重庆：蒋介石的敌、我、友

　　1944年6月下旬，在中、美空军完全掌握制空权的情况下，长沙失陷，中国战局一塌糊涂。美国陆军上将、参谋长马歇尔认为，中国军队难以承担抗击日军的东方战场主角这一重任，遂建议由美国人史迪威代替无能的国民党军将领，指挥中国军队。他的建议得到美国总统罗斯福的支持。蒋介石清楚900万军队是自己的命根子，他对美国总统的建议不敢断然拒绝，采取了拖延的方法……1944年后半年的大溃败，使各界民众及盟军对国民党军的抗战能力产生怀疑，失望情绪笼罩着国统区。蒋介石秘密派人与日军"议和"。

赫尔利帮蒋介石挤走史迪威 / 114

美国总统特使赫尔利从重庆急飞延安 / 117

毛泽东对赫尔利说"要他当联合国民政府主席" / 120

重庆派人与日本各方秘密谈判 / 127

美国转向国民党政府 / 131

第四章　盟军与中国战场

　　1945年1月6日，英国首相丘吉尔不得不向斯大林求援。1月12日，苏军从波罗的海到喀尔巴阡山的整个战线上连续不断地给德军强有力的打击，德军被迫停止了在西线的进攻，缓和了阿登地区盟军的处境。在1月战役中，苏军朝柏林方向推进500公里，2月1日已达奥得河的屈斯特伦地区，进入了德境，距最后击溃德国的日子已经不远。2月2日，美英两国领导人在前往克里米亚的雅尔塔途中，讨论了有关结束对德、日战争的一些问题。第二次世界大战的面貌在大国的谋划下悄悄发生了变化。

繁忙的航空港 / 136

芷江保卫战 / 141

缅北大捷 / 148

德、意法西斯失败，敲响了日本帝国败亡的丧钟 / 157

《波茨坦公告》促令日本投降 / 166

第五章　黎明前的不和谐音符

　　1945年，日本侵略者在颓势当中，不得已悄悄与国民党政府谈判议和。随着战场情况的变化，双方的条件也发生了很大变化，但双方的分歧不可弥合。美、英、苏达成《雅尔塔协定》，罗斯福回国后在美国国会作报告，公开撒谎说雅尔塔会议只讨论了欧洲问题，与太平洋无关。3月15日，国民政府驻美大使向重庆密报了他所探悉的雅尔塔会议大致内容，蒋介石怒火中烧，但他也有一笔交易急于同斯大林达成，就是苏联占领东北后只能把当地交给他，而不能交给中国共产党。于是，他强压火气与苏联人交涉，而苏联趁机提出了苛刻的出兵条件，国民党政府违心屈从。

国民党军与日军的秘密谈判 / 174

蒋介石的心情三起三落 / 178

中国失去了156万平方公里土地 / 182

第六章 1945年的胜利曙光

　　1945年2月,美、英、苏三国首脑在苏联克里米亚半岛小镇雅尔塔举行会议,反法西斯战争接近最后胜利,美、英、苏之间的矛盾日益明显暴露,在斯大林面前,有两种方案可供他选择。要么接受美英的主张,参加对日作战;要么接受日本的请求,扮演调停者的角色。斯大林毫不犹豫地选择了前者。1945年8月8日,苏联根据《雅尔塔协议》对日宣战。8月9日,毛泽东发表《对日寇的最后一战》的声明。8月15日,坚持抗战14年的中国军民,终于从收音机里听到日本天皇的"终战诏书"……

重庆与延安的两个新年祝词 / 192

会期最长的中共七大 / 193

苏联向日本宣战——苏军出兵东北 / 199

第八十八独立步兵旅 / 206

山田乙三司令官和关东军末日 / 211

美军的冲绳岛登陆战 / 218

美军的"奥林匹克"行动和日本的"一亿玉碎"计划 / 224

"小男孩"和"胖子"从美军飞机上投向日本 / 229

"天皇"裕仁忍痛做出"圣断" / 235

第七章 胜利喜讯频频传来

　　中国抗日战争发展到1945年7月,这是抗战胜利前最后一个月,在国民党正面战场上,从7月15日至8月8日,国民党政府一个月内共丢失18座县城。8月10日晚间,在上海市内的俄侨中首先传出了日本无条件乞降的消息。第二天早上，全上海自动停业，爆竹声四处响起，几千人自发地游行，高呼"中华民族万岁！"而在"国民政府"所在地南京，由于受八年前残酷大屠杀的阴影笼罩，日本投降的消息只是私下在民间传递。8月15日抗战胜利的消息得到证实，满城的日本官兵如丧考妣般惶惶奔走，庆祝的鞭炮声才在城市中响起……

神州大地喜惊雷 / 246

沦陷区的人民从暗喜到公开欢庆 / 251

汪伪"国民政府"代主席被枪毙 / 254

汪伪"行政院"院长入死监 / 260

众汉奸普遍遭清算 / 262

第八章 八路军、新四军发动大反攻

  从1945年8月10日深夜12时至8月11日下午6时这18个小时内，毛泽东伏案奋笔疾书，连续起草了以延安总部朱德总司令名义发布的七道命令，通知各解放区立即动员一切力量向日伪军发动广泛进攻，以正规部队占领大城市和交通要道，以游击队和民兵占领小城市。8月15日日本宣布投降后，蒋介石不承认共产党领导下的八路军、新四军的政治地位，不允许日军向八路军、新四军投降。中国共产党争锋相对，抢得先机，乘胜进击，大举收复沦丧国土。抗日军民扬眉吐气。

毛泽东昼夜不息起草七道命令，朱德发出第一号作战令 / 268

夺取张家口 / 272

进攻北平、天津等大城市 / 279

曾克林出关进沈阳 / 281

山东大反攻 / 290

胶东半岛上凯歌高奏 / 297

晋绥军区大反攻 / 303

晋冀鲁豫军区大反攻 / 306

新四军的压轴戏 / 318

第九章 日本战败前后各方激烈博弈

　　日本宣布投降后，"陪都"重庆要求八路军"原地驻防待命"。8月14日，蒋介石公开邀请毛泽东赴重庆谈判。8月21日，冈村宁次的副参谋长今井武夫在芷江机场，和中国国民政府陆军总部参谋长萧毅肃中将洽谈投降事宜。9月9日，在南京的受降仪式上，中国国民政府陆军总司令何应钦率领4名受降官接受日本驻中国派遣军司令官冈村宁次等6名投降代表的投降书。日本投降后，盟军设立远东国际法庭，苏联在伯力设立法庭，国民政府在国内设立9处法庭对侵华军官分别审判。

国共两党领袖见面 / 324

日本派遣军总司令官的幻想 / 330

侵华日军悲咽烧毁军旗 / 332

从芷江到南京 / 336

"密苏里"号战列舰上的庄重签字 / 341

美国大兵逮捕东条英机等战犯 / 344

对日本战犯的审判 / 348

第十章 抗战胜利后亚洲出现新格局

　　苏军出兵中国东北，60万日本关东军官兵迅即缴械成为苏军俘虏。这些日本战俘没有在中国东北地区就地接受改造，也没有被遣送返回日本，而是被苏军像战利品一样拘押运送到苏联的西伯利亚、远东、哈萨克等边远地区的劳改营里强制服苦役。日苏开战前，在东北的日本"开拓团"有27万多人，日本战后回国的不足10万人。截至1945年8月日本投降之前，日军共伤亡133万人，死亡40.5万人。日本军国主义分子破坏世界和平，最终付出了惨痛的代价。

60万日本战俘被押往西伯利亚 / 354

日本"开拓团"和侨民被遣返日本 / 356

南千岛群岛——北方四岛：归于苏联 / 362

台湾回归祖国怀抱 / 368

日本解除武装 / 373

参考文献 / 379

后记 / 381

引 子

1931年日本帝国主义在中国东北悍然发动了九一八事变，占领了中国东三省，也是基于一种惯性思维，即他们认为每一次侵略中国，都能轻而易举地得逞。随后，日本于1932年3月建立了伪"满洲国"傀儡政权，对中国东北施行殖民统治。中共满洲省委遵照中共中央指示，积极组建抗日游击队。1933年5月至1936年春，相继组成了东北人民革命军6个军。各军建立后，积极开展游击战争，向日伪军出击。1935年11月第3军第1师第2团政委、女英雄赵一曼在左撇子沟战斗中负伤被俘，次年8月英勇就义。东北抗日联军面对日本关东军的残酷镇压，不惧强敌，不怕牺牲，坚决作战。

1932年，日军在上海制造了"一·二八"事变。1933年1月，日军突破山海关防线，将侵略魔掌伸入关内，并于两个月内侵占了热河省。1935年，日本又策动包括河北、山西、山东、察哈尔、绥远五省和北平、天津两市在内的"华北自治运动"，操纵成立伪"冀东防共自治政府"，对华北进行渗透和"蚕食"。1937年7月7日，日军在北平宛平城外制造了卢沟桥事变，把战火烧向整个华北，悍然发动了全面侵华战争，拉开了中日全面战争的帷幕。国民党政府面对日本帝国主义侵占东北、华北的危急局面，对日妥协退让，奉行不抵抗主义，激起爱国官兵的强烈反抗。国民党政府提出所谓"一面抵抗，一面交涉"的方针，中国守军一步步弃守后退。蒋介石面对日本侵略者的铁蹄蹂躏，不是奋起抗争，以实际行动反击侵略，而是诉诸国联，鼓吹"以公理对强权"，幻想"暂取逆来顺受态度，以待国际公理之判决"。

国民党政府怯战，除了政治、文化、资源等以及蒋介石的个人因素外，也与当时中国的实力有很大关系。中国无论在经济形态、技术形态还是军事形态方面，都处于劣势。1937年，中国约有4万万5千万人口。现役常备军170余万人。其编成步兵182个师又46个独立旅、骑兵9个师又6个独立旅、炮兵4个旅又20个独立团，还有少量特种兵部队。

七七事变前日本的总人口为9000万人，常备军兵力38万人，编成17个常备师团、4个混成旅团、4个骑兵旅团、5个野战重炮兵旅团、3个战车联队、16个飞行联队以及若干个守备队。战争爆发后，兵力迅速扩编，超过448万，约占总人口的5%。日本的军事动员体系已站到世界前列，既可以利用朝鲜、东北到华北的铁路网，又掌握中日之间的海权优势，兵力动员后的投送效率也非常高。因此，日军在七七事变后，确定了以优势兵力速战速决的战略意图。

中华民族面临生死存亡的严峻形势，这迫切要求中国国内各派政治势力、各阶级、阶层民众团结一致，共赴国难。

七七事变后第二天，中共中央即发出通电，向全国呼吁："平津危机！华北危机！中华民族危机！只有全民实行抗战，才是我们的出路！"1937年8月22日至25日，中共中央政治局在陕北洛川冯家村召开扩大会议，通过了《中央关于目前形势与党的任务的决议》。会议制定并通过了《抗日救国十大纲领》，在这次会议上，讨论最多、时间最长的是八路军出征以后的作战方针问题。毛泽东高屋建瓴，他在发言中说，同日军作战，不能用同国民党作战的老套子，硬打硬拼是不行的，由于蒋介石奉行的错误政策，日军会在相当长一段时间里处于优势，我们集中力量打胜了这一仗，不一定能打胜下一仗，要准备打持久战。因此，要发动群众，结成最广泛的统一战线，展开山地游击战，不断壮大我们的力量。

红军改编为国民革命军，是中国共产党在民族危亡关头，为促进国共合作而做出的重大决策。经过多次谈判，1937年8月25日，中共中央革命委员会发布改编命令，宣布红军主力改编为国民革命军第八路军，全军共计4.6万人。此后，林彪、聂荣臻率八路军第115师挺进到敌后五台山地区。聂荣臻率部分部队留在当地开展游击战争，创建了敌后最大的根据地晋察冀根据地；第115师主力则转战山东，创建了山东抗日根据地。贺龙、关向应率第120师创建了晋绥根据地。刘伯承、邓小平率第129师创建了晋冀鲁豫根据地。同年10月，南方红军和游击队改编为新四军,全军共计1.03万人。这支部队逐步发展成为华中抗战的生力军。

七七事变后,日本侵略军进攻的气焰非常嚣张,他们沿着平汉路、平绥路、京浦路进攻,一路烧杀掳掠,势如破竹。日本大本营放出狂言"三个月内消灭中国",1937年12月13日,中华民国的首都南京被日军攻陷,失去人性的日本鬼子从将军到士兵大肆屠城。此后,以蒋介石为首的国民政府节节败退,从南京退到长沙,再退到重庆。日本大本营期望的像八国联军当年进攻北京那样的"城下之盟"没有发生。中国土地幅员辽阔,山河湖汊地形复杂,来自东瀛岛国的日本军队速战速决的战略企图成为泡影。日本侵略军也认识到,消耗战对己方不利,如果进一步深入内地追击国民党政府,将是白白耗费资源。因此,他们的新战略是通过"内部分裂"促使中国抵抗的崩溃。为了达到这一目的,日本侵略军不但加紧扶植傀儡政权,建立伪军、皇协军等汉奸部队,还加紧了对国民党统治区的经济封锁和金融破坏。日本空军发动了一系列的疯狂攻击,他们的轰炸机不加区别地打击军事目标和民用目标。几乎所有国统区的大城市,包括桂林、昆明和西安都受到了袭击,而重庆所受轰炸尤为严重。从1939年至1941年,日军出动飞机轰炸重庆268次,城市大部被毁,成千上万的人死去。随着战争的持续,国民党军队不仅承受着人员的损失,武器和装备的短缺也变得日益严重。补充物资是困难的,因为日本人的封锁截断了供应线。国民党统治区又出现了通货膨胀,起初上涨缓慢,但1940年后势头大增,严重地削弱了政府用于军队的开支,降低了军官和普通士兵的经济待遇。

但是,无论是空袭还是封锁都未能摧毁中国人的抵抗意志。日本高层在1940年7月做出了一个重要决定:除非获得使用东南亚丰富的自然资源的权利,否则,在中国的成功将仍然是不可能的。他们认为,西方列强正全神贯注于欧洲战场,因此,他们把侵略的范围扩大到中国战区以外,这一决定不可避免地改变了亚洲战场的格局。1941年12月7日,日本海军向美国太平洋上的海军基地珍珠港不宣而战,同时在西太平洋向印度尼西亚、马来西亚、缅甸、菲律宾等地发动攻击，太平洋战争爆发。12月9日，美国、英国、中国向日本宣战，而与日本同盟的欧洲轴心国纳粹德国、意大利亦向美国宣战，欧亚两大战场合流。

国民党军1939年至1940年的惨败，使蒋介石彻底相信国民党军队无力发动攻势作战，悲观地放弃了对日进行攻势作战的念头。拥有300多个师的国民党军队无能力进行有效的军事行动，致使国内外政治家对于国民党军队的消极和腐败提出了尖锐的批评。此时，蒋介石的战略目标仅限于维持现存战线。国民党军正面战场的22次会战，其中1944年之前的21场会战，败多胜少，国民党军没有能抵挡住日军的进攻，丢失三百万平方公里的国土，让数以亿计的国民在日军刺刀下毫无尊严、胆颤心惊地生活，许多人受尽屈辱地死去，无数家庭家破人亡。当日军被共产党抗日武装拖住、缺少兵力被迫停止全面进攻后，国民党军竟然没有做出任何反攻，以收复失地解救百姓，更谈不上支援在日军"扫荡"下苦战的共产党抗日武装。国民党军队抗战唯一的硕果，就是各地的军阀都不再与蒋介石争夺领袖地位，蒋介石个人的威望达到最高。

在此期间，共产党领导的敌后抗日战场，逐步成为全中国抗战的主战场。

1940年8月至12月的八路军百团大战给日军以极大震慑，日本舆论惊呼："中共势力扩大到这种程度，日本方面是没有想到的。"1941年2月25至26日，日本华北方面军召开参谋长联席会议，提出今后"肃正的重点，仍然在于剿共"，"除计划扫清黄河以北敌军外，主要应对共军根据地进行歼灭战"。此后，日伪军对根据地进行了多次残酷"扫荡"。

1941年5月，日军在中条山战役一举击溃国民党军队20多万，日本华北方面军司令官冈村宁次将这些从战场上撤下来的参战部队纠集起来，加上补充的部队共7万多人，从四面八方扑向驻北岳区的晋察冀首脑机关和主力部队。疯狂采取"烧光""杀光""抢光"的法西斯政策，妄图将根据地军民消灭。在晋察冀军区的领导下，抗日军民不畏强暴，宁死不屈。9月25日，第1军分区第1团7连5名战士与日伪军激战一天，弹尽援绝后毅然跳下万丈悬崖，这就是著名的"狼牙山五壮士"。这次"扫荡"持续了两个月，据日军截至10月17日的战果报告是这样的："敌方损失……遗尸5616具、俘虏3769人……"日军的"战果"有很大的夸张成分，经常把杀害的老百姓也作为八路军"遗尸"统计。但是，从这样的数字里，也能够看到根据地军民所做出的牺牲。据晋察冀军区的统计：……这次大"扫荡"青壮年被抓走两万多人，另死伤4500多人，损失粮食5800万斤。敌人修筑碉堡113个、公路1100里，挖封锁沟320里，在冀晋边界制造了大片无人区，北岳、平西根据地面积缩小4000多平方公里。

1942年5月，日本华北方面军司令官冈村宁次指挥日伪军5万余人，对冀中进行残酷的大"扫荡"，在藁城、无极县杀害群众150多人，在定县北疃村，日军用毒气杀死妇孺800多人。在两个月的大"扫荡"中，八路军作战272次，毙伤敌伪1万1千多人，八路军主力部队伤亡4671人。区、县游击队伤亡5300人，被杀害抓走的群众达5万多人。据日本防卫厅公布的资料，冀中大"扫荡"中，"……敌军遗尸9098具，俘虏5197名（另捕嫌疑者20568名），交战286次，敌方兵力58338人。缴获山炮5门、迫击炮209门、重机枪7挺、轻机枪59挺、步枪9101支……我方战死161名，伤323名"。

1942年5月25日，八路军副总参谋长左权，在总部机关和部队被日军包围在太行山区时，挺身而出指挥部队，不幸中弹牺牲。

在日军占领的大片地域，坚持浴血奋战的八路军、新四军和华南抗日游击队，面对日伪军的"蚕食""扫荡"，各中央局和军区都把"敌进我进"作为本地区的对敌斗争方针，派出主力连、武工队、游击队到被敌人"蚕食"的地方开展工作、消灭敌人。到1943年上半年，敌人对抗日根据地的"蚕食"已基本被粉碎。进入1944年，坚持敌后长期抗战的八路军、新四军及华南抗日游击队，根据中共中央和毛泽东提出的方针和任务，普遍开始攻势作战，并在战略反攻中迅速恢复和发展自身的力量。据《中国人民解放军军史》第2卷293页记载，"……至1944年11月，人民军队的数量和抗日根据地人口由同春的47万和8000余万，发展到67万和9000余万"。

1944年在日本执政的是军人战时政府——东条内阁。被称为战争狂人的东条英机，是第二次世界大战中与希特勒、墨索里尼齐名的三大法西斯头目之一，是日本军国主义侵略亚洲、侵略中国的首要战争罪犯。他为了拯救败相已露的日本帝国主义而孤注一掷，决定在中国实施"一号作战"，正是"上帝欲其灭亡，必先使其疯狂"的写照。

本书就从东条英机和日军在中国战场上最后的疯狂开始叙述吧。

第一章
日本侵略军最后的疯狂

1944年1月初,一个情报震惊了日军大本营。美国新研制成功的大型战略轰炸机B—29共100多架飞越太平洋,降落在中国西南部几个军用机场。这种轰炸机在航程、载重及轰炸目标的精确度方面均处于世界最先进水平,这就使日本本土的安全受到致命威胁。东条英机决定调集军队摧毁中国西南地区中国军队的主要空军基地。日本大本营很快拟定出作战命令,部署驻中国派遣军组织对平汉路南段和湘桂铁路沿线的中国军队发动进攻。1944年4月至12月期间,日军在中国河南、湖南、广西三地开展大规模攻势。8个月的作战中,中国军队在豫湘桂战场上损兵50—60余万,丧失4个省会和146座城市、7个空军基地和36个飞机场,丧失国土20多万平方公里,6000万人民陷于日军铁蹄之下。在中美空军完全掌握制空权的情况下,国民党军竟发生1944年豫湘桂大溃败,致使民众及盟军对国民党军的抗战能力产生怀疑,失望情绪笼罩在国统区。

东条英机亲笔写下"一号作战"命令

历史像一个受伤的巨人，踉踉跄跄挟着血与火，进入公元1945年的前夕。

自1937年7月7日，发生了震惊全中国的"卢沟桥事变"后，日本侵略军进攻的气焰变得非常嚣张，他们沿着平汉路、平绥路、京浦路同时进攻，一路烧杀抢掠，势如破竹，日本大本营甚至放出"三个月内消灭中国"的狂言。11月，中国军队——国民革命军在淞沪会战中失利，上海被日本占领。12月1日，日本大本营下达了《大陆命令第八号》命令，把夺取中国首都当作下一个战场，南京保卫战打响。南京是中华民国的首都，它的存在有非常重大的政治意义，国民党实际核心灵魂人物、中华民国国民政府军事委员会委员长蒋介石先后调集军队15个师、10万余人参与南京守城战。战役只进行了十几天，到12月13日，南京被日军攻陷。失去人性的日本鬼子从将军到士兵大肆屠城。此后，以蒋介石为首的国民政府节节败退，但日本大本营期望的像八国联军当年进攻北京那样的"城下之盟"没有发生。中国国土幅员辽阔，来自东瀛岛国的日本军队，企图征服全中国的狂妄计划已成为泡影。日本人，不论是高级军官还是士兵，都知道，被他们称为支那作战的侵略中国战争，胜利已经遥遥无期。

从军事战争理论来看，要支持长期战争，需要源源不断的物资供应。日本是一个资源匮乏的岛国，为夺取原材料产地，他们先是野蛮出兵侵略占领朝鲜和中国。为了进一步掠夺和战争直接相关的战略物资资源和建立海上运输线，日军于1941年12月7日清晨偷袭美军夏威夷基地的珍珠港，重创了美国海军太平洋舰队。妄图以此使日本在亚洲和太平洋地区建立无敌霸主地位。但事与愿违，从来没有参加过国外战争的美国立即投入了战争，并很快恢复了在太平洋上的作战能力，将蔚蓝色的战线节节推近日本本土，这不但危胁到了日本的运输线，而且危及了它本土正常的生存。

失去了制海权，陆上交通就显得更为重要。日军参谋本部作战部长真田穰一郎少将与作战部作战课长服部卓四郎大佐早在1943年2月美军攻占南太平洋瓜达尔卡纳尔岛时，就预见到了将发生丧失太平洋制海权的危险。他们两人向当时任总理大臣兼陆军大臣的东条英机建议：打通大陆交通线。所谓大陆交通线，就是从距日本本土最近的朝鲜进入中国的东北境内，连接日军已占领的东北、华北、华中至武汉的铁路,再继续向前延伸,贯通平汉、湘桂两条铁路线,由广西走云南,与越南、缅甸铁路相连。他们认为,只有完成这样一条漫长的交通线路的贯通,才能使海上运输线被破坏的损失降到最低限度,维持从被侵占地区掠夺的各种物资,尤其是对当前的战争至为重要的石油、钢铁、煤炭、粮食、棉花、有色金属、木材等战略物资对日本本土的输入。

打通大陆交通线的构想不复杂,但在平汉铁路和湘桂铁路沿线,中国军队陈兵数十万,打通交通线意味着进行一场大战。所以当日军作战部提出集中重兵强行打通大陆交通线,并随之摧毁对日本本土威胁极大的中国西南地区空军基地的作战构想时,陆军省(即陆军部)军事课的西浦进大佐立即提出不同意见。1943年底,军事课向东条英机上呈一份文件,从日本国力和军力方面的困难出发,提出短期内不宜进行大规模作战行动。总理大臣、陆军大臣等15个要职兼于一身的内阁首相东条英机反复思考,认为军事课的意见更为客观,便将作战部的动议搁置下来。

1944年1月初,一个同时从美国和中国传来的情报震惊了日军大本营。美国新研制定型的大型战略轰炸机B—29共100多架飞越太平洋降落在中国西南部几个军用机场。情报指出,这种轰炸机在航程、载重及轰炸目标的精确度方面均处于当时世界最先进水平,使日本本土的安全受到致命威胁。忙得不可开交的东条英机不得不重新考虑那个被搁置的建议。他综合作战部和军事课两方意见,决定调集军队,摧毁中国西南地区中国军队的主要空军基地。大本营很快便拟定作战命令,要求驻中国派遣军组织对平汉路南段和湘桂铁路沿线的中国军队发动进攻。在中原地区,击溃在河南的中国第一战区主力;在湘桂作战中,击溃中国第六、九战区主力;攻至桂林、柳州附近,完全占领铁路沿线后,迅速攻占广东南雄和江西遂川一带的机场群,彻底摧毁中美空军在中国南部的立足之地。

东条英机和日军参谋本部都认为,这将是一次决定日本在战争中成败的关键一战。如果美国新型轰炸机从中国西南机场起飞,眨眼间便会来到日本。根据情报显示,这种飞机可以毫不费力地对地面目标进行连续轰炸,如果它飞临本土重要工业区、军事基地、港口,那么损失将不可想象,而要是飞临人口稠密的城市,所产生的伤亡与混乱更是难以估量。总不能连本土也守不住,落得"家破人亡"的下场吧!

不过,东京的头头脑脑们对即将开始的战役取胜颇有信心,因为他们有对中国国民政府军队大规模会战多次胜利的纪录和经验。从1937年以来，侵华日军先后与蒋介石的国民政府军队在正面战场展开过20次大规模会战。如1937年8月13日—11月12日的淞沪会战（又称八一三会战）、1937年12月1日—12月13日的南京攻略战（中国称作南京保卫战）、1937年9月11日—11月8日的太原会战（包括天镇战役、平型关战役、忻口战役、娘子关战役、太原保卫战）、1938年1月26日—5月21日的徐州会战（包括滕县血战、临沂之战、台儿庄大捷和徐州突围）、1938年5月21日—6月29日的兰封会战、1938年6月11日—10月25日的武汉会战、1939年5月1日—5月20日的随枣会战、1939年9月14日—10月14日的第一次长沙会战、1939年11月13日—1940年2月3日的桂南会战、1940年5月1日—6月18日的枣宜会战、1941年1月25日—2月7日的豫南会战、1941年3月15日—4月9日的锦江会战（中方称为"上高会战"）、1941年5月7日—6月10日的晋南会战（又称"中条山战役"）、1941年9月17日—10月6日的第二次长沙会战（日本战史称为第一次长沙会战）、1941年12月23日—1942年1月6日的第三次长沙会战、1942年4月25日—7月28日的浙赣会战、1943年5月5日—6月12日的鄂西会战、1943年11月2日—12月20日的常德会战……日军大多胜利，极少失败，蒋介石领导的中国军队则连连折损。日军中国派遣军许多军官与中国政府军的对手在作战中，积累了丰富的交战经验。东条英机当然自信满满，他亲自选定了此次作战的代号"一号作战"。

　　1944年3月，东条英机向他的老上司、曾任陆军省大臣（也称陆军部部长）的中国派遣军司令官畑俊六大将下令，在中国实施日军"一号作战"，即打通大陆走廊作战。此次作战的目的是：第一，在美、英军封锁太平洋航线的情况下，打通一条北起满洲、纵穿中国大陆、南至越南河内的铁路交通线。又从满洲经朝鲜半岛与日本相通，保证日本与中国大陆的通道进出自由。第二，消除中国西南地区的中、美空军基地，解除美轰炸机轰炸日本的威胁。第三，消灭中国军队主力，特别是蒋介石的中央嫡系部队。正因为胜负攸关，存亡所系，所以将进行的是自支那战争（即中日之间战争）开战以来规模最大的一次进攻作战。对象就是重庆蒋介石的国民政府及其军队。

　　为实施"一号作战"，东条英机内阁决定从满洲和日本国内向中国大量增调兵力。日本大本营先后从满洲关东军调入中国派遣军的地面部队有第27师团、3个独立工兵联队、20个独立汽车中队、12个独立辎重兵中队、4个野战补充队。他们还从满洲调至派遣军的航空兵有2个飞行团司令部、3个战斗机队、

1个袭击战队、3个重轰炸机战队、3个飞行大队。加上派遣军原有的第3飞行集团，新组建支那（中国）派遣军第5航空军，下辖两个飞行师团，由山下中将任军司令官。

该作战最早计划参战兵力为40万，汽车1.2万辆，战马6.7万匹。实际作战时，投入的兵力比计划要大得多。另外海军武汉方面舰队和香港方面的第2遣华舰队，配合陆军在长江中游、湘江、西江水路进攻。

河南会战：第一战区丢尽了脸

"一号作战"的第一期作战目标，是打通平汉路南段。

1944年3月10日，南京。畑俊六大将在日军驻华总军司令部大会议室召开各方面军、各军司令官会议，部署打通大陆走廊的作战计划。他在会议上开宗明义说道："我军进行的第一阶段作战，将打通郑州至信阳的铁路线。该地区为中国第一战区防区。敌情判断：敌军在这一地区的主要作战兵力为18至20个军，约35万至40万人。其中约有半数为第一战区副司令长官汤恩伯将军的中央军。我军应特别重视捕歼敌中央军，尤其是消灭该战区的核心主力——汤恩伯的王牌第13军。"

说到这里，畑俊六大将看看桌子两边各方面军、各军司令官严肃的面容，提高了声音："总军命令，华北方面军司令官冈村宁次大将为此次作战总指挥。"随即，他给各军、旅团详细地下达了任务。最后规定了时间：进攻时间为4月17日。作战期限一个月。

各方面军、各军司令官受命后立即返回部队，积极调兵遣将，以作进攻准备。

按照畑俊六大将最初的作战计划，共计投入的兵力为15万余人。但是，在4月17日发动进攻时，又投入了从满洲转调来的竹下义晴中将的第27师团、华北方面军直辖的野副中将的第63师团全部，4万多人马。因此，日军进攻平汉路的实际兵力超过20万之众。

当3月中旬，日军猛然向黄河以北增兵后，使两年多来一直无大的战事的国民党第一战区指挥官们也嗅到了久违的浓浓火药味。司令长官蒋鼎文上将在洛阳召开本战区军长以上将领会议，商讨迎击日军进攻问题。但是，蒋鼎文等人仅仅凭着敌人将对一战区发动一次进攻这样十分笼统模糊的猜测研究对策，因此，没有涉及日军的企图、目的、兵力，以及进行兵力调整部署等问题。实际上，在这次会议上战区长官只是向大家报了个警，要求各集团军、各军长官把军官眷属及笨重行李、重要文件等尽快向后方转移而已。

开会中，第36集团军总司令李家钰发言说：既然已猜测日军将向我军发动一场进攻，与其坐以待毙，莫如先发制人，应立即出动飞机轰炸敌人在黄河铁路桥南端的北邙山阵地，拔掉敌向南岸进攻的桥头堡。再以一部兵力杀过黄河北岸去，打乱敌军部署，变被动迎战为主动进攻。但是，李家钰的建议未被蒋鼎文重视。在蒋鼎文看来，自1941年5月晋南中条山大血战后，日军与第一战区隔河相峙已达三年之久。日军未主动突破第一战区南岸防线，都是因为他部署的防线坚固，使敌不敢轻举妄动而越雷池半步。因此，现在第一战区的防线没有必要调整，更不必大惊小怪地四处出击，只要稳坐钓鱼台就行了。蒋鼎文是浙江诸暨人，早年毕业于浙江陆军讲武学堂。曾追随蒋介石参加讨伐陈炯明、北伐战争、蒋桂战争、蒋冯阎战争，以及第三、第五次对中共中央根据地的"围剿"。他不仅被称为"蒋介石的五虎上将"之一，而且还被称为是何应钦的"四大金刚"之一。抗日战争期间，历任第4集团军总司令、西安行营主任和第十、第一战区司令长官。他在黄河边的河防兵力部署情况是：在郑州至陕县沿黄河南岸一线约200公里的河岸上集中驻扎着4个集团军，外加韩锡侯第9军、马法五第40军、谢辅三暂编第4军。同时还有孙蔚如第4集团军驻守郑州地区、刘茂恩第14集团军驻守洛阳地区、李家钰第36集团军驻守新安地区、高树勋第39集团军驻守渑池、陕县地区。以上4个集团军和其他部队，至少有25万人马。在这约200公里的黄河南岸，真可谓筑起一道钢铁防线。

第一战区另一兵力集团，就是战区副司令长官汤恩伯上将指挥的3个集团军和其他部队。其兵力部署是：王仲谦第31集团军，驻扎于郑州以南；何国柱第15集团军和陈大庆第19集团军全部置于平汉路南段东侧；另有贺粹之第12军、刘昌义暂编第15军等和豫皖边区的杂牌军若干。

汤恩伯将战区副长官部设于叶县。汤恩伯是浙江金华人，黄埔系骨干将领。1937年七七事变爆发后，指挥所部在南口地区抗击日军进攻。10月任中国国民革命军第20军国民革命军军团长。先后参加过台儿庄大战、武汉会战、随枣会战。1942年被蒋介石任命为第一战区副司令长官兼鲁苏皖豫边区总司令，按说也积累了一定作战经验。

1944年4月17日，晚上11时。日军第37师团从中牟北方突破黄河防线，从东、西两个方向迂回夹击中牟守军第27师。夜里12时发起总攻，凌晨两点钟即占领中牟镇。

此时，洛阳长官部的蒋鼎文得到的情报是："今晚，敌人在中牟渡河，现在只有百余人，正同我军战斗中。"接电后，蒋鼎文回电通知各部：注意警戒河防。

4月18日早上，日军第37师团全部渡过黄河。一路向郑州扑来，另一路向郑州以南迂回。随即日军第12军主力各兵团，从中牟北面争相渡河南进。

闻讯后的第一战区副司令长官汤恩伯，急令暂15军军长刘昌义派部队阻止日军渡河。刘昌义令新29师86团就近北上，该团刚赶到郑州东北方，就与日军遭遇，大批日军在机械化战车导引下，如同泛滥之水，汹涌而来。第86团仓促建立的防线，很快就被冲溃。

东线情况万分严峻。中部，洛阳北面，日军第27师团从18日至20日，连续3天发动猛攻。蒋鼎文的第一战区长官部顿时受到极大威胁。其实，第27师团只是佯攻，意在吸引河防军队注意力，掩护主力从东线源源不断过河。

4月19日清晨，日军第37师团一部推进到郑州城下，开始攻城。日军后续部队源源不断赶到，至20日，第62师团、第110师团主力赶到，同郑州中国军队守军第4集团军展开血战。

4月21日，日军坦克第3师团全部、骑兵第4旅团赶到郑州附近，以强大的坦克群阵势和骑兵部队，迅速对第4集团军构成包围态势。中国军队主力防守于北，日军却从东突破，迂回闪击，防线顿时震动。中国军队第38军和第96军恐遭歼灭，皆向西突围。两个军退到郑州西面四五十公里处，方才稳住阵脚，然后在汜水至嵩山一带向东就地布置防线。

郑州失守，使得蒋鼎文司令官的所谓钢铁防线垮掉了一大段。日军攻取郑州后，第37师团一部继续沿黄河南岸向洛阳方向进攻。其主力沿平汉铁路线向南猛扑。

4月21日，副司令官汤恩伯在叶县指挥部向有关各部下达命令：一、赖汝雄第78军之42师和新15军一个团守卫新郑；二、刘昌义新15军第29师守卫许昌；三、贺粹之第12军分别防守叶县、襄城、邱城、源河。以上各部，必须死守，阻敌南下，作战不力者，擅自撤退者，军法重处。四、石觉第13军各师，分别由临汝、禹县、密县向北运动，迅速在登封地区集结，伺机侧击从郑州向西进攻的南下之敌。

同一天。日军主力蜂拥南下，新郑守军势单力薄，仅半天就被日军攻破城池。日军第12军在此设前进指挥所，等候后续部队。27日，日军主力全部集结在此。4月28日，新郑日军第62师团、第63师团、第27师团、第37师团一部、坦克第3师团、骑兵第4旅团、独立第7旅团部，倾巢南下，以牛刀斩鸡战术，会攻许昌。同日，日军第13军以8个步兵大队和2个山炮兵大队为基干的混成联合部队，在第65师团长太田米雄中将指挥下，由安徽省蚌埠地区沿黄泛区南侧，向豫中平原杀来。

国民党军新15军第29师做好了大战许昌的准备。军长刘昌义于开战初，在中牟县组织第27师阻敌，该师被优势之敌冲溃。刘军长和几个随从人员从中牟向许昌赶回，途中几次被日军包围，几历险境，才到达许昌以北十八里处的和尚桥。该处为第29师86团阵地，团长姚俊明见军长刘昌义一身征尘从前方赶来，十分吃惊，派了一个连护送他到许昌城。

刘昌义等人从第86团出来不远，又被一股南下的日军包围。警卫连抢进一片坟地，与敌恶战一场。正难以脱身之时，幸好天黑了下来，刘军长才在警卫部队掩护下摸出坟地，到达许昌城。很快，日军将许昌地区四面包围。第29师师长吕公良指挥部队死守孤城。这时，见刘军长只身前来，吃惊不小，埋怨他不该到这孤城死地来。刘昌义军长与吕公良师长研究了守城计划，又一道去守军各阵地检查督战。外围战斗于28日打响，29日许昌外围据点被日军扫除，30日开始攻城。下午5时，日军出动重型轰炸机12架狂轰滥炸；城外，一排排野战炮齐声嘶吼，许昌城笼罩在硝烟和火光之中。在飞机、大炮掩护下，一大群赤裸着上身的日本兵，举着刀枪，怪声嚎叫着从西南方向城里扑来。这是由日军陆军中尉小川率领的赤膊突击队。当他们接近城墙时，被城楼上一阵机关枪狠狠扫射，顿时，赤膊突击队纷纷猝然跌扑下去，一个个在血泊里痛苦挣扎、呻吟……

但是，日军的攻势依然非常猛烈，守军伤亡极其惨重。刘昌义和吕公良在电台里向汤恩伯告急求援："汤司令，我部伤亡惨重，请速派援军！"

汤恩伯硬邦邦地回话："限令你部再坚守三天！三天后将有援军前去许昌解围。"

刘昌义苦笑，自言自语道："三天！日军早突破口子啦！"

汤恩伯听到情况，知道许昌战况危机，遂急令第29军和87军前往救援。但日军早已在外围配有打援部队，两支第一战区援军都被优势之敌阻击于许昌郊外。

4月30日下午，日军坦克群冲进许昌城内，在城里进行所谓"全封闭攻击"达一个多小时。城里尚未被飞机和大炮完全摧毁的房屋、战壕工事、尽被坦克轰塌轧平。守军官兵誓死不屈，冲出战壕工事，与日军短兵相接，展开手榴弹战。日军坦克在城里疯狂了一阵，即被守军用手榴弹、炸药包炸毁几辆，其余的也受到中国步兵的攻击，坦克反而失去威力。日军纷纷跳出战车，同中国军队官兵近身接战拼刺刀。整个许昌城都在展开巷战和惊心动魄的肉搏战。吕公良师长看到大势已去，命令8个士兵将刘昌义军长强行拖离战场，撤出城去。

5月1日，拂晓。许昌城的枪炮声和喊杀声停止了，日军攻占了全城。中国陆军新编第15军第29师几乎全体将士用生命之躯完成了自己神圣的使命，永远地躺在了这座古城的土地上！

许昌城应该永远记住这些抗日烈士：第29师师长吕公良、第29师85团团长杨尚武、第29师87团团长李培芹、第29师86团营长胡光耀、第29师87营长何景明……

汤恩伯也在紧急调整作战部署，石觉的第13军各师在向登封地区集结。第31集团军总司令王仲廉将军也赶来登封，准备指挥该军和集团军其他各军侧击日军。4月30日，日本华北方面军司令部无线电侦破获悉石觉第13军正在向北运动之中。第13军动向被掌握，日军战役总指挥冈村宁次顿时两眼发亮，如获至宝，立即向第12军司令官内山中将通报并下达命令：

"汤恩伯军在我军进攻开始后，行动积极，其精锐主力正在北上，决心向我猛扑。据方面军无线电监听到的情报，第13军正向登封一带集结，目前正在北进途中，这是围歼该军的大好良机。方面军决定不惜一切代价，全歼该敌。为此，着令你军在攻取许昌之后，停止南进，主力迅速向西转进迂回，完成对敌之包围，并将其彻底歼灭。"

5月1日早上，内山中将在刚攻下的许昌城里，向各兵团下达了停止南进，围歼第13军的命令。

第13军是抗战部队中一支有名的军队。抗战初期，由汤恩伯任军长。汤恩伯指挥该军各师在华北南口与优势日军对抗，即以迂回侧击战术见长。后来，在台儿庄会战、武汉会战等战役中，汤恩伯都以该军为手中王牌，以侧击手段狠打日军，那时的第13军颇有威名。同时，它也成为日军的死对头，所以日军决心予以歼灭。冈村宁次认为，这次只要歼灭了第13军，第一战区中国军队将不战自溃。5月1日，日军兵分三路，同时对登封地区实行大包围。他们以坦克师团、骑兵旅团为前导，快速推进，沿着许昌、襄城、郊县、临汝、洛阳公路齐头并进。前面，数百辆坦克和上万匹战马的大军并肩驰骋于千里大平原上；后面，数万步兵成数路纵队浩浩荡荡向西掩杀而来，其来势之猛，推进速度之快，人力之强大，均为抗战以来所罕见。远远望去，人喊马嘶，战车隆隆，豫中平原上空腾起一片黄色的"浪潮"。正在登封地区集结整休，准备反攻的第13军，突然遭到十多万日军包围，处于异常危急之中。汤恩伯得到情报，立即电令军长石觉：速将部队转进嵩山之中，力求避免被敌围歼，相机跳出敌军之包围圈。与此同时，第29军也在禹县地区遭到优势日军围攻，该部赶紧向嵩山退避。

第13、29两军，在嵩山中与敌周旋，力避日军锋芒，于5月10日前后，从西南方向突破日军封锁线，与第85军一部，转移到了嵩县以南，逃脱了覆灭的命运。

日军围歼第13军的计划顿成泡影。但是，汤恩伯的以第13军为主力，反攻侧击日军的计划也同时破灭了。当汤恩伯兵团在中牟、许昌地区与日军血战和周旋，几乎吸引了全部敌军主力的20天时间里，蒋鼎文下属各兵团11个军，却一直蹲在黄河南岸边洛阳地区，向北静待，坐等日军进攻。

5月初，从许昌出发向西迂回的日军第12军主力之先头坦克群和骑兵部队，一路杀来先占领了临汝，然后继续向西北快速推进，于5月上旬攻下了洛阳南郊的龙门。5月13日，坦克部队开始从南面攻城。进抵洛阳南面的坦克师团另一部和骑兵旅团一部，马不停蹄地从龙门继续西进，到达洛阳西南方战略要地洛宁。

5月10日左右，当中国军队第13军等部突围后，日军第37师团主力和独立第7旅团从临汝地区向西穷追突围的中国军队部队。该部进至嵩县地区，与洛宁奔来的日军坦克、骑兵部队相呼应，构成一道防线，遮断了洛阳西南侧后。而早在5月9日，日军第1军独立第5、第59两个旅团，在渑池北面白浪渡突破新8军河防阵地，从东面向洛阳杀来。同时，日军第1军另一部兵力，从陕县突破黄河防线，也从东面杀来。

至此，"钢铁防线"从东至西，全线崩溃。

蒋鼎文因恐被日军包围，于5月6日就将长官部撤到新安，又于10日半夜惊慌失措地带着幕僚和参谋人员，从新安向西南撤退，通过洛宁进入了绵亘于豫西的伏牛山中。聚集在洛阳附近的河防各军，群龙无首，一团混乱，各自急着如何将自己的队伍带出这块死地。

5月17日，李家珏带着第36集团军军部和第47军来到渑池以南一个叫翟涯的小镇。新组建的第64集团军总司令刘戡也带着总部来到这里。接着，高树勋的第39集团军总部和新8军被大批日军从河岸上打垮，也逃到了这里来。顿时，这个小小的市镇竟聚集有三个集团军总部和暂编4军、第14军、新8军和第47军。人拥马挤，水泄不通，尾随新8军从河岸上追来的日军也追到了附近。

集团军总司令、军长们急得不行，再这样下去将被日军全歼。于是，公推第36集团军总司令李家珏将军出来统一指挥，将军们聚在一起商议，决定继续西撤。李家珏部主动担负后卫，掩护各军西退。

5月21日清晨，中国军队撤退至陕县秦家坡时，日军又追赶上来。李家珏指挥一个特务营阻击敌人，掩护高树勋等部转移，日军数千骑兵蜂拥而至，将李部包围。李家珏指挥特务营与敌反复冲杀，终因寡不敌众，全部牺牲，李家珏将军亦壮烈殉国。同时遇难的还有第36集团军总部副官处长周鼎铭少将、步兵指挥官陈绍堂少将等人。在八年抗日战争中，中国军队牺牲了两位上将，一位是张自忠，另一位就是李家珏，后来，各地举行了隆重的追悼仪式。蒋介石还亲自为其撰文祭悼。

5月上旬，日军打通平汉路南段。5月24日，日军占领洛阳城。5月下旬，日军继续西进……

5月下旬，日酋冈村宁次决定乘日军豫中会战胜利的余威，从洛阳地区继续西进，直捣第八战区司令长官部所在地西安，以摧毁西安地区中、美空军基地。日军分两路向陕西方向进攻，一路从黄河南岸西进，直扑潼关而来；另一路向卢氏方向推进。

河南局势败坏后，陕西又告急！蒋介石急令中国远征军总司令官陈诚赴陕西掌兵御敌，收拾第一战区残局，协调第一和第五战区作战，阻止日军西进。陈诚，毕业于保定军校第八期炮科。担任过黄埔军校上尉特别官佐、第11师师长、18军上将军长、武汉卫戍司令和第六战区司令长官等职，是蒋介石的亲信和干将。第八战区副司令长官胡宗南此时正在华山养病，得知日军对陕西大兵压境，急忙下山。亲率精锐第34集团军东出潼关，在豫西灵宝、卢氏一带山岳地区凭险布阵，迎击日军。

第34集团军中的第1军，是胡宗南战区精锐中的精锐，也是被日军视作与汤恩伯的第13军一样的王牌部队。双方都知道，日军的机械化兵团一进山区便失去优势，而第1军以逸待劳，凭险阻击。随即，第1军的战报说，本军使日军进攻西安的企图落空，被阻击于崤山之下。

此时，汤恩伯已在伏牛山以第31集团军和第13军为前锋，向洛阳西南重镇宜阳发起反攻。

西进日军在崤山虚晃一枪，并没有真正攻击，主力回援洛阳，反击汤恩伯兵团。

陕西危机解除，蒋介石大大地松了口气。这时的国民党军队从高层到战区，不知道日军的作战企图是打通贯穿南北的大陆交通线，还以为是一次横扫国民党军的大攻势。重兵驻扎陕西的胡宗南着实被惊吓了一回。

刚对胡宗南方面放下心来的蒋介石，又被河南的战局揪心了。他眼瞅着新的危机迫近蒋鼎文、汤恩伯。南阳和襄樊之间那一块平原，仍是日军机械化兵团逞凶逞狂的大好之地，若日军从豫中平原挥兵南下，势必把包括第五战区长官部所在地老河口内的中国军队全部圈了进去。

蒋介石电令陈诚，赶紧调整兵力部署，加强豫西南和鄂北防卫。经过手忙脚乱地部署应对，总算没让日军割去蒋介石的心头肉。

当豫、陕形势稳定下来后，蒋介石才回过头来收拾他的两个不争气的浙江同乡——蒋鼎文和汤恩伯。蒋介石对原第一战区失守郑州、洛阳，兵败豫中，极为愤怒，责令蒋鼎文辞职。还撤了汤恩伯第一战区副司令长官和鲁苏豫皖四省边区总司令职务。

陈诚也借着整顿第一战区部队战斗作风为名，狠狠地收拾了一下汤恩伯。在陕西商县清油河镇召开的豫中会战检讨会上，陈诚拉下老脸，视而不见同乡情面，对汤恩伯严厉指责，把豫中失守的责任尽都归咎于汤恩伯兵团的"四不和"，即将帅不和、军民不和、军政不和、官兵不和。

陈诚的老部下，原第六战区战地党政工作总队少将总队长刘培初，也跳出来跟着陈诚大反汤恩伯，还投书揭发了汤恩伯的一系列罪行。河南党政代表团的一些政治嗅觉特灵的人物，也从检讨会上跳了起来，义愤填膺地控诉汤恩伯的十大罪状，这些人还联名写请愿书，要求蒋介石严办汤恩伯。在陈诚的胁迫下，汤恩伯只好硬着头皮当众检讨交待错误和罪行。但是，当大会一完，汤恩伯就翻脸不认账，跳起脚大骂："陈矮子，这回整得老子好苦，妈的！浙江人还整浙江人。总有一天整到他自己头上去！"

败仗总是要有人承担责任的，不久，汤恩伯接到蒋介石电令：离开一战区，前往重庆接受统帅面训，听候处理。汤恩伯只好打点行装，带着几个亲信随从，孤孤单单、凄凄惨惨地离开部队，取道陕南前往重庆。

豫中会战37天，中国军队丢失38座城池。日军"一号作战"的第一期作战基本达到了预期战略目的，也为冈村宁次日后升官铺了路。对于国民党军队方面，第一战区使豫湘桂大战以大败拉开了第一幕。一时间全国大哗，各民众团体对国民党军一败再败提出强烈批评。

长衡会战丢长沙

日军"一号作战"的第一期作战胜利后，立即部署第二期作战，就是后来史称的"长衡会战"。

1944年5月25日，日本驻华派遣军总司令官畑俊六大将和第5航空军司令官山下中将，以及参谋人员飞抵武汉，分别将总军和航空军战斗指挥所推进到汉口，指挥打通大陆走廊第二阶段作战——长沙、衡阳会战。

此前，日军第11军司令官横山勇中将已将主力悄悄地集结到长江沿岸，日本国内的第47师团和新征招的10万补充兵及战马4万匹，已顺利运达武汉，补充和加强第11军战力。在日本首都东京担任防空的最新"四"式战斗机第22战队也安抵广东和武汉机场，担任打通平汉铁路南段作战的华北方面军第27、第34师团和坦克第3师团一部，亦巧妙地南下，集结于武汉地区。

日军驻汉口第11军司令部已成为派遣军前进指挥所。当天夜里，由第11军司令横山勇主持会议，召开各参战部队兵团长会议。派遣军总司令畑俊六专程从南京飞到汉口参加会议。司令官畑俊六介绍情况说："我方投入长沙和衡阳作战的兵团……地面陆军部队共计150个大队。另外，还有第5航空军，两个飞行师团，海军舰队和陆战队协同作战。这是自我军对中国开战以来，使用兵力最大的一次作战。"

派遣军总司令畑俊六接着说："在我军进攻长沙时，敌方可使用的兵力约为40个师，我军进攻衡阳时，预料敌交战兵力为55个师左右。区区55个师，在我如此强大的步空兵团面前，是不足为虑的。本次作战，攻克长沙是重要一环，自应全力以赴。长沙一举可破，不成问题。战局的关键在于，我军攻克长沙之后，向衡阳进攻时，中国远征军可能回援反攻，这是本次作战的最大危险。因此，在远征军到来之前，能否攻下衡阳，是本次作战成败的关键。总军要求，所有参战兵团务必重视作战速度。陆海空军紧密配合，快速推进，抢在远征军到来之前，一举攻占衡阳城！"他最后明确，由于本次作战涉及几个方面军部队参战，派遣军总司令畑俊六将亲自负责协调指挥。战场总指挥由第11军司令官横山勇中将担任。

派遣军总司令畑俊六决定：进攻长沙的日期定为日军战史上最"光荣的纪念日"5月27日，1904年的5月27日，是日俄战争中日本海军在对马海峡打败沙俄波罗的海舰队的日子。

这个月，中国中原军队正在经受考验，南方驻军在关注的同时也开始紧锣密鼓地备战。5月中旬，第30集团军第34师101团团长骆湘浦匆匆赶到长沙第九战区长官司令部，向司令长官薛岳报告了一个十万火急的情报："据刘立藩处传来的情报，日军正在武汉地区大量集结，征集民工，准备向长沙大举进攻。同时，日军鉴于三次长沙会战从正面进攻失败的教训，今后将以大兵团从湘赣边境插入，指向株洲以南，围歼长沙外围机动部队。"

刘立藩当时任汪伪政权武昌市长，此人为重庆军统方面人物，打入日伪营垒后，经常送出一些有价值的情报，而且他的情报一向较为准确。但是，这个情报并未引起薛岳重视。薛岳认为，日军在太平洋战事吃紧，正急于从中国抽兵南下。再说，日军调集了华北和武汉的兵力，正在进攻豫中平原，不可能再有大的兵团向武汉集结。还有，目下正值夏季，湖南的稻田、堰塘和江河湖泊都蓄满了水，最不利于机械化部队行动。基于以上情况，司令官薛岳认为日军不可能在这个倒霉的季节向长沙进攻。

薛岳和许多人一样还不知道，日本于1944年初猛然扩编新设了32个师团。这一数量相当于日本1943年兵力总数的一半。当然有能力在进行豫中大会战的同时，再增加兵力于中国中部，进行长沙、衡阳会战。又过了几天，中国军队第27集团军之20军军长杨汉域来长沙向长官薛岳报告："本军在临湘敌后打游击的一个营，近几天接连向军部报告，日军已在临湘、岳阳一带大量集结兵力，准备进攻长沙。情况异常严重。"薛岳对此付之一笑。认为是下级军官被敌迷惑，大惊小怪。当时豫中大战仍在进行，日军必然在长江岸边虚张声势，向南佯动，以牵制南岸部队。

5月初重庆曾电告薛岳："近日收获日军将进攻长沙并南攻株洲与衡阳情报甚多，务希特别注意与积极构筑据点工事，限期完成，以防万一为要。"对这一重要提示与要求，薛岳根本没有在意。薛岳在国民党军队中，具有特殊地位，他1910年加入同盟会，1917年考入保定陆军军官学校，亦是蒋介石的同学，曾在孙中山组建的援粤军当上尉参谋，还在孙中山的总统府当过营长。他虽然不是真正的"黄埔系"，但上过黄埔陆军小学，成为蒋介石集团的重要干将。他带领两个团镇压了广州起义，又率部参加对中央红军的第五次"围剿"。中央红军长征北上，他率部从江西追到贵州，历经十省两万余里，一路追杀红军。抗战开始后，也和日军多有交手，曾以自创的"天炉战法"在长沙前几次保卫战中闻名于世，因自认战功赫赫，一些媒体吹嘘说"日军十分忌惮他"，故而他也难免自负自信。

战区参谋处长林方策将九战区情报系统"湘北日军数量增多、日军在长江沿岸到处抓夫，日占领区水陆交通格外繁忙"等情况写出了一份报告，并综合情报分析判断：日军在短期内要进攻长沙。报告上呈后，战区代参谋长赵子立提醒司令官薛岳加强防范。薛岳却认为，日军现在作战重点在太平洋，无暇顾及中国内陆，再说第三次长沙会战中自己曾让他们吃了大亏，不至于敢再次轻易进攻长沙。至于抓夫——大概是到南洋当苦力吧？这样，开始就轻敌的薛岳从战略判断上发生了错误。

5月中旬，日军大部队在以岳阳为中心的九战区正面已全面集结，舰船如梭、车辆盈路、征尘遮日，进攻意图已经无法隐蔽。大战在即，林方策再次急切上书报告，指出这不是一次普通的进攻，日军在正面有5个师团番号，还配属纵深部队，这是一次巨大规模进攻的明显信号，再不能麻痹坐视了！薛岳才如梦初醒，吃了一惊。

18日夜，第九战区长官部召开紧急军事会议，研究御敌方案。战区代理参谋长赵子立等人认为：日军进攻豫中平原所动用的兵力规模空前，从目前得到的情报看，日军进攻长沙的兵力也是规模空前，因此，本战区必须确定新的作战方案。心中本无数、偏要显沉稳的薛岳一面要求调邻近战区部队来湖南御敌，一面号令第九战区各部队行动起来准备作战。一些和他呈同一心态的将领，大敌当前，全不在意。当时担任长沙城防的是第4军，命令传到军部时，司令部竟然找不到军长张德能。因军情紧急、刻不容缓，不得不四处寻问，最后从贴身卫士处得知，张军长正在热恋一位从上海逃难到长沙的女演员，二人频频在城内一处旅馆内相会。张军长还吩咐卫士保密，不准人来打扰，气得司令部一干人直骂娘。

在第九战区长官部军事会议上，确定的防御原则是仍按老办法布置兵力，迎击来敌。薛岳唯一接受了一点新东西，就是鉴于最近河南会战时原第一战区蒋鼎文的长官司令部被日军打散，使第一战区陷入大混乱的教训，为防万一，决定将第九战区长官部转移到长沙以南约200公里的耒阳。薛岳带领第三次长沙会战时指挥部的大部分参谋人员，又回到那次设置指挥部的地方。在长沙留下赵子立等人，应对日军的长沙战事。战区代理参谋长赵子立感到，第九战区这个建立在对上一次胜利回味基础上的作战方案并不可行，更谈不上力挽狂澜于既倒。"伕总不能这样不明不白地打下去，总得拿出一个什么办法来嘛！"赵子立等待司令官临行前单独面授机宜，却始终不见召唤。他后来回忆说："6月1日下午敲开薛岳的房门，却见长官在收拾文件和个人物品。"看到赵子立上门，薛岳开口说的是："噢，我先去后方，你在这里照料一下。"晚饭之后，竟乘车下山，到耒阳九战区长官部的后撤地点去了。赵子立一时目瞪口呆，不知薛岳在大战前离开是何意思。

薛岳到了耒阳，就收到总参谋长兼军政部长何应钦的电报，指出第九战区对敌情判断不合实际，过分乐观，兵力配置存在问题，令其迅速变更部署。薛岳学习中国兵书只对"将在外，君命有所不受"一句烂熟于胸中，作为战场最高指挥官，对此竟不以为然，干脆不予理睬。

他刚想躺下休息，电话铃便响了起来。薛岳拿起话筒一听，原来是重庆的副总参谋长兼军训部长白崇禧打来的长途电话。白崇禧在国民党军内被称为"小诸葛"，一向诡计多端。他好心地提醒薛岳说："根据已经掌握的情报，日军在湘北集结的兵力，大大出乎我们原来的预料，其战力绝非到长沙就达极限，就是到了衡阳也未必达到极限。因此，我和何应钦总长的意见是，放弃长沙，固守衡山，在渌水以南与敌决战。"

薛岳觉得白崇禧的提醒并不中听，有一些对自己指挥不放心的味道。故而搬出一本正经、堂堂正正的样子，他在电话中对白崇禧说："长沙为湘省中心，第九战区配署数十万大军于此，如果不守长沙，还有何颜面见湘中父老？长沙必须死守，主力在渌水以北浏阳以西地区与敌决战！"

白崇禧说不动薛岳，又听到他以冠冕堂皇的理由搪塞自己，很恼火。两人在电话上吵了起来。

薛岳认为，你白崇禧纯粹是蹲在大后方瞎指挥。想想1939年9月第一次长沙会战，你和陈诚跑来浔口，不是也说长沙守不得吗？结果怎么样？三次长沙会战都打过来了。不听你们的话，按我薛某人的办法，照样凯歌高奏。他觉得重庆的这些高官们就是嫉妒他。他怕何应钦、白崇禧一干人在委员长面前给自己使坏，便给第一夫人宋美龄打长途电话，表达了自己的忠心和誓与长沙共存亡的坚决立场，深深感动了蒋夫人。宋美龄等不得蒋介石回家，就打去电话："守卫长沙，不用伯陵（薛岳的字）这样忠勇的人，还能用谁？"搞得蒋介石直向夫人保证，绝不会换下薛岳的战区司令官一职。

被称为"小诸葛"的白崇禧，知道要说服薛岳这牛脾气太难，但他敢于跟自己顶嘴吵架，委实没有想到。现在他自恃三次长沙大战的经历和蒋委员长的庇护，别人更是难以动摇他的态度。何应钦、白崇禧二人只好默默祷告：但愿能如薛岳标榜的那样，再打一个长沙大捷。但他们没有想到的还有一个要命的问题，就是胆壮气粗的薛岳，腹中并无退敌良策！日军也没有按照薛岳的意愿，给他一个面子，老老实实让他揍一顿。

薛岳想看一看日军究竟是否真的来攻击长沙。

日军横山勇也的确是动真的，他要拿下长沙。

湘北大地顿时炮火连天。日军在横山勇中将的指挥下，第一线兵团各个部队同时发动了进攻。

日军左路兵团也是外线精锐兵团：第3、13师团，从崇阳沿湘、赣边境山岳地带，向南猛插。左路兵团的第二梯队为第27师团等部队。

日军中路兵团：第68、116师团，从岳阳地区进攻并突破第20军防线，直向长沙扑来。中路兵团的第二梯队为第58、34师团。

日军右路兵团即外线兵团：第40师团、独立步兵第106联队、独立混成第17旅团、独立第5旅团、军直辖针支队、海军舰队、陆战队等部队，从洞庭湖水域向南进攻。

前线已在激烈战斗。长沙市区内湖南大学内的战区前线指挥部还在争论。

奉薛岳之令守卫长沙城的第4军军长张德能，战区代理参谋长赵子立，战区炮兵指挥官王若卿此时正在大学内召开"三方"会议，研究兵力配备和步、炮兵协同作战问题。由于长官薛岳离开长沙时，仅指定张、赵、王三人负责守城，却没明确这三人中谁为总负责人。因此，职责不明，三马同槽，谁也管不了谁，造成指挥混乱。

会上，张、赵、王一致认为日军将以大的兵团进攻长沙。但在兵力部署上，却各执己见，相持不下。

代理参谋长赵子立提出："长沙只应作为一个持久的防御点来迟滞、消耗敌人有生力量，以争取时间，以利于我机动部队的集结与决战。"

第4军军长张德能的意见与赵子立针锋相对，主张将主力放在城内死守。决心亲率两个师住进城去，一个师放在湘江西岸岳麓山。

在双方争执不下时，张德能搬出薛岳长官这块王牌压人，说："第4军将主力放在城里，这是薛老板指示的。"军长张德能是第四战区司令长官张发奎上将的侄儿，与薛岳关系当然密切。有了这层关系，张军长当然不会将赵代参谋长放在眼里，一味按自己的主张行事。他将第90师放在岳麓山这边，自己亲率第102师和第52师住进城里，军指挥部设在城内坡子街中央银行的防空洞里。

6月6日，日军右路兵团突过洞庭湖水系，占领沅江，并将第六战区南下救援的王耀武集团军阻击于益阳地区。中路日军第一线兵团两个师团，突破新墙河第20军南岸第一道防线，一度包围第20军133师，并企图包围歼灭第27集团军总部和第20军主力。经第20军另外两个师救援，打破日军包围，第20军主力和第27集团军总部才从平江退向左侧南下。中路日军第一线兵团长驱直下，于6月8日抵达长沙城郊，仅以一部兵力攻打长沙城，主力却绕过长沙，继续向南推进。

中国军队的迎敌部署和日军作战方向、次序大大脱节，刚一交手便乱了阵脚，陷入被动挨打局面。

在耒阳长官部的薛岳听到长沙指挥部不断传来的前线消息，急得顿足捶胸，叫苦不迭，只得向各集团军、各军下令："各部队索敌攻击。"

6月16日深夜，长沙岳麓山外围阵地失守。由于山上炮火支援受到削弱，湘江东岸日军发疯似的向城内猛扑，城里一部分核心阵地也被敌突破。张德能此时方感到面临的情况万分险恶，痛悔摆兵不当。若岳麓山失守，城内两个师将被全歼。遂命令第102师抢渡湘江，增援岳麓山。9天来，军长张德能在城里亲自到各阵地上指挥督战，成天遭敌人的飞机轰炸和大炮轰击，早已疲惫不堪。夜里，他将守城的任务交给第59师师长后，带着几个卫士乘船过了湘江，准备亲自去镇守岳麓山。当他来到岳麓山湖南大学时，已是凌晨四点钟，走进屋子，一头栽倒在地上便呼呼地睡了过去。岳麓山上百十门大炮的吼叫，也没把他吵醒。6月17日晨，一卫士首先醒来，见外面江边上第102师的官兵过江后往衡阳方向乱跑,便赶忙推醒军长张德能。张德能闻讯跑出,勃然大怒,冲出去"砰砰"朝天放了两枪,大声吼道:"统统回来,不回来的我枪毙你们!"但是晚了,乱兵无将,没人听从他的吆喝,该师大部已于天亮前就撤走了。

6月18日晨,岳麓山失守。守城的第59师见岳麓山被日军攻占,城内部队失去依托,只好突围出城,向浏阳方向退去。长沙城失守。

蒋介石在重庆得知长沙失守震怒:第4军是怎么搞的,谁叫他们撤退的?蒋介石对失守长沙的第4军军长张德能无比愤怒。立即电令:第九战区代参谋长赵子立和第4军军长张德能前往重庆,向军事委员会汇报长沙作战经过。

赵、张奉令一同前往。刚到重庆,张德能即被军委会军法执行总监部逮捕下狱。后经军法部审判,确认其在守卫长沙城的战斗中犯有罪行,判处死刑,于7月被枪毙。赵子立在守卫长沙作战中被张架空,未负实际责任,免于追究。

长沙失守后,蒋介石为确保衡阳,决定在涞水至衡山地区采取"中间堵、两边夹"的战略手段,将长沙地区之敌屏障于禄水以北,蒋介石电令第九战区司令长官薛岳,迅速调整部署,以达成以上战略目的。但是,由于战场形势急变,蒋介石的战略企图变成了"画饼"。薛岳接到蒋介石电令时,第九战区仍在执行"各部队索敌攻击"命令,实际上是各部队均处于被敌追踪攻击状态,根本无法收拢部队。直到6月23日,薛岳才与各部取得联系,下达各自的集结地点和攻击目标,但这时的战场形势早已大大变样,防御式攻击为时已晚。

衡阳是连接东南和西南的战略要地,是航空、水运、铁路、公路的枢纽,战略价值甚至大于省会长沙。如果衡阳失守,日军必然会经此直逼桂林,桂林等西南重镇岌岌可危。

日军第58、第34师团等部刚攻下长沙后,已经过一定休整和补充的第116、第68师团,立即从株洲附近沿湘江两岸向衡阳推进,其行动之神速令人咋舌。湘江东岸的日军第68师团在佐久间为人中将指挥下,疯狂南进。在衡山地区与国民党守军打了两天,于6月23日清晨抢渡洣水。23日夜间,该部进抵衡阳东南郊区的泉溪,并连夜渡江。24日白天,该师团主力冒着美军飞机的轰炸扫射,继续强行渡江。渡江后,日军即向衡阳机场进攻,26日占领机场。湘江西岸的日军第116师团与东岸日军齐头并进,迅速突破衡山地区守军防线,于6月26日抵达衡阳附近,并迂回到城之西郊。同时向南突进的还有第13师团。该路日军在长沙城被攻下时,从江西边镇上粟市地区向南突进,穿过萍乡、攸县、安仁等县境。在衡阳东北方,担任对井冈山地区中国部队的警戒,以保证向衡阳城进攻的日军的侧背安全。这三个师团的日军，都是在中国军队企图中间堵、两边夹的部队尚未部署到位时，就顺利地突过了险峻地域，打出了漂亮的"时间差"。

湘江西岸的王耀武集团也没料到日军南下来得如此之快。本来要调集各军与东岸川军夹击敌人的，可是现在，他还未来得及集结部队，东岸部队就被冲散，而且日军已经在攻衡阳城了。因而，在此夹击日军已失去意义，便令第100军和第74军各一部，跟着日军屁股后头向南追击，又令其他各军迅速向安化、新化、宝庆地区集结，准备去解衡阳之围。

失陷的衡阳和投降的军长

日军围困衡阳的部队先后向孤城发动了三次规模巨大的攻坚作战。战斗过程可谓惨烈至极。

在衡阳据守的是中国军队第10军。军长是方先觉，参谋长为孙鸣玉。所部有预10师（师长葛先才）、暂54师（师长饶少伟）、第3师（师长周庆祥）、第190师（师长容有略）。

6月28日，日军一攻衡阳城。这天，日军第68师团在南面，第116师团在西面，同时向衡阳城发起急攻，意在一举拿下该城。日军曾放言三天拿下衡阳城。国民党军的第10军在三次长沙会战中，一直担任守卫长沙城的任务，三次守城都在十数万日军包围之中，力挫日军锋芒，为第九战区主力的集结、反攻赢得了时间。此前，日军对方先觉的评价是："方先觉是1941年秋冬第一次和第二次长沙作战时死守长沙的猛将（当时是第10军预备第10师师长），在1943年初冬的常德作战时任第10军军长，曾向常德南侧增援，具有与我第11军、特别是与第3、第68师团交战的经验。"

衡阳城西南面有无数山坡高地，第10军在这里构筑有四通八达的战壕工事和无数暗堡据点，并将每个山头阵地前的断岩主坡削成九十度陡峭绝壁，进攻者只能架云梯才能向上攀登。

日军首先向这些难啃的硬骨头阵地进攻。先是以排炮集中轰击，飞机编队俯冲轰炸。守军在敌机、敌炮狂轰滥炸时，都躲了起来。日军以为阵地已被摧毁，步兵嚎叫着潮水般地向高地扑来。待日军涌到阵地前，守军突然从山头上甩出铺天盖地的手榴弹，直炸得山下昏天黑地，血肉横飞。接着，日军又在更强大的炮火和大批飞机的轰炸下，连续发动了几次大的冲锋，都被守军用手榴弹、迫击炮弹给挡了回去。

日军反复冲锋大半天，死伤累累，初战受挫。第68师团长佐久间为人中将十分恼怒，亲自到前沿指挥部队冲锋。正当他高举战刀嚎叫冲锋时，头顶上"嘘"地一声打下来一颗迫击炮弹，还没等他回过神，只见火光一闪，轰隆一声，天昏地暗。中将和他的参谋长原氏真三郎大佐以及师团司令部附近的一些官佐、士兵都倒在血泊之中，痛苦地挣扎、蠕动。第一天的攻击，就这样停了下来。

6月29日，黎明，一层绛红色的晨光抹遍了整个天际。

城西面，日军独立山炮第5联队、步兵炮队、速射炮队，一排排大大小小的炮口对准第10军山头阵地，一齐乱轰。

第68师团新任师团长堤三树男中将指挥师团主力发起大规模进攻，发誓要一举荡平山头守军。日军步兵蜂拥到山坡下，剪断了阵地前的铁丝网，以为突破了缺口，嚎叫着亡命地朝山上扑去。扑了没多远，踩响了连环地雷，只见一道道吓人的闪光，一阵阵惊心动魄的爆炸，冲进去的日军顿时不见了踪影，几乎全部倒在了血泊中。

岩永汪中将的第116师团在城南面的进攻也跟第68师团一样遭到挫败。他们夜里派出一个联队的兵力搞夜袭，结果，等日军摸到铁丝网处，突然遭到一顿手榴弹好炸，丢下一堆堆死尸败退下来。

从7月1日中午，一直到7月2日上午，恼羞成怒的日军在飞机和炮火的连续猛轰下，冲锋一次跟着一次。许多次，日军都爬上云梯，上了山顶阵地，却又被突然冒出来的中国军队的集束手榴弹给炸垮。7月2日下午，日军的炮火哑了，冲锋也停了，只有一群一群的日军飞机还在接连不断地轰炸、扫射和施放毒气。

从6月28日发动攻城以来，已逾五天，日军未能前进一步，部队伤亡惨重。炮兵部队炮弹已打完，步兵弹药也消耗殆尽，几乎无力再发动进攻。午夜时，前线指挥官横山勇经请示总司令官畑俊六同意，下令暂时停止攻城，同时迅速向第一线攻城部队补充兵员和弹药。

7月11日清晨，日军二攻衡阳城。

沉寂了八天的衡阳城，又响起了日军攻城的激烈枪炮声。第68师团和第116

师团,在兵员和弹药得到充分补充后,又向衡阳城守军阵地发起大规模冲锋。

为给地面部队的进攻扫除障碍,日第5航空军出动主力轰炸衡阳城和守军阵地。其轰炸机第6、第44两个战队的主力,在第1飞行团战斗机掩护下,对市区和西南两面的山头阵地进行反复轰炸、扫射,将外围阵地上的据点、工事、战壕几乎摧毁殆尽。守军只好利用敌炸弹炸出的一个个弹坑进行顽强抵抗。

更为严重的是,城内所有的有线通讯线路都被敌机和炮火炸毁。军长方先觉同各师、各团的联系中断,各部队之间虽近在咫尺,却互不了解情况,只能靠传令兵联络。方先觉已无法在军部指挥全局,只得带着警卫到各阵地指挥、督战。

日军第二次攻城又打了3天,仍然未能前进一步。7月13日,第116师团的攻城主力——步兵第120联队,在联队长和尔大佐指挥下,向山头阵地发动冲锋。在山坡半腰间,遭到从弹坑中突然冒起来的一些中国军队官兵的手榴弹狠炸。和尔大佐和许多日军官兵被当场炸毙,冲锋垮了下去。日军只能依靠空中和炮兵的轰炸效果向前一步步推进,即用飞机反复轰炸扫射,炮群集中轰击,将山头上的守军官兵全部炸死,才能占领那个山头。否则,只要阵地上还有一个中国军队官兵,冲锋的日军就要挨手榴弹。

7月18日,第68师团主力志摩旅团推进到小西门外四百米处,旅团的冲锋部队被守军火力压制,趴在地上抬不起头来。师团炮火急忙给予支援,压制守军火力。支援炮火刚停,日军指挥官一声嚎叫,上千名日军从地上一跃而起,嚎叫着朝守军扑来。等日军近前,守军用手榴弹与敌混战,密集的手榴弹整整炸了一个钟头,冲上去的日军几乎被炸光,守军自己也被炸死、炸伤无数。由于两军搅成一团,日军炮火无法开炮支援,眼睁睁看着自己的冲锋部队被消灭。这种世界上少有的中国军队之手榴弹肉搏战,使倍受"武士道"亡命精神熏陶的日军官兵感到胆寒。

至7月19日,经整整一天一夜的拼死肉搏,第68师团志摩旅团好不容易又向前推进了一百多米——离小西门300多米了。

衡阳久攻不下,且伤亡惨重,在汉口日军派遣军前进指挥所的畑俊六十分气恼,在电话中对横山勇进行严厉训斥,并责令其迅速攻下衡阳城。

在长沙的日军第11军前进指挥所里,横山勇放下电话,面对作战地图,一筹莫展。这两个师团一直是日军中的精锐。第68师团不用说,自编入第11军以来,次次出战,都是当刀尖在用。第116师团因擅长攻坚作战,在1943年常德作战时，曾一度把常德城在地图上给抹掉了。这两个师团在衡阳城不是打得不凶、不狠，而是中国军队第10军的顽强抵抗也凶、也狠。

7月中下旬，日军决定三攻衡阳城。横山勇决心孤注一掷，投入更大的兵力，采取一波接一波的波浪攻击法，不间断地进行攻击，一定要把衡阳这块骨头啃下来。他部署了5个突破方向，下达了严峻的命令，并亲自上阵督战。

8月3日午夜，日军轰炸机第6、16、44共3个战队，一批接着一批地出动，对衡阳市区、西南两面高地施行地毯式轰炸，日机的大轰炸从午夜一直持续到翌日拂晓。飞机轰炸刚停，城外四周炮群又万炮齐鸣，密集的弹雨一股脑儿地倾向城区，没头没脑地乱炸。然后，日军各路大军在震天动地的喊叫声中发起冲锋。

被日军包围了40多天的中国军队处境已非常艰难。弹药储存已经用尽，只能靠美军飞机空投接济。由于日军掌握了制空权，空投亦很困难。现在两军又搅在一起，空投只得停止，一些部队弹药用尽，只能与敌拼刺刀。与弹药一样，守军粮食亦靠飞机空运，空投无法进行，粮食亦告断绝。

8月6日，日军毛利末广中将的第58师团终于从北门攻进城去，与守军展开激烈巷战。冲进城来的一股日军距方先觉的军部仅一二百米远。参谋长孙鸣玉带领特务营和军部科室人员，在军部附近同敌人厮杀。军部与各师的联系彻底中断，到处都在展开巷战，传令兵也无法出去联络。

各部队之间失去联络。军部还有一部电台可与重庆相通。据国民党战后资料记载，在第10军指挥部，军长方先觉已经撑到极点，哽咽着口诉电文：

重庆。军事委员会蒋委员长：敌人今晨已由北门冲进来，城内已无可用之弹及可增之兵，危急万分。生等只有一死为国，来生再见。

方先觉、周庆祥、容有略、葛先才、饶少伟、孙鸣玉。

同叩鱼（6日）

蒋介石让重庆的大小报纸立即刊登"方先觉的最后电报"。

8月7日拂晓，日军第11军重炮群和各师团炮兵部队，又一次集中轰击衡阳西南两方向之守军阵地，炮击持续一个小时。

各路日军纷纷突进城内，展开大规模巷战。

下午。日军将一名守军俘虏放回,让其向方先觉带信,要求第10军停止抵抗。此时,日军控制了市内多数制高点,一部分守军在被分割包围中继续抵抗,一部分部队已失去抵抗能力。

据方先觉后来的回忆录中说,他认为自己的第10军可能已死伤殆尽,为保全最后一些失去抵抗能力的将士免遭涂炭,叫那个带信的士兵向日军回话,同意下令所部停止抵抗,向日军投降。

8月8日早晨。在日军司令部里,方先觉与第10军4个师长见面,得知第10军尚有1.3万多名将士时,惊愕得说不出话来,随后痛哭失声,大叫:"早知道还有这么多人,我就不投降了!"说完,欲抢枪自杀,被日军监视人员抱住阻止。

据台湾资料后来披露,方先觉被俘后向日军提出三项要求:(1)保证生存官兵安全,并让他们休息。(2)收容伤患予以治疗,并郑重埋葬阵亡官兵。(3)守城官兵绝不离开衡阳城。这三项要求提出于被俘之后而不是之前。这些要求仅限于参战官兵的荣誉与利益,并不涉及投降条件。

不过,日方史籍提出了全然不同的记载。据载:8月7日傍晚,日军"发现守军阵地竖起白旗",晚9点后,"守军部队就接连放下武器"。当晚,第10军参谋长孙鸣玉与日方接洽停火事宜,8日晨,方先觉与日军签署了停火协议。这个记载也有两个要点:第一,守军阵地竖起白旗,这一点与当时其他渠道的消息是一致的;第二,先竖白旗后求停火。问题是白旗之下的停火协议肯定不是一个光荣的协议。

8月8日降敌之后,8月9日方先觉接受了日本记者的采访。记者问:无条件投降后,现在心境如何?方答:过去对日军兵力评价过小,而恃巩固之阵地与驻渝美空军之协力,从事抗战,但结果终为日本军队神力所挫。采访中方先觉还表达了与汪精卫见面的愿望。据饶少伟记载,9月底,日军取方先觉的"先"字与和平的"和"字,将方部改编为"先和军",方任军长,4位师长仍任原职。当时的敌伪报刊对"先和军"也有所报道,但方先觉于当年12月逃渝之后坚予否认。史学家判断,所谓"先和军"实际上是有名无实。多种资料显示,方等最终仍处于被看管状态,不可能真正拥有带兵之权。日方所以弄出一支"先和军",目的主要是宣传。

尽管方等人仍被看管,但毕竟是降将,因此日军的看管较为宽松。当年10月,周庆祥、孙鸣玉脱身而去。11月18日夜,方先觉由衡阳出逃,12月11日飞抵重庆。蒋介石和军委会军令部长徐永昌于12月12日即第一时间分别召见了方。召见方先觉,等于亮出了蒋介石的态度,从12月13日起,重庆舆论掀起新一轮对方先觉的宣传活动。13日《大公报》发表社论,题为《向方先觉军长欢呼!》。内称:"方军长打了抗战以来最艰苦的硬仗,他最后也没失掉中华军人的节操,所以我们特别欢呼:'我们的英雄回来了!我们的抗战精神回来了!'"社论最后写有这样几句话:"语云'知耻近乎勇',军人最应知耻。顶天立地汉子一定要脸,方军长及第十军的将士们就是知耻有勇的标准军人。"同日,《大公报》还发表了对方先觉的长篇采访。记者说:"关心方先生的千万同胞,都为方先生的脱险归来而喜悦!"方的调子很低,只说道:"我虽然回来了,但惭愧却难免。因为我既未成功,又未成仁!"

衡阳战败是对蒋介石声誉的重大打击,然而通过方电的发表,方被塑造为军人典型,而这位军人典型则又出自"钧座平生教育",这样,蒋介石不再因战败而汗颜,相反,却因教育了一位典型军人而增光添彩。衡阳失守的战略后果十分严重,然而通过"最后一电"与"最后一课"的类比,方电遂成史诗。既然是史诗当然应该歌颂,而赞美之声一经掀起,战败的责任也就不便追究而不必交待了。12月30日,重庆各界200余人为方先觉召开了一个大规模欢迎会。慰劳总会副会长马超俊致词称:方先觉等"不仅为全国同胞热爱感佩,全世界的人士至我们的敌人也表示无限的钦敬"。谀词愈多,愈是廉价。方先觉致答词称:"苦守衡阳的结果,仍然是将先人千辛万苦开拓的土地一寸一寸地被敌人占去,我们实在是民族不孝的子孙。"

在举办各类欢迎活动的同时,方先觉重任军职一事被提上议程。其投敌嫌疑能否抹去,很大程度上取决于方先觉能否再任军职。12月24日,蒋介石径直下令任方先觉为39集团军副总司令兼第10军军长。然而,当该案似乎进入尾声之际,一个新的麻烦不期而至,造成蒋的欲罢不能,此即中共的介入。

12月25日,延安《解放日报》发表关于方先觉投敌问题的长篇专题报道,引证日军发表的方先觉多篇降敌谈话,将方先觉投敌问题坐实之后,文章调转笔锋指出:"此等叛国逆贼,居然在重庆大受欢迎,被誉为'中国军队人之模范',蒋介石对他们则'慰勉有嘉'。"把叛国逆贼与蒋联系起来,对方的批判落在蒋的身上,这样,方先觉一案又由重庆与日军的"口角"演变为国共两党的"口角"。蒋介石已没有任何回旋余地,必须为方辩护到底。1945年2月,蒋介石下令授予方先觉青天白日勋章。这是蒋介石故意做给中共和其他持异议者看的。然而这枚勋章还是不能平息争议。当年5月5日，国民党在重庆召开六全大会，5月10日，国民党候补中央执行委员王昆仑在大会发言，就方先觉问题提出质询。唐纵记载："上午大会，王昆仑质询方先觉投降敌人又逃回后方，外面颇有怀疑，究竟如何，请军部答复。休息后，总裁训话……总裁大怒，拍桌而骂。"结果，原任候补中执委员的王昆仑在接下来的选举中落选。

蒋介石不许对长衡之战有与国民党中央异样的评议，但在心里对手下高级将领薛岳等人伤透了心。近些年来，大陆出现很多介绍国民党正面战场的书籍，有一些还把薛岳当作抗日几大著名常胜将领进行吹捧。薛岳的侄子在回大陆访问省亲时对这一现象目瞪口呆。所谓几次长沙保卫战大捷的神将军薛岳，在台湾毫无声息。几十年来，国民党军的正统史料根据蒋介石父子的口径，矢口不提薛岳和长沙几次会战。薛岳在台湾的余生都避提他在抗战期间的战绩，更不提他在抗战后国共内战的一系列败战经历。"神勇将军"一称号何来？薛家后人都不好意思接受。当然，在长衡会战中，中国中下级官兵不少人为民族存亡而战，为国英勇捐躯，可歌可泣。

据日军陆军部数字：5月27日进攻长沙开始，至8月8日止，日军在衡阳城的进攻作战中死伤共1.21万人。

桂柳之战和"领路军"

日军8月攻克衡阳后，下旬，派遣军总司令官畑俊六为了完成打通大陆走廊最后一阶段作战——打通湘桂铁路线，经报请大本营批准，新设第6方面军司令部。桂柳之战由新设第6方面军司令官冈村宁次指挥。理由是冈村宁次在河南的作战比湖南作战的横山勇打得要好看一些，因而畑俊六给冈村宁次升了官。第11军的横山勇早就认为第6方面军司令官一职非自己这个主力部队司令官莫属，因而方面军司令官的宝座没有坐上，他很生气。他与畑俊六的不睦，又引起与升迁飞来的上司冈村宁次的不和。以致后来冈村宁次再升为中国派遣军司令官后，先将桀骜不驯的横山勇开回日本国内。

冈村宁次上任第6方面军司令官后，很快就提出了他的战役计划：横山勇的第11军南下攻桂林，第23军从广东西部进攻柳州；第11军攻下桂林后，迂回柳州西方，与第23军共同包围歼灭第四战区主力于柳州以西。完成打通大陆走廊任务。

9月8日，忧心忡忡的中国第四战区司令长官张发奎上将从桂林来到全州，与第93军军长陈牧农一起，视察了黄沙河防御阵地。途中张发奎突然发问："蒋委员长给你的命令是什么？"陈答："死守全州！"

张发奎苦笑道："我不同意这个命令。当前日军的情况你都清楚了，第11军平时一直保持36万5千人的兵力，而且都是日军中的精锐主力。现在，仅凭你一个军能守住全州？我若也命令你死守全州，无疑是置你军于死地。"张发奎对"死守"这个字眼十分不满。他的侄儿，第4军军长张德能就是奉命死守长沙因而丢了性命的。在张发奎看来，长沙死守是失，不死守也是死，何苦要死守，以致全军覆灭呢。还把自己的亲侄子枪毙。

陈牧农也感到死守全州难免全军打光，重走方先觉第10军的老路。

张发奎客气中带着严厉说："你既然已拨归本战区指挥，那么，我给你的命令是：有效地阻击迟滞日军。记住，要尽力阻击日军，时间愈长愈好。什么时间撤退和向什么地方撤退，必须等我的命令。"

9月10日，日军第11军和第23军同时发动进攻，各方战报不断传到桂林张发奎的战区指挥所。越怕有鬼的地方越闹鬼，全州方面的情况令人吃惊。10日夜间，日军第11军第13师团仅以步兵第104联队的第1大队，即轻易突破国民政府第93军黄沙河防线。9月13日，这股日军又顺利进入全州县城。原来，第93军军长陈牧农把张发奎的坚决抵抗的训令，变通为征性抵抗，以保存实力。而且也不待战区长官部的命令，就自作主张擅自率全军退出全州。

日军未费力气如此迅速地占领全州，使桂林北面门户洞开，造成桂林地区各部队处于混乱状态，整个广西形势顿时紧张起来。

张发奎闻讯急得团团转，对陈牧农的行为气得七窍生烟。他接到蒋介石从重庆发来的一道电令：陈牧农擅自撤退，违反军令。令张发奎立即将其逮捕枪毙，以昭鉴戒。

发怒的张发奎对陈牧农的气一下消了，无可奈何地叹口气，自言自语道："又是一个死在死守二字上的高级将领。"又一想，也活该，作为一军之长，谁叫他如此轻率，见了敌人拔腿就跑。

张发奎令桂林防守司令部司令官韦云淞负责执行蒋介石的命令。韦又叫总务处长韦士鸿带人前往第93军把军长陈牧农抓捕，押解到桂林枪毙。陈牧农被枪毙后，震慑住了惊慌失措的部队，新任93军军长甘丽初指挥该军在兴安和大榕江地区，拼死抵抗日军第11军的进攻，使广西形势暂时趋于稳定。

10月初，蒋介石派白崇禧和作战厅长张秉钧飞抵桂林，协助张发奎指挥第四战区在广西作战。守住广西，首先要守住桂林。桂林周围耸立着许许多多柱形山，如同一个个巨大的碉堡据点。而且这些奇特的柱形山上布满大小洞穴，大的可容上千人，小的可藏十多人。守军认为这是天然的战斗掩体，也可作为弹药、粮草储存仓库。于是，守军纷纷把弹药、粮草往山洞中搬，准备凭险防守。此时，美国人史迪威将军飞抵桂林，审阅了战区作战计划，认为还不错，表示同意。并令陈纳德的第14航空队运来一批美国新式炮火，分配给桂林守城的部队。

10月14日，日军司令官横山勇把第11军指挥所推进到全州。19日至20日，横山勇在全州召开各师团长会议，拟定进攻桂林作战方案。最后决定：第58师团从北面进攻；第40师团向东侧进攻；第37师团从东正面进攻；第34师团步兵第218联队向西南方进攻；第13、第3两个师团，迂回桂林城，向南推进。第34师团主力留守全州。

10月中旬，日军第23军利用西江水运，向广西急进。其独立第23旅团于10月11日攻占桂平重地，成孤军深入状态。

张发奎征得白崇禧的同意后，决定以第46、64军从荔浦南下，歼灭该敌。第46、64两军迅即南下，将日军独立混成第23旅团包围在桂平地区。10月20日，在美军飞机的轰炸掩护下，发起攻击。

日军第23军主力正埋头猛进，先头部队突遭包围攻击，纷纷向桂平扑进，前来救援，战略部署被打乱，与方面军冈村宁次和第11军的通讯联络也中断了。

10月28日，日军第11军推进到桂林外围，与守军展开激战。

由于日第23军通讯中断，横山勇中将对该军情况一无所知。11月2日，第11军司令部根据监听到的情报，得知中国军队正不断向桂平调动，因此判断：中国第四战区主力正向第23军发起攻势。同时，他们还通过无线电侦听到驻在柳州外围的守军主力，已不知去向，看来柳州只有一两个师的兵力。

日军第11军参谋长十分欣喜，提出抽两个精锐师团从桂林南下，这样本军既占桂林又占柳州，可抢一大功。

参谋长将这个设想报告横山勇中将。横山勇顿时大喜，当即批准此方案，并向参谋长指示："本军司令官如今既已下定决心，就是违背了方面军的战略意图，也要坚决干下去！为了完成这一作战目的，我认为最重要的是采取坚决行动，只要不接到冈村宁次大将'停止'的命令，就干下去。"

11月3日，横山勇中将在已经命令第3、第13两个精锐师团绕过桂林南下之后，才电告冈村宁次。

方面军司令官冈村宁次见电大怒。他认为横山勇这一着完全打乱了他的整个战略意图。他的意图是在柳州西面全歼中国军队第四战区主力，这是第6方面军此次广西作战的主要目的。现在，第11军兵力分散，无法进行向柳州西面的大迂回包围。同时，第11军过早攻占柳州，也会使中国军队主力受到威胁而溜走。气得冈村宁次拍着桌子大骂横山勇"越权！"

方面军参谋长宫崎也怒不可遏，大骂横山勇"自私！破坏了方面军的战略大计！"方面军副参谋长更是火上浇油地说："这是横山勇专横、霸道，是对方面军统帅的侵犯，蔑视！"

此刻，日军第6方面军的主官冈村宁次和参谋长宫崎恰巧都染病卧床。

冈村宁次暴跳如雷地在病床上大骂一阵之后，马上给横山勇发去一道特急电报，命令他停止第3、第13师团的南下柳州的行动，一切按方面军的原计划行动。

横山勇看过冈村宁次的电报，不以为然，认为冈村宁次根本不了解目前已经变化了的战场形势。于11月4日夜里，复电陈述自己的随机处置是正确的。

冈村宁次气得七窍生烟，于11月5日夜，以"第11军司令官横山勇亲启"发出急电：

余重视宜山胜于柳州。

冈村大将

横山勇见了冈村宁次电报，认为这家伙死脑筋，太固执，如今即使再申诉意见，也无济于事，索性不理睬他，也不回电。

至此，中、日两军战前拟定的战略企图都告失效。日军第11军急功冒进，既攻桂林又打柳州，使冈村宁次围歼中国第四战区军队主力的企图破产。也因第11军快速突进，攻打柳州，使第四战区企图在桂平地区围歼日军第23军一部的计划落空。

张发奎本来亲自指挥守军围歼桂平之敌的战斗，就是要成建制地削掉日军一部，谁知正进入白热化时，日军横山勇的两个师团突然南下柳州，使桂平的中国军队侧背受到威胁，于是放弃正在进行中的围歼战斗，主力赶紧向西转进。

11月8日，桂、柳两城的攻守战斗同时大规模展开。

桂林方面守军战况悲惨，日军第11军炮兵部队以轻型火炮48门、野战火炮109门、重炮42门，在山崎清次少将指挥下，向守军集中轰击。第5航空军也出动大批飞机轰炸扫射。中国军队则以远程大炮回击敌人。双方进行了长时间的猛烈炮战。随着日军的推进，桂林城郊那些耸立的柱形山上的中国军队被分割，日军以大炮对着一个个山岗轰击，同时大量施放毒气，守军第131师的两个团被封闭于各山洞内，成百成千地被日军施放的毒气窒息于岩石山洞牺牲。第131师师长阚维雍将军在绝境中自杀身亡，以身殉国。

11月11日，桂林、柳州两城同时失守。

这天，美军第14航空队奉命出动B29轰炸机前去轰炸南丹、六甲地区的日军。可是，机场指挥处却把六甲错译为六寨。于是，那些挂满炸弹的B29飞机，带着错误的出击命令，从成都地区的机场腾空而起，向广西北端飞去。六寨是广西边境上的一个市镇，在这个长不及三里的街市上，麇集着数万难民和许多后方机关人员。张发奎的第四战区指挥所也设在这儿。当17架两翼上标有五角星徽的美军飞机出现在六寨上空时，镇上的军民都纷纷涌到街头，欢呼雀跃。可是飞机低空掠过小镇时，却撒下雪片似的传单，接着就把炸弹一个接一个地丢了下来。顿时，血肉横飞，哀声四起。

张发奎的指挥所被一颗重磅炸弹粉碎。战区司令部所有的作战资料、文件，连同战区司令长官多年的日记，都化为了灰烬。在地动山摇的爆炸声中，战区司令部和附近部队里一个中将、两名少将、8个上校、200多名中校以下军官、800多名士兵，连同5000多名难民，都做了这场错误轰炸的冤死鬼。

11月底，日军逼近贵州边境，形势异常紧迫。蒋介石急令第六战区第87、94两军，从鄂西火速赶往贵州黄平、镇远，换成美式装备，由汤恩伯指挥，向西进之敌侧击。又令第一战区第98、9、57、29、13共5个军，火速赶往贵阳、马场坪、都匀、独山等地，也归汤恩伯指挥，阻敌进攻。同时，蒋介石又派出参谋总长何应钦赶往贵阳，统一协调指挥作战。

28日，日军南方军奉命接应中国派遣军的作战行动，抽出第21师团一部从越南突入中国，向广西绥渌（今属扶绥）进攻。在双面夹击下，中国军队溃退入贵州。日军以3000余人的兵力沿黔桂公路追击，如入无人之境。12月1日，日军第13师团突破贵州边境防线，向独山猛犯。3日占领了独山。同时，第3师团攻陷贵州边镇荔波，向都匀猛扑。12月10日，日军第21军与第23军各一部在绥渌会合。至此，大陆交通线全部打通。

开始说是围攻，稍后改为抵御的国军部队一路溃退，被日军追着屁股一路猛打。败逃的国军被讥讽为日军的"带路军"。"带路军"这个新词不断出现在报纸上，成为笑柄。

在日军的连续攻击下，沦陷区一片片扩大，大后方即国统区逐渐缩小。国民党政府感到巨大的生存压力。

1944年4月至12月期间，日军在中国河南、湖南、广西三地开展的大规模攻势中，中国军队在豫湘桂战场上损兵50—60余万人，丧失4个省会和146座城市、7个空军基地和36个飞机场，丧失国土20多万平方公里，6000万人民陷于日军铁蹄之下。

豫湘桂战役的大溃退是抗战以来国民党正面战场的第二次大溃退，国民政府军事委员会由于战略指导失误，战役指挥失当，加之国民党政府长期执行避战、观战政策，致使豫、湘、桂大片国土沦陷，空军基地、场站被毁。更严重的是这次大溃败使部队丧失抵抗信心，失败情绪弥漫在国统区。

国统区的军队和人民笼罩在失败的阴影中

自1944年春天起，国际反法西斯战争越来越有利于被侵略国家和人民。而在中国，豫湘桂战役爆发之前的3月初，蒋介石曾指示"各战区要发动夏季攻势"。计划在美国空军协助下，发动对日军的总反攻，收复华北。谁料想，欲攻未攻，反被日军打了个措手不及，日军打通大陆交通线的豫湘桂战役，使中国不但丧失了百余座城市和6000余万人口的大片国土，还损失了厂矿总数的三分之一，丢掉了年产粮1.2亿石的重要产粮区。日军此役还将国民党统治区沿铁路线东西分割开。

国统区军民本希望国民政府和军队多打一些胜仗，早日把日本鬼子赶出中国，收复沦陷国土。此战恰似当头一瓢冷水，让人民从热望中跌进了冷窖，国统区笼罩在失败的情绪之中。

军方立即成为众矢之的。重庆的统帅部开始向各战区推卸责任，各战区不敢公开指责上级，就把责任推到部属或友邻部队身上，还有的在长官之间相互推诿或相互埋怨。有人揭发汤恩伯部的河防部队面临日军渡河攻击时，负责平汉路作战的副司令长官汤恩伯竟然在距郑州前线五六百里外的鲁山泡温泉，与部队失去联络。战后汤在陈诚奉命召开的检讨会上，被迫担起败战责任，但私下却将责任推给第一战区司令长官蒋鼎文。

国军将领不能客观地在战略战术及战场的自身部署、指挥、调动等方面检讨原因，后来又指使无良文人指责共产党见死不救。说什么"八路军，已拥有八十万行动敏捷、作战剽悍的游击部队，竟然坐视日军对中国从北到南、全方位的攻势"，"当时的共军若是全力出战，可以让抽调一空的日军在华北全面的瘫痪。中共的冀鲁豫军区与苏北的新四军近在咫尺，朝发夕至，这绝对是战略上的绝招"。国民党军队还蛮横无理地指责"八路军除了收编国军残兵与扩大地盘之外，完全持坐山观虎斗的消极避战态度"。此谬论一出，当即受到共产党人驳击。

中共严正指出：国民政府在豫湘桂会战作战部署和兵力配置，本来国民党可以调动更多部队抵御日军进攻，但为了"预防共党扰乱后方"，很多兵力却用来监视八路军了。最为明显的例子是，当日军开始进攻湖南的时候，国民党军事委员会讨论作战计划，是把预防日军和预防中共并列为两个议题。有人统计，国民党军对付日军与监视中共的兵力之比大约为七比一。为了提防八路军，重庆方面以21个师的部队在陕西中北部地区布防盯着延安。此时中共根本做不到全力以赴对付日军，因为他们还要随时应付国民党顽军的捣乱和袭扰攻击。

中共还公布了国民政府秘密会议的防共、围共内容：1944年6月8日，日军正大举从湘北南犯之际，军事委员会在重庆开会讨论国军各战区作战计划，主要议题有二：一是预防日军北犯陕西潼关，南犯广东曲江；二是预防共党窜扰后方。6月10日，军令部拟具《国军今后作战指导计划大纲》，其第一条即要求"第八战区以第一线兵团，依陕东、绥西既设阵地，拒止敌人，并监围奸伪"，"如奸伪以抗战口号向西南窜犯时，应令其向渭河以北、三原以东截击敌人，我监围部队应由东向西逐次向长武、邠县、栒邑、正宁方面转移，绝对防止其向该线以西以南窜扰"。此处所称的"奸伪"显指中国共产党军队。同日，蒋介石根据军令部所拟的这一方案，分别密电第八战区司令长官朱绍良和副司令长官胡宗南，针对如何防范中共，作了具体的军事部署。可见即使在日军攻势最激烈之际，国军亦未敢懈怠对中共军事扩张的防范。

国民党和共产党确实有着不同的政治诉求，但是，抗日战争并不是任何一个党派的反侵略战争，如果把党派利益放在首位，显然会伤害到民族的整体利益。国民党始终没有放弃"攘外必先安内"的政策，常常企图在战场上让对手削弱非嫡系中部队，更是时常把共产党的武装当作异己，除之而后快。当然，在抗日战争中，共产党也没有讳言发展壮大自己，"放手发动群众，壮大人民力量"是这一时期中共的重要目标之一，因为只有壮大人民力量，才能打败日本侵略者。

美英盟国对于国民党在战局极为险峻的时候，也不愿抽回防备陕甘宁边区的部队大为不满，指责国民党以数十万部队监视中共而影响了对日作战。美军顾问纷纷报告国军失败的种种原因，逼着国民党军队进行战役检讨。

豫湘桂战役第一阶段豫中会战结束后，国军新任第一战区司令长官陈诚在豫陕边界附近的西峡口召集汤恩伯部师以上长官和河南专员以上行政官员检讨失败原因，曾总结说河南会战失败是由"四不和"造成的：一是将帅不和（蒋鼎文与汤恩伯争权夺利，不仅同一战区指挥不能统一，而且实际形成两个战略集团，并相互钩心斗角）；二是军政不和（作战时地方不支持，且多掣肘）；三是军民不和（老百姓对国民党军队避而远之）；四是官兵不和（大量士兵是硬抓来的，且不听指挥，逃亡率极高）。这一总结虽然未触及本质的问题，但所归纳的几个原因是完全符合事实的。

其实，国军豫湘桂大战之所以惨败，最根本的原因是腐败。有人总结表现在三个方面：（一）抗战意志衰退；（二）军官贪污腐化；（三）汤恩伯军队的纪律太坏，当地人民恨之入骨。1943年河南大灾，河南参议会和人民群众说："河南灾荒除水灾、旱灾、蝗灾外，还有汤灾。""汤灾"指的是汤恩伯极其军队。国民党的军队不仅得不到民众的支援，而且如《检讨》中所说：豫西的民众"到处截击军队"，"甚至围击我部队，枪杀我官兵，亦时有所闻"。军队所到之处，保、甲、乡长逃避一空，"将仓库存粮抢走，形成空室清野，使我官兵有数日不得一餐者"。第13军89师266团团长方耀也说："由于汤恩伯的军队几年来驻扎在河南，军纪不好，所以当汤军突围时，几乎每个村庄都向军队打枪。"方耀也记述了自己所在的部队：第13军突围后，行军十多天，开始时沿途百姓还表示欢迎，在路旁端着茶水给过路的官兵喝，由于官兵抓了十几个民伕，进入民房翻箱倒柜，强取民间粮食、燃料、蔬菜、杀猪、杀鸡，分文不给……使得"有些老百姓牵着牲口带着东西上山避难，军队路过时上山搜索，牲口拉走以作军用，贵重物品抢走……因此沿途百姓闻风而逃，弄得十室九空，民众恨之入骨"。

据《河南抗战史略》载，1944年河南战役爆发后，国民党军队一触即溃，逃至豫西伏牛山区，杀人放火，抢劫民财。豫西民众在求生不得的情况下，纷纷揭竿而起，围攻祸国殃民的国民党军队，收缴其枪支弹药。腐败透顶的国民党军队整团整营被缴械，也有不少国民党官兵乘机将收集的武器变卖给民众。汤恩伯的卫队、第31集团军总司令王仲廉的总部直属队就是这样被缴了枪。一向暴虐的汤恩伯唯恐被激怒的民众活捉，吓得化装成伙夫只身潜逃。第一战区司令长官蒋鼎文在洛宁西张村害怕被民众生擒，不敢乘坐小汽车，偷偷地骑个小毛驴灰溜溜地逃命。新8军军长胡伯输佩带的白金左轮手枪也被民众缴获。汤恩伯的嫡系第13军民怨最大，不管到哪里，民众认出来就打。后来第13军的官兵每到一地就诈称是第85军。民众一想，"八五一十三"（即八加五等于十三），还是这帮坏蛋，仍旧照打不放。就这样，第13军残部被群众打得无处藏身。

豫西民众在不到一个月的短短时间内，收缴国民党军队枪支达10万余支，组成了一支支抗日自卫武装。在洛宁，进步爱国人士李桂五组织了一支1000人的抗日游击队。进步人士贺澎三也组织了一支近千人的洛宁支队，此外，他们还成立了数千人的抗日后备队。这一时期，豫西各县组织起来的抗日民众武装有数万人之多。在豫中叶县，数千农民为求生存，发起抢粮斗争，将国民党第31集团军搜刮来的200多万斤军粮一抢而光，分发给附近乡村的农民度荒。

1944年夏，豫南久旱无雨，河流干枯，田园龟裂。群众到处寻找水源，挖地掘井，仍不能栽上秧苗。可是国民党第五战区豫鄂边游击总指挥部仍在桐柏山区增派苛捐杂税。溃退到桐柏山区的国民党军队更是抓丁拉夫、摊派钱粮，敲诈勒索，逼得豫南、鄂北人民喘不过气来。官逼民反，7月21日，桐柏山南的四十里冲，有一个叫王川的小学教师组织了700余农民，攻入驻扎在豫鄂边天河口的国民党第五战区豫鄂边游击总指挥部。总部的特务连、工兵连、机枪连和第1大队全部被缴械。总指挥何章海被暴动的民众活捉，作恶多端的副官何枋等10多名官兵被民众当场处决。国民党第五战区司令长官部闻知豫南生民变后，立即命令第69军28师前往镇压，第28师在桐柏山区大肆屠杀民众。天河口一带，凡在十岁以上的男女，均不能幸免，被杀害的民众达5000余人。被烧、被抢的人家不计其数。这是抗日战争时期国民党军队制造的镇压本国民众的最大惨案。但是，不畏强暴的豫南、鄂北人民没有被国民党军队的屠杀所吓倒。7月底豫南数万民众不约而同群起反抗，将国民党第28师全部缴械，杀死该师师长，组织起了豫南农民救国军，他们以"反对军队勒索壮丁，反对不抗日的军队"为号召，活动于四望店、吴家大店、汪溪店、天河口、应家店一带，开展抗日救国、保境安民的斗争。河南民变是由国民党军队和政府残酷压迫和掠夺人民造成，也是国民党长期推行不顾人民死活的反动政策带来的必然结果。

重庆国民政府在日军"一号作战"中连番受挫失地的情形，极大程度地损害了美国对中国以蒋介石为首的国民党及军队的看法，加深了美国陆军四星上将、驻华美军司令、盟军中国战区参谋长、约瑟夫·华伦·史迪威与蒋介石的矛盾。史迪威是西点军校的高材生，参加过第一次世界大战，担任过营长、代理参谋长、团长等职，会讲中文，后曾担任过美国驻华大使馆武官。作为军人，他是恪尽职守的，也有相当的作战经验。珍珠港事件后美国参战，史迪威被派到中国，先后担任中国战区参谋长、中缅印战区美军总司令、中国驻印军司令等职务。在华任职期间，他充分认识到无论从政治、经济，还是军事方面来看，都很难依靠国民党军去战胜日本侵略者。同时，他认为中国共产党代表中国的新兴力量，对共产党给予同情。

面对中国的颓势战局，他积极协调。6月15日，美军68架B29从印度起飞，在中国落地加油后，直飞日本九州地区，轰炸了日本八幡铁厂，实现了自1942年4月舰载B25轻型轰炸机空袭东京之后，美军首次对日本的战略进攻。1944年10月，美军对日本空袭再次升级，迫使日本调来更多的战斗机进行防御。此后，美军飞机的轰炸范围逐渐扩展到长崎、佐世保乃至中国的沈阳、鞍山等地。但是由于这一时期B29挂弹过少，在某种程度上影响了轰炸效果。

1944年7月，在史迪威的斡旋下，第一批美军观察组终于抵达延安参观。由于史迪威将军在政治上同情中国共产党，支持中国的民主和进步事业，因而受到蒋介石的冷遇。1944年10月，史迪威与蒋介石之间的关系在此役前后恶化到临界点，史迪威以此役中国军队拙劣的表现与辖下印度蓝迦滇缅远征军的精锐做对比，直指蒋介石政权腐化无能是导致战争延长之主因，甚至进而主张由自己取代蒋介石担任中国战区最高统帅，而蒋介石也几近愤怒地要求美方撤换史迪威。这场中美指挥权的冲突最后美方退让，1944年底美国政府决定召回史迪威，但美国政界及民间对中国国民政府的印象已转趋不信任与轻视。大溃败后的大撤退，不仅影响了美国对国民政府的援助，一定程度上也影响了战后国共内战的结果。

大溃败后的迁都风波

日本帝国主义侵略中国后，中国国民政府从首都南京仓皇撤离。先是撤到武汉，后又退至长沙，再又退到桂林，最后落脚在重庆。重庆作为战时中国政府的陪都，刚安稳了几年，在1944年末至1945年初的时候，又冒出了迁都动议，引起了极大风波。

1944年秋季，在日军打通大陆交通线的"一号作战"中，中日双方的豫湘桂会战第三期的桂柳作战阶段极其惨烈。日军进攻前，民众为逃避战祸，纷纷逃离。桂黔路上，火车拥挤不堪，大批难民聚集在火车内外，甚至火车头上都挤满了人，等候开车。

10月28日，日军十几万人马大举进攻桂林，桂林保卫战开始。桂林守军都是当地人，"子弟兵"进行了异常顽强的抵抗，日军曾经27次冲入桂林市中心，都因为陷入巷战的泥潭损失惨重而不得不撤出，城区巷战始终处于白热化状态。日军第58师团在日后的战报中称："我师团在桂林遭到广西当地土著武装的顽强阻击，这些土著武装的装备虽差，但是极为凶悍，至死决心甚浓，其勇猛为我军远远不及，我军士气低落到极点。"到了11月7日，日军见强攻伤亡巨大，使用了大量毒气弹攻击桂林各处守军阵地，守军中大多数没有见过毒气，不知躲避，所以大量中毒死伤，其中800名桂军士兵（多为伤兵）在七星岩抵抗日军数日，日军在损失了近千人后向七星岩内施放毒气，七星岩内桂军官兵大量中毒，日军此时冲入其中，很多桂军士兵用仅剩的一点点力气射击日军并同日军肉搏，但终因中毒太深和弹尽粮绝而全部被日军杀害。11月10日桂林城陷落，守军1.9万余人当中，1.2万人战死（其中一半被毒气毒死），7000多人因为中毒昏迷不醒而被日军俘虏。而日军的伤亡据日军后来递交大本营的战报中说："桂林一役中阵亡13900余人，伤1910余人，失踪300余人，其中阵亡9名大佐级别的联队长、31名中佐级别的大队长，近100名中队长和小队长，漓江之水为敌我两军之血染之为赤，此役并非在于规模，而在于敌军之勇猛。"桂林战役后，听不少广西的老人说，在漓江上整整有近五公里的江面上都是中日两军官兵的尸体，战役之残酷可见一斑。

桂林、柳州、南宁相继失陷后，侵华日军第3师团和第13师团之主力约1万人，分3路北上，追击国民党杨森部、陈素农部等溃退军队。溃退的中国军队成了日军的"带路军"。日军沿黔桂公路、铁路乘虚而犯，如入无人之境，并很快攻占贵州军事重镇独山。独山距离陪都重庆不过500多公里，因此日寇大肆叫嚣，1945年元旦会师贵阳，进攻重庆，彻底消灭蒋介石的国民政府。

从河南会战大败的逃跑将军汤恩伯就任黔桂湘边区总司令，他的无能和无德，加剧了难民的恐惧。桂柳会战失败前后，成千上万的百姓为躲避战祸，被迫背井离乡，向大后方逃难。华中、华南的数十万难民及大量散兵、伤兵逃至广西，来不及歇脚，又闻国军打了败仗，便又蜂拥至贵州。黔桂铁道、公路上，各省逃亡的难民充塞路途，川流不息，人哭声、马蹄声、车鸣声，此起彼伏，不绝于耳。史载，1944年11月28日广西南丹沦陷，独山境内从麻尾到深河90公里的路段和山间小道，每日自下而上的难民不下10万，各种车辆不下数百。难民们拥塞汽车上、火车里，挤不上者则攀援于车厢周围，甚至将身体绑在火车底盘架上，有的悬身车厢下部空隙，或蜷伏车厢顶，只顾逃出日寇魔爪，全然忘却了生命安危。更多的是一家家扶老携幼，肩挑背扛，一路呼天抢地。这股人流没有固定投宿地，路上走的，路旁支棚睡的，临时架锅煮吃的，比比皆是，呈现出被侵略国民不甘心当亡国奴而四出逃命的悲惨景象。长沙人谭锋在其遗稿《三千里流亡记》中写道："过（南丹）六寨后敌骑益逼，自朝达暮，一片炮声。铁弹所堕，地愤而飞，肉碎血溅，当者靡幸其时，马死车倾，交通阻塞……12月1日奔走独山时，天乃大雪，于烽火中拾得一婴，行将气绝，初疑为吾幼女，火光下方知辨误，妻犹强之，怜不忍释。终因火势益烈，不可久留，是夜鬼哭狼号，风传前桥炸毁，深河一带，悬崖绝壁，滞车万辆，虽焚毁其半，仍无隙可前，且败军蜂拥，老弱惊避……"

逃难大潮从广西、贵州直奔四川，一些难民已经流落重庆街头，老百姓、流亡师生、政府工作人员一片恐慌。甚至，美国和英国都开始撤离在重庆的侨民，以避"南京大屠杀"再次重演。驻重庆的外国记者纷纷发出"重庆危急"的消息，许多报刊在醒目位置刊登《华南日军进攻迅速，渝府再将迁都成都、兰州或西康省》的消息，大溃败后的大恐慌，迅速蔓延。

蒋介石闻讯后说："自三合、独山及都匀之姬家桥相继陷入敌手，战况危急，不仅西南各省人心动摇，而英美有要求撤侨之事，益造成社会之惶惑不安"，"八年来抗战之险恶未有如今日之盛者也"。显然，蒋介石有些惊慌，他急令中国远征军两个军返回国内，保卫陪都重庆。

美国军事顾问魏德迈眼见国军难以抵御日军，危机之下两次建议蒋介石迁都西康省（今四川雅安地区一带），以避锋芒。陪都的有钱人纷纷转移金银细软，低价销售大批房产和店铺，各类准备逃跑的消息充斥报纸版面或传播于大街小巷。

蒋介石再次动了迁都的心思，他实际上早有迁都的准备。

1938年底，蒋介石在西康省西昌（现归四川省管辖）特设行辕，以统管基地建设。蒋介石之所以在这个地方设立行辕，是有其深谋远虑的。随着抗日战争形势的变化，西南成为背靠同盟国的重要后方，西昌属于西康省，该地处于西南中心地带，距印度、缅甸不算遥远，又是连接川、康、滇诸省的咽喉要道，战略位置十分突出。蒋介石打算在重庆一旦保不住时，就把国民党政府迁往西昌，据点驻守，依靠英、美继续与日周旋。为此，蒋介石派其得力干将、原重庆行营办公厅副主任中将张笃伦为行辕主任，并抽调拱卫"陪都"重庆的国府警卫军第36师（由德国训练装备的3个师之一）来西昌防守。

张笃伦是湖北孝感人，毕业于保定军官学校，和川军军阀刘文辉有同学之谊。1939年元月，西康正式建省时，蒋介石派他为中央代表，到康定（现雅安市）为省主席刘文辉宣誓就职进行监誓，实为监督刘文辉。张笃伦和蒋介石的心腹、后来担任国民政府行政院院长的张群私交很深。因此，时任重庆行营主任的张群保荐张笃伦到西昌任职。

西昌行辕地址在西昌城内府街，原四川省第十八行政督察专员公署内。这个行辕组织起初机构较小，全部官兵不过360名，后来机构越来越庞杂，人员也越来越多。人员最多时达1000余名，成为蒋介石在西康官僚机构中最大的一个。然而，西昌当时还是一个交通不便、环境闭塞、经济落后的边陲小镇。没有电灯、电话，难以担当战略基地的重任。加之抗战形势不乐观，需要加快基地建设。于是，一些建设项目经常是以蒋介石手令下达，并以军法要求限期完成。西昌的小庙机场原是一个小型临时机场，后改造成当时后方的最大机场之一，可以起降各类重型飞机。1942年以后，这个机场成为美军开辟的驼峰航线唯一中途站，进驻美国空军。这条自印度兰姆迦基地经西昌至重庆的空运线，是抗战后期中国对外交通生命线。其次是修筑乐（山）西（昌）公路和"西（昌）祥（云）公路"，这些公路成了后方运输大动脉。经过不断加紧建设，西昌的建筑有了很大改观，市内"新村"有四面走廊式平房36幢，蒋介石专用的一幢居中，称"特宅"。"新村"环境优美，背山面水，有自成系统的发供电设备，有线、无线电通话设施也很齐全。还建立了医疗卫生、物资供应等机构。担任特区警戒的初为辕院特务营，后为国府警卫军一个加强团。

桂林、柳州、南宁相继失陷。日军一个月长驱400公里，此时距重庆约500公里，照此进攻速度计算，迁都传言不能不让百姓信以为真。

国府迁都，地动山摇。古今中外早有历史证明之。

从西康省的位置来讲，若迁都至此，一定到了抗日最悲观的时期。下一步就是政府流亡境外，作流亡政府了。

听闻迁都消息，全国一片大哗。

在这样的情况下，国民党政府受到巨大舆论压力，赶紧出面辟谣，誓言"陪都绝不离渝"。蒋介石也被迫公告了"战争总动员"，发出了"一寸山河一寸血，十万青年十万军"的号召，要求有知识的青年学生投笔从军。蒋介石在国民参政会即席演讲称："国家在此紧急战时关头，要先其所急，使知识青年效命于战场，因为知识青年有知识，有自动判断的能力，队伍中增加一个知识青年，就不啻增加了十个普通士兵。"

国民党成立了"知识青年从军征集委员会"，蒋介石亲自担任主任委员，党、团、军、政各方面负责人及各大学校长、社会名流等担任委员，蒋介石的儿子蒋经国也是委员之一。为了鼓励知识青年从军，还提出各种优待条件，如：复员后可以免考免费升学；愿意就业的可以优先就业；大学生可以公费留学，等等。这样，在很短时间内，先后成立了青年军9个师。蒋介石成立青年军的用意，不仅是为了扩充抗战力量，其更重要的目的，首先是在政治上与中共争夺青年，因当时许多爱国青年都认为到延安去是"抗日救亡"之道，纷纷取道投奔延安；其次是要把青年军办成一个训练干部的大学校，重建"黄埔精神"，创立新军，为大规模扩军、反共打内战做准备。

蒋介石成立了"青年军政工干部训练班"，由大公子蒋经国任班主任。青年军成立政治部时，由蒋经国任中将主任。从青年军的人事安排中已经初步看出"蒋介石—陈诚—蒋经国"的布局。有人说青年军是蒋经国登上政治舞台、准备接班的一股政治力量，这种说法不无道理。

蒋介石在国难面前，照样打他的家天下的小算盘。美、英的罗斯福、丘吉尔都看不起他。无论蒋介石口头承认与否，但他狡兔三窟，确实有迁都的念头和实质性准备。他身边的文官武将们，早已心照不宣遍知，蒋心目中的陪都落脚点是在西康省，但不是军阀刘文辉的大本营省会康定城（雅安）。当然蒋也是不到万不得已，不走此路。

桂林、柳州、南宁相继失陷，日军侵犯贵州，直逼陪都重庆。值此紧急关头，蒋介石国民党政府一边调汤恩伯所属的孙元良第29军由四川入黔南，在贵州独山阻击敌军。另一边，张笃伦抓紧将西昌的空置房屋进行装修，添置办公用品，以备蒋介石转移到此。直到日寇实现打通交通线的战役目标后退兵，国民政府和百姓才知日军这次战役目标并非攻打陪都。局势稳定下来后，西昌迎接迁都一事才作罢。但是，蒋曾打算迁都，并不是空穴来风，而是他对形势悲观的一种反映。

这样的情形让异邦来华协助抗战的人士都看不下去了。德国人巴伦斯班格是蒋介石的军事总顾问，他坚决反对迁都。他向蒋介石进言说：迁都将产生极其恶劣的影响。就国际形势而言，盟军和苏军已兵临纳粹德国本土，太平洋战场也是形势大好，此时中国若放弃陪都，将被世界耻笑，势必影响中国的国际地位。再者，中国军队应集中一切力量投入贵州作战，万一贵州不守，还可在乌江上设防。如果迁都，中国整个战争机器将产生混乱。

巴伦斯班格甚至用激将法刺激蒋介石："您可以迁都西康，我作为贵国军事顾问愿意同重庆共存亡！"

终究，蒋介石在全国人民的巨大压力下，于黎明前的黑暗中，放弃了迁都的念头。

| 第二章 |
延安与广袤的敌后根据地

毛泽东的军事著作《论持久战》所揭示的规律被实践所证明。中国抗日战争的持久性与耐力逐渐显现出来,持久战最大限度地消耗了日本岛国的人力、物力和财力。1940年8月到12月,八路军总部在华北掀起了大规模的对日进攻作战"百团大战",给日军企图分割根据地军民的"囚笼政策"以沉重打击。到1940年底,八路军、新四军抗击侵华日军和伪军的人数总计达到70多万人。在华北、华中、华南开辟了16个根据地,加上陕甘宁边区,中国共产党领导的敌后抗日根据地已经发展到近1亿人。中国共产党领导的抗日力量逐渐成为坚持抗战、争取胜利的主要力量,敌后战场逐渐成为抗日的主战场。在这种情况下,日军逐渐减弱了正面战场的进攻,而以其主要的兵力把守占领区,这是抗战由战略防御向战略相持转变的一个重要条件。到1941年太平洋战争爆发以前的4年中,中国独立抗战,使日军18万人死亡、53万人负伤、43万人战场患病被送回本国。总减员人数为110余万人。

熬过艰难的防御相持阶段

　　1937年7月7日，日本侵略军在北平西南的卢沟桥附近，以军事演习为名，突然向当地中国驻军第29军发起进攻，第29军奋起反抗，伟大的中华民族抗日战争由此全面爆发。卢沟桥事变第二天，中共中央就向全国发出通电，大声疾呼：只有全民族实行抗战，才是我们的出路！1937年8月22日，红军改编为国民革命军第八路军（9月份按战时序列改为第18集团军）。8月25日，中共中央军事委员会发布命令，任命朱德、彭德怀为八路军的正副总指挥，以叶剑英为参谋长。八路军下辖三个师：第115师，师长林彪；第120师，师长贺龙；第129师，师长刘伯承。中国共产党倡导的抗日民族统一战线，就在民族危机的现实之下建立了起来。

　　抗战爆发以后，在全国人民的强大压力下，以蒋介石为首的国民党在正面战场上不得不进行抵抗，但是由于国民党坚持实行片面的抗战路线，最后在日军的强大攻势下节节败退。这就使得全国人民充满忧虑：战争将如何进行下去？中国能否取得抗战的胜利？怎样才能取得抗战的胜利？在抗战爆发以前，国民党阵营里一直就有人说：中国武器不如人，战必败。全面抗日战争爆发以后，再战必亡的论调又甚嚣尘上。当然，速胜论也有相当的市场，国民党中一部分人妄想通过或者依靠国际援助来迅速地取得对日作战的胜利，特别是1938年3月至4月，国民党第五战区司令长官李宗仁指挥军队，在山东峄县附近的台儿庄取得了歼敌二万多人的胜利。台儿庄大捷的消息传来，速胜论的观点又抬头。但是不久，日军南北对进夹击，军事重镇徐州陷落，人们盲目乐观的情绪又再次受挫。

　　在这种情况下，毛泽东与共产党人觉得有必要做一个总结性的解释，给全国人民一个关于抗战前途的说法和答案。1938年5月至6月，毛泽东将自己在延安抗日战争研究会上发表的演讲，整理为《论持久战》公开发表。《论持久战》一文科学地预见了抗日战争的进程将分为三个阶段：第一阶段是敌之战略进攻、己之战略防御时期；第二阶段是敌之战略保守、己之准备反攻时期；第三个阶段是己之战略进攻、敌之战略退却时期。文中最后确定：最后胜利一定属于中国。由于中国共产党高屋建瓴、实事求是、科学准确地分析了中国的国情，提出了全面抗战的路线和持久战的战略方针，为抗战胜利指明了方向，并身体力行，成为抗战的中流砥柱。

《论持久战》是人民战争思想的结晶，是与中国和世界战争形势相结合的深刻总结。早在1937年11月在上海、太原沦陷前后，八路军按照中共中央和毛泽东的指示，迅速在敌后展开了全面的对敌作战。当时第115师一部挺进以恒山为依托的晋察冀地区，主力则进至以吕梁山为依托的晋西地区，第120师进至以管涔山脉为依托的晋北地区，第129师及八路军总部挺进以太行山为依托的晋冀豫地区。八路军完成了战略展开以后，迅速地开展了创建根据地和其他各方面的工作。这样，晋察冀、晋绥、晋冀豫、山东等抗日根据地就在华北敌后大地上建立起来。中共中央所在的陕甘宁地区，成为敌后抗日根据地的总后方，首府延安成为全国革命者向往的革命圣地。敌后战场的开辟及敌后抗日根据地的创立，使得日军腹背受敌，极大地改变了中国战场的面貌，这使有着丰富武装斗争经验的毛泽东受到启发。毛泽东喜欢读书，他对读书有着强烈的爱好，尤其对哲学非常感兴趣。1932年4月，毛泽东率领红一方面军夺取漳州，进城后，听说龙溪中学有一个很大的图书馆，首先命令身边的人去找书。红军在漳州停留了40多天，毛泽东几乎天天抽时间看书。红军撤退时，毛泽东安排车辆拉走了一车书。返回苏区的路上，他一边行军一边看，其中有列宁的《两种策略》、《论左派幼稚病》。他不但看，还在上面做了很多记号，同时，还推荐给别人看。毛泽东的《论持久战》，实际上是一部哲学著作，通篇充满了哲学思考，诠释了战争规律，从而对抗日战争进程进行了总谋划。这部著作一出版，旋即引起各个方面的重视，不但影响了八路军、新四军，也影响了国民党和全国各党派。1938年底，《论持久战》在香港出版，被一位英国人带到伦敦。英国的一家书商将《论持久战》翻译出版，并公开出售。日本大使馆的间谍在英国买到了这本书，并送回了日本。该书的内容引起了陆军部的重视，陆军部翻译了100本，作为绝密文件给首相和各方面军及陆、海、空军司令看。根据书籍内容可以知道，中国人是准备长期战争下去，直到夺取战争的胜利。据说，驻扎北平的时任华北方面军司令官冈村宁次大将仔细看了这本绝密的书籍，还把书籍的主要内容介绍给驻北平的日军高级军官。有一个师团长看后说：……他们（中国共产党人）对每一阶段都进行了缜密准备，战争已经很难结束了。

《论持久战》坚持全民抗战、长期抗战，在局部并不排斥较大规模的运动战。1940年8月到12月，八路军总部在华北掀起了一次大规模的对日进攻作战，作战部队陆续达到100多个团级单位，参加人数有20多万人，史称百团大战。百团大战共对敌作战1824次，毙伤日军2.5万多人。给日军企图分割根据地军民的"囚笼政策"以沉重打击，在抗战局面比较沉闷的时候振奋了全国民心。到1940年底，八路军、新四军抗击侵华日军的58%和全部的伪军，人数达到70多万人。而八路军、新四军人数也发展到50万人左右，同时还有大量的民兵和地方武装。在华北、华中、华南开辟了16个根据地，加上陕甘宁边区，中国共产党领导的敌后抗日根据地已经发展到近1亿人。中国共产党领导的抗日力量逐渐成为坚持抗战、争取胜利的主要力量，敌后战场逐渐成为抗日的主战场。在这种情况下，日军就逐渐减弱了正面战场的进攻，而以其主要的兵力把守占领区，这是抗战由战略防御向战略相持转变的一个重要条件。随着时间的推移和形势的变化，日军对华方针有了重大的变化。日军在正面战场上暂时停止了战略进攻，而逐渐以主要兵力对付八路军和新四军；对国民党政府采取了政治诱降为主、军事打击为辅的方针。在这种情况下，中国共产党领导的抗日力量就担负起抗战的主要责任。

1943年，各抗日根据地进入恢复和发展阶段，1944年根据地军民还展开了局部的对日反攻作战。到1945年初，解放区军民热烈响应中共中央提出的削弱敌寇、发展我军、缩小沦陷区、扩大解放区的号召，向一切被敌人占领而有可能攻克的地方发动了全面的进攻作战。这时八路军、新四军由高度分散转向集中，由分散的游击兵团上升为正规兵团。到1945年4月，八路军、新四军以及华南抗日中队已经发展到91万人，民兵200万人左右，创建了19块大的解放区，解放区的面积已经达到95万平方公里。更为重要的是这些解放区地处当时全国重要的战略区，当时全国重要的城市像北平、天津、保定、太原、济南、徐州、上海、杭州、郑州、武汉、广州等均处于八路军、新四军的包围之中，全国重要港口也大多数处于人民军队的活动范围之内。

最大的敌后抗日根据地——晋察冀

1944年下半年，当国统区经历豫湘桂大溃败的时候，远离正面战场的晋察冀根据地正在恢复被"扫荡""蚕食"的各根据地，利用不同形式向日军发动一次又一次的进攻。

早在1937年10月，八路军第115师政委聂荣臻在晋北收到中共中央、毛泽东从延安发来的一封电报：命令聂荣臻率领第115师一部分部队留下，创建五台山根据地，第115师另一部分部队由罗荣桓带领，向东挺进。分兵时留下跟随聂荣臻的部队不到3000人，其中主要是杨成武率领的独立团，另有一个骑兵营，几个连，还有一些到阜平开展群众工作的干部。11月7日中共中央指示成立晋察冀军区，任命聂荣臻为司令员兼政治委员，唐延杰为参谋长，舒同为政治部主任。聂荣臻以分散在五台山四周的部队和工作团为基础，成立4个军分区：北部地区，独立第一师兼第一军分区，杨成武任司令员，邓华任政治委员；西部地区，第二军分区，赵尔陆任司令员兼政治委员；东部地区，第三军分区，王平为司令员兼政治委员（后陈漫远为司令员）；南部地区，第四军分区，周建屏任司令员，刘道生任政治委员。1938年5月，又增加了八路军第三纵队（冀中军区）。该军区下辖5个军分区，包括平汉铁路以东、津浦铁路以西的河北中部50余个县的广大地区。吕正操任司令员、孟庆山任副司令员，同时增加了八路军第四纵队，主要开辟北平西部、北平北部、冀东地区，宋时轮任司令员，邓华任政治委员（8月，与冀东暴动部队合编为冀察热辽军区）。

晋察冀军区成立后，三次大规模出击平汉、平绥等敌后交通线，使日军感到极大威胁，日军经过侦察才明白，原来在北岳山区不但隐蔽着大量八路军，还有晋察冀军区等指挥机关、医院、兵工厂。1937年11月，日军曾经纠集两万多人分八路路围攻晋察冀军区，因地形不清，准备不足被粉碎。1938年9月，日本驻华北方面军司令官杉山元根据大本营命令，实施"北围五台"作战计划，调集3个师团、5个旅团，约五万多日军，从四面八方分五路向五台山地区发动进攻。晋察冀边区党政军机关和八路军坚持到10月底，天气越来越冷，疲于奔命的日军住不好、吃不上，经常受到袭击，不得不陆续撤回原来的据点。敌人队伍撤回，八路军冀西部队回到平汉铁路两侧，屡屡切断铁路线。

冈村宁次接任日军驻华北方面军司令官后，决定在一定时间、一定空间集中优势兵力，分块对八路军晋察冀主力围歼、消灭，然后逐步建立伪政权，实行"经济、文化、特务总力战"。1939年8月14日开始，日军先用2万多兵力合击晋察冀军区第1军分区，企图切断晋察冀抗日根据地与晋冀鲁豫的联系。八路军各部队接到命令，立即分散活动，利用有利地形穿插骚扰，日军在崇山峻岭中爬来爬去，寻找八路军主力决战，但始终找不到，此次反"扫荡"产生了著名的"狼牙山五壮士"。

1939年11月6日清晨，日军阿部规秀中将亲自率领1500多日军倾巢出动。分多路向北岳山区银坊、走马驿方向进攻。第三日上午，日军与八路军两次交火。阿部规秀在黄土岭山谷中的校场村的一个独立院落设立了临时指挥部，自己便站在院落的平坝上，用望远镜观察山上的情况。恰巧被晋察冀军区第1军分区5 1团团长陈正湘在793高地上发现，他立刻调来迫击炮连射击。第1发炮弹落在了离阿部规秀身后50米的地方爆炸，第2发炮弹落在他身前30米的地方，第3发炮弹落在了他身前三四米处爆炸……阿部规秀成为死在中国的首位日本将军。晋察冀抗日根据地极大地牵制了侵华日军，到1940年，"日军有9个师团、12个旅团的强大兵力被牵制在那里"，进行着一场"不分昼夜、连续不断、永无休止的战争"。

从1942年到1944年初，日军与国民党军在河南、湖北对峙，使得国民党军取得了休整和准备时间。从敌后战场来看，八路军正在经历最艰苦的时期。不言而喻，他们在敌后极大地牵制了日军的力量。1942年5月，日本华北方面军对河北省中部的抗日根据地进行残酷地五一大"扫荡"。日军首先企图将冀中军区首脑机关压迫到冀中腹地—滹沱河、石德路、滏阳河之间的三角地区，将八路军冀中首脑机关一举歼灭，"扫荡"和"反扫荡"斗争持续了数个月。在反"扫荡"当中，冀中抗日武装面对强敌，也不光是被动挨打，各单位不畏强敌，进行了坚决抗击。6月4日，冀中区党委和军区根据上级指示，决定主力部队分别转移，留下部分基干团和游击队，继续坚持斗争。两个月的反"扫荡"中，八路军作战272次，毙伤敌伪1万1千多人，八路军主力部队伤亡4671人，区、县游击队伤亡5300人，被杀害抓走的群众达5万多人。据日本防卫厅公布的资料，冀中大"扫荡"中，"……敌军遗尸9098具，俘虏5197名（另捕嫌疑者20568名），交战次数286次。主要缴获山炮5门、迫击炮209门、重机枪7挺、轻机枪59挺、步枪9101支……我方战死161名，伤323名。"通过双方数字对比能够看出，坚持敌后抗战的八路军和人民群众付出了巨大的代价。

在一望无际的华北大平原上坚持抗战，确实有很多困难，挖地道是一项浩大的工程，所需要的人力、物力惊人。据实地测算：一个200户的村庄挖一条500米长的地道，要全村劳动力挖1个月。1942年五一"扫荡"后，由于环境恶劣，地道战广泛开展，挖地道成了全体老百姓的事。到1943年底，全冀中的地道已长达5000多公里，有的地方不但户户相连，而且村村相连，形成了地下万里长城。在地道不断完善过程中，建立了地道兵工厂、地道医院、地道报社、地道交通站、地道法庭和看守所。到抗日战争结束，冀中的地道已达到1万多公里，堪称世界之"最"，构成了抗日战争的地下万里长城。

1943年日军对北岳区进行的大"扫荡"中，八路军正规部队坚决抗击敌人，民兵、游击队将麻雀战发挥到了极致，他们灵活机动的战术与地雷战相结合，使"扫荡"敌军欲战不能、欲进不能、欲退不能。阜平县尖地角村民兵游击组长李殿冰率民兵组在3个月的时间里，单独与敌作战27次，打死打伤日伪军267人，缴获电话机3部，牲口47头。本人被晋察冀军区授予英模称号。

晋察冀抗日根据地经过1941、1942、1943年的困难时期，主力部队由1941年的11万6千人减到7万1千人，但民兵却由1941年的30万增到60万。民兵、游击队利用各种战术，和侵略者零打碎敲，真正进行了一场持久战、消耗战、"蘑菇战"，这3年每年毙伤俘日伪军的数量都保持在3.5万左右。到了1943年夏天，日军在晋察冀的炮楼、据点的数量到达顶点，但日军的颓势愈发明显。由于兵力分散配置，有的碉堡常常是二三个日军监视着十来个伪军。因为正面战场的一系列战役，又从华北抽走3个师团，兵力更显紧张。战争进行到第七个年头，在异国他乡作战的日军下级军官士气瓦解，悲观失望。喝了酒骂上级的、抱头痛哭的、自杀的、疯了的时有发生。

（上）冀中率先反攻

1944年4月25日，冀中九地委敌工部接到任丘县城里内线送来的一份紧急情报：日军黎明前全部撤走。这种突然大调动，引起城内伪军上下一片混乱，地委、第9军分区领导立刻进行了研究，决定尽快了解日军调动的原因，寻机拿下任丘县城。情况很快搞清楚了，日军调动主要是为保护铁路线畅通，支援打通河南、湖南大陆交通线的战役。在其兵员枯竭的情况下，也只能拆了东墙补西墙。九分区领导很快下了决心，派城工部长李泽民、敌工部长杨建新进城谈判，如能争取和平解决更好，解决不了也要给两个伪军头目制造矛盾，为强攻做准备。

夕阳西下，奉命围攻任丘县城的部队和民兵，从四面八方涌向城下。战马嘶军号响，一派战斗气氛，这种迷魂阵使守城伪军更加惊慌。李、杨两个部长商量后，于晚上9点多出发，去进城谈判，随从除了警卫员，还有两年前起义归顺八路军的20多名伪军，这些人原是伪军三大队长张黑子的部下，与城内的伪军较熟，便于开展工作。谈判地点定在任丘城西门外的一家煤店，这是地下党的一个秘密联络点，当李、杨两位部长穿过围城军民布下的防线来到煤店时，伪军一大队长张崇武和三大队长张黑子已从城里出来恭候多时。张崇武50多岁，留一撮仁丹胡子，是个老奸巨滑的家伙。张黑子30多岁，又黑又壮，匪里匪气，愣头愣脑。大家坐下寒暄几句后，张黑子一抱拳，首先拉近乎："老杨，我这才知道，你父亲过去在师范当过校长，我父亲就在兴隆商号当掌柜，他们那时就很有交情……"

杨建新看他无中生有拉近乎，也将计就计："是啊，老一辈就互相帮助，你现在对我们帮助也不小啊，上次我们被抓的3个干部，还是你帮助营救出来的，前几天，你部下送给我们的5箱子弹都收到了……"

张崇武听到这番话，眼睛瞪圆了，心想：好你个张黑子暗中和八路军拉得挺近乎。他用怀疑的眼光扫了一眼张黑子，仇恨的情感聚到眉梢。

李泽民接过话茬，立刻冲他来了："张大队长，牛大伯在你那里住了多年，全靠你照顾，他可是我们一个老革命呀！"牛大伯是地下党和张崇武的主要联系人。李泽民的一番话让张崇武很尴尬。张黑子眼也瞪圆了，心想：好你个兔崽子，老八路都跑到你家住去了。

张崇武为改变这种被动局面，忽然站起来说："李部长、杨部长，这么大的事没有县长参加哪行啊，我看天不早了，这里谈话也不方便，请二位长官进城一叙如何？"

李泽民、杨建新对视了一下，知道这个鬼主意定是二张来前商量好的，如果两个部长不去，二张会认为八路军缺乏诚意，不相信他们，会把谈判失败的责任推到八路军身上；如果去，事先没争得地委和分区首长同意，深入虎穴有一定危险，可是又没有时间回去商量，怎么办？

张崇武想乘机反守为攻："你们可以带人、带枪去，我绝对保证二位长官的安全。"

两个部长再对视一下，立刻下了决心，哈哈笑着站起来："不相信你们就不来了，走，走。"

果断的答复使二张傻了眼，只好佯装高兴向外走去。出门后，碰上了杨部长带来的义勇军中队长崔绍宗上来和张黑子搭话，杨部长乘机说："你们几个一起进城看看老朋友吧，以前都是张队长的部下，今后，大家都到一起了。"

这崔绍宗原是张黑子手下的一名中队长，和他一起来的20多名战士也都是张黑子部队起义过来的，对于他们进去看熟人这种名正言顺的事，张黑子当然无法拒绝，他笑了两声说："哪里，哪里，还是老崔进步，以后请兄弟多关照。"这样借机带进去20多个人，也在谈判中产生了一些威慑。

进城后，向左一拐就是张黑子的家，这是一幢很大的四合院，高大的黑漆门下，站着两个持枪卫兵，一进门看到四处都有警戒。此时，崔绍宗正好看见了他的把兄弟、卫队班长刘慎忠，两人说了几句话。崔绍宗很机灵地对张黑子说："大队长，我和慎忠兄替你招待这些弟兄了。"就把带来的20多个战士分散到了院里。

两位部长进了屋，和二张继续谈判，开门见山地让他们起义，并谈了当前的形势和具体要求。张黑子本来头脑简单，经八路代表配合默契的这么一折腾，早已晕了头，一个劲地抓头皮，老奸巨猾的张崇武只得走到了前台，他说："兄弟有这么个意见和二位商量，看行不行？如果我们拉出去，日军还会占领县城，残害老百姓，不如我们仍在城里，明是警备队，暗是八路军，等到国共大军反攻时，兄弟愿在疆场效力。"

杨部长立刻用话堵他："牛大伯常到你们那里去，我党我军的政策你听了不少，只要你们回到人民这边来，跟着八路军走，老百姓会原谅你们的，如果指望日本人来收复失地，那是做梦！"

李部长加重语气说："拖下去只怕对你们不利，日本人如果知道你们和八路军谈判，后果会怎样？"

杨部长看他们想拖延，就把矛头对准张黑子："张队长，你还是把汉奸帽子摘掉好，你干了那么多坏事，司令员和李部长已同意不收你们的枪，不调山区，机会不可错过呀。"

头脑简单的张黑子有些心慌，刚要表态，张崇武赶忙截住话头："二位首长也累了，今天先休息吧，明天继续商议。"

正巧，伪县长刘潮如在地下党去做工作的李金堂的陪同下来了。见面他先客气一番,首先表示同意起义,但又摆难处说:"如果不打一枪,就把队伍拉出去,吴省长(伪省长)知道了是不好依的,我的家眷还在保定……"

看来,没有军事压力,伪军难以就范,李部长站起来说:"杨部长,你留下继续和诸位商议,我去请示一下魏司令。"说完先走了。

第二天凌晨5点,李部长带着魏司令员的手信回来了,谈判继续。此时,黑暗中围城军民加强了攻势,战马来往嘶鸣奔跑,喊话声此起彼伏,军号声一阵紧似一阵。李部长对二张和伪县长说:"魏司令对谈判结果很不满意,他说限定的时间已经过了,让我再和你们说一说,你们都是本地人,要给自己留条后路……"传达完魏司令的指示,李部长又加重语气:"机不可失,何去何从,请三位拿主意。"

城里,八路军内线也加紧了活动,伪军上下一片混乱。这时,一个伪军小队长风风火火跑来报告:"大队长,八路军把城包围了,把东南角骑兵营一个班拉走了,我们怎么办?弟兄们议论纷纷,等大队长命令呢!"

张崇武听说自己的部下反正了,再也沉不住气,惊慌地站起来想往外跑,伪军小队长拦住他说:"大队长不能出去,街上很乱,到处不断打冷枪,谁也闹不清谁是八路。"这个小队长也是地下党的内线,专门来配合谈判代表的。

小队长的话起了作用,3个人头上都出了汗,两个部长看时机成熟,瞅瞅桌上的闹钟:"魏司令给我们的时间已到了,请最后表个态吧。"

张崇武见大势已去,就抢在张黑子前面说:"既然首长对我们这么关怀,我们就摘掉汉奸帽子,恭恭敬敬从命吧。"

张黑子也赶紧站起来表态:"我们率队反正,接受改编。"两位部长立即起立鼓掌,然后宣布了魏司令的任命:"该部为冀中军区9分区抗日义勇队,张崇武为支队长,张黑子为副支队长。此令!……"接着又宣布伪县长留在本县工作的指示。1944年4月27日,东方欲晓,围城部队相继入城。接管了4个城门和要害部门。上午9时在石门桥水月寺内召开了任丘城反正伪军整编庆祝大会,九分区魏洪亮司令员做了讲话,赞扬了伪军弃暗投明的正义行动,鼓励他们在抗日斗争中杀敌立功。经过两天两夜的紧张工作,被敌人盘踞5年之久的任邱县城回到人民手中。参加反正的伪军、伪组织共1000余人,携带步枪700余支、手枪200余支、机枪14挺。任丘县城的解放在冀中引起极大反响,不久,八路军又以相似方式解放了肃宁县城。

（下）美军上尉的结论

1944年9月，聂荣臻司令员报请中央批准，将晋察冀军区所属部队改编为4个二级军区：冀中军区、冀晋军区、冀察军区和冀热辽军区。10月，冀中军区司令员杨成武、政委林铁带领部分人员，在蒙蒙夜色中返回冀中。他们回去后，很快恢复了第6、7、8、9、10军分区的指挥机关，收拢了被打散的人员，进行了扩军。并在很短的时间里，恢复了一些县、乡、村的抗日政权。

1945年春节过后，第9军分区司令员魏洪亮接到冀中军区杨成武司令员的通知，内容是：盟军观察员美军上尉艾斯·杜伦要来九分区考察，主要了解保定日军飞机场的使用价值和军事设施情况及其他有关情报，并了解八路军在冀中平原是怎样和日军作战的，作战能力究竟怎样？中央军委对此事很重视，专门指示冀中军区，对他们要以礼相待，保证他们的安全，照顾好他们的生活，尽量帮助他们搜集情报，适当介绍八路军情况。

1945年1月21日，魏洪亮派侦察科长雷溪带部队去接艾斯·杜伦。当时，附近的炮楼、据点被八路军拔掉不少，但敌我争夺还是很激烈的，离九分区驻地皮里村20华里的辛中驿镇就是鬼子大据点。

下午，艾斯·杜伦上尉坐着花轱辘车来到皮里村，为了不暴露目标，车上搭了个小棚子，他换了一身冀中农民的服装，再加上他的高鼻子、蓝眼睛，看这有点不伦不类。下车后不久，陪同去的人员先见了军分区魏洪亮司令员，这里面有军区联络科长高存信、摄影记者石少华、翻译马振武，见面后，魏司令和马振武亲切握手，马曾是陕北的县长，魏洪亮过去就认识他，因为他会英语，就叫他来做翻译。

魏洪亮了解了情况，决定晚上正式接见。

傍晚，艾斯·杜伦来到魏洪亮住的屋里，魏洪亮面带微笑地和他握手，然后不卑不亢地坐回八仙桌边的椅子上。艾斯·杜伦一边往条凳上坐，一边夸张地做个手势："你好！魏将军，你好年轻啊！"

魏洪亮与艾斯·杜伦岁数差不多，他很自信地回答："我军将领的岁数都很年轻。"

艾斯·杜伦开始吹牛："你知道美国空军吧，世界第一流的，我们准备轰炸保定日军飞机场，从你们这里走后，我再去看渤海湾滩头阵地，将来盟军就从那里登陆。"

魏洪亮听他越吹越玄，就说："盟军参战我们非常欢迎。盟军不参战我们也能打败日本，就说我们九分区吧，已经坚持抗战八个年头……"接着，他介绍了八年来九分区参战的次数、毙伤日伪军的数字和缴获数字以及游击战、地道战等战术。

艾斯·杜伦显然有些怀疑，他说："明天我想看看你们的部队和装备，盟军非常想了解中国军队的战斗力，国民党部队我也考察过，缺编很厉害！"

接见完，魏洪亮送艾斯·杜伦一具日本望远镜做纪念，他也送给魏洪亮一把匕首，还拔出来用手试试刀刃："这是荷兰匕首，世界著名……"

第二天拂晓，魏洪亮还在睡觉，村外哨兵跑来报告："从河间城出来六七百敌人，已奔皮里村来了，可能是冲着军分区机关来的。"魏洪亮边穿鞋边想：战斗部队都不在身边，又被敌人堵在村里，情况是严重的。但这个村地道好，只要坚持住，调集部队和民兵内外夹击，会让敌人尝尝厉害的，他立即命令机关和警卫连200余人做好战斗准备。

艾斯·杜伦一听到枪声，起来就往村外跑，还没跑到村边，民兵将他拦住："你去哪里？"

他双腿发颤，用生硬的中国话说："日军，日军……"

民兵们告诉他，村外到处是日本鬼子，并将他搀回。陪同人员正满头大汗找他，见他回来了，才稍松一口气。艾斯·杜伦却忽然叫道："我要见魏将军！"

陪同人员只好去通报。魏洪亮正在布置应敌，雷科长来了："司令员，艾斯·杜伦要见你。"

在这紧急情况下，魏洪亮仍然耐心地接见了他。艾斯·杜伦一进门就喊："这里很危险，请马上派武装送我回军区。"

"鬼子已到村边，送你，更危险。"

"日本陆军的攻击力量是世界闻名的，你们处境非常危险……"艾斯·杜伦比划着说。

"日军的战斗力我们已经摸透了，在敌后日军长途奔袭已不足为奇。"

"你们得把我送到日军大炮的射程之外，我的生命才有保障。"说着，他高鼻梁上渗出冷汗。

魏洪亮耐心地向他解释："只要你进入地道，你的生命是可以保障的，地道在敌后抗日斗争中已经受过考验，请你相信。"

艾斯·杜伦无可奈何地摊摊双手："我的生命只得交给你们了。"等他说完，魏洪亮挥挥手，让把他带走。高存信等人立即把他带回去收拾东西。

由于刚才耽误了一会儿时间，高存信等人带领艾斯·杜伦回到屋里，还没收拾好东西，街上已传来鬼子的大皮靴声和"啪啪"的枪声。危急之中，高存信催促艾斯·杜伦赶紧钻地道。洞口在炉灶底下，艾斯·杜伦个子高大，好不容易才钻下去。这时高存信发现对面房上鬼子正在架机枪，他打了两枪跳下洞。

艾斯·杜伦在地道里钻了一阵子，听到后面传来沉闷的爆炸声，原来是敌人发现了地道口，往里扔手榴弹。高存信钻地道后，拐弯拐错了，进入一个死胡同，往回返时差一点被手榴弹炸住。敌人扔过手榴弹后，就逼着一个伪军下洞，高存信开了一枪，将伪军打伤，敌人立即把受伤的伪军拉上去，高叫："放毒！放水！"高存信追上大家，和大家一起脱掉棉衣将洞堵住，又把毛巾尿湿，准备防毒。艾斯·杜伦惊恐地念叨着："危险！危险！"

司令员魏洪亮住的院子战斗最激烈，警卫人员进行了一段时间的抗击，将日军毙伤数人后大家才撤进地道。魏洪亮从那里经地道到了高房指挥所，指挥部队、民兵在房上、地下与鬼子作战。为防止意外，他又派几个民兵去保护艾斯·杜伦上尉，同时让人从地道出村联系部队，内外夹击敌人。

民兵战斗组在艾斯·杜伦附近的洞口警卫，大家都能听见地面上敌人用钢钎挖地道的声音和打骂吆喝群众的声音。每隔几分钟，艾斯·杜伦就爬过去拉拉身旁民兵的手，用怜悯的目光看看民兵，好像是说："千万别让日本人把我抓走啊！"

敌人企图放水淹没地道，水流经过引导，流入事先准备好的蓄水井。敌人又投入大量茅草，点燃用烟熏，民兵们放下防毒帘，浓烟慢慢从通气孔、瞭望孔冒出。惊恐不定的艾斯·杜伦渐渐安定下来，后来见到雷溪，又说肚子饿，雷溪给他找了两个玉米面饼子，他大口大口地吃起来，好像几天没吃饭一样。

神出鬼没的战斗在皮里村进行，磨盘下、墙根边、庙台后都会突然射出子弹，鬼子只见同伙死，不见打枪人。他们伤亡越大越凶狠，抓住几个没来得及下地道的老百姓折磨，但老乡们都是经过共产党长期教育的，没有一个人屈服。鬼子气得一刀砍掉了房东卢大娘的4个手指头。

魏洪亮的爱人和几个同志及老乡钻入一个单口地道，为防止暴露目标，她用奶头堵住啼哭的小儿子的嘴，结果孩子被活活憋死。

战斗坚持到黄昏，第42区队从40里外跑步赶来支援，几个县游击队、区小队也潮水般地涌来。魏洪亮一声令下,村里的机关部队立刻出击,鬼子赶快逃跑,原定的夹击战变成了追击战,军民的枪声、爆炸声、喊杀声响遍四野,敌人慌忙逃回了据点。

艾斯·杜伦从地道里出来时,军民们正一包一包地往村里抱战利品,他站在街心连连竖起大拇指喊:"哈罗!古的!外瑞古的!"

艾斯·杜伦休息了一天,魏洪亮陪着艾斯·杜伦参观了军分区警卫连,警卫连120多人精神饱满地在院里列队,9个班9挺日本歪把子机枪。艾斯·杜伦不再怀疑这个连队是凑起来的,当作战科的同志拿花名册让他点验时,他摆摆手连声说"No、No"表示不用看。马振武代替他进行了点验,点验在战士们响亮的"到"声中完毕。艾斯·杜伦对军队还懂一些,他高兴地点点头,说:"八路军和国民党军队不一样,国民党军队很多吃空饷,部队点验时很多是凑起来的,我很明白。"事后,第九军分区摄影记者袁克忠拍摄了敌人重兵驻守的保定机场的照片,毫无保留地送给了他,他连声说:"八路军英雄,八路军英雄。"艾斯·杜伦回美国后,在报纸上发表了好几篇文章介绍晋察冀抗日根据地。

随着八路军力量的壮大,日伪军力量的削弱,军区杨成武司令员在谋划反攻。他先到了白洋淀,与第9军分区司令部住在一起,在分区司令魏洪亮的陪同下,坐着冰床子、骑着自行车去四处熟悉情况,不久,即组织冀中各军分区部队开始了任(丘)河(间)战役。杨成武首先指挥部队、民兵包围任丘县城,任丘日伪军惊恐万状,向大城的日伪军求援,大城的敌人出来增援,八路军又佯攻大城,吓得他们连忙回窜。任丘敌人见大势不好,被迫弃城突围,在逃往河间城的路上,被歼灭大半。冀中军区部队马不停蹄,立即回师清除了河间周围敌人的十几个据点,并准备围攻河间。河间日军怕被歼灭,丢下伪军自己逃命,冀中部队趁机攻入河间。在此同时,一部分部队包围了距沧县不远的日军重要据点沙河镇。

战斗打响后,杨成武带着宣传干部原星、魏巍等人来到火线上,指挥战斗的营、团领导看到杨成武来到敌人的外壕,干脆跃到紧挨敌人据点的内壕去指挥。杨成武在外壕里看到正往前运动的"反战同盟"的3位日本同志,热情地和他们握手,亲切地嘱咐:"你们辛苦了,可要注意安全啊!"

日本同志感激地说:"谢谢,谢谢司令员的关照!"

站在前面的宫本信雄听着八路军激烈的机枪声,兴奋地说:"战斗很快就结束……"

杨成武意味深长地说："战争不会很长时间了，你们的家人盼着你们早日回去呢！"

宫本信雄笑道："司令员，我们上去了。"说完，拿着铁皮卷成的大喇叭伏到前面战壕里用日语喊话。这个宫本信雄工作勤奋，成绩很大，尤其在日军士兵中很有影响。后来，不知谁回到日本，告诉他家人，宫本信雄已经到中国的八路军那里工作去了。他家人就给他写了一封支持他的长信，信封上仅写着：中国八路军宫本信雄收，结果，这封信从延安到晋察冀几经辗转，居然送到了宫本信雄手里，他看到信热泪盈眶，说："我在日军时收不到家信，在八路军里，却能收到家信。"

进攻部队开始向深入到敌堡下面的坑道里装炸药，"反战同盟"的日本同志向敌堡内敌人宣传了八路军的俘虏政策，又告诉他们："八路军已经把炸药放到堡垒地下，快放下武器投降，不要当法西斯的殉葬品……"

敌堡内枪声稀疏了，产生了骚动，杨成武隐约听到一阵歇斯底里的叫喊，接着又是一声沉闷的枪声，宫本信雄告诉他说："这是军官在枪杀动摇的士兵。"

敌人碉堡又开始疯狂射击，子弹头"噗噗噗"落在外壕边，杨成武看到日军如此顽固，只得命令道："强攻吧！"

霎时间，只见火光一闪，"轰隆"一声，碉堡被炸塌，战士们高喊着："冲啊——"扑了上去。任（丘）河（间）战役结束，杨成武又连续组织了文（安）新（镇）战役、饶（阳）安（平）战役。到8月日本宣布投降时，冀中部队已连续打了五个战役，歼灭日伪军1万1千多人，解放县城11座，游击区扩大到北抵北平、南越沧石铁路、东达渤海边、西至平汉线的广大地区，解放了900多万人口。

1944年至1945年上半年，冀晋军区，冀察军区、冀热辽军区等二级军区也在自己战区内发动了反攻，取得了不俗的战绩。坚持8年抗日战争的晋察冀军民在战斗里成长。到1945年8月日本宣布投降时，晋察冀军区野战军和地方军发展到32万多人，基干民兵扩大到90多万。形成了以张家口为中心的晋、察、冀、绥、热、辽纵横数千里、人口达4000千万的战略基地。8年抗战中，晋察冀军民作战2万8千221次，本身伤亡9万2千746人（缺1937年至1938年数字），毙伤俘日伪军29万8千988人，缴获轻重武器11万5千323件，牵制了日军9个师团12个旅团的兵力。

战斗在渤海、鲁中——第 115 师和山东军区

1937年12月，国民党军队在日军的进攻面前望风而逃，致使山东15.3万平方公里的大好河山轻易沦于敌手。

由于侵占山东的日军兵力不足，只占领了一些主要城市和交通干线，广大农村成为真空地带。共产党要在山东独立自主地担负起抗战的责任，中共中央决定派主力部队115师进入山东。就在部队从山西西部的灵石县双池镇出发时，接替聂荣臻任第115师政委的罗荣桓爱人林月琴生了一个男孩，她让丈夫罗荣桓给孩子取个名字。罗荣桓略一思考，想到115师的任务，便说："部队正在东进，就叫他东进吧！"

东进，就是到敌人的后方去。后来，罗荣桓给儿子取名字的故事在部队中传得很广，并在以后的作战中，第115师的许多部队都用这个名字作为部队的代号。"东进"几乎成了第115师胜利的象征。

八路军第115师是名副其实的八路军第一师。最先从陕北出发，渡过黄河，第一个与日军交战。第115师主要是由原中央红军第一方面军组成。红一军团的前身是秋收起义和南昌起义的部队，后来在毛泽东和朱德的领导下逐步发展壮大。在1931年11月之前，红一军团的军团长和政委分别由朱德和毛泽东兼任。1932年3月，林彪被任命为红一军团军团长，聂荣臻为政治委员，罗荣桓为政治部主任。

当八路军改编为国民革命军并陆续奔赴山西前线的时候，日军第5师团已侵占山西阳泉、蔚县和广灵，并向浑源、灵丘发动进攻，企图突破平型关（内长城的一个关口，位于山西省东北部灵丘县白崖台乡，是灵丘同繁峙的分界线）和茹越口（位于山西省内长城的雁门关与平型关之间的结合部）要隘，实现右翼迂回，配合华北方面军，歼灭平汉铁路沿线的国民党军第1战区主力。为配合国民党军队作战，第115师作为八路军抗日先遣队最先到达抗日战场，并于1937年9月25日在平型关打了一个漂亮仗，从此扬名天下。

1937年11月上旬，中央军委和八路军总部决定，林彪率115师主力由五台山地区南下。另一部由聂荣臻领导，在晋察冀3省交界地区创建抗日根据地。这样八路军第115师就一分为二，成为两个部分。

为了保卫陕甘宁边区，八路军总部在1938年年初命令第115师向隰县、大宁一带开进。3月2日，第115师直属队路过隰县以北的千客庄。当时，正处于冬末，晋西南的天气还比较冷，加上部队的给养保证困难，很多人都穿着缴获来的日军服装。师长林彪骑着日军大洋马，穿着日军的黄呢子大衣正在赶路。当时，隰县由阎锡山的第19军驻守。晋军一个哨兵发现了这一队不速之客。这个哨兵一惊把枪举起来，对准队伍前头骑在马背上军官模样的林彪扣动了扳机，"叭"的一声，林彪应声落马。这一枪击中了肺部，血立刻就涌了出来。林彪大难不死，但伤情较重，回到延安不久，中央决定送他到苏联治病。因为负伤，林彪不得不离开第115师。

当天夜24时，军委主席毛泽东与军委参谋长滕代远联名致电罗荣桓："林之职务暂时由你兼代。"第115师主力于1938年冬天，离开山西，转战山东进行抗日斗争。

罗荣桓率领的第115师到山东后开创了山东抗日根据地。1943年，中共中央和毛泽东对115师山东分局部分人员的工作进行了调整，决定调115师代师长陈光和山东分局原书记朱瑞到延安党校学习。由师政委罗荣桓担负第115师代师长，同时任山东军区司令员兼政委，还兼任山东分局书记。山东根据地完全实现了党的一元化领导，军队和地方的一切工作，均在山东分局和山东军区的统一领导下行动。

（上）陆续发起反攻

1944年春季，八路军第115师在其所控制的解放区战场上陆续发起了反攻。在日军不断走向失败的同时，山东八路军的力量不断壮大。当时山东八路军的总兵力已达到9万人，而国民党军队却只有7万人。在山东三大力量的较量中，共产党的力量大大增强了。按照山东党组织的指示，根据地和边沿地区的民兵在敌后武工队的指导下，广泛开展了以"地雷战""麻雀战""车轮战""推磨战"和"蜂窝战"等形式的游击战，给日军以沉重打击，有力地配合了主力部队的反"扫荡"和反"蚕食"斗争。

地雷战始于胶东，并逐渐普及到其它根据地。其中以大泽山区的地雷战最为著名。从1938年开始，这里就开始建立民兵组织进行游击战。起初，民兵只使用上级发下来的地雷打击敌人，后来他们又自己动手制造地雷，给敌人以重大杀伤。日军变得狡猾了，在每次行动时，总是让伪军打头阵，并使用探雷器探雷，民兵埋设的很多地雷被敌人起了出来，铁地雷不太发挥作用了。到1942年，敌人在军事上对抗日根据地实行大规模的封锁，上级很少能把地雷发下来。民兵想自己铸造，又缺生铁，没办法，民兵们想到了大泽山区满山遍野的石头。他们就开始制造并使用石雷。

石雷的制作很简单。先找一块圆石头，在上面凿好一个口小底大的窝儿，装好炸药，然后安上拉火管。埋设时，绊线的一端系着拉火管，另一端固定起来就行了。开始时石雷的绊线多使用麻绳之类的粗线，容易被敌人发现，后来，民兵采用马尾或头发作绊线，进而又发展到利用"卡子"或胶皮的弹力把地雷拉响。

民兵创造了石雷，日军的探雷器就不管用了。民兵经常在敌人必经之路上埋设地雷，敌人被石雷炸怕了，不敢再走大路，民兵们就在敌人可能走的小路上埋石雷。有一天民兵在高家村西大路边的河滩上布下了石雷阵。拂晓，侦察员报告说敌人进山了，民兵赶紧挂好雷弦，便上了四周山头，打冷枪，引敌人上钩。敌人好像听从民兵们的调遣，没走大路，专沿河滩往前走。这样一来，正好陷入民兵布下的石雷阵，日伪军一下死伤50余人。

小路上也有地雷，敌人便专走地堰、田野，有时甚至从河水里走。根据敌人行动的变化，民兵便把石雷设在地堰和田野里，还把拉火管用蜡封起来，把石雷布在河里。

一天傍晚，驻高家村的西海军分区司令部突然收到了情报员由小庙据点传来的情况，说第二天有一部分日军路过高家村北面的杏山，到夏邱堡据点去，西海军分区决定由民兵配合主力部队打伏击。第二天清晨，民兵很早到了杏山，在山脚下布好了连环雷，这种雷的特点是只要踏响一颗，一连串的地雷都爆炸。同时，还在附近的长岭顶上备好了滚雷。时间不长，约有200多日伪军进入了伏击圈，主力部队首先从两侧打击敌人。慌乱中，敌人踩响了好几颗雷，往回逃窜，民兵马上放滚雷。顿时，几十颗滚雷沿着早已整修好的长岭斜坡，飞速翻滚而下，在敌群中爆炸。八路军和民兵大获全胜。

在游击战的实践中，民兵逐渐创造出石雷的多种用法。从拉雷、绊雷开始，逐步发展到连环雷、子母雷、前踏后响雷、水雷、胶皮雷、竹筒雷和滚雷等40余种。

有一次，民兵得知华卜据点的敌人搞了一批机器，便决定来一个飞行爆炸，夜袭华卜据点。当夜，民兵挑选了18名精干的小伙子，靠近了敌人的据点，有的摸岗哨，有的扛机械，有的布设地雷，一口气折腾了近一个小时。当敌人发现后，民兵们早已转移，而敌人在慌乱中又踩响了据点周围的地雷。

在山东的其他地区，也广泛地开展了地雷战，同样取得了重大战绩。海阳民兵也以地雷战闻名于整个山东，他们根据斗争的需要，创造了10多种地雷和36多种埋雷、设雷方法，从简单的铁雷、石雷、拉雷、绊雷，发展到复杂多变的飞行雷、马尾雷、防潮雷、子母连环雷、慢性自燃雷等等。在抗日战争期间，仅海阳一地，就涌现出"模范爆炸村"3个，民兵"爆炸英雄""爆炸大王"11名。

地雷战给日伪军造成了巨大的伤亡和心理震撼，伪《新民报》因此惊呼："踏进匪区，如临深渊，如履薄冰。"

毛泽东在1944年4月在延安高级干部会议上指出："现在的任务是要准备担负比较过去更为重大的责任。我们要准备不论在何种情况下把日寇打出中国去。为使我党能够担负这种责任，就要使我党我军和我们的根据地更加发展和巩固起来，就要注意大城市和交通要道的工作，要把城市工作和根据地工作提到同等重要的地位。"中共中央随之发出《关于城市工作指示》，强调：不占领大城市与交通要道，就不能驱逐日寇出中国。根据地游击战争应采取各种妥善办法向城市四周与要道逼近，在那里建立隐蔽的游击区，以利城市与要道工作的进行。

在接到中央要求为反攻做准备的指示之前，山东的八路军已经开始行动了。他们制定了总的战略部署：完全控制沂鲁山区、扩大山区根据地、夺取深入解放区的孤立的日伪军据点、扩大解放区，使胶济路南的三个战略区完全连成一片；向胶济路东段两侧地区发展，以打通和加强胶济路老山前线各战略区的联系；在胶济路北，彻底改变渤海区被敌封锁分割的局面，变游击区为根据地；进一步肃清胶东心腹地区的日伪势力，创造更有利的局面。

山东军区连续实施了系列攻势行动。首先于1月21日，在日（照）莒（县）公路的石沟崖歼灭了汉奸朱信斋部；接着，鲁南、胶东、渤海三个军区的部队，先后袭占和逼撤了一批日伪军据点，并歼灭日伪军一部；随后又在攻击伪军吴化文部作战中，毙伤伪军1300余人，俘敌少将以下军官323人、士兵4800余人。山东战略要地鲁山山区的大部被八路军所控制。

伪和平建国军第三方面军吴化文部遭到八路军攻击后，把其第6、第7两军残部集中于以鲁村、悦庄为中心的狭小地区。为挽救吴部，日军除每日派遣飞机轮番助战以外，还以其第54旅团、独立混成第5旅团各一个大队分别从莱芜、临朐出动，对吴部进行支援。山东军区不断以小部队向敌弱点进攻，来援的日军始终未能发现八路军主力所在。因不知该把哪里作为进攻重点，逐渐回撤。

　　山东军区当即抓住日军回防、吴部调整防务、部署尚未就绪这一良机，命令鲁中军区对吴化文进行再次攻击。鲁中军区主力趁机围攻驻悦庄附近的吴部第49师一部，全歼吴部一个团又4个连，并以政治攻势招降了吴部独立第4旅的600余人，迫使吴化文不得不亲率4个团由其总部所在地莱芜郑家王庄东援。八路军乘其后方空虚之际，又集中兵力奔袭郑家王庄围歼吴之总部。吴化文被迫率其增援部队及第49师残部撤至鲁村一带，悦庄地区为八路军所控制，整个战役到此结束。

　　在这次作战中，八路军共毙伤伪军1300余人，俘敌少将以下军官323人、士兵4800余人，连击溃在内的共歼灭吴部7000余人，占其总兵力的60%以上。更为重要的是，山东战略要地鲁山山区的大部被八路军所控制。

　　渤海军区为了缩短与鲁中区的联系，以12个连加上一些地方武装，攻击伪军建国军暂编第1师王道部。王道决心脱离敌伪，当渤海军区部队出击时，他率领1600余人宣布起义，以后该部编为山东军区独立第1旅，王道任旅长。

　　王道率伪军暂编第1师起义后，莒县伪保安大队长莫正民又宣布起义。八路军在起义部队的协助下，解放了莒县县城，活捉了伪县长、日军教官和军事顾问等。随后，滨海军区争取了伪诸城保安大队长张希贤等部。这些伪军的起义，有力地破坏了日军奉行的"重点主义"的防御体系。

　　汉奸人心惶惶，鬼子失去了得力帮凶，八路军得以全力以赴打击日军。8月15日夜，鲁中军区部队在一片蛙鸣声中悄悄潜入沂水城四周。日军据点四角的岗楼在星光映照下影影绰绰，哨兵抽烟的一点火光忽明忽暗。鲁中军区政委罗舜初率前线指挥所进抵距敌南关据点仅200米处。南关据点驻有日军一个中队，围墙高达丈余，十分坚固，四角和中心都建有炮楼。沂水城四周伪军据点星罗棋布，形成了一个完整的防御体系。为摧毁敌坚固工事，煤矿工人冒着生命危险从矿井里千方百计偷取炸药，有的将炸药藏在胯下、腋下，一点一滴积少成多，终于凑足了1000多斤。不少工人为此被日军和汉奸查出而丢掉了性命。

　　夜间22时30分，罗舜初发出攻击信号。第4团1营1、3两连向东南角炮楼扑去，2连攻击西南角炮楼。架桥组抬着梯子冲在最前面，炮楼上的鬼子发现后用机枪疯狂射击，压得战士们抬不起头来。

"匍匐前进！"班长张克有大声喊道。

架桥组贴地爬行，很快将梯子架在了壕沟上。爆破组抱着炸药包以同样的动作接近壕沟，从梯子上爬过。炮楼上的日军见机枪阻止不住，改扔手榴弹。爆破手李希增动作极为敏捷，几个翻滚便到了墙根，从容不迫地点燃导火索。

"轰隆"一声巨响，炮楼坍塌了，日军中队长和一个小队全部被砖石活埋了。

东南角炮楼被摧毁不久，西南角炮楼也被炸歪了。

这天夜晚正刮北风，日军用毒气弹阻止八路军的攻击。一时间，浓烟滚滚，毒雾弥漫，攻击部队被迫从南面两座炮楼的废墟上后撤。

16日上午10时，日军从瓦砾堆中扒出同伙的尸体，抬到中心炮楼开追悼会。正在他们兔死狐悲、呜呜咽咽哭成一片的时候，4团2营营长刘振江率一个连乘机发起攻击，日军匆忙迎战，双方展开白刃格斗。刘振江一连刺倒两名日军，当第3名日军冲来时，刺刀尚未从敌尸中拨出，被刺中胸部壮烈牺牲。

"为营长报仇！"副班长陈为善抛出一捆集束手榴弹，将敌冲锋队形炸乱。

日军势单力薄只得收缩兵力固守中心炮楼和西北角炮楼。军区4团夺占东北角炮楼，使昨晚中毒昏迷的30多名八路军战士全部脱险。

下午，鲁中军区第1团、第11团部队，从东、西、北三个城门突入沂水城，歼伪军200余人，俘伪县长牛先元以下800余人。

莒县来援之敌遭分乘8辆汽车于14时遭到伏击，匆忙回窜。

蒙阴来援之敌遇鲁中第2团阻击，寸步难行。

当日夜，龟缩在据点里的日军残敌又故伎重演，施放毒气弹。八路军首先攻克了西北炮楼，随后以50公斤重的炸药包将中心炮楼送上了天空。

17日拂晓，八路军清点敌尸，结果从废墟中拖出83具死尸，20名被震昏的日军苏醒后当了俘虏。军区敌工部门干部挑选了17具较完好的尸体，裹上白布，附上宣传品和日军反战同盟山东支部的信，送往莒县日军据点。20名俘虏经过教育都参加了反战同盟。

鲁中军区攻打沂水城的同时，渤海军区对日伪盘踞多年的利津城也展开了攻击。

8月16日夜，八路军渤海军区部队悄悄潜入利津城下，夜色迷蒙，阴云蔽月，利津古城黑沉沉的像一口巨大的水缸反扣在渤海平原上。利津素有"瓮城"之称，城楼坚固精美，城门别具一格，前后相距30米重叠着两座城楼，两侧有弧形城墙联接，每个城楼下建有十几米长的城门洞，各装两扇大门。

渤海军区部队8月中旬先后扫除了利津城外9个据点，致使利津城敌伪惶惶不可终日，四门紧闭，还在城门两侧堵上沙袋。入夜后梆子声声，警戒森严。

渤海军区直属团第1营利用黄河大堤作掩护隐蔽到东门外。老兵赵级三和小王、小高三人担负爆破东门的任务，他们利用城楼上的敌人划火柴点烟的机会，翻下大堤，抱着50斤重的炸药包向东门冲去。为了脚步轻、跑得快，三人都光着膀子，脚穿布袜，尽管如此，在沉寂的暗夜中还是有脚步声。

"八路！八路……"守卫城楼的伪军发现时赵级三等已冲到东门洞口，到了射击死角。伪军连忙扔手榴弹，顿时火光冲天，弹片横飞。大堤上的火力组立即用机枪压制敌人。与此同时，北门、南门也打响了。

赵级三见手榴弹不断在身边爆炸，担心弹片击中炸药包，连忙拖下两个堵门的沙袋，三人将炸药包压在身下。突然一块弹片击中了赵级三的左臂，他感到一阵剧痛，随后左臂麻木了。

"上！"赵级三瞅准敌人打手榴弹的间隙，一跃而起，可左臂无力抱不起炸药包了。小王和小高将炸药包放好，又来帮赵级三。三包炸药码在城门下。赵级三命令道："你们俩快跑，我来拉火！"

"我来拉！"

赵级三将小王猛推了一把，又对小高说："快跑呀！磨蹭啥？"

二人一跑，敌人的枪声密集起来。赵级三连忙拉火，转身朝大堤奔去。"轰隆"一声巨响，东门城楼腾起一团火球，爆炸的气浪将赵级三的后背猛推一下，使他腾云驾雾般飞过了大堤。

突击队潮水般涌向东门，登上坍塌的城楼，顺两侧城墙向南、北两座城楼扑去。

战至拂晓，大半个利津城已被攻占，残敌猬集于"皇军大院"和西门城楼，拼死顽抗。

天亮后，敌伪军凭借精良装备疯狂反扑。渤海军区政委景晓村下令转攻为守，待天黑后再转入攻势。伪军在日本教官的逼迫下组织"敢死队"妄图迫使八路军退出县城。渤海军区直属团、特务营和第4军分区部队利用城内文昌阁、魁星楼等制高点沉着应战，大量杀伤敌人。利津城的街道上到处是伪军的尸体，"敢死队"死伤过半，余下的成了"怕死队"仓惶回窜，无论日本教官如何逼迫，再也不敢上阵了。

黄昏时分，乌云密布，阴风阵阵，天黑得更快。渤海军区首长在电闪雷鸣中召集营、团干部紧急部署作战行动。

夜幕初降，八路军指战员冒着滂沱大雨向"皇军大院"迅猛攻击。

这是一座方圆千米的独立大院，围墙高达丈余，炮楼林立，周围300米以内的民房均被强行拆除，形成了平坦的开阔地。

双方集中火力激烈对射，开阔地带弹道如织，战火映亮茫茫雨幕。景晓村政委下令在战斗中展开政治攻势。

"日本鬼子是兔子尾巴长不了啦，当汉奸不会有好下场，快投降吧，八路军优待俘虏！"

日本反战同盟山东支部的大喜用日语喊话。

赵级三带着他的爆破组瞅准敌火力死角，冲过开阔地用三包炸药摧毁了一座碉堡，将围墙炸开了一道20米宽的口子。

八路军在冲锋号中呐喊着朝缺口冲去，经3小时激战，活捉伪团长苏冀南。8名日军教官趁乱逃窜，井田中尉等5名被击毙，3名被活捉，其中有一名大尉。

拂晓前风停雨住，枪声也沉寂了。利津城到处是军民的欢呼声。此役，俘伪团长以下890人，俘日军上尉教官以下3人，毙敌伪200人。缴枪千余支，迫击炮3门，小卧车一辆。

（下）惊慌的日伪军头目

1944年八路军春、夏两季的攻势，使坐镇济南的日军司令官细川忠康中将极为恐慌，各地告急电报雪片般飞来。细川拿起放大镜伏在一张十五万分之一的军用地图上。他的管区里没有一处是平安的，到处战火纷飞。他想集结兵力去扑灭这些骤然而起的战火，却不知从何处下手。他的前任有足够的兵力实施大规模的"拉网式"扫荡，但今非昔比，日军的精锐大多调往了南洋，新编成的旅团兵员老化，缺乏训练，已经丧失了大战初开时的锐气。相反，中国共产党军队经过六七年的战争磨炼，越战越强，他们没有重武器，却能攻下像沂水那样设防坚固的城府，一次能打垮拥有上万兵力的吴化文部。

细川忠康放下放大镜，困兽般来回踱步，墙上挂着那柄天皇亲赐的军刀，还有一面冈村宁次赠送的太阳旗。四个月前，华北方面军全体将官齐集北平参加"一号作战"的兵棋演练。冈村宁次不知出于何种动机，向每位将官赠旗一面,并亲书"武运长久"四字。细川忠康抬头见旗上的字迹好像淡了许多,他担心哪一天那四个字会突然消失。

最近,的确武运不佳,参加"一号作战"的将领们战果辉煌,都获得了天皇颁发的勋章,但他的师团留守山东,被分散在多如繁星的据点上陷于共产党军队游击战的汪洋大海中,偏偏共产党军队借皇军兵力空虚之机四面出击,面对遍布山东全境的战火,细川忠康司令官不知所措。要想大规模"扫荡"却心有余而力不足,集结兵力"扫荡"一地,又有顾此失彼之虞。

正在他焦头烂额之际,师团参谋长阿村少将喜气洋洋地向他报告:"阁下,第3课获得了极为重要的情报。山东各地共产党军队主官齐聚滨海之莒县南部,正在召开军事会议。"

细川中将急问:"会议开了多久,会马上散去吗?""已经开了月余。"阿村见细川大失所望,连忙补充道,"据第3课打入共军内部的谍报员提供的情报,共军的这次会议将持续至下月中旬。"

细川忠康沉吟不语。阿村少将上前一步:"阁下,早作决断,把八路军指挥官一网打尽!"

8月20日,侦察科长苏静向罗荣桓报告,日军正在山东全境调动部队:"政委,敌人兵力有一万多人,其中日军9个大队,分13路从临沂、青口、海州、日照、莒县等地出发,其中日照一路600余人正在北进,扬言要向北扫荡。"

罗荣桓微微一笑:"日照敌人北上是佯动,企图迷惑我们,他们的真实意图是合击莒县南部我军区机关。"随后,他亲自草拟电文,指示胶东、渤海、鲁中、鲁南等军区趁敌"扫荡"滨海之机,积极打击敌薄弱环节,以策应滨海区的反"扫荡"。

第二天夜里,参加军事工作会议的干部和机关人员从洼子埠隐蔽南下,跳出抗日根据地边沿,挺进到敌占区。深夜,阴雨绵绵,天黑得伸手不见五指。此时侦察员尚未摸清周围的情况,罗荣桓下令在村子里宿营,待摸清情况后再转移。反"扫荡"的日子阴阳颠倒,白天睡觉,晚上走路。

天亮后,侦察员报告,附近的村子里都住了敌人。罗荣桓冷静地下令警卫连准备战斗,其余的人隐蔽肃静。他对作战参谋肖剑飞说:"这个村子被敌人洗劫过,老百姓逃避一空,敌人不会料到我们会住在他们的包围圈中,如果不暴露,隐蔽到天黑是不成问题的。你去村头望风,有情况及时报告。"

肖剑飞匆匆出去,又匆匆跑来,向罗荣桓报告:"有两个日本兵背着线拐子，想搭我们的电话线利用。"

"由他去，不要惊动。"罗荣桓道。

"不抓'舌头'我从哪儿了解敌情？"

罗荣桓指着电话机说："喏，就从这儿。"

肖剑飞恍然大悟，搬着电话机跑到隔壁房里去了。不一会儿，日军和伪军通话，说先后合击莒县东南的十字路、三界首、坪上等地都扑了空，八路指挥机关去向不明。

细川忠康在莒县、日照、赣榆等地来回奔袭，像一头盲目的熊瞎子频频扑击，结果次次落空。此时八路军在胶东、渤海、鲁南等地区发起了更大规模的攻势，蓬莱、掖县、文登、荣城、乐陵、临邑、南皮、沾化等县城受到猛烈攻击，100多个据点相继失守。细川忠康极为恐慌，不得不结束对滨海的"扫荡"，下令各路日伪军迅速回防。

8月27日，罗荣桓命令鲁中、滨海、鲁南军区派出部队打击回撤之敌，截击敌人自抗日根据地掠夺的物资。当时，军区机要科和情报处经过长期研究，已经摸索出了敌伪军的一些电报规律，并能破译部分电报密码。情报处将破译出的情报整理分析后送呈参谋处长李作鹏，其中一份情报引起了李作鹏的重视。有一路日伪军共2300余人，将从莒县出发，沿沂博公路北返淄博，途经鲁中军区控制的一段险峻地形，是设伏的好机会。他当即将此情报向罗荣桓作了汇报，并转发给鲁中军区司令部。八路军立即忙碌起来。

9月3日上午8时，右路日军在草野清中佐的率领下出现在沂博公路上。四匹马牵引的山炮走在最前面，随后是1个小队的骑兵，步兵呈4路纵队走在中间。后面是赶集一般的伪军，肩上背着大包小包，枪上挑着扑扇着翅膀的鸡鸭，驱赶着牛羊前吆后喝地往葛庄而来。

太阳当顶，日伪军钻进葛庄开始埋锅造饭。突然，四面枪声大作，手榴弹的爆炸声震撼山谷，伪军吓得东奔西窜。草野清举起望远镜朝四周观察，西面山势险峻，自料难以逾越，于是下令调头东返。

岗田健率日军第5中队在炮火掩护下朝镢头岭攻击，刚到岭下的南阳河滩正好与鲁中军区1团1营1连迎面相遇。100多把刺刀对100多把刺刀，只一个回合，十几名日军便惨叫着倒下去了，而八路军却无一伤亡。岗田健气得嗷嗷乱叫，挥舞军刀带头拼杀。

日军的战斗力大不如前，崇尚武士道精神的日军向以擅长刺杀而闻名，在大战初开之时，三名日军背靠背，几十人都休想拢身。经过七年战争，日军的精锐大多钝化，以致连刺杀这种看家本领也丢掉了。仅20分钟，50多名日军倒在血泊之中，冈田健恼羞成怒，挥刀疾进，却陷入重围被三把刺刀高高挑起，重重摔在河滩上当场毙命，剩下的日军不敢恋战，掉头溃逃。一名小个子吓得腿肚子发软，眼看着被追上，索性转过身来右手举到帽沿下不停地行礼，左手放下步枪，接着解下身上的子弹盒、刺刀鞘和背包，点头哈腰地说："统统的给你，统统的给你……"

这是葛庄战斗中的第一个俘虏。

草野清中佐见第5中队败下阵来，严厉督促第1、4中队再次扑向镢头岭。两门山炮和两门迫击炮集中火力向镢头岭阵地轰击，山头上土石纷飞，烟云直冲霄汉。日军对镢头岭的冲锋接连受挫，草野清见天近黄昏，到了晚上他的炮火便失去了目标，不得不退向葛庄西北的水母娘娘庙，抢修工事负隅顽抗。

夜幕初降，一弯月牙在云海中游荡。罗舜初和胡奇才策马来到前线，孙继先迎了上去。罗舜初翻身下马察看了一下娘娘庙的地形，"不好攻嘛，要动动脑筋。"

胡奇才沉思片刻，说道："敌人缺粮断水，不能持久，干脆在四周构筑工事，火力封锁，迫敌突围。"

"好主意。"孙继先补充道，"南边网开一面，诱敌向沂河突围，我们在河两岸设伏，将其逼下河，打死也好，淹死也好，都是一个目的——消灭敌人。"

晚9点30分，后续部队进入阵地，开始火力攻击，轻重机枪一齐开火，娘娘庙大殿东南角燃起熊熊大火，日军在火光里乱喊乱窜。一阵扫射之后，几名日军中弹倒下，其余的吓得躲在石碑、断墙之后不敢动弹。

到了子夜，月牙消逝了，天空漆黑一团。突然庙里一阵骚动，日军的大炮吼叫起来，随后机枪也嘎嘎响起。双方火力对峙了一夜，直至拂晓枪炮声才沉寂了。

草野清熬过了一个恐怖的夜晚，太阳一出，他的胆也壮了，决定凭借优势火力杀出一条血路。他观察了一阵，发现南面是八路军的薄弱环节，便下令一个小队向北佯攻，大部向南突围。

上午8时，日军炮火向北面阵地轰击。孙继先的心猛地一沉，难道鬼子要向北突围？他正在担心，突然发现30多名日军虚张声势地朝北冲锋，队形拉得很开。

"声东击西！好得很。"孙继先猛捶大腿，"打！把敌人打回去。"

日军冲了一阵，见火力太猛，仓惶回撤。草野清命令调转炮火向南狂轰滥炸，日军倾巢而出，向南边阵地涌去。八路军且战且退，最后"抵挡"不住，弃阵"逃散"了。日军冲向河滩，开始渡河，炮车、辎重和战马拥挤在狭长的河滩上，混乱不堪。

此时，埋伏在沂河两岸的部队突然杀出，日军陷入重重包围，成片成片倒下，河水顿成血色。草野清自知陷入绝境，拼命顽抗，率部顺着河流且战且退。两岸八路军平行追击，战至下午6时，日伪军大部被歼，草野清带残部向无儿崮方向拼死冲击。

防守无儿崮的是第4军分区警卫连，可该连见沂河滩上杀得热闹，擅自参战，只留一个排防守阵地。由于兵力薄弱，被草野清突破了阵地。草野清在无儿崮清点人数，日军只剩45人，伪军126人。

9月6日，莒县守敌田坂旅团长率1700余人，在13架飞机掩护下赶来增援，草野清残部始才获救。草野清等人饿了两天两夜，激战一解除，他们的身体和精神都垮了。有3名日军士兵因精神失常坐在大车上歇斯底里嚎叫着。田坂旅团长为了稳定军心，下令用毛巾堵住他们的嘴。日军大队于9月8日退回莒县。

此战共毙日军300余人，俘日军31人，毙伪军1000余人，俘367人；缴获山炮两门（一门毁坏，另一门参加过解放战争，至今陈列在上海博物馆），缴获60迫击炮两门和大批辎重。

进入1945年初，罗荣桓多次给胶东军区司令员许世友指示，要他解决赵保原。赵保原以前是国民党山东省第13区专员兼暂12师师长，1944年下半年投靠日寇，又多了个"剿共第七路军司令"的头衔，拥兵18000余人，盘踞在以万第为中心的五龙河及沽河中游地区，经过多年苦心经营，构筑了一个以壕沟、围墙、鹿砦、铁丝网、陷井、碉堡混合一体的防御体系，号称"铁打的万第"。

1945年2月11日是旧历大年三十，这一天大雪纷飞，地上白茫茫的铺了几寸厚的积雪。胶东军区集中5个团另5个营的兵力向万第发起了攻击。

赵保原的起家本来借助于共产党的势力，1938年日军侵入山东，军阀韩复榘望风而逃，黎玉等共产党人发起了全省范围的大规模武装起义，赵保原也拉起了一支武装。一年后在共产党的主张下，胶东各色游杂武装联合起来准备共同抗日。赵保原打起"抗日联军"的招牌，窃取了"鲁东抗日联军指挥部"的领导权，1944年7月，赵保原在"曲线救国"的幌子下公开投敌，被日寇封为"剿共第7路军司令"。

大年三十晚，正当赵保原喝酒过除夕的时候，副官跑来告诉赵保原，城外有围兵。他登上炮楼，举目望去，白茫茫的雪地上到处是红旗。

"奶奶的熊，就凭几杆破枪想攻破我的金城汤池！"赵保原挥剑一指，"土八路不知死活，给点颜色让他们瞧瞧！"副官立即敲响挂在炮楼上的一口古钟，伪军纷纷提枪涌上四周的岗楼。机枪"哒哒"吼叫起来。

许世友、林浩、吴克华等胶东军区首长骑马赶到，下令停止进攻，只将万第团团包围。

枪声沉寂了，赵保原得意洋洋地回到指挥部，下令多宰牛羊庆祝"胜利"。他不让士兵饮酒，自己却喝得酩酊大醉。

大年初一的上午，北风呼啸、雪花飞扬。副官将赵保原唤醒，神色慌张地说："师座，八路越聚越多了，看样子要拼命，快去看看吧！"

赵保原登上炮楼一看，倒吸了一口冷气："快给青岛、莱阳皇军警备队发电，说有几万八路军包围了万第，请他们火速增援。"

当天黄昏，许世友下令集中所有大炮向万第猛烈轰击。9门迫击炮和刚出厂的平射炮一齐怒吼。顿时，围墙倒塌，炮楼飞上了天空，万第据点笼罩在滚滚浓烟之中。八路军主攻部队潮水般涌入据点，经过5个小时的激战，叛军伤亡惨重，大部被俘。赵保原在黎明前带着家眷和几名卫士仓惶逃窜。

山东军区下属5个军区自6月初至8月上旬的夏季攻势中，进行了10次较大的战役，歼敌伪军3万余人，扩大解放区约1.1万平方公里，解放邳县、郯城、蒲台、滨县、南皮、需化、德平、庆云、费县等9座县城和羊角沟（寿光东北）、景芝（诸城以北）、马头（郯城以西）3座重镇。胶济、津浦、陇海三条铁路直接暴露在八路军的面前。夏季攻势的胜利，为对日全面大反攻创造了极为有利的条件。

1945年7月，山东军区对部队进行了整编。把山东第一线部队编成8个师、12个警备旅、1个滨海支队及1个海军支队。每个师辖3个甲种团（每团充实到2500人以上），主要担任机动作战、夺取大城市的任务。每个警备旅辖两个团，担任次要方向上的作战任务。整编后，山东八路军的总数达到了27万余人。第115师和山东军区的出色成绩，大大加强了中国共产党在战后的作用。

晋绥劲旅——第 120 师

1937年8月25日，中共中央军委宣布红军改编。红军二方面军（第二、第六军团）、红27军、红28军、独立第1、第2师及赤水警卫营、前总直属队之一部等，合编为第120师，以贺龙为师长，萧克为副师长，周士第为参谋长，关向应为政训处主任。全师共14000人。不久，中共中央决定恢复政治委员制度和政治部，关向应任第120师政治委员，甘泗淇任政治部主任。该师于1937年9月2日在陕西省富平县庄里镇召开抗日誓师大会，9月9日分批乘木船东渡黄河抵达山西。

山西素称"华北屋脊"。就兵家而论，控制了山西，便掌握了华北战场的主动权。攻则依地势而进：在广灵、涞源方向上，出紫荆关而入平津外围；在太原、石家庄方向上，出娘子关而入冀中；在长治、邯郸方向上，出山西而入冀南；在晋城、沁阳方向上，沿太行山南麓而入冀、鲁、豫边。守则有恒山、五台山、太行山可供依托。恒山、五台山为晋北军中要隘；太行山则为晋东之天然屏障。

当时，山西已有两个重要抗日团体：一是由中国共产党发动、组织领导的"牺牲救国同盟会"，简称"牺盟会"，它以抗日民族统一战线的抗日救亡群众组织的面目出现；一个是由中国共产党党员参加并领导的"第二战区民族革命战争战地总动员委员会"，简称"战动总会"，第120师工作团到达晋西北各地时，关向应立即命令工作团和这两个组织结合在一起，开展群众工作。20多天里，便发动和组织了5700余人的抗日自卫队。关向应、甘泗淇领导工作团在晋西北进行了8个多月的艰苦工作，建立了中共晋西北临时省委（后称晋西北区党委）及各县临时县委，恢复了政权组织，收容了国民党军的散兵游勇，安定了社会秩序，抗日民族统一战线深入人心，晋西北出现了抗日的新局面。

11月14日，贺龙率师部经岢岚去岚县，与关向应、甘泗淇会合。决定第120师各部北起大同口泉，南到汾阳，沿同蒲铁路展开，与敌人争夺晋西北广大农村。同时，将各工作团在各地组织的抗日武装编入120师序列，打破蒋介石在兵力上对八路军的无理限制。

1938年，正当120师展开一场颇有声势的同蒲路破袭战时，日军集中1万余人分数路向晋西北扑来。在占领宁武、神池、汾阳、离石后，26日进至黄河东岸的军渡、碛口，并炮击黄河西岸陕甘宁边区的河防阵地，有渡河进犯迹象。

贺龙立即抓住战机率120师予以反击，将日军侵占晋西北的7座县城全部收复，敌人企图扼杀晋西北抗日根据地于摇篮中的阴谋被彻底粉碎。整个战役共灭敌1500余人，缴获山炮1门，汽车14辆，步机枪200多支（挺）。

此时，延安毛泽东又把敏锐的目光投向内蒙古阴山山脉的中段——大青山。大青山横贯绥、察两省，是陕甘宁边区的北方门户，是华北通向大西北的咽喉要道。毛泽东独具慧眼，认为大青山战略地位不可小视，开辟了大青山根据地，既可以粉碎日军西进宁夏、甘肃，分割大西北的企图，又可以使晋西北、晋察冀部队相互配合作战，扼制日军对陕甘宁边区的进攻，还可以沟通与苏联、蒙古的联系。

贺龙、关向应、萧克接到毛泽东的一系列电报后，立即组建大青山支队。李井泉任司令员，358旅参谋长姚喆任参谋长，358旅714团政委彭德大任政治部主任。7月末，大青山支队连续突破了敌人的几道封锁线，进至绥南的太平寨，然后又穿过平绥路，直插大青山区。草原上开始出现了生机勃勃的景象，各族青年纷纷带着枪、骑着马前来参军，有的老乡主动为部队提供情报，草原上掀起了抗日的热潮。

1939年1月初，贺龙、关向应、萧克率部进入冀西、冀中。120师在冀中一个月内连续作战四战四捷，有力地打击了日军的侵略气焰，使其"南号作战"计划严重受挫，从而稳定了冀中的局势，振奋了冀中军民的抗日精神，对巩固冀中根据地意义很大。1940年1月24日，贺龙、关向应率120师主力返回晋西北。1940年2月初，先在兴县魏家滩消灭了阎锡山的游击第3师，接着，将白志沂、杨集贤两部700余人全部肃清，又劝说国民党察哈尔游击司令马占山、国民党军第86师高双成两部，退回到他们原来所在的绥远和陕西府谷等地。从此，晋西北结束了抗战以来两种军队、两种政权并存的局面。

山西军阀、土皇帝阎锡山异常恼火：没有把新军消灭，反而眼睁睁地看着新军脱离了他，加入了八路军的行列。晋西北完全为八路军120师所控制。

阎锡山深知他的军队已遭惨败，山西的大局已定，自己无力再争，只得接受中共和八路军关于新旧军团结拥阎抗日的主张，下令晋绥各军停止军事行动和政治攻击，共同抗日。

1940年11月7日，晋西北军区在兴县成立。中共中央军委任命贺龙为司令员，关向应为政委，续范亭为副司令员，周士第为参谋长，甘泗淇为政治部主任。晋西北军区的成立，标志着贺龙、关向应领导的晋西北军事建设发展到了一个新阶段。1942年8月，中共中央晋绥局成立，晋西北军区改称晋绥军区。

1942年5月13日，中央军委发布了关于成立陕甘宁晋绥联防军司令部的决定，任命贺龙为司令员，徐向前为副司令员，关向应为政委（关向应休养期间，高岗代政委），林枫为副政委。毛泽东要求贺龙解决三项任务：一、统一晋西北与陕甘宁两个区的军事指挥及军事建设；二、统一两个区的财政经济建设；三、统一两个区的党政军民领导。命令发布后，毛泽东曾既认真又玩笑地摸着自己的脑袋对贺龙说："党中央和我的这个就交给你了。"对于毛泽东的信任，贺龙充满感激之情，决心当好联防军司令。

贺龙上任后根据中共中央统一军事指挥的要求，对边区部队进行整编。把留守兵团所属的各独立团及保安司令部所属的4个团统一编成两个警备旅，同358旅、359旅一道置于联防军的统一指挥之下。贺龙又根据保卫边区的需要，重新划分和调整了部队的防区，成立了军分区。经过整编，边区部队出现了一个新面貌。

（上）南下开辟新区

1944年，由于国民党正面战场数十万大军连连溃败，豫、湘、桂、黔相继沦陷，日军进逼四川，威胁重庆。针对世界反法西斯战争战略反攻节节胜利的情形，中共中央实施重大战略决策：巩固华北、华中，发展华南，分兵挺进国民党兵败弃守的沦陷区，建立湘、鄂、赣抗日根据地，打通南北通路，连接鄂豫皖边区李先念的新四军五师和广东曾生领导的东江抗日纵队，形成南北响应、相互支援的局势。

7月，中共中央决定，以第120师359旅部分主力再抽调一批干部组建南下支队，挺进华南的湘南、粤北，开辟以五岭山脉为中心的敌后根据地，并逐步把鄂豫皖湘赣根据地和东江根据地联结起来，成为中国共产党的南方一翼，以阻止国民党的反革命逆流，争取抗战的最后胜利。9月，南下部队营以上干部集中在中央党校举办训练班，学习党的抗日民族统一战线的方针、政策和敌后工作的经验。毛泽东、朱德、周恩来、彭德怀、贺龙等领导亲自授课。10月25日，毛泽东在授课中强调说："我们的前途是光明的，但也有很多困难。""这一回你们是去长征的。要有克服各种意想不到的困难的精神准备。"毛泽东还告诚大家学习柳树的灵活性和松树的原则性，像柳树那样可亲，像松树那样可靠。

第359旅第一梯队4000余人，改称国民革命军第十八集团军独立第1游击支队（简称南下第一支队，辖四个大队），由司令员王震、政治委员王首道率领。于11月1日在延安举行誓师大会，11月9日从延安出发，东渡黄河越过同蒲路进入太岳区，后又由太岳再渡黄河越陇海路。12月7日，部队到达汾河边。国民党军为了隔断延安与太岳、太行根据地的联系，扒开汾河大堤放水淹没了万亩良田，冻成大片光溜溜的冰滩。部队艰难的越过冰滩，跨过汾河便桥，来到同蒲铁路。进入日军占领区，王震亲自指挥前卫部队用手榴弹、机枪打退了日军的巡逻铁甲车，部队顺利通过同蒲铁路，强行军180里，创造了步兵行军的新纪录。南下第一支队突破日寇的重重封锁和顽军的不断阻击，于1945年1月27日，在鄂豫皖湘赣根据地之大悟山与李先念任师长的新四军第5师会师。

1月29日，南下第一支队和新四军第5师举行会师大会。后来任中华人民共和国国家主席的第5师李先念师长首先致词说："八路军老大哥在北方打了许多胜仗，英勇善战，经验丰富。这一回同志们来了，我们要好好地学，加倍提高我们的战斗力……"接着后任中华人民共和国国家副主席的王震讲话，他风趣地说："同志们，昨天我留了一脸大胡子，好像个老大哥的样子。今天我把胡子一剃，实际上只算个小弟弟。"场上发出一片掌声。王震接着说："党中央、毛主席委托我们向你们表示亲切的慰问。并致以崇高的敬礼。我们这次南下和新四军第5师会合，决心在李先念同志的领导下成为5师的一部分，狠狠打击敌人，保卫鄂豫边区，把胜利的旗帜插到敌后去！"

说起王震的359旅改为南下支队，缘由来源是半年前，中央考虑长江以南，日本军队驱赶国民党军队，留下大片军事空白。在国民党大举撤退后，共产党应借机发展敌后抗日武装力量，不能让日军得享安逸。中共高层计划派出一批得力干部，到当年红军撤过火种的粤赣湘一带，把革命的火种再烧起来。毛泽东起初与王震谈话时，就是让第359旅派一个营掩护900名干部深入敌后。在边区大生产运动中，把南泥湾建成陕北的好江南的第359旅指战员，早想跃马驰骋到前线与日本鬼子真刀真枪的干个痛快，王震马上向中央请缨，"愿亲自带部队护送"。党中央考虑各种因素后，调整了战略部署，同意359旅进入江南，放手发动群众，巩固和发展革命根据地。

王震的南下部队休整了10余天后，便告别了新四军战友，依照计划，向鄂南挺进，开辟以鄂南为中心的湘鄂赣根据地。当时，武汉三镇以东的大江两岸，大小城镇都被日伪军占领。国民党军在江北岸大别山一带，有桂系六十五军和鄂东挺进第十六纵队守备。在这些地区，日伪军和国民党军互相穿插，犬牙交错。共产党武装南下渡江，不可避免地要同时穿过日伪军和国民党军占领区。国民党顽军获悉八路军南下，如同芒刺在背，立即和日伪军暗地勾结，调集三个师的兵力，严密封锁这一带渡口，妄图把王震的部队消灭在长江北岸。

在出发前，王震和王首道反复研究，决定利用日伪和顽军之间的矛盾，出其不意，在敌防守最严密的路线：从蕲春的田家镇渡江到新阳地区，并把整个部队分为三批前进。南下支队进入国民党军占领区后，沿途不断遭到顽军的堵击尾追。在渡江过程中，又遭到日军的飞机轰炸和快艇巡查。但一个个的困难都被英勇的指战员克服了。2月24日拂晓，南下支队全部踏上长江南岸，进入了鄂南。

鄂南地区东、北、西三面濒临长江，南部与湘赣两省毗邻，整个地区包括武昌、嘉鱼、咸宁、蒲圻、通山、通城、阳新、大冶、鄂城和黄石等11个县市。这一地区在军事上具有重要的战略意义。特别是南部大幕山地区，有着发展游击战争的天然有利条件，土地革命战争时期曾是重要的根据地之一。王震认为，在这里坚持抗日游击战争，既能巩固中原，威胁武汉，牵制敌人的正面进攻，又可继续向南发展成为对日反攻作战的前哨阵地。他的看法，得到了李先念等5师领导的赞同。南下支队决定以此为出发点，打开南北通道，把中原地区和华南地区的抗日力量连在一起。当时，这一地区敌情严重。日伪军不仅占领了11个县市，而且在粤汉铁路和几条公路沿线构筑了大量碉堡工事，建立了许多据点。广大山区和偏僻乡村，大都被汉奸、土匪和国民党顽固派势力所盘踞。为了鼓舞当地人民群众的抗战热情，南下支队决定给日军一次沉重打击。

王震率领部队向大幕山进军途中，在2月25日在通过阳新、大冶之间公路时，突见载有数十名日军的三辆汽车疾驰而来。支队立即投入战斗，击毙日军5名，击伤若干，敌人狼狈逃走。第二天，日军五六百名、伪军七八百名和一队日军炮兵，从三溪口方向开来报复。王震指挥部队在大田畈与敌展开激战。支队坚守阵地，连续与敌战斗30多小时，打退敌人冲锋数次，并向敌人连续发起猛烈冲锋，敌人伤亡惨重，狼狈溃逃。这一仗，支队共歼灭日军400多名，缴获大炮7门，轻重机枪20余挺以及其他大量武器弹药和军用物资。这是一次出其不意的胜利。大田畈战斗，是南下支队渡江后打的第一场大仗。这一仗，打出了八路军、新四军的军威,有力地打击了日军在鄂南的力量,极大地鼓舞了鄂南人民抗战胜利的信心。

按照中共中央指示,南下支队在进入湖南之前,王震派出小部队先到湘阴地区开展敌后工作。先头部队到达后,排除当地顽军的干扰,很快建立起抗日民主政权,并以桃花山为中心,建立起湘东抗日根据地和湘东军分区;南下支队又报请中共中央批准,将部队番号"南下支队"改名"国民革命军湖南人民抗日救国军",下属各大队全部改为支队。3月23日,王震率领部队主力由水口坳出发,从江西进入湖北,又从湖北进入湖南,一天之中走了三省地界。3月26日,王震部队进入湘北重镇平江县城。当地日伪军慑于八路军新四军威势,早已于20多天前撤走。

3月27日早晨,部队指战员分头到大街小巷刷写标语,公开张贴了《国民革命军湖南人民抗日救国军司令部布告》,以此向广大人民群众宣传党的抗日民族统一战线的方针政策,为彻底打败日本帝国主义,团结一切爱国志士仁人,孤立一小撮反共顽固势力。这张经过毛泽东亲自修改的布告,沿用红军时代许多布告的传统规格,文字通俗易懂,对八路军新四军的宗旨、任务、大政方针都作了昭告。人们看了以后,兴奋地奔走相告:"当年的红军队伍又回来了!"

这张布告,博得了城乡各界人士的高度赞扬和热烈拥护,激发了广大人民群众的爱国热情和革命觉悟。

此后顽军由东、南、北三面进逼平江,南下支队为摆脱被动局面,于4月15日撤离平江,北上岳阳、临湘地区。因该地区是日顽边界区,南下支队北上后顽军即行追踪,南下支队转至鄂南通山、崇阳地区。在此形势下,王震、王首道等决心在湘鄂赣边地区创建游击根据地,并向中共中央作了报告。5月,经中共中央批准,在湘鄂赣边创建游击根据地,成立了湘鄂赣临时区党委、行署和军区。王首道任区党委书记,聂洪钧任行署主任,王震任军区司令员,建立了13个县的民主政权。至7月,鄂南伪军及反动的大股土顽均被八路军歼灭或击溃。长江以南,赣北彭泽以西,湘北岳阳以北地区,除公路、铁路及少数孤立的日伪据点外,大部获得解放,根据地南北260公里,东西360公里,人口200余万,初具规模。

1945年5月,奉中央军委命令,以第359旅留陕北部队整个建制为基础,组成八路军独立第2游击队(通称南下第2支队)挺进华南敌后,会合王震、王首道率领的南下第1支队一起建立五岭根据地,开展敌后抗日游击战争。为确保南征任务的完成,遵照中央军委的指示,南征前,对部队作了调整补充。调整中,联防军总部决定:抽调第120师警卫营补入第717团;从第358旅直属队经过调整补充,全旅共约4000人编成南下第2支队;另有中央机关调往新四军第5师的干部和补充南下第1支队的干部共约600人,也随同南征,属支队统一指挥。

1945年6月10日,南下第2支队4千余健儿,由延安出发,东渡黄河,翻越吕梁山,直插晋东南。

南下第2支队前卫第1大队7月5日进至山西文水县敖坡附近时,与一股日军遭遇。第1大队第2连迅速抢占有利地形,先敌开火,阻击敌人。以短促火力和手榴弹狠狠打击敌人,击退了日军1个大队的攻击。第2连1排在战斗中曾一度被敌军包围。但子弟兵们在严峻的形势面前,不畏惧,沉着应战,用手榴弹和白刃格斗,终于杀出重围,冲破了敌人的包围,回到了大部队。

7月10日,南下2支队在越过同蒲路封锁线时,绕过平遥、洪善两车站守备日军敌,主力沿两车站间的桥洞通过。当部队主力先头刚近桥洞时,遭日军巡逻装甲车阻拦。铁路以东的东游驾村日军约一个中队的兵力也向铁路线移动逼近。支队主力迅速通过封锁线,只派出一部分部队掩护主力,快速就地展开,抢占有利地形,组织火力压制阻挡前进之敌。第1大队1连在西游驾村,依托房屋,设置阻击阵地,先敌展开,阻止东游驾村之敌出动。东游驾村出动之敌,遭1连突然袭击,损失惨重,掉头缩了回去。铁路线边上守备日军火力被压制,对峙一阵后,日军不支而退,南下2支队主力顺利通过同蒲线。

之后,南下第2支队迅速沿交口、张店兼程向南迁进。当支队先头第1大队进至黄河北岸、组织前卫连渡河时,遭敌对岸火力阻击。支队领导当机立断,组织火力掩护,强行抢渡黄河,并很快击溃了对岸之敌。

南下2支队在渡过黄河后,当部队进至新安县城以北时,接到延安命令:部队停止南征,经短暂休整补充后,挺进东北。

原来,这时日军已经宣布战败投降。当时,新安县是由日伪军驻守。支队领导当即决定围攻新安县城。经1天激战,全歼守敌1个营,解放了新安县城。攻占新安县城后,南下第2支队根据中央军委关于部队停止南征,短暂休整补充后,挺进东北的指示精神,组织部队掉头北渡黄河。当部队渡过黄河,向孟县地区前进时,伪军张伯华队伍在孟县县城筑垒防守,企图阻止八路军进占该城。支队决定夺取该城,歼灭守敌。8月25日,第1、第2大队同时向孟县伪军发起攻击。先是扫清了县城外围敌据点，并攻占了城西南一角。第二天，全歼了守城伪军张伯华部，解放了孟县县城。

南下第2支队攻占孟县后，动员了当地500多名青年入伍。9月21日，部队由孟县出发，越过平汉路，经冀中转向冀东，向辽西方向前进，于1945年10月上旬进至辽宁省辽阳地区，编入东北人民自治军战斗序列，改编为东北人民自治军第359旅。

南下第2支队南征北转。南征，历时3个多月，纵横征战陕西、山西、河南，历尽千辛万苦，翻越吕梁山、太行山，冲破敌同蒲路封锁线，粉碎了日军多次阻拦，3次强渡黄河，攻占新安、孟县等城，为夺取抗日战争的最后胜利作出了积极贡献。北转，驰骋河南、河北、热河、辽宁4省，长途跋涉，日夜兼程，时达20天之久；先后越过平汉铁路，通过冀中平原，翻过医间巫山脉，穿过辽西走廊，沿途打击了日伪军，胜利地到达指定地区。

就在359旅南下第、第2支队相继出动之时，1945年2月起，晋绥军区部队展开了春季、夏季攻势作战，对离（石）岚（县）公路和三（岔堡）五（寨）公路沿线不断发起进攻，解放了五寨、岚县等县城及方山镇。

（下）西方记者来边区

1944年8月中旬，美国记者爱波斯坦等5名外国记者以及国民党中央宣传部派出的随员，到达晋绥边区进行访问。8月13日，爱波斯坦、哈里森、福尔曼、莫里斯、武道一行，代表美英的《时代》《纽约时报》《泰晤士报》《明星》周刊、《巴尔的摩太阳报》等著名报刊，抵达晋绥军区司令部。这时，第8军分区的反攻正在有条不紊地进行着。9月6日，爱波斯坦一行通过马坊封锁线的时候，恰好遇到这个日伪军盘踞多年的据点刚被八路军攻克，途中，这些外国人遇到了大批被俘的伪军。

爱波斯坦出于职业敏感，当即对翻译说："我们想进村看看。"

带队的科长弄清楚了爱波斯坦的想法后，有些犹豫。对翻译说："这个据点刚被攻克，前面情况不明，进村恐怕不安全，还是绕过去吧。"

哈里森央求道："这种场面，对一个记者来说，可是千载难逢。如果我们怕死，就不会要求来到战火纷飞的战场。这是我们给笔安上翅膀的良机。"

科长一听有道理，只好答应下来，转身吩咐警卫人员一定要保证外国朋友的安全。一行人进入马坊村，只见被焚毁燃烧的日军碉堡仍然火光未熄，窗口浓烟四溢，碉堡周围有的是重重的壕沟，层层的铁丝网，各种坚固的工事仍清晰可见。5个记者忙着拍了一会儿照片，爱波斯坦从地上捡起一块从被炸碉堡掉下来的混凝土块，指着壕沟和铁丝网说道："他们构造这样复杂的军事设施，证明了他们对八路军的恐惧。我去法国访问，那个已投降的国家尚有戴高乐在领导抵抗运动，然而德国人并没有在法国的乡下修筑永久性工事。看来，他们似乎不像日本人害怕八路军那样地害怕戴高乐。"

9月7日晚，一行人进入第8军分区的地雷封锁线。5个记者被告知必须踩着前面一个人的脚印走，要不然就要踩响地雷。5个外国人一听，都吐着舌头做着鬼脸。七拐八拐走了好一阵，中途对了无数道口令，终于，5个记者被告知："你们现在已经十分安全了，可以随便行走。"

5个外国人都掏出手帕擦了擦汗水。哈里森叫道："哇——这才真正尝到人民战争的滋味，我像是在迷宫里走了一生，这段路，没有一点意志是走不下来的。"

爱波斯坦问："听说你们中国古时候有多种奥妙无穷的阵法，有个叫诸葛亮的人，最精通，请问刚才我们过的这个地区，是不是摆的古时候的阵法？我记得我们总是向左走九步向前走九步，再向后走九步。这个九字是不是你们布阵的密诀？"

科长很得意地对这个有心的外国人说："诸葛亮的阵法，比我们这个地雷阵要玄妙多了，当年，吴国大将陆逊火烧连营700里，穷追刘备，误入诸葛丞相摆的石头阵，差点全军覆没。他的阵中还没有地雷呢。"

爱波斯坦急忙地掏出小本子，"刷、刷、刷"地记了起来。

莫里斯在一旁用鼻子哼了哼，说："我总觉得我们有点太轻信，难道东方文化真的就那么神秘，有什么阵吗？"

爱波斯坦道："共产党是不吹牛的。"

科长让翻译对莫里斯说："你问问莫里斯先生，他是不是怀疑我刚才在故弄玄虚？"

莫里斯答道："我实在不相信，刚才我走错一步，就有生命危险？"

科长眼珠一转，对5名外国人说："你们跟我来。"

一行人又朝回走了200米，科长指着前面说："你们看前面这一片地和我们脚下的有什么两样？"

莫里斯耸耸肩道："看不出来。"

科长指着晨曦里的一棵枯死的树，说："莫里斯先生，我们刚才就是从这棵树的左边绕道过来的。如果我们不是走在树的左边，而是走到右边，会有什么事发生呢？"

莫里斯像个孩子一样追问道："会发生什么事呢？"

科长笑而不答，拣了一块约有半斤重的石块递给莫里斯道："等大家都卧倒后，你随便把这块石头扔到小树右边的任何一个地方，你就知道会有什么奇迹了。"然后，对身后的其他人说道："请你们大家都卧倒。"

莫里斯看十几个人都卧倒了，却没扔石头，转身问科长："你为什么不卧倒？"

翻译在一块大石头后面探出脑袋说道："王科长，他问你为什么还站着？"

科长说："你告诉他，我是负责他的安全的，说不定他会引爆一个连环雷。"

莫里斯将信将疑地把石头奋力朝前掷去。石头刚一出手，他就被王科长按在地上。接着"轰"的一声响，小树右边一颗地雷被引爆了。

莫里斯情不自禁地惊呼道："真险！"

哈里斯从地上爬起来，也拣起一块石头朝前面扔去。这次竟引发了一串连环雷。

几个记者感慨万端、手舞足蹈的时候，晨曦中一彪人马呼啦一下朝他们围了上来。原来这是接应他们的第8军分区部队，误以为他们走错了路。9月14日，记者组进入汾阳地区。当晚，宿营于距汾阳城仅10公里的村庄。这一天，正逢分区主力部队与游击队夜袭汾阳县城。

9月15、16日，美军观察组成员卡斯堡少校和记者组登上距离汾阳仅5公里的边山顶峰，眺望英勇的八路军奇袭敌人大营盘、电灯公司、车站、飞机场、火柴公司等战斗情景。当晚，寒气逼人，大家异常兴奋，亲眼看见汾阳上空浓烟滚滚，笼罩全城达两日之久，日军恐慌异常，龟缩在乌龟壳内，不敢出来应战。

9月17日拂晓，八路军再将协和堡日军据点攻克，又有大批俘虏被押下阵地，胜利品源源不断运进村庄。战士们纷纷把自己缴获的战利品赠送给外国朋友，有饼干、香烟、酒、罐头以及日本军旗等。

爱波斯坦拿着一面日本军旗大声说："我想请英雄的八路军指战员签名，

我要把这面旗带回美国去，把你们抗击法西斯的事迹告诉美国人民。"

这边在签字，那边，卡斯堡少校正忙着为伤员注射止痛剂。

莫里斯道："3天来的战斗证明，八路军游击队比日本军队打得好，中国人民是有能力一步步将日本侵略者赶走的。"

哈里森也忙说："我要将所看到的八路军英勇战斗的故事，写成文章，拍成照片，告诉全世界的人，争取美国对八路军给以武器上的援助，最后将日本法西斯打垮。"

爱波斯坦收好军旗，异常愤慨地说："所有对八路军诬蔑的谣言已被事实粉碎，任何封锁都已封锁不住了。我保证要将所见的事实报道出去，揭穿一切对八路军的造谣诬蔑。"他喘了口气说："这次我们在陕甘宁、晋绥边区住了几个月，看到了敌后的军队与人民是在怎样艰苦的条件下英勇地工作与战斗着，怎样牺牲自己的生命为自己的祖国、人类的和平而斗争的。我们的责任，就是将所知道的真理告诉全世界。"

卡斯堡少校忙过一阵，这时候走过来插话道："我到过北非战场，在欧洲战场待的时间也不短，像今天打的这种仗，欧洲、非洲其他战场的作战，实在不过如此。"

后来，与美国记者爱波斯坦一道的美国海军情报处海军陆战队官员卡尔逊上尉也向中外媒体讲了他的经历："我是3个月以前去山西的，因为我听说那里的打法不同于正规的打法，我很想亲自见识见识。同时，我还想去调查研究一下从事这种战争的经济、社会条件。"卡尔逊想知道日本人在占领区的控制是否受到了中国人的有效挑战……

"日本人控制了以北平为中心的周围700英里以内的所有领土，但是，我走到距离北平150英里以内的地方，仍然属于中国人的领土。我穿过了日本人控制的同蒲、正太两条铁路线，我亲眼看到，同蒲、正太、平汉、平绥四条铁路线以内的所有地盘也都在中国人的手里。除此以外，游击队还控制了平汉路以东河北省中部的17个县。在五台山，我看到了学校、医院、工厂和无线电台。"

美国记者爱波斯坦发表的《人民的抗战》一文中介绍说："给卡尔逊留下最深刻印象的是，有一天，他参加的那个部队行军43英里，爬过了8个山头，每人携带着35磅的装备。最令人惊讶的是他们打仗的办法，他们伤亡的人数只占敌人伤亡人数的十分之一。卡尔逊目睹了中国战士摧毁30辆日本卡车和缴获大批武器装备的情景。中国人用步枪和手榴弹对敌人发动突然袭击，打死打伤40

个日本人,而游击队仅死伤4人。游击队根据人民群众提供的情况准确掌握敌人的行踪,然后发动突然袭击,往往获得大胜,而中国方面则无任何伤亡……这不是宣传,而是一个有训练的军事观察家的冷静的报道。"

美联社记者汉森先生在《亚细亚》杂志上发表的文章中,还报道了这样一个惊人的事实:游击队通常总是以极小的代价打败日本人,这是因为游击队熟悉当地的情况并得到人民群众的支持。这使他们可以了解敌人的行踪,选择最有利的时机出击,并充分发挥突然袭击这种战术的威力。在抗日的烽火中,边区人民不仅想方设法抗击日本人,而且建立了一个个强大的军事根据地,把斗争扩大到其他地区。他们是在进行抗战的同时,争取这一切的。晋察冀边区今天已成为保卫华北几省的中华民族主权的战斗堡垒。明天,中国军队很可能以此为根据地,进而收复北平和天津,收复华北的失地,收复东北富饶的田野和森林。……

9月21日,记者组爱波斯坦一行离开火线回到延安。10月2日,毛泽东在百忙中,专门接见了这5位外国记者。这几位金发碧眼高鼻梁的洋记者没有辜负晋西北、晋察冀之行,没有辜负毛泽东和中共的期望,爱波斯坦写出了著作《中国未完成的革命》,哈里森写出了著作《北行漫记》,两本书都详细描述了他们在晋西北的见闻。哈里森后来还将此行拍摄的照片编辑成书,出版了以《西行漫影》为名的画册。

八路军部队为中国共产党的军队展示出一个全新的形象,给了西方,给了全世界!

太行雄师——第129师和晋冀鲁豫部队

1937年8月25日,刚刚成立的新的中共中央军委,发布了《关于红军改编为国民革命军第八路军的命令》,宣布将前敌总指挥部改为第八路军总指挥部,以朱德为总指挥,彭德怀为副总指挥,叶剑英为参谋长,左权为副参谋长,任弼时为政治部主任,邓小平为政治部副主任。下辖的3个主力师中第129师师长为刘伯承,副师长徐向前。第129师由红四方面军和陕北红军一部改编而成,下辖385旅和386旅。另外,还有师直属特务营、工兵营、炮兵营、辎重营、骑兵营。全师共1.3万余人。1938年1月5日,中央军委任命八路军总政治部副主任邓小平为第129师政治委员，1938年8月20日成立中共晋冀鲁豫中央局和晋冀鲁豫军区，该部创建的晋冀鲁豫根据地包括山西、河北、山东、河南各一部，面积为15万平方公里，177个县，2500万人口。在军事上，包括太行、太岳、冀鲁豫、冀南四个区。抗日战争期间，晋冀鲁豫军民谱写了辉煌的篇章。

（上）顽强的沁源围困战

1941年8月，陈赓担任新组建的太岳纵队司令员兼太岳军区司令员，领导第386旅、决死一纵队、第212旅等主力部队和整个太岳区军民，对日军所谓军事政治经济"总体战"，开展了英勇顽强的斗争。然而，根据地的形势却一年比一年严峻。日军在遭受"百团大战"的重大打击后，以"铁壁合围、反复合击"的战术疯狂向太岳根据地进行报复。此间，陈赓和太岳区区委书记薄一波一同召开了联席会议，确定了新时期的斗争策略。他们特别研究了沁源的斗争形势。

1942年10月20日，屡遭失败的日军在花谷正少将（九一八事变的直接策划者之一）率领日伪军7000余人兵分七路突然"扫荡"太岳根据地。此时正是日军实行积极"剿共"、诱降国民党的时期。日军华北派遣军司令官冈村宁次试图以沁源交通道路为链、以据点为锁、以"囚笼"战术困死沁源抗日军民。同时以临汾屯留公路和安泽沁源大道为主要补给线，对沁源进行"分割清剿"。敌人分七路大"扫荡"时，陈赓率领主力部队第38团、25团等部队离开中心区，转向外线作战。沁源县委在敌人进攻前便很有秩序地把县委机关和城关群众从城内转移出来，当敌人黄昏侵占沁源时，已是一座空城了。奇怪的是，日军重兵占领沁源后却一反常态，并未马上离开。日军一面在全县重要村镇扎据点进行分区"清剿"；一面开始大兴土木，筑碉堡，修公路。更奇怪的是，敌人在城关外竖起一块牌子，上面写着"山岳剿共试验区"几个歪歪斜斜的大字。太岳军区与当地抗日政府很快就明白了，敌人这次纠集第36、69师团的6个大队和20来个县的伪军共约万余人的兵力，对太岳根据地进行"扫荡"，妄图配合政治上的"怀柔政策"来"蚕食"根据地，建立他们的"治安区"。据后来情报得知，这是华北敌酋冈村宁次总结了几年失败教训后提出的"三分军事、七分政治"的新花招。

为进一步加强对太岳区军民对敌斗争的指导，中共太岳区党委、八路军太岳纵队兼太岳军区主要领导人薄一波、陈赓等及时分析了沁源敌我双方斗争的实际情况，经过反复考虑、权衡利弊后，针对日军长期"驻剿"的企图，果断地做出了一项决定：对于盘踞沁源的日军不再使用"两面政权"的斗争策略，而是采用"长期围困、逼走敌人"的斗争方法。具体来说，就是要把沁源县城及其他各据点周围的群众全部转移出来，实行彻底的空室清野，给入侵的日军留下一个"没有人民的世界"，并对其主要补给线实行彻底性破坏，断绝其交通运输，最终迫使敌人退出根据地。这是一个带有创造性的重大决策。1942年11月11日，八路军太岳纵队兼太岳军区发出围困腹地之敌、断其补给线的指示。陈赓命令在外线作战的决死第一旅38团调回沁源，执行长期围困沁源之敌的任务。同时，中共太岳区党委指示沁源县委要在党的领导下，依靠广大群众，广泛开展人民游击战争，实行长期围困，战胜敌人。

　　日军意识到了他们所遇到的困境，除更加频繁地对山区进行奔袭搜捕外，还加紧了伪化活动。他们四处宣扬"皇军仁慈"，指派一些伪军和特务到群众居住的山头上大呼大叫，企图蛊惑群众。他们喊道——"皇军爱护百姓，有家的快回家！""冬天就要到了，皇军不能看着你们冻死在山沟里！"

　　不独如此，他们真还做出了一些伪善举动。如奔袭包围村子后，有时搜出一些妇女和老人，便伪装同情，不打不骂。有的日军还把一些老人扶上马，自己装得像孝子贤孙似的牵着马，背着包袱，抱着孩子。孩子吓得哇哇哭，他们便从兜里掏出糖块、饼干塞住孩子的小嘴。日军把群众裹回据点后，又马上把掠夺回的衣服让群众认领。对生了病的人，给吃药打针；对家在据点里附近的人，发给油盐柴米，帮助安家；对家在据点外的人，训练后便释放，释放时还施以小恩小惠，并欺骗说：皇军不伤百姓，你们见皇军下乡不要跑，回家后要假应付八路军，当民兵就朝天打枪，不打皇军。对有的群众还发给出入证，说拿着它可以随便出入据点……

　　大多数群众心里是雪亮的，白天被鬼子裹回去，晚上又偷偷跑出来。可是，也有极少数群众，特别是一部分家境好一些的群众，在越来越严峻的困难面前，产生了动摇情绪。是的，寒冬渐深，大雪纷飞，寒风呼啸，山沟里吃没吃的，住没住的，身上衣服单薄，有的被冻坏了，有的冻出了病，难免有动摇。有人便说："我们还是先回去应付个冬天吧，明年开春再出来！"

　　怎么办？是妥协还是坚持？太岳区党委的态度是明确的：斗争是长期的，眼前的困难是暂时的。战胜困难，不能只靠骨头硬，还要具体解决问题。从其他地方可以调拨一些粮食衣物来，更重要的还是自己想办法，自力更生，发动群众互救互助。

区党委的指示立即化成了围困指挥部的行动。他们一面发动群众互帮互助，多挖窑洞，解决群众的吃住问题；一面组织群众学习和讨论。讨论的重点是明确的，回据点去还是不回去？不回去的话，又怎样同日本鬼子斗争到底？这是一场颇见声势的大讨论，几万人在山沟里、在窑洞中讨论得热火朝天，最后形成了一致而坚决的回答：不回去，死也不回去！就是啃石头，喝泉水，也决不回去维持敌人！就连十来岁的小孩子也骨气得很：回去的是小汉奸！

决心坚定了，住的问题也很快有了眉目——通过部队和群众的一齐努力，挖出了大小5000多个土窑洞。最重要的便是粮食问题了。当初，2万多群众撤离家园时，凭经验以为敌人不会久待，岂料他们一"实验"便没完没了。带出来的粮食很快吃完了，上级调拨的救济粮又快吃光了，粮食成了能否坚持围困的最致命的因素。如何解决？

有个叫郭季芳的老乡，家在城关据点附近。一个伸手难见五指的黑夜，他一个人悄悄摸到了自己的家门口，把藏在磨盘底下的一袋粮食背回来了。

听说这个事后，围困指挥部政委刘开基心中一动，连忙找到了郭季芳，问："老郭，你是怎么摸进城，又怎么把粮食驮出来的？"

郭季芳满是轻松："这很容易。大冬天的，晚上鬼子不站岗，怕冷，都由伪军站。这些伪军大多数时间躲在碉堡看一看，甚至看都不看。我瞅个空便溜进去了，瞅个空又溜出来了。"

刘开基便想：既然一个人能摸进据点取出粮食，那么，把群众组织起来，能不能多去取回一些粮食呢？

他同李懋之、张学纯、朱秀芝等人一说，都说是个好主意。但为了保险，他们又搞了一次实验，派两个武装队员和4个民兵骨干组成一个抢粮小组，到据点里去"抢"了一回粮食。这一次，抢粮小组不仅驮回了四、五袋粮食，还把据点里敌人的驻地、哨位和其他情况摸得一清二楚。他们说：偌大一个沁源城，除了日伪军的兵营外，仅有三户人家——一户随军合作社，一户随军妓院，一户蒸馍铺。夜晚冷冷清清的，根本不见人迹，唯无数饿得发昏且已不愿吠叫的野狗在乱窜。

既是这样，围困指挥部决定大抢一次，他们提出来的口号是：粮食就是生命，把粮食从敌人嘴里抢出来！

为确保抢粮行动顺利实施，围困指挥部又决定，围困的主力部队、县大队和轮战队全部出动，负责掩护群众抢粮，轮休的民兵轮战队则带领群众到敌据点里抢粮。

听说要抢粮，数千名群众踊跃报告参加。围困指挥部挑选了4000余名身体健壮者，按班排连的建制形式编成了数十支抢粮队。每支抢粮队都安排了一名干部负责，并给每个班加派一名轮战队员和一名家住据点的居民，以带路及挖取粮食衣物。

元月的一个深夜，抢粮大行动开始了！

子夜12点左右，围困部队预先出动，分头包围了城关、阎寨、中峪店、金堆、元驿、交口等敌据点，形成了声势浩大的攻击之势。据点里的日伪军听到四下里都是枪声，喧哗声惊天动地，不知到底来了多少八路军，吓得龟缩在碉堡里毫无目标地胡乱放枪，不敢迈出碉堡一步。

就在围困部队对敌据点完成包围的同时，抢粮的群众像赶夜市一样，背着筐提着袋，络绎不绝地走进了敌据点圈内。进去后，他们挖的挖，背的背，不停歇地忙乎了近3个小时，一直到撤退的信号响起，这才不慌不忙地背着粮食走出了据点。仅这一次，共抢出粮食7400多担。

这次抢粮斗争的胜利，既解了燃眉之急，又增加了群众对敌斗争的胆量。

另外，中共太岳区党委、八路军太岳纵队兼太岳军区还决定，撤销原来的反"扫荡"指挥部，成立以中共沁源县委为核心的沁源对敌围困斗争指挥部，以太岳纵队决死第1旅为主参加围困斗争。11月18日，沁源对敌围困斗争指挥部正式成立。该指挥部以驻沁源的决死第1旅第38团为骨干军事力量，另外从分驻于安泽、沁县、绵上的决死第1旅第25、第59团，洪赵支队及沁源县游击大队、县武装委员会等部各抽调一部组成。总指挥由第38团团长蔡爱卿兼任（继蔡之后，李懋之、张学纯、李维时先后任过此职），政治委员由中共沁源县委书记刘开基兼任。不久，沁源各地原来成立的反"扫荡"指挥部也相应地改为"对敌围困斗争指挥部"。

11月下旬，沁源对敌围困斗争指挥部根据全县的行政区划（当时沁源分为三区一镇）、地形及日军兵力驻扎等情况，做出了围困敌人的军事部署。围困据点之敌的任务主要由第38、第25团负责。其中，第38团负责第二、第三区和城关镇的围困斗争，重点是围困城关镇和交口镇两个据点的日伪军；第25团负责沁源县城以南的阎寨村、中峪村及亢驿地区的围困斗争，重点是围困阎寨、中峪据点的日伪军，并设法切断沁源之敌与屯留、安泽等外界据点日伪军之间的联系。除了围困据点之敌外，第38、第25团还要寻机破坏安沁大道和沟通沁县、沁源的"二沁大道"及临屯公路等敌人运输补给线。第59团、洪赵支队则奉命在"二沁大道"南北及沁源与沁县、沁源与绵上交界地区开展游击战，配合第25、38团的围困斗争。在太岳区委、太岳军区薄一波、陈赓的部署下，沁源"围困战"成为一种奇观。日军的"山岳剿共实验区"沁源，成为八路军全民抗战模范"标本"。日军进占两年尚无一村有"维持会"。最早建立的15个据点除城关、交口外皆被拔除。一年间敌人两次试图打通临屯公路也被迫放弃。

围困指挥部把附近的部队、民兵全部动员起来，沁源外的交通要道"二沁大道"（沁源到沁县）长达近百里的交通线两旁10里以内，1.5万多名群众迅速实行了有组织的大转移，1600平方公里的地方成了"没有人民的世界"。群众自动毁掉不能带走的东西，连村里的水井也被填平或者倒入粪便。他们背井离乡，备尝艰苦，敌人不退，绝不回家。

日军占领沁源后，从临汾到屯留的临屯公路和从安泽到沁源的安沁大道成为沁源日伪军最初的主要补给线，同时还起着将太岳军区南北分割的作用。八路军太岳军区利用主力部队配合民兵、群众，全力开展破路战。陈赓部署军区主力第38团配合当地抗日政府和地方武装参加破路、作战。12月的一天夜里，第38团6连的战士埋伏在周西岭大道两侧，县大队和城乌镇的民兵也在周西岭参加了伏击日军运输队作战。他们在树林子里藏了一夜，等到天光大亮也没有动静。12月的太岳山区，冰天雪地，寒风刺骨。大家心想敌人大概不会来了。其实当时从沁源城关出发的日伪军约一个中队正押着30多个农夫，百余匹驮骡，正向伏击圈内靠近。他们由于多次遭受埋伏，行进间队伍两翼不时派出人马占领道路两侧制高点，交替掩护运输队前进，这才让伏击部队的战士和民兵觉得敌人不会来了。但是，第38团的领导有作战经验，有可靠情报，让大家坚守、等待。战斗很快打响，震耳的枪炮声连成一片，战斗只持续了半个小时就将敌人基本消灭。民兵们高喊着跑出来，赶快拿战利品，拿了东西马上离开，防止后续敌军报复。这场在周西岭进行的仅30分钟的战斗，不但歼灭日军队长以下共60余名官兵，还缴获轻机枪两挺，步枪20余支，骡马48匹及手榴弹、望远镜，以及运输队运送的全部物资和粮食、被服等。类似的大小战斗几乎每天都在发生。最终迫使日军放弃安沁大道补给线，放弃了在补给线上的中峪店据点。日军唯一与外界的通道只剩下从沁源到沁县的"二沁大道"。据点内的日伪军陷入恐慌和饥饿之中。1943年4月15日，伪山西《新民晚报》特派员董长庚随日军到沁源，在他的通讯《如疾风扫落叶》中这样描述日军当时的处境："沁源城内人烟稀少，暗无天日，望之全城各处无一点活气……"

1943年10月17日，太岳军区司令部情报科长刘桂衡半夜收到临汾城内传来的情报：东京日军参谋本部，从华北各地抽调旅长、联队长和少佐百余人及军官学校学员共180余人，组成"军官战地参观团"，由旅团长服部直臣少将率领，乘汽车沿临屯公路进入太岳区，作战地实地参观，领略冈村宁次司令官的军事杰作。太岳军区司令员陈赓得知来自敌人内部的情报十分可靠，正巧第386旅旅长王近山带领16团赴延安在临汾停留。陈赓十万火急命令，要王近山率领16团于临屯公路上设伏，务必全歼这个日军参观团。

王近山接到命令，向16团的官兵动员：歼灭这么多的日军将校军官，等于消灭5万日军，我们要给敌人一颗足以震撼其大本营的重磅炸弹。他在与当地干部以及全团连以上干部秘密侦察完地形后，再次收到太岳军区情报科长刘桂衡从战地转来的鸡毛信：临汾城里战地参观团已编好，由三辆吉普和10辆大篷卡车组成的车队24日晨将沿临屯公路向太岳根据地开进。王近山当即下令，午夜前吃饱饭，12点准时出发，24日凌晨部队进入日军在韩略据点附近的设伏区。这实在是一个令日军想不到的大胆举措。全团官兵在旷野隐蔽了8个小时，无一人轻举妄动。上午8时，洪洞县曲亭方向公路上尘土飞扬，敌人"观战团"过来了。8时20分，插着太阳旗的车队进入八路军伏击圈，三辆吉普车在前，10辆大篷卡车随后紧密衔接，快速前进。伏击部队突然用密集火力向敌人开火，整个车队陷入八路军的火网之中。日军指挥官服部直臣少将看到逃生无望，举刀剖腹自杀。一个半小时内，除3个钻进公路下狼窝洞里的日军逃生外，180多个日军将校军官全部被打死，仅战刀就缴获百余把。

1943年1月，日军紧缩阵地，集中兵力守备沁源城关和交口两个点，并抢修沁源至沁县的公路，力图依托沁县进行补给。沁源军民在沁源城关和沁源至沁县的公路上遍布各种地雷，使日军不断受到杀伤。沁源军民愈战愈强，被围日军一再收缩阵地，补给更加困难。太岳军民在围困沁源据点的作战中，除了广泛实施伏击战、麻雀战外，以石雷为主的地雷战也成为沁源民兵轮战队的主要围攻形式。轮战队是沁源人民发明的一种很有效的作战组织。民兵被分成两组，一组生产，一组战斗，轮流交替。既改善了山区的生活条件，又使战斗持续不断。1943年上半年，铁雷没有了，上级号召造石雷。陈赓指示第38团派干部带领群众制造石雷，各种石雷学习班在各村镇迅速开办。民兵在"二沁大道"上埋设石雷。第一次交口据点敌人出来就踏响石雷，死伤3人，这一下群众造石雷的热情迅速高涨起来。在日军最后一条交通线"二沁大道"上，沁源军民共埋设地雷5000余颗。沁源地雷多种多样。别的地方最多两层，沁源的埋藏甚至多达三层。不但如此，为配合地雷战，沁源人还发明了"铺草战"。将路面铺上干草，虚虚实实，让日军的探雷器无法使用，行进时胆战心惊。

在太岳军区司令陈赓和太岳区党委的指挥下，长期的围困和打击迫使日军在1943年1月撤出阎寨、中峪等外围据点，4、5月间放弃了城关东门外的大片阵地。到了1944年春，日军被迫退守到城内草坡下的一片地堡和窑洞中。1944年1月17日，党中央机关报《解放日报》发表了《向沁源军民致敬》的社论，指出"模范的沁源，坚强不屈的沁源，是太岳抗日民主根据地的一面旗帜，是敌后抗战中的模范典型之一"。

1945年初，沁源城的日军只得龟缩在西草坡上下两个碉堡和一排窑洞中。1945年春，毛泽东发出扩大解放区，缩小敌占区的号召。3月14日，沁源军民开始对被围日军发动总攻。太岳军区总攻命令发布后，一共打了28天仗。部队、民兵轮战队和群众近万人轮流到敌人据点周围昼夜呐喊、点篝火、放鞭炮、打冷枪，以疲惫日军。1945年4月11日，沁县日军出动上千人前往沁源，接应沁源日军从山道狼狈逃回沁县。在两年半的围困战中，八路军太岳军区主力一部与地方武装和民兵共作战2730次，毙伤日伪军3000余人，创造了群众性长期围困战的范例。

（下）展开局部反攻

1944年年初，日军从太行山区先后抽走了6个多师团，接替防务的是"思想不够稳定"的15万伪军，其战斗力进一步下降。在此有利形势下，晋冀鲁豫军区确定了出击的方针：发动攻势作战，向敌人展开局部反攻，缩小敌占区，扩大根据地，坚持敌进我进的方针，坚决打击敌人的"扫荡"，保卫生产，保卫粮食，保卫根据地。邓小平的女儿毛毛曾问过邓小平："你那时一个人在前方，也够不容易的吧？"邓小平轻轻地笑了一下，回答道："我没干什么事，只干了一件事，就是吃苦。"邓小平正是凭着这种"吃苦"的精神，出色地完成了"三合一"的工作，取得了战略反攻作战中的重大胜利。

太行山的八路军向根据地内部的日伪军发起了攻势。2月下旬，太行军区部队收复被围困达8个月之久的蟠龙镇，拔掉了这个楔入根据地腹心区的钉子。3月下旬，太行部队收复榆社县城；接着又开始向根据地边缘之敌攻击。4月初，连克林县城外的日军据点。6月初，又对根据地边缘济源、垣曲之敌发起攻势，到8月底又夺占了王屋、济源两块地盘，建立了6个区的政权，控制了济源西南大坡头至垣曲以东芮村一带的黄河渡口。这样游击军就有了南渡黄河的桥头堡了，而在3年前这里还是国军的地盘。

1944年5月上旬，冀鲁豫军区收复昆山、张秋地区，攻克日伪据点50多处，随即攻克了清丰县城。6月下旬，在鱼台、单县、丰县、沛县间发动进攻，恢复了湖西根据地中心区。8月在郓城、菏泽、考城、东明、曹县地区发动攻势，连克日伪据点50多处。六七月间，晋冀豫太行军区在平汉路西侧的邢台、沙河、新乡、辉县地区发动攻势，摧毁日伪据点多处，建立了新辉抗日民主政府。接着出击临城、内丘日伪军，摧毁日伪三道封锁线的大部。6月中旬，太岳军区在济源、垣曲地区发动攻势，至8月底，攻克日伪据点数十处，收复国土2600平方公，控制了黄河渡口，扩大了中条山西部根据地，向稷王山发展。

1945年2月，晋冀鲁豫部队向日、伪、顽军大反攻。八路军第19团路过夏津，该团第3营两个连的兵力包围攻打旧城至恩城之间的侯王庄据点。据点里驻着伪军两个中队约200人，八路军头一天晚上就包围了据点。第二天一早，首先进行政治攻势，连长向敌军喊话，指导员宣讲俘虏政策，但敌人龟缩在据点里，充耳不闻，无动于衷。直到第二天下午，伪军仍然是也不战，也不降。战士们怒火燃烧，坚持要求发起攻击，第3营正准备强攻，独立团团长马神赶到，他站在岗楼下，高声喊伪中队长的名字"王常贤"，连喊了几声后，王战战兢兢地在炮楼顶上答了话："是马大叔吗？""兔崽子，你知道你大叔到了，还不下来接我。"王说："马大叔，你别生气，我不知道是你，我这就下去。"遂率其部投降。就这样，没费一枪一弹，据点里的敌人缴械投了降。又一次，马神率部将平原三区大务集据点包围，接着大骂据点的伪军头目陈连勤，陈被迫缴械投降，一枪未发拿下了据点。6月，马神随冀南六军分区司令员周发田到平原作战，经过激战攻克了小屯据点。大魏据点的伪军早闻马神的大名，本已约好八路一到就投降。日军在八路军攻打该据点前，匆忙派兵把这股伪军接走，撤空了据点。在短短几个月的时间里，马神率领部队转战于高、恩、夏、武、平、故城、枣强、茌平等地，配合兄弟部队作战，连续拔除了敌人几十个据点，基本扫清这些地区的日、伪、杂顽势力。

1944年的秋天，在日军"一号作战"后期，时任太行军区副司令员的王树声被中央军委任命为河南军区司令员。他着手组建豫西纵队，踏上了南下的征程。跨太岳，转太行，王树声率领南下纵队日夜兼程，直插豫西。牢牢控制了伏牛山、嵩山各个要道，在"四点""两线"间发动民众，建立政权，积极主动地打击敌人，为日后八路军的大反攻建立了坚固的"桥头堡"。

登封，是中州大地一座千年古城。它雄踞中岳嵩山脚下，北扼颍河上游，是历代兵家必争之地。日军进犯中原后，登封就成了日伪军的大本营之一。日军军团长龟田中将准备对王树声部进行大规模"扫荡"。面对猖狂的敌人，王树声冷静地告诉大家："我们的主要任务是发动群众，扩大抗日根据地，不与敌人硬拼消耗。对付日伪军的扫荡，可以分两步走。第一步，以嵩山为依托，跟敌人兜圈子，消耗疲惫敌人。第二步，诱敌深入，择敌一路，在运动中消灭敌人。"王树声指挥部队在山里和敌人兜起了"圈子"，等大部敌人过去了，专打敌人补给队，对孤军深入的小股敌军，就不客气地"照单全收"。八路军越打越壮，日军是越打越少。

面对八路军的"麻雀战"，日伪军变得谨慎起来，不再像开始那样横冲直撞。针对敌人稳扎稳打、不敢贸然挺进的变化，王树声召集各路将领开会，分析敌情，研究对策，神不知鬼不觉地跳出了敌人的封锁线，向日伪军的重要据点登封疾进。

"登封被包围了，八路正在攻城！"消息传到正指挥日伪军"扫荡"嵩山的龟田耳朵里时，他惊得差一点蹦了起来。小股八路竟敢攻我登封城？龟田来不及多想，马上收拢了部队，回师登封。紧赶慢赶，总算看到了登封城的影子。夕阳已落山，龟田掏出望远镜一看，插在登封城头的太阳旗还在夜色渐暗的上空摇曳，龟田发出了一声冷笑，马上命令部队停止前进。他要在天黑以后，也神不知鬼不觉地撒一张大网，把敢于攻打登封城的八路军小部队围起来，全部吃尽……

天色完全黑了下来。八路军豫西支队派出的侦察员回来报告说："回师的鬼子已经开始在布网。"王树声听罢，说："按计划行动！"顿时，登封城的四周响起了激烈的枪炮声。城内城外的敌人，就这样被夹在中间的八路军挑逗得互相打了起来。等敌人热热闹闹地打得火热的时候，八路军的部队早悄悄地撤了出来，让他们自己人痛快地打吧。打了快有半宿，龟田这才发现不太对劲，结结实实上了八路军的大当，赶忙叫停火。垂头丧气的日伪军，在打扫战场、撤回登封的时候，城外突然响起了八路军嘹亮的军号声。原来，八路军在王树声的指挥下，在登封城外，拉开了一张更大的"网"，把日伪军全网在里面。此时，筋疲力尽的日伪军已是强弩之末，弃城而逃，登封解放了！

为了进一步扩大解放区，1945年6月底至7月初，第129师集中了太行军区5个军分区的主力部队和总部警卫团，共9个团的兵力，约1万余人，发动了以肃清安阳城以西外围日伪军为目标的战役，当时命名为安阳战役。这次战役与以往作战最大的不同是它以运动战为主、游击战为辅。战役由司令员李达、政委李雪峰统一指挥。6月29日夜，各支队按方案行动。30日凌晨2时，1支队进攻曲沟集，激战5小时，歼伪第3旅旅部及第6团全部，俘伪旅长杜有桢。进攻水冶镇之第2支队，歼伪第2旅主力及日军1个分队。第3支队将安阳出援之日军士官训练队、伪军160余人包围于北流寺，在第1支队配合下，全歼该敌，并击退另一股援敌。7月1日起，各支队对安阳以西其他据点展开全面攻击，并攻克全部据点、碉堡，4日，第2、3支队在民兵配合下，向安阳以北之观台、丰乐地区和汤阴地区出击，将观丰铁路彻底破坏；第1支队向南进攻鹤壁、汤阴，歼伪第6方面军暂9师第26团，2个伪军中队反正。至10日，战役胜利结束。计毙伤俘敌伪3300余人，克据点30余处，解放国土1500余平方公里，人口35万，使晋冀豫和冀鲁豫两根据地连成一片。第129师取得了对日最后一战的重大胜利。

抗日战争胜利前夕的1944年夏季，山西黎城县长宁村东北山脚之下一马平川的地带，一夜之间突然间出现了个神秘飞机场，随后便是飞机的起起落落。这是八路军第129师修建的秘密飞机场。飞机场虽只是一条极为普通不过的黄土跑道，没有指挥塔，没有导航灯，没有地勤人员。但就是这处简陋不为人知的机场，却是八路军在敌后根据地的唯一空运基地，当时，党中央在延安，八路军的总部和北方局长期驻扎在晋东南抗日根据地。长宁机场建成后，接受过多次中央军委和八路军总部安排部署的重大飞机起降任务，它的存在是太行与延安、八路军与党中央之间架起的一座空中桥梁。为避免日伪的破坏，长宁机场对外绝对保密，周围是一片庄稼作掩护，机场没有导航系统及建筑物，仅一条黄土修筑的飞机跑道。飞机的起落都以将士们临时点燃的火堆导航。每次飞机起落结束，人员全部撤离机场，不留任何痕迹。

八路军第385旅369团的将士担负着高度机密的机场警卫和勤务工作，他们不仅担负着修建维护机场的任务，而且长期驻守长宁村负责机场的安全。日军和阎锡山的晋绥军始终不曾想到在这深邃的太行山间竟然隐藏着八路军的一座飞机场。根据毛泽东的指示，邓小平安排八路军太行军区司令部设立了以李棣华为主任的情报联络部，同延安一直保持联系。

1945年8月25日的长宁机场已没有往日的寂静，八路军一排排的战士高度戒备，守卫着机场，凝视着天空。因为此次他们将迎来由延安飞来太行的一批中共高级将领。

中午时分，一架大型美制绿色军用运输飞机从西南天空隆隆而至，在空中盘旋两圈之后，徐徐降落在长宁机场。这架飞机名义上是去接美国飞行员的。抗日战争期间，一些美军飞行员跳伞或迫降在晋察冀根据地，被抗日军民保护起来。现在形势好了，美军要接他们回家。随着轰隆声渐渐平息，飞机舱门缓缓开启，20余位身穿八路军制服的将军和4名美国空军士兵依次走下飞机，将军们尚未脱去身上的降落伞，就情不自禁地同先期到达已在机场迎接他们到来的李富春、蔡树藩、李达等相互拥抱、共同欢呼，并在长宁机场的美军飞机旁合影留念，记录下了那难忘的时刻。

这次从延安到长宁的将帅名字一个个都如雷贯耳：刘伯承、邓小平、陈毅、聂荣臻、林彪、薄一波、陈赓、陈锡联、陈再道、张际春、滕代远、杨得志、萧劲光、邓华、邓克明、宋明轮、李天佑、王近山、付秋涛、江华、聂鹤亭。他们是8月20日在延安开完中共中央高级军事会议，各自肩负着"保卫抗战胜利果实"的重任，飞来太行，然后分赴各个战场的高级指挥员。他们是共产党骁勇善战的高级将领，囊括了晋冀鲁豫、晋察冀、东北、华中几大战略区的主帅。此次的飞行，从起飞到安全降落可以想见其使命重大。将帅们是毛泽东主席、朱德总司令从延安将他们送上飞机，又悬着心，通过电波得知他们安全着陆长宁机场的。在延安起飞前，毛泽东非常关心此次特殊的飞行，关于飞机的着陆点，毛泽东再三考虑，最终在机密军事地图上还是用笔深深地指向长宁机场。一切就绪，毛泽东仍然放心不下，派中央军委秘书长杨尚昆和叶剑英在延安机场进行安全检查，朱德司令员的英文秘书黄华担当此次飞行的翻译，万一飞行中有什么情况，黄华将起到同美军飞行驾驶员联络的作用。为更进一步做到万无一失，乘坐飞机的每位将军身上都装备了为预防不测应急用的降落伞及武器。毛泽东要走他的一步"险棋"。

将帅们经过4小时的紧张飞行到达的长宁村并不是目的地。他们要遵照中央军委和毛泽东的指示精神，从太行山出发，分别奔赴战争前线。林彪等前往东北战区；陈毅等前往华东战区；聂荣臻要去张家口，带领晋察冀的反攻。刘伯承、邓小平、薄一波、陈赓、陈锡联、陈再道等留驻晋冀鲁豫根据地，准备上党战役的前期工作。他们要领导广大人民去实现毛泽东在延安提出的"针锋相对，寸土必争"的战略决策。有人事后说，这是一次多悬的秘密飞行啊！如果这次有什么意外，那么，中国抗战史，以至于中国当代历史则可能会改写为另外的样子了！

江南奇兵——新四军

新四军全称为国民革命军陆军新编第四军。是1937年8月，由湘、赣、粤、浙、闽、鄂、豫、皖八省的红军游击队改编组建的。

在新四军组建过程中，国民党与共产党发生争执，几经周折，双方同意由叶挺出任新四军军长、项英为副军长、张云逸为参谋长。陈毅、张鼎丞、张云逸、高敬亭分任一、二、三、四支队司令。新四军改编之初，全军共有1.03万人，各种步枪、机枪6200多支（挺）。

1941年1月4日夜晚，新四军军部和皖南部队9000余人由泾县云岭地区出发，准备分左、中、右三路纵队，经江苏南部向长江以北转移。5日，部队行至茂林地区时，遭到顾祝同以新四军"违抗中央移防命令，偷袭围攻国军第40师"为理由的包围和袭击。双方激战了七天七夜，新四军因兵力薄弱陷于绝境。14日军长叶挺被扣押，新四军政治部主任袁国平于突围时阵亡。中共中央在提出强烈抗议后，于1月20日，中共中央军事委员会发布重建新四军军部的命令。任命陈毅为新四军代军长，刘少奇为政委，张云逸为副军长，赖传珠为参谋长，邓子恢为政治部主任。根据中央军委命令，陇海路以南的部队统一编为新四军。

苏中地区部队编为第1师，师长粟裕，政委刘炎。

淮南地区部队编为第2师，师长张云逸，政委郑位三。

盐阜、皖东北地区部队编为第3师，黄克诚任师长兼政委。

淮北豫皖苏边区部队编为第4师，彭雪枫任师长兼政委。

鄂豫边区部队编为第5师，李先念任师长兼政委。

苏南地区部队编为第6师，谭震林任师长兼政委。

皖中、皖南地区部队编为第7师，张鼎丞任师长，曾希圣任政委。

全军共7个师和一个独立旅，计9万余人。

重新组建后的新四军，刘少奇政委、陈毅代军长确定了在华中"建立抗日根据地，和国民党顽固派针锋相对"的方针，针对国民党顽固派的打压包围，进行反"摩擦"战略，新四军迅速从低谷中崛起。

华中局书记、新四军政委刘少奇1942年1月回延安参加七次大会。中共中央决定由饶漱石代理中原局书记并代理新四军政委。

（上）春夏反攻

1944年春，新四军开始局部反攻。

车桥是淮安县城东南20公里的一个大镇，位于淮安城、泾河镇、泾口镇、曹甸镇之间。明朝末年建筑时，因镇边无桥，以水车代桥，故名车桥。1940年2月，在日军凌厉的攻势下，韩德勤狼狈溃退到车桥，在这里安营扎寨，筑起深沟高垒。1943年春，日伪军大举扫荡，韩德勤不战自溃，使几十个村镇，数十万同胞沦于日军铁蹄之下。从此，日军盘踞在这里，又加筑据点50多个。日军曾叫嚣：车桥防御固若金汤，新四军若打下车桥，日军则自动退出华中。

粟裕站在地图前，反复研究着车桥的战略地位：它位于苏中（新四军1师战斗地域）、苏北（新四军3师作战地域）、淮南（新四军2师作战地域）、淮北（新四军4师作战地域）交界的战略机动位置。日伪占据车桥，分割了新四军苏中、苏北、淮南、淮北根据地。如果拿下车桥，四块根据地将连成一片。

粟裕的眉头紧锁，一个攻打车桥的作战构想悄悄地涌上心头。

在师党委扩大会议上，与会人员都兴致勃勃地议论着1944年的大好形势。副师长叶飞说道："我们在极其艰难的情况下度过了1943年。然而这一年也是世界反法西斯战争取得决定性胜利的一年，盟军在意大利登陆，意大利宣布投降。尤其是冬季以来，苏联红军展开强大攻势，德国败局已定。"

"是啊，"粟裕接过话题，"小日本在太平洋战场也连吃败仗。从我们华中地区来看，目前，日军从第11、13军所辖的14个师团中抽出8个师团参加湘桂作战，以新编成的独立步兵旅团和伪军补充队接替调离师团的任务，总兵力由21万人减少到17万人。华中日军为弥补兵力不足，一方面收缩防区，另一方面大规模地扩充伪军，现在伪军的兵力已经增至35万人。中共中央曾有指示，新四军军部也已经决定，要进一步恢复原有地区，争取新的发展，主动地有重点地对敌展开攻势作战。同志们研究一下,我们下一步的反攻作战目标选择在哪里比较好?"

粟裕的话引来大家更为热烈的发言。

经过研究,大家认为,为进一步改变苏中的斗争局面,并为深入开展整风运动创造一个比较稳定的环境,应在淮安、宝应以东发起以夺取车桥为目标的攻势作战。粟裕见大家的意见与自己的意见不谋而合,便说道:"车桥是联系苏中和苏北的枢纽,是日军第65、64师团的结合部,仅有日军1个小队和伪军1个大队据守,比较突出孤立。我们决定集中5个团兵力组成3个纵队发起车桥战役。一个纵队攻坚,两个纵队打援,务必拿下车桥。"

会上决定成立车桥战役野战司令部。由于粟裕要主持苏中区党委扩大会议,便决定由叶飞担任野战司令部司令员,刘先胜任副司令,夏光为参谋长。叶飞受命后,作了具体部署:陶勇率第3旅7团主攻车桥;廖政国、曾如清率第1旅1团,第三军分区及泰州独立团负责淮安方向打援;陈挺、李干辉率第18旅52团、江都高邮独立团负责对曹甸、宝应方向警戒;第四分区特务团及师教导团1营为预备队。

离攻打车桥还有3天的时候,出现了一个险情,有人秘密传来敌情,说日军100多人,伪军上千人,增至通榆公路的据点里,这个据点距离苏中军分区驻地只有30公里,可能是来"扫荡"东台南部苏中军分区的。

粟裕当机立断,来个将计就计,他亲自带领一支队伍故意迎击"扫荡"敌人,和他们东躲西藏,时隐时现,纠缠敌人不放。敌人以为遇见了1师的主力,当回事地分进合击,到了3月4日,攻打车桥的前一天,粟裕带领队伍突然从敌人合击的空隙中跳了出来,等敌人鼻子碰鼻子,才发现扑了空。这时已经是5日的凌晨,远离他们100多里的车桥,被一颗红色信号弹点燃了战火,一场载入中国抗战史书的战役正式拉开战幕。

"扫荡"的敌人知道上了当,忙不迭地往车桥跑。已经来不及了!

3月5日,车桥战役打响。

总指挥叶飞,从发起进攻到天色大亮,他一直站立在车桥靠近敌人据点的一个农家院里,这里是临时指挥部。叶飞双手握着望远镜,对着战火纷飞的阵地观察,他让机要员发报,不时将战况传回百里外的师部,被他派往各阵地上传下达的通信员们也忙着进进出出,宽敞的院子显得狭小拥挤……

"报告司令员,已经拔掉敌人碉堡42个。"作战参谋看到一颗信号弹升上灰色的天幕时说。叶飞微微点点头,他也数着端碉堡的信号弹,刚才那颗正好是42个。他布满血丝的眼睛被初升的阳光照着,亮起了闪闪的光点。

战斗到下午时,敌人剩下的两个据点还在顽强抵抗,其余的碉堡和据点不是掀了盖就是摇白旗投降了。眼看胜利在望,叶飞和其他负责指挥的同志,不由地吐了口气。临行前他们在师长粟裕面前立了军令状,保证48小时拿下车桥镇!

在炮兵大队的火力掩护下,主攻部队一举突入车桥镇内,经一夜激战,全歼伪军一个大队,并将日军包围于核心工事。新四军对车桥的进攻,惊动了周围的日军,淮阴、淮安、涟水等地的日军遂乘装甲车和汽车分五批驰援车桥。当第一批增援日军进至车桥以西时,遭新四军1师阻击部队的沉重打击,被迫退入新四军预设地雷区。新四军1师乘雷群爆炸奋勇出击,歼敌200余人。接着又给逐次增援的日军以歼灭性打击。6日晨,车桥之残余日军乘隙逃窜。新四军乘胜扩大战果,至13日相继收复泾口、曹甸等据点12处,战役遂告结束。

战役结束后,总指挥叶飞、参谋长刘先胜、3旅旅长陶勇等勇士们回到第1师驻地——三仓河,师长粟裕快步迎着凯旋的将士,他握住一个人的手总要好好握半天,把喜悦和赞扬传递给铁军第1师的子弟兵!

部队胜利回归后,粟裕牵头,几个领导人联名将战役情况汇报给军部。

第1师的指战员原以为,军部也会欢欣鼓舞的,因为军部曾经有指示:在被敌人分割时期,不实行高度统一指挥作战,各分区相机行事,把握战机。所以他们事先没有请示军部,粟裕后来看见军部的回电,抓了抓头,侥幸地说:"如果我们事先汇报,那么这个战役方案肯定要流产的,战机肯定就失去了,这个大胜仗和我们无缘了。那……多可惜!"

电报是政委饶漱石、代理军长职务的张云逸和参谋长赖传珠联名发来的。

电报列举了四个方面说明车桥战役是过早暴露军事力量,刺激敌人,势必引起敌人更大报复的不成熟的战役,要第1师领导们为此做出检查!

这不是天大的冤枉嘛!胜利后的1师将士们收到军部首长的批评,笑不出来了。面对军里的批评,他们想不通,心情沉重,个个垂头丧气,倒像吃了大败仗似的。

师长粟裕于逆境非常冷静,他对军部的批评作了全面的分析,否定了"刺激"这一说。他和副师长叶飞、区党委副书记陈丕显联名致电陈诉了打车桥战役的理由。

军部的回电口气缓和一些了,但没有完全接受粟裕他们的陈诉。

延安的毛泽东收到了新四军1师粟裕发来的告捷电报。粟裕等人在电报中说:新四军1师胜利地结束了车桥战役,共歼灭日军大佐以下500多名、伪军600余名……毛泽东心中无比痛快。

在延安的刘少奇和陈毅给1师来了嘉电:

车桥之战,连战皆捷,斩获奇多,发挥了第1师部队历来英勇果敢的作战精神,首创了华中生俘日寇之新纪录,除通报外,我们代表全军庆祝你们的胜利!

毛泽东从车桥之战中,欣喜地发掘出了一个能打善打的战将粟裕,也让他开始思考华中大地新四军战略反攻问题。

中央军委通过新华社向全国播发新四军收复车桥的消息,延安党报《解放日报》还在醒目位置发表社论,高度评价了车桥战役胜利的重大意义。粟裕他们这才舒了一口气。

一个月后,苏中领导机关离开了荒凉闭塞的海边小镇,浩浩荡荡地开进了纵横50公里的开阔平原——车桥。

车桥大捷之后,粟裕发起了苏中1944年夏季攻势、苏中1944年秋季攻势等一系列战役,先后歼灭日伪军5万余人。

在延安毛泽东身边的军长陈毅特地给粟裕发来贺电,新华社从延安发布消息:"苏北新四军连战连捷,收复车桥,攻入涟水。"高度赞扬新四军第1师打了一个又一个大歼灭战。

(中)趁虚而入

日军自1944年4月开始进行打通平汉路的"一号作战"后,驻河南的国民党一战区蒋鼎文、汤恩伯部数十万大军不战而溃,在短短37天内丢掉了38个县城,整个河南处于敌军铁蹄之下。

绝不能让日本鬼子为所欲为,在中原大地肆意猖狂。在国民党军队溃逃后,共产党从抗战大局出发,迅速抽调革命武装插入河南腹地。以毛泽东为首的中共中央立即致电华中局和新四军。

华中局、新四军军部：

鉴于日军打通平汉路，只留一、二个师兵力控制陇海路、平汉路，国民党的汤部一溃千里，敌后空虚。八路军、新四军挺进河南敌后，从战略上我可将陕北、华北、华中三区联系起来。现命令：

（一）北方局和八路军129师抽调太行、太岳两军区精干部队，尽快挺进豫西，开辟抗日根据地，以冀鲁豫水东区部队策应；（二）新四军5师抽调精干部队，从平汉路北上配合行动；（三）华中局以新四军4师1部西进豫皖苏边区，首先恢复肖（县）永（城）夏（邑）宿（县）地区根据地，然后打通与睢杞太地区联系，相机控制新黄河以东地区。另外还规定，入豫部队要善于插入日伪空隙，求得立足；积极发动群众，广泛进行统一战线工作，建立抗日民主政权。

此时的新四军军长陈毅正在延安，准备参加党的六届七中全会和七大会议。主持新四军军部工作的饶漱石、张云逸等，迅速与赖传珠、彭雪峰等人商量，命令第2、第7师钳制国民党顽军，策应第4师西进。

8月15日，新四军第4师举行了隆重的西进誓师大会。而后，师长彭雪峰率西进大军冒着酷暑踏上征途。20日在宿县以北越过津浦路，21日于小朱庄歼灭顽军一部。而后又对日军展开攻势，连克多处据点，迅速恢复了肖县、永城、宿县之间地区。彭雪枫的4师西进连战连捷。与此同时，新四军5师李先念部游击兵团，沿平汉路北上，在确山、遂平、正阳建立抗日民主政权；八路军皮定钧、徐子荣率领豫西支队，连克巩县、伊川等地。三路大军进逼河南。

国民党第一战区司令长官副长官汤恩伯，在前一阶段的河南会战中被日军打得灰头土脸。河南多位地方官员具联名信，要求罢免他。汤恩伯接到蒋介石的急电，命他戴罪立功，乘挺进河南的八路军、新四军立足未稳，迅速出击，重点攻击彭雪枫部。和日本人交战打了败仗的汤恩伯想从新四军身上找回面子。他接电后，立即部署：以3个军投入战斗。其中3个师、4个纵队渡涡河向北；以陇海路以北之苏北挺进军一部向南；以津浦路东之暂编第1军第33师段海洲、苏北挺进军苗秀林部向西，合击共军于肖、永地区。

汤恩伯打日本人不行，打内战倒有劲头。怪不得老百姓说，一战区遇到鬼子就成了缩头乌龟，遇到八路军、新四军就撑起了架势。是地地道道的破坏抗日的顽军。

汤恩伯部3个军投入作战后，中共中央立即电示新四军：应采取首歼段、苗顽军，再打渡涡（河）北犯之顽军的方针，以西进部队在肖、永、宿地区准备迎击涡南来犯的顽军，以淮北路东部队尾随段、苗，在西进部队配合下歼灭该顽于肖、永地区。

根据中央指示，新四军军部决定，成立路东指挥部。第7旅旅长彭明治为司令，第9旅旅长韦国清为政委，统一指挥第7、9旅和第1师52团，担负尾随段、苗二部的作战任务。

9月12日，段、苗二部遭重创，被歼4个团。

与此同时，彭雪枫、张震正在指挥部队激战于夏邑县的八里庄。头一天清晨，彭雪枫部秘密接近八里庄，并迅速达成合围，十分钟内从东、北两个方向突入，攻破大圩子。眼下，敌正在小圩子拼命抵抗。彭雪枫正在最前沿指挥作战，子弹呼呼地从他头上掠过，身先士卒是他的一贯作风。他曾在给爱人林颖的信中写道："在指挥阵地上，看到战士那样勇往直前、奋不顾身的雄姿，使我深为感动。为了执行命令而毫不吝惜生命，我从心里热爱他们，或许他们也在热爱着我吧！因为我离他们并不远，连望远镜都不需要，就是没有和他们一起冲锋而已。"

突然一颗子弹飞了过来，彭雪枫倒下了，鲜血从他左胸弹洞中涌出，不久，心脏停止了跳动。

张震抱着彭雪枫，悲痛不已。他深感问题严重，便下令严守秘密。几位战士把彭雪枫的遗体抬到设在天主教堂的师指挥所里。

八里庄战斗结束，毙敌1000余名。中午，张震带着25团，护送彭雪枫的灵柩返回半城镇。走在这熟悉的土地上，张震想起与彭雪枫共同战斗的日日夜夜。1938年10月，彭雪枫和张震率领不足300人的兵力来到淮北，5年时间里发展到1个师，拥有主力1.7万人，地方部队10万人……想到这些，张震禁不住流下了眼泪，心中默默地呼唤着彭雪枫的名字。

彭雪枫牺牲的消息传到延安，中共中央沉浸在一片悲痛之中。中央军委遂任命张爱萍为第4师师长、韦国清为副师长，并令韦国清先赴津浦路西指挥作战。

11月下旬，新四军西进部队又开辟了商（丘）亳（县）永（城）等地区。至此，基本恢复了豫皖苏抗日根据地，并建立了淮北第二专署和8个县的抗日政权，成立了第二军分区，使豫皖苏边区得到了进一步巩固。

（下）趁机发展

根据中共中央军委关于向浙江、河南发展、迎接战略反攻的部署，新四军第1师主力渡江南下，与苏南部队和浙东游击纵队会师。新四军第4师主力西征豫东，恢复了豫皖苏抗日根据地。第5师派出河南挺进兵团北上，开辟了豫南、豫中抗日根据地。新四军第5师还与南下的八路军第359旅会师，成立了鄂豫皖湘赣军区。

1944年9月，新四军第1师师长粟裕接到中共中央令其南下的电报，不到20天，南下大军兵分两路，浩浩荡荡地出发了。一路为西路大军，由粟裕率第1师师部和3旅7团及300多名地方干部，从高邮出发，由仪征渡江；一路为东路大军，由刘先胜、钟期光、陶勇等人率特务1团和4团，由三仓河出发，从三江营渡江，发展豫浙皖边与浙江沿海，为以后收复南京、上海、杭州等各大城市创造条件。

12月下旬，南下大军渡过长江。粟裕率部队迅速越过赣船山，抵达韦岗。5年前，粟裕曾率领新四军抗日先遣队，在这里打响了新四军在江南的第一枪，震动了大江南北。这时，华中局发来成立苏浙军区的命令：粟裕任司令员，刘先胜任参谋长，钟期光任政治部副主任，统一指挥苏南和浙东的部队。军区下辖3个纵队，第16旅改称第1纵队，王必成任司令员；浙东纵队改称为第2纵队，何克希任司令员；一师第3旅改为第3纵队，陶勇任司令员。

1945年2月初，南下大军3个纵队向敌后挺进。第1纵队冒着纷飞的大雪，越过宣城至长兴公路，向莫干山区疾进，沿途打击日伪军，3天之内收复德清、武康两县，控制了莫干山区。第3纵队越过宣城至长兴公路向西南发展，占领了泗安、上堡里、观音桥一线；第2纵队继续在四明山坚持，并逐步向西发展。第1、3纵队势如破竹，锋芒直指天目山地区。

重庆的蒋介石得到"新四军粟裕部已渡江南下，抵长兴、广德、德清一线，企图不明"的情报，感到有些震惊。蒋介石在盘算，在目前这种情况下，毛泽东把粟裕这个棋子下到此地，用意何在？他对陈布雷说道："新四军此次南下用心险恶。要电告墨三，集中所有兵力，务必将粟裕赶回苏北。"

陈布雷直接用电话将命令下达给顾祝同。

顾祝同找来上官云相和参谋处长岳星明，一起研究堵截方案。顾祝同对上官云相说:"我们先集中5个团的兵力围歼共匪,然后按此法各个击破。"上官云相表示赞同:"我看立即给28军军长陶柳发报,令他亲率62师3个团和忠义救国军2个团,火速赶到上堡里,务必于2天之内结束战斗。"顾祝同补充说道:"其他部队也同时做好准备,全力以赴,再创第二个皖南奇迹。"

面对敌军重兵围堵,粟裕率部激战于重围,由于运用灵活机动的战略战术,成功地打破了顾祝同的第一、第二次围堵。

顾祝同在遭到两次失败后,亲自率领从福建、江西调集来的14个师共10万兵力,向天目山猛扑过来。粟裕仍然采取灵活机动的战法,新桥头一战,全歼顾祝同部52师,孝丰一战,又歼顾部两个师和一个突击纵队,成功粉碎了国民党军的第三次围堵。

第三次反顽战斗结束后,粟裕接到中央军委电报,说盟军登陆推至8月。考虑到三次与顽作战,虽歼敌1.3万余人,但新四军伤亡也大,部队极度疲劳,粮食供应困难,不利于在天目山长期与敌对峙,决定部队分兵行动。王必成纵队回苏南休整,廖政国纵队在浙西,陶勇纵队开赴宁国与宣城的桥头地区休整,并派一个团到宣芜铁路以南筹粮,打通与皖南的联系。

1945年春,日军为防止美军在华中沿海登陆,确保华中占领区,特别是京、沪、杭三角地带和武汉周围地区,控制水陆主要交通线,大大增强了华中的守备兵力。除原有的两个军部、5个师团和6个独立旅团之外,又将关东军第6军司令部调至杭州,并组建了3个师团、7个独立混成旅团和一个独立警备大队,同时以3个师团的兵力,在北起连云港南至杭州湾的沿海重要地区,增筑防御工事。华中地区的伪军除原有的第一方面军和第四方面军一部及徐州、武汉、杭州绥靖军等部外,又将原驻河南开封的伪第二方面军孙良诚部调至苏北、苏中地区。

华中局和新四军根据中共中央和毛泽东关于"扩大解放区,缩小沦陷区"的指示,决定集中部分主力向敌占城镇和交通线展开进攻,以扩大解放区。

1945年4月下旬,苏北新四军发动睢宁战役,毙伤伪军400余人,俘伪师长以下2100余人,攻克睢宁县城及其外围据点22处,切断了连结苏北与苏中的南通至赣榆的公路,扩大了苏北根据地。苏中新四军发起三垛伏击战,歼灭伪军1800余人,其中毙亡日军280人。

1945年夏,日军中国派遣军为防止美军在华中沿海登陆,进一步加强了华中地区的防备。除原有兵力外,又从华北和华南调来8个师团,这样,日军在华中地区的兵力增加至15个师团、13个独立旅团和1个独立警备队，共62万人。此外，日军还将山东的伪第三方面军吴化文部调至安徽蚌埠和淮南一带。在此形势下，新四军军部除令苏浙军区继续粉碎敌顽军进攻、巩固苏浙皖边区外，同时令其他各部乘敌向沿海、大城市和主要交通线收缩之机，对敌守备空虚的城镇据点发起进攻。

新四军4师发起宿南战役，歼灭伪第15师两个团及一个团的一部，计2100人，开辟了宿南新区，使津浦路以西8个县城连成一片。

6月中旬，新四军4师又发起睢宁战役歼敌2200余人，收复国土300余平方公里，解放人口20万，直接威胁日军在苏北的战略要点徐州。

在进行宿南和睢宁战役的同时，苏北和苏中的新四军继续打击伪军孙良诚部。淮南、皖江、鄂豫皖湘赣新四军同时向正面之敌发起进攻，解放人口100多万，国土2000余平方公里……

南粤孤旅——琼崖纵队和东江纵队

八路军朱德总司令在中共七大的军事报告《论解放区战场》中说："广大沦陷地区，逐步经过我们之手收复过来，变成了光明的广大解放区，这就是华北、华中、华南三大解放区……"华南解放区就是指广东人民抗日游击队创造的敌后根据地。广东（当时包括海南岛）人民抗日游击队在1938年至1945年秋，对日作战3000余次，歼敌2万余人。虽然歼敌数字不大，却是抗战大局中不可缺的一个棋子。

1927年蒋介石发动"四·一二"反革命政变后，中共琼崖特别委员会和琼崖军事委员会先后在文昌、琼山等县组建琼崖讨逆革命军。11月，琼崖讨逆革命军改编为琼崖工农革命军。1937年7月抗日战争全面爆发后，中共琼崖特委与琼崖国民党当局达成协议，于1938年12月将琼崖工农红军改编为广东省民众抗日自卫团第十四区独立队，冯白驹任队长。1939年2月，日军侵入海南岛，独立队积极组织游击作战。3月，扩编为广东省琼崖抗日游击独立总队，建立了琼文根据地。1944年秋，独立总队改编为广东省琼崖抗日游击队独立纵队。1945年7月初，建立起白沙抗日根据地，继而对日、伪军实施反攻。

这支部队的领导人冯白驹，是琼崖革命武装和根据地创建人，被誉为"琼崖人民的一面旗帜"。冯白驹，1903年生，海南琼山人。1919年春考入琼山中学，1925年夏考进上海大学。1926年9月加入中国共产党。1927年后，历任中共琼山县委书记、澄迈县委书记、琼崖特委书记，参加琼崖起义，领导建立琼崖工农红军第1独立师。特别难能可贵的是他在与中共中央、广东省委失掉联系的情况下，率部坚持艰苦的武装斗争。

1938年12月，琼崖工农红军改编为广东省民众抗日自卫团，成了冲杀在海南人民抗战最前线的一面红旗。1939年2月日军入侵海南岛，这支武装在琼山县潭口阻击日军，打响了琼崖抗战的第一枪。1939年2月10日，日军以台湾混成旅团一部，在海军的支援下由海南岛北部的天尾港登陆，占领了海口、琼山、定安、文昌等地。14日，日军又以第5舰队一部在海南岛的三亚港登陆，占领了三亚、榆林等地。遂后，日军南北对进，海南全岛被日军占领，国民党守军保安第15团等部退入五指山地区。日军登陆时，刚改编的独立队在国民党军撤退的情况下，毅然开赴南渡江的潭口，冒着敌机的猛烈轰炸，构筑工事，阻击日军渡江。由于这一时期琼崖地区的国共合作较好，琼崖抗战曾出现了蓬勃发展的局面。许多失散的国民党军政人员要求收编，共同抗日，独立队本身也迅速发展到1000余人。3月，中共琼崖特委将独立队改称为独立总队，下编3个大队。独立总队成立后，以第1、第2大队于琼山、文昌地区，第3大队于澄迈、临高、儋县、昌江、感恩地区，开展游击战争。部队扩编为广东省琼崖抗日游击队独立总队后，取得了琼山罗刘桥、罗板铺伏击战，海口长林桥袭击战，那大围攻战等战斗的胜利，先后开辟琼文、美合、白沙等根据地，并挫败了日伪军的多次"扫荡"和蚕食。还在许多县、区、乡建立了群众性的抗日组织，其成员达5万余人，从而使海南岛的抗日游击战争出现了蓬勃发展的大好局面。

1942年1月，中共中央南方工作委员会副书记、曾任毛泽东秘书的张文彬到羊台山抗日根据地的白石龙村召开游击队干部会议，总结了部队对敌斗争的经验，成立了以林平为书记的中共广东军政委员会，统一领导东江和珠江地区的抗日斗争，并将广东人民抗日游击队改编为游击总队，梁鸿钧任总队长，林平任政治委员，部队编成1个主力大队和东莞、惠阳、宝安、港九4个地方大队。此时，游击总队建立了电台，从而能及时得到中共中央和中共中央南方局的指示。4月以后，东江地区国民党顽固派军队与日伪军勾结，不断对抗日根据地进行围攻和经济封锁，加上这一年东江地区发生严重旱灾，根据地军民处境十分困难。游击总队坚决贯彻中共中央南方局书记周恩来关于面对国民党顽固派对游击队势在必打、志在消灭的方针,要依靠群众针锋相对地进行斗争的指示,开展整风学习,统一了干部思想,部队与人民群众紧密团结,自力更生战胜困难,坚持抗战,经过一年的艰苦奋斗,终于渡过难关,取得了反击国民党顽固派军队进攻的胜利。

1943年12月2日,游击总队在惠阳坪山改编为广东人民抗日游击队东江纵队,曾生任司令员,林平任政治委员,王作尧任副司令员兼参谋长,杨康华任政治部主任。下辖1个主力大队、5个地方大队和1个护航大队。纵队成立后,大力加强部队建设,广泛开展杀敌竞赛和扩军竞赛,不断向日伪军发动进攻。

1944年上半年,仅广九铁路以西的部队就歼灭伪军20多个连,迫使伪军1个营和1个暂编团团部100余人投诚;港九独立大队积极开展城市游击战,炸毁了香港启德机场的油库和九龙第4号铁路桥;护航大队在大鹏湾海面俘获日军武装运输船3艘。6月间,日军出动配合进攻湘桂线。为钳制日伪军,东江纵队沿广九铁路、宝太公路等交通线广泛出击,先后全歼广九铁路常平、平湖等站的伪军、伪警大队。同时,东江纵队还组成北上抗日先遣队,向粤北挺进,一度解放清远县城。

1944年,日军在内地发出打通大陆交通线的"一号作战"行动,中共中央电令东江纵队对于日军企图打通粤汉铁路的战略行动,务必加以牵制和破坏。

中共广东省临委和军政委员会,在大鹏半岛的土洋村召开联席会议制订了扩大抗日游击战争的计划。向北、东、西三个方向发展,着手创立罗浮山以北,翁源以南的北江根据地。然后,再向粤赣湘边、粤桂湘边发展。中部地区则在普遍发展的基础上,向西江、粤桂边及南路前进。从东西两个方向形成对广州包围的态势。一面又进行反摩擦斗争,待机消灭反共的杂牌军如徐东来、梁桂平、陆如钧及别动队。又决定在纵队下设支队,支队下辖大队,相应建立主力团。加强政治军事建设,提高作战能力与指挥能力。此外,还决定普遍建立不脱产的抗日自卫队与脱产的常备队,恢复和加强地方党组织活动,积极开展武装斗争,以打开广东的新局面。成立珠江三角洲指挥部和中部指挥部,同时成立军分委三角洲指挥部,司令员林锵云,副司令员谢斌,政委梁嘉,参谋长周伯明,政治部主任刘向东。中部指挥部司令员梁鸿钧,政委罗范群,副司令员兼参谋长谢立全,副政委兼政治部主任刘田夫。广东军政委员会扩大至9人,增加梁嘉和刘田夫。

当时,日军准备进攻中国地区交通干线的迹象已经显露。但是,他们究竟是先打通粤汉线还是先打通湘桂线，或是在粤汉、湘桂两线齐头并进，一时难以判断。为此，东纵决定组织一支精干的小部队——300人的北上抗日先遣队，从东江向粤北挺进，以观察和摸清日军的动向，同时相机进入北江。

为了达到部队的隐蔽性和突然性，部队的行军路线选在国民党军队与日伪军接壤的缓冲地带。先遣队从东莞根据地出发，渡过东江河，越过广汕公路和罗浮山区，悄悄地渡过了增江。进入增城的福和以后，会合了在增城地区活动的何维独立第二大队。会师之后，独立第二大队和抗日先遣队约400人便整装一同北上。8月23日，部队在从化县神岗圩打响了北上的第一仗。

当时，部队行军通过神岗，适逢10余名日军出来抢粮。日军没有料到历来平静的"治安区"突然出现了抗日的武装队伍，不禁呆住了。狭路相逢勇者胜。东纵北上抗日先遣队在行军中一直保持高度的戒备状态，一遇敌情，立即抢占有利地形，劈头盖脸地向日军开火，当场击毙了几个日兵。其余的日兵狼狈地逃回了炮楼，躲在里面乱放枪。为了继续赶路，他们没有与这些日军纠缠。

接着，部队从神岗和街口之间渡过了流溪河，进入从化与花县之间的山地，在秋风洞、高平、田心乡、狮前、棋杆等地停留，宣传和发动群众，并派出一批小分队侦察日伪军动向。

经过多方侦察证实，驻广州日军第104师团的行动目的是打通湘桂线。日军抽出一部分兵力佯攻粤北，然后主力掉头向西江、广西方向推进。

为了进一步摸清日军的行动意图，相机打击日军，扩大中共的政治影响，部队决定尾随日军至清远。

正当他们采取行动时，却遭到国民党军队的包围堵截。

9月2日，当部队进入从化旗杆、秋风洞一带时，驻扎在从化、新丰一带的国民党第65军派出一个团的兵力，会同从化县的保安自卫队和清远澄江自卫团包抄过来。他们奋起迎战，激战一天，双方互有伤亡。

由于没有与当地中共党组织联系上，在人地生疏的情况下，猝然投入战斗，部队疏散了一些后勤和宣传人员，其中10余人被俘后押到韶关枪毙。

部队继续西进，在银盏坳与源潭之间穿过粤汉铁路，银盏坳有日军把守据点，但人数不多，见到部队过路也不敢出来，只是躲在碉堡中一个劲地打枪。他们亦不理会，直抵清远洲心地区。这时，查明日军主力已经从清远沿四会公路向西推进，只留下少数后续部队在清远县城。于是他们决定攻打清远县城，吃掉日军的"尾巴"。

9月19日晚，部队星夜秘密渡过北汇河，兵分两路从北向南突进清远城。日军抵抗一阵后，弃城而去，次日，东纵解放了清远县城。

清远城靠近广州，是北江的咽喉。公路、铁路、水运四通八达，向南可抵广州，朝北可达韶关，水陆交通均十分便利。这里气候温和，土地肥沃，人烟稠密，物产丰富，素称"鱼米之乡"。

日军进攻清远时，国民党守军畏之如虎，不战而退，把县城拱手让给日军。国民党军队闻讯清远城被游击队占领，便南下发动进攻。东纵为避免摩擦，便撤出清远城，转到北江东岸，进入日军"治安区"。由于情况不明，部队进至龙塘附近之神石遭到日伪军的袭击。他们抢占有利地形，居高临下投入战斗。激战多日，给日伪军以重大杀伤，东纵也受到较大损失，屠启元中队率领战士们掩护了部队主力突围。他们以寡敌众，一直坚持到最后，屠启元中队大部分阵亡。

部队在洲心休息了几天，至此，他们基本摸清了日军佯攻粤北、实攻广西、目前尚无打通粤汉线南段的部署。考虑到侦察目的已达到，粤汉线南段不易立足，部队决定返回增城敌后。

10月间，部队回到增城后，经过周密侦察和研究，他们决定攻打新塘火车站。

新塘车站位于广州东郊的广九铁路线上，南临河流纵横的珠江北岸，是日伪军的重要物资供应站。

11月2日，北上抗日先遣队会同独二大队一起行动，突然袭击了新塘车站，歼灭了驻守新塘车站的伪军一个连，俘日军站长阿南中佐及伪军连长以下30余人，缴枪30余支，烧毁仓库一座。

慑于军事攻势，驻守永和圩的日军被迫全部撤走，永和圩恢复了往日的平静。接着，部队又在增城油麻山和罗布洞一带，打败国民党别动大队和"杀敌队"数百人的进攻。12月间，国民党别动队在罗布洞水冈村发动袭击，一番激战后，别动队被击溃，中队长周炳南少校等数名军官被击毙。

经过一系列战斗，增城一带的游击区有了很大发展，并且成立了增城县永和区抗日民主政府。

初次北征，东纵在清远地区打击了日伪军，解放了清远县城，除摸清了日军的行动方向和作战意图外，还沿途宣传群众，推动了当地抗日斗争的开展。

但是，从军事角度看，此行中有些战斗的组织不严谨，在突发战斗时，部队受到了一些损失。即便如此，东纵北上抗日先遣队的行动仍然具有十分重要的作用。1945年，延安新华社在《新华日报》上以《东江纵队挺进西江》为题，报道了东江纵队的这次军事行动，称"东江抗日武装为了扩大敌后游击战争，派出有力部队横越粤汉路溯北江而上，打开了清远地区抗日斗争新局面"。

东江纵队在远离中共中央，难以取得华北、华中抗日根据地战场直接支援的困难条件下，与琼崖纵队、珠江纵队、韩江纵队和粤中人民抗日解放军、南路人民抗日解放军等人民武装共同坚持了华南的抗日战争。

在抗战爆发7周年的时候，中共中央和中央军委在给东江纵队和琼崖纵队全体指战员的电报中指出："你们在华南沦陷区组织和发展了敌后抗战的人民军队和民主政权，至今已成为广东人民解放的旗帜，使我党在华南的政治影响和作用日益提高……"

| 第三章 |

陪都重庆：蒋介石的敌、我、友

1944年6月下旬，在中、美空军完全掌握制空权的情况下，长沙失陷，中国战局一塌糊涂。美国陆军上将、参谋长马歇尔认为，中国军队难以承担抗击日军的东方战场主角这一重任，遂建议由美国人史迪威代替无能的国民党军将领，指挥中国军队。他的建议得到美国总统罗斯福的支持。蒋介石清楚900万军队是自己的命根子，他对美国总统的建议不敢断然拒绝，采取了拖延的方法。准备指挥中国军队的史迪威来到重庆，要求蒋介石移交兵权。蒋介石约见了罗斯福总统的私人代表赫尔利，气恼地向罗斯福摊牌，罗斯福不想失去中国所能给美国带来的巨大利益，只得妥协。踌躇满志的美国总统特使赫尔利要在中国扮演"救世主"的角色，他向蒋介石提出了一个改造中国的"十点建议"，并代表国民党政府与共产党谈判。1944年后半年的大溃败，使各界民众及盟军对国民党军的抗战能力产生怀疑，失望情绪笼罩在国统区。蒋介石秘密派人与日军"议和"。敌、我、友关系在新形势下越发复杂。

赫尔利帮蒋介石挤走史迪威

1944年起，盟军各战场真是好戏连台。6月4日，盟军攻占了意大利首都罗马，轴心国塌了一条支柱；6月6日，盟军在法国诺曼底登陆成功，第二战场开辟；同日，苏联红军开始出国作战，于8月20日攻进罗马尼亚；7月7日，美军占领塞班岛，日军4.12万全部战死；8月2日，美军攻占提尼安岛，日第一航空舰队司令官角田中将切腹自杀；8月11日，美军攻陷关岛，日第31军全部被歼，司令官小细英良自杀。8月4日，日本大本营和政府合二为一，宣布国民总武装令，准备在日本本土与美军作战。在这种时候，中国战场却败得一塌糊涂。豫湘桂会战后，罗斯福总统得知中国战场急剧恶化的消息后，气得不思茶饭。9月，罗斯福毫不客气地电告蒋介石："你必须立即增加萨尔温江一线的中国兵力，加强攻势，否则你该承担责任。你必须立即授予史迪威将军不受限制的指挥所有中国军队的权力，以求扼制中国的崩溃！"

蒋介石读完这份电报难受极了。

6月下旬，鉴于日军在中国河南、湖南的猛烈攻势，特别是长沙失陷，中国战局已面目全非。美国军事家、陆军五星上将、美国陆军参谋长马歇尔认为，中国军队实在难以承担抗击日军的东方战场主角重任，生出了让美国人代替无能的中国指挥官来指挥中国军队与日作战的念头。为此，马歇尔电告史迪威，征求史迪威对此议的意见。作为一名职业军人，史迪威知道中国军队最高指挥者的能耐，当然愿意亲自指挥900万军队。不过，他在华时间已有两年多，对中国事情的难办感受极深，中国军队统帅军事天赋不够，但政治天赋似乎高于常人。对权力的迷痴，远非合众国官员的想像。他生怕将来当个有名无实的"总司令"，贻笑后人。7月3日，他回电告马歇尔将军："此事应请总统出面促成，告诉蒋介石，现在剧变情势应采取激烈手段之必要，这样蒋或能被迫使我担任此职，中国军队才能受我指挥。即便如此，还应免去何应钦参谋总长职务，或规定其无权过问战事，我如无实权则不能担任。其实，中国局势不难扭转，自中国陕西向洛阳、郑州、武汉进攻，即为良策。"

马歇尔收电后，马上拟定了一个备忘录和致蒋介石电告呈罗斯福总统审定。备忘录称：中国军队目下的组织与领导都失当，除非竭尽一切资源，包括围堵共产党部队的军队在内,努力从事对日作战。否则难维持到战争终了之日,希望甚微。环顾中国政府及军队中,尚无一人能统领全军,以应付日军威胁,仅有史迪威乃是统率中国军队与日人对垒的唯一人物。为使史迪威能顺利指挥作战,可将史晋升为上将,以增高其威望,减少内外之困难。

罗斯福总统很快同意了这一方案,并于7月7日,发给蒋介石一封气势逼人、措词尖锐激烈的电报。电文称:"日本进攻华中后所形成的严重局势,不仅使中国政府感受威胁,且使美军在华基础同受影响。今欲挽救危局,必须迅速采取紧急之措施。鉴于现状之危急,我意应责成一人,授予协调盟军在中国的作战资源的全权,包括共产党部队在内。"罗斯福历数史迪威的优长后,写道:"我拟将史迪威晋升上将,并建议将彼置于阁下直辖之下,统率全部中国军队及美军。为使史迪威能顺利指挥作战,请阁下授予他全部权力与责任。"

蒋介石清楚,军队是他的命根子,绝不能交予他人。但断然拒绝,又会立即失去美国的支持。于是拿定主意:还是采用"拖字诀"吧!

蒋介石复电罗斯福:"原则赞成此事。中国军队与政治内容,不若他国之简单,全部统率之情形亦非缅北少数军队所可比,故非有一准备时期,不能使史将军指挥顺利,以符尊望。"同日,他又电告孔祥熙:"史迪威今已控制中国全部租借物资,若再统率中国全部军队,加上装备中共,后患将不可测。""易帅史迪威事件"看起来是军事对局的单一考虑,其实已经是东西方政治、经济、文化的全面冲突。

7月13日,罗斯福急不可耐地再次催促蒋介石尽快采取步骤,甚至说了这样的话:"军事危险如此严重,应不计政治冒险为之。"

不计政治冒险?罗斯福不知道在中国失去权力对一个政治家意味着什么。在美国,当了总统后解甲归田办农场,路人见了仍会向他脱帽致意,可那是美国,在中国是完全不行的!

何应钦不愧为蒋介石的总参谋长,他向蒋介石献了一个很中国化的对策:将重要战区的军队分为攻击兵团和守备兵团,前者交史迪威指挥,后者仍由中国统帅部自行掌管,这样,美国人只有一部分指挥权。还应特别提出,在中国内政问题尚未解决时,中共领导的第十八集团军不列入美国人管辖范围(即不得指挥,也不得给予军事经费);作此让步后,如美国仍坚持全部统帅权或者以停止援助相逼,则中国亦当单独抗战到底,不予迁就。

蒋介石大喜,7月23日,蒋介石电令在美国的孔祥熙向罗斯福解释上述方案。

8月23日，罗斯福再电蒋介石："对史迪威统率中国军队之事要尽快处置，如再迟，或会发生严重后果。我对任命史迪威之事之所以如此坚决，是因为觉得再有延宕，将会失去挽救中国军事危局的时机，这样不仅有害于中国，而且会影响盟国倾覆日本的全盘计划。孔先生所述各点我已经考虑过了，我仍认为，所有中国军队除不能防敌和对日作战者，应全由史迪威指挥。"

9月6日，史迪威抵达重庆，同日，美原陆军部长赫尔利少将也到了重庆，摆出了全面接班的架势。9月12日，赫尔利和史迪威提出十条大纲与蒋介石等高级官员商谈。经过讨价还价后，双方达成初步意见：史迪威任中华民国陆、空军前敌总司令，受最高统帅的命令，商承军事委员会的同意，指挥中国陆、空军对日作战，作战计划须经军事委员会核议，对所辖部队有依据中华民国法令执行奖惩任免之权。

不知因为什么原因，双方都做了让步。然而，这个意见到底实不实用，尚需双方检验。

9月14日，豫湘桂大战的第三阶段桂柳会战中，广西多县失陷的消息传到了重庆，蒋介石和史迪威部找到了检验的由头。此时，中国远征军归印缅战区统帅史迪威指挥。蒋介石认为日军的最终目的是先攻占昆明，然后夹击重庆。要求现在密支那作战的中国远征军进攻八莫，牵制日军，并说："如果一个星期内没有行动，我就将远征军全部调回保卫昆明。"史迪威咄咄逼人道："你这样决定，就是要停止在北缅的作战，中国并不是没有部队保卫昆明，令胡宗南的部队迅速南下增援，华北日军由共产党的部队牵制，局势仍可维持。"

蒋介石马上不高兴了：这还得了，前敌总司令还没当上，就不把我放在眼里，如果有了实权，还不为所欲为？

史迪威通过这次争执，自然明白前敌总司令不过是供蒋介石使唤的小媳妇。两天后，他和赫尔利与宋子文继续商谈史迪威的指挥权时，蛮横地说道："美国必须控制租借物资的支配权。我要拥有人事全权、调动全权。你们应该改组军委会，没有能力的人让开道路。军政部长应由陈诚担任，白崇禧改任参谋总长，蒋先生以后不再过问任何战事。如果我没有全权，我就不接受这一职务。"

蒋介石把史迪威的"逼宫"当作最大耻辱，甚至比西安事变张学良、杨虎城的作为还要过分！罗斯福支持史迪威的意见，再次来电催促他交出军权。

气恼的蒋介石准备态度强硬地向罗斯福摊牌了。

9月24日,蒋介石约见了罗斯福总统的私人代表赫尔利,他毫不客气地说:"史迪威缺乏政治头脑及战略思想,难当大任。美国人指挥中国军队一事,关系中国生死存亡,罗斯福总统应给予充分的准备时间。我有这么几点基本观念不能变更:第一,决不能变更三民主义之民主政治,坐看共党赤化中国。第二,凡属损害中国主权之事,决不容许。第三,两国合作必须互尊人格,互守信义,在友善和好的空气中进行,不能含有丝毫的强制或出以压迫之手段。"次日,蒋介石又让赫尔利向罗斯福转交有这样内容的备忘录:"不能再委任史迪威将军以如此重大之责任,且拟请其辞去中国战区参谋长之职务,并请由此战区遣调离任,另派富于友谊和合作精神的人代替。"

赫尔利听懂了蒋介石的意思,10月13日电告罗斯福总统:"你若在这次争论中支持史迪威,你将失去蒋介石,并且可能连中国一起丢失。"

罗斯福当然不想失去中国,确切地说是失去中国所能给美国带来的巨大利益,他未去帮助史迪威实现统率百万之师的梦想,而向蒋介石妥协了。

蒋介石从"史迪威事件"中能解脱出来,由衷感激赫尔利先生的美言。蒋介石把希望寄托在美国总统特使赫尔利身上。虽然渡过这一厄难,但他还有更多的难关,此时国内的政治形势也令他难以招架。要求改组政府的声音此起彼伏,共产党的态度也越发强硬。他不得不请赫尔利出面,共同寻找解决国共关系的办法。

由于赫尔利的直接介入,国共关系翻开了新的一页。

美国总统特使赫尔利从重庆急飞延安

1944年10月12日,踌躇满志的美国总统特使赫尔利准备在中国实现他担任救世主角色的梦想。这一天,他向蒋介石提出了一个改造中国的"十点建议"。蒋介石虽然感激他在"史迪威事件"中帮了自己的大忙,但是这个高个子、衣着讲究的美国佬对中国、对中国政治的无知其实就像天外来客,然而,蒋介石为了保持与美国的紧密关系,还是给予了充分的尊重。赫尔利知道蒋介石与其说是军人,不如说是个政治家。尽管在战争时期,他在国民党"总裁"和军事委员会"委员长"两个身份中,更喜欢委员长的称呼。赫尔利说他在苏联访问时，斯大林和莫洛托夫向他保证苏联和中国共产党没有任何关系。赫尔利还认为，只要蒋介石能够设法与苏联搞好关系，在国内民主化等方面做出某些让步，在打败日本人之后，在中国实现军事和政治的统一并不十分艰难。蒋介石顺水推舟，请这个热心人去见见中共在重庆的代表林伯渠和董必武。

赫尔利10月17日约见了林、董二人。赫尔利讲："我约你们会谈，蒋先生是同意的，蒋甚至允许我在必要的时候前往延安。你们的武装组织、训练都好，力量强大，是决定中国命运的一种因素，而中国现政府确实不民主，需要改进。不过，蒋现在是中国抗日领袖，这是全国人民公认的事实，所以你们双方应加强团结。我这次代表罗斯福总统来中国的目的就是帮助你们搞好团结。你们要相信我不会偏袒任何一方。"

毛泽东很快接到了电报，他一眼就看出了蒋介石想干什么。他在林、董当天的报告电上批道："蒋最怕点名批评他，美国亦怕我们不要蒋，故在许蒋存在条件下，可以做出一些有利于我们的交易来。"中共中央决定将计就计顺势作一些"交易"。

中共显示出欢迎赫尔利介入调停的态度很积极。赫尔利高兴得急不可耐，"看，我一来就推动中国的民主与和平的进程了！"

次日，林伯渠、董必武向他转达延安中共领袖的意见。兴奋的他忙请林、董吃饭。饭桌上赫尔利说："昨天我忘了一件事，蒋在15日约我谈话时曾强调说，他个人对共产党的观点完全改变了，只是他的部下还不大明白。他说他和你们一样爱这个国家。你们真正实现合作后，共产党取得合法地位，还可以参加军事领导机构。我的计划是这样的，我先约张治中、王世杰和你们谈判。得出初步结果后，我去和蒋商谈，蒋同意后，我到延安和毛泽东谈。最后蒋、毛见面，发表宣言，实现合作。"赫尔利天真的样子让林、董都受感动。

蒋介石真的改变了对共产党的看法了？赫尔利根本不知道，蒋介石在日军咄咄逼人的攻势下，还时刻不忘真正的敌人是共产党。10月20日蒋介石签发手令，要求国民党人迅速发展武装与共产党斗争。蒋介石对共产党的成见根深蒂固，逼人太甚的日本人他并不恨，但对积极抗日的共产党的仇视，却铭刻在他的骨子里。不要以为共产党也在打日本鬼子，蒋对他们的态度会更改！让蒋介石揪心的是，共产党在抗日战争期间所取得的成就，不仅赢取了中国的民心，还正在将这种影响向世界传播，蒋介石已经隐隐意识到了这一点。这也正是他多次想以武力解决共产党的原因。

赫尔利哪里明白其中的奥妙！这时候还是个小人物的谢伟思，作为美国顾问团的随员，日后这样评价道："赫尔利好像从未明白他试图拉到一起的两个党在根本上是水火不相容的"，"作为一个美国律师和政界人士，他饱受法律保护、宪政、民主这些美国政治传统的熏陶，所以自然认为中国的问题能够采纳美国的法律公式和政治原则的办法来解决。"

10月21日，蒋介石将国民党方面拟定的回应赫尔利的方案交给了他。赫尔利看后认为蒋提的条件过于苛刻，他不愿转交，当场还给了蒋介石，并说："如果我是共产党，我也不会接受。你为何不能与中共军队并肩作战？"蒋答："没有适当的人指挥。"赫尔利道："我可以充任两军的联络员。"

他又去找林伯渠和董必武。林伯渠和董必武马上又报告毛泽东："赫尔利说，蒋介石21日交他一方案，被他当场退回。至于方案的内容，他保守秘密。他只打了一个比喻说，蒋叫你们在前面打，他们在后面打，意思就是要消灭你们。他已告蒋，要马上行动，实行民主，释放政治犯，不能再等了。"

在以后的一周里，国共双方都没主动找赫尔利特使。10月28日，赫尔利等不及了，拿起笔自己写出了一个方案：一、中国政府与中国共产党将共同合作，求得国内军队之统一，以便迅速打败日本和解放中国。二、中国政府与中国共产党均承认蒋介石为中华民国的主席及所有中国军队的统帅。三、中国政府及中国共产党均拥护孙中山之主义，在中国建立民有、民治、民享之政府，双方将实行各种政策，促进和发展民主政治。四、中国政府承认中国共产党为合法政党，所有国内各政党，均予以平等、自由及合法的地位。中国只有一个中央政府和一个军队。中国共产党的官兵，经中央政府整编后，将根据其等级，享受与政府军队同等的待遇，其各单位军火和军需的分配，亦享受同等待遇。

赫尔利把这一方案交给蒋介石看，蒋介石谦虚得要命，当即说道："第二条不用提了，只要能统一中国，我个人得失当不计。此案我原则同意，待我修改后再和你商定，然后由你带去和毛泽东谈。"

赫尔利认为蒋介石真有诚意。谁知赫尔利已经联系好去延安的飞机，并通知延安11月7日自己将抵达后，蒋介石还没把意见改好。赫尔利几次问询，蒋的秘书处都这样回答：蒋主席近日忙于广西战事，他说此案修改不大，在你去延安前一定会交给你的。

赫尔利一听说得有理，也就等着。11月7日早，蒋介石把修改好的方案用英文打出来送给了赫尔利。此案也有五条：一、中国政府与中国共产党将共同合作，求得国内军队的统一，以便迅速打败日本和重建中国。二、中国共产党之军队应服从并执行中央政府及其军事委员会之命令。三、中国政府及中国共产党均拥护三民主义，在中国建立民有、民治、民享之政府，双方将实行各种政策，以期促进和发展民主政治之程序。四、中国只有一个中央政府和一个军队，中共军队经中央政府整编后，其官兵的薪俸和给养等级享受与政府军队同等待遇，其各部队装备和军需品之分配亦将得到同等待遇；五、中国政府承认中国共产党并将使其为合法政党，所有国内之各政党，均将得到合法之地位。

蒋的修改真可谓用心良苦。把"解放"改为"重建"，突出强调了以往的统治；把双方承认蒋国家元首的地位换成要求共产党"应服从中央政府及其军事委员会的命令"，以显出主从；把"民主政治"后加个"程序"，以示需要有个过程；去掉"平等""自由"的规定，表示党与党不同，也该分个尊卑。

赫尔利哪里明白中国文字的妙处，尽管他也明白蒋介石朝着对自己有利的地方作了修改，但绝没有意识到这与他提的方案已有了本质区别。11月7日中午，他带着这份改过的五点建议，兴高采烈地上路了。他要去延安。

毛泽东对赫尔利说"要他当联合国民政府主席"

毛泽东等人此时并不了解这个愿意帮忙的赫尔利给延安带来了什么货色，对他的期望值并不高。11月6日，毛泽东在中共中央召开的专门讨论赫尔利来延安谈判的会议上说："蒋介石要赫尔利来调停，可得救命之益。至于能拿出什么东西来，多少总可以拿一点。他给以小的东西，加以限制，而得救命大益。对国民党问题赫尔利看得相当乐观。赫尔利来，我们要开个欢迎会……"

赫尔利的随员包瑞德上校的回忆录中记载了赫尔利到延安机场时的情景：赫尔利下飞机时，是周恩来上前迎接的。见面之后周恩来让包瑞德先陪着赫尔利，他去接毛泽东。过了一会儿，毛泽东和周恩来乘坐一辆较旧的汽车赶到机场。有一连士兵充当仪仗队，毛泽东陪着赫尔利检阅这支装备简陋的八路军仪仗队。

这一天，恰是苏联十月革命27周年纪念日。晚上，毛泽东和朱德设宴庆祝。出席宴会的有苏联、美国、英国的来宾和其他国际友人。

11月8日上午10点30分,毛泽东与赫尔利开始正式会谈。

会谈一开始,赫尔利就说道:"今天所谈的一切请不要公布。我受罗斯福总统的委托作为他的私人代表,来讨论关于中国的事情。我这次来此,还得到蒋委员长的同意和批准。我希望大家理解:美国不愿意干预中国的内部政治,美国相信民主,中国亦相信民主,我们有共同的敌人,我们讨论的问题是如何共同合作,击败敌人与支持民主。……我曾与蒋委员长详谈,他对我说希望与共产党得到谅解,承认共产党作为一个政党的合法地位。他将考虑吸收共产党员参加军事委员会的问题……这是一个简略的提纲,蒋委员长认为这个提纲是可以同意的。我愿意请毛主席、朱总司令考虑以这个提纲作为谈判基础,并请建议增改不同意的地方。"

毛泽东马上嗅到了一股不曾从国民党以往的文字中散发过的味道,他问道:"你刚才所说的建议究竟是谁的想法?"

赫尔利没明白毛泽东问话的含义,解释说:"我们原来的草案有15页至20页,我把它压缩成为五点。"

随员包瑞德到底在中国比赫尔利待的要久,懂得东方语言的婉转,马上对赫尔利低声说明:"毛泽东的意思是想知道将军所说是你的意见还是蒋的意见?"

赫尔利大声道:"原来是我的意见,后来蒋委员长作了若干修改。主要是我的想法,但是是我们一起制定的。"

接下来,赫尔利谈了对中国的现状和对蒋介石的看法,认为蒋介石是一个爱国的中国人,不希望内战。毛泽东一听,便知这个赫尔利对蒋介石尚一无所知,很快结束了上午的谈话。中午,毛泽东看了翻译好的五点建议。下午的继续会谈中,毛泽东开诚布公地谈了他对中国现实的看法,强调指出:"国民党统治区的危机来源,在于国民党的错误政策与腐败机构,而不在于共产党的存在。我们在敌后战斗的63万军队和9千万人民,拖住了日寇的牛尾巴,这样保护了大后方;假若没有这个力量控住日寇的牛尾巴,国民党早被日寇打垮了。"

当时参加会谈的包瑞德后来这样写道:"我觉得,就毛泽东自身的利益而论,他正在犯一个错误。因为谈判一开始就如此激烈地攻击蒋委员长和国民党,我觉得这可能造成赫尔利将军对整个共产主义事业的偏见。"赫尔利肯定从未遇见过毛泽东这种人,怎么眼睛总是盯着对手的羞处呢?这种态度还怎么调解?

赫尔利可能感到毛泽东对蒋的批评多了，就替蒋说话："为国民政府辩护，非我所愿之事。但是我想说一说，过去一年国民政府的军队在北缅和萨尔温江地区赢得了非常杰出的战役，打下密之那，使雷多公路不久可以开放。由于打赢这些战役需要物资，削弱了其它地区国民政府军队的力量。这些责备中国士兵的言论，是那些希望中国继续分裂的人们所散布的。我感到毛主席所说的，和我们的敌人所说的，有相同之点……我曾与蒋长时间谈话，要他合理地采取有助于全中国利益的行动。我现在要求毛主席也合理一些，要毛主席给我一个声明：你究竟可以做什么，以便与蒋合作？"

毛泽东没有立即反击，说："这个可以办。"

赫尔利的美国式直率过头了，一不留神把主动权拱手让给了毛泽东："刚才毛主席说话，有重复敌人所说的地方，这是不公平的。蒋苦战了八年，他周围的贪污腐化分子利用了他。毛主席应当帮助蒋肃清这些分子。"

毛泽东毫不客气地抓住了这个机会："你承认那里有贪污腐化分子？"

赫尔利未加仔细琢磨，脱口说道："是的。"

毛泽东反攻了："将军不应该说我表达的看法是中国的敌人的看法。我所重复的是罗斯福总统和丘吉尔首相的话，是孙夫人和孙科先生的话。我想重复这些人的话是可以的吧！说我重复敌人——日本人的话，那是不合事实的。"

赫尔利忙解释："我的意思不是说日本人，而是说那些希望中国继续分裂的人。"

毛泽东开始显示他的智慧了："正因为不团结，我们才谈团结，正因为不民主，我们才谈民主。如果中国已经团结，已经民主，那么又何用我们来谈他们呢？有两类人说中国不团结不民主的。一种人希望中国继续分裂，还有一种人希望中国团结民主，他们批评中国的缺点，但希望使中国团结民主。我的话决不反映前一种人，而是反映后一种人的意见。就是反映希望中国团结民主的人的意见。"

赫尔利再退一步："现在我们有一致意见了。刚才我不同意的是毛主席还在重复反对中国人的意见。"

毛泽东没再驳斥他，继续自己的思路："我们必须承认事实，中国缺乏两件事：团结和民主。"

赫尔利道："同意。"误会已经消解，赫尔利转入了正题："蒋先生和毛主席两个知道中国情形，当然非我局外人能比，以你们的智慧和你们掌握的材料，你们可能达成协议。我现在再问毛主席，是否可以给我一个声明？"

毛泽东道："将军所提的'为着协定的基础'，有几条可以被充分接受。"

赫尔利眼睛忽地一亮："请毛主席对此文件加以修改或增加。"

毛泽东毫不客气地修改起来。蒋介石加在"民主政治"后面的"程序"两字被去掉了，赫尔利说好；毛泽东提出在"服从命令"前加"一切有利于抗战，有利于团结，有利于民主"，赫尔利也同意；毛泽东提出增加改组政府一条，赫尔利也说好。

毛泽东道："修改后的第二条，还要加各种自由的规定才好。"

自小饱享自由的赫尔利当然不反对中国人也享受自由，因此，当周恩来提出言论自由、出版自由、集会结社自由、信仰自由时，赫尔利脱口接道："再加思想自由，向政府请愿要求平反冤屈的自由。"他完全回到美国人的思维方式中去了。

赫尔利接着周恩来的话大谈自由，他反问道："我不大明白什么叫作居住自由？"

周恩来答道："譬如我在重庆的时候，我要回延安，国民党当局不让我回来。"

这还了得？黑暗啊，中国真是黑暗！这种自由连周恩来这种领袖级人物尚不能享受，中国还有救吗？赫尔利赶紧催促道："让我们谈第四条吧！"

毛泽东很大度地做了退让："一切抗日军队皆应服从联合政府的命令，并应为联合政府所承认，这样好不好？"

按美国人的思维，赫尔利当然没理由反对，"同意，请毛主席写成一条。"

第五条，毛泽东改成了：中国联合国民政府，应承认共产党及一切抗日党派的合法地位。赫尔利评价说："修改得非常好！"

毛泽东高风亮节微笑地说道："就是这几条，为了让步不再多提了。"

赫尔利完全被征服了，当即表示："从今天的谈话中，我感受到了毛主席的热忱和智慧。我刚才误解了毛主席的意思，后来明白了。请各位将我误解毛主席的话，从记录上完全勾去！"

11月9日上午，包瑞德驾着吉普车带赫尔利参观了延安的市区和郊区。下午，赫尔利与毛泽东进行了第三轮会谈，会谈的主要议题是如何进行下一步谈判。赫尔利提出如果蒋介石接受了这五点，毛泽东要不要和蒋见面。毛泽东很畅快地答应可以到重庆见蒋。

赫尔利这时候恐怕想起了东西方文化的差异，问道："毛主席是否可以在这五个要点上签字？"

毛泽东爽快地答道："可以，当然可以。"

赫尔利兴奋异常："那我也要在这上面签字！题目可定为：中国共产党与中国国民政府的基本协定。"

毛泽东答道："今天把文件准备好，明天签字，不知蒋先生愿不愿签？"

赫尔利很机敏地问起关于蒋介石所能得的利益："如果蒋问我：接受五个要点，是否就是不要我在政府里面了？请毛主席告我如何回答？"

毛泽东犹豫一下道："仍要他在政府里面。"

赫尔利再追问道："我要再证实一下，你是不是要他当政府主席？"

毛泽东很干脆地回答："要他当联合国民政府主席。"

赫尔利满意了，"很好！中国两大领袖在一起，增进团结，消灭内战，使中国真正成为四强之一，这是多么好啊！""明天早晨我们签字后，我还要赶回重庆。请毛主席不要笑我迷信，明天星期五是我的吉日，我生日是星期五，结婚在星期五，第一个小孩生于星期五，获得第一个勋章也在星期五。"

当日晚，毛泽东主持六届七中全会全体会议，向全会报告同赫尔利会谈情况。他说："这个修改后的五点协定，没有破坏我们的解放区，把蒋介石要破坏解放区的企图扫光了；破坏了国民党的一党专政，使共产党得到合法地位，使各小党派和人民得到了利益。如果蒋介石签字承认这个协定，就是他最大的让步。明天签字后，我们的文章做完了，问题即在重庆了。关于见蒋介石的问题，不能拒绝。签字后不去见蒋，我们就输理了。现在我不去，将来再说。"

11月10日上午，毛泽东、周恩来同赫尔利进行了第四次会谈。毛泽东向赫尔利解释了现在无法前去见蒋后说道："抗战八年以来，未能得到的东西，今天在赫尔利将军帮助之下，有了实现的希望。在这个纲领下，全国一切力量团结起来，打倒日本，建立新中国。"

赫尔利忙道："毛主席这话谈得好极了，最好能写成声明给我。"

毛泽东说："好。"

赫尔利为什么欣赏毛泽东的这些评价呢？为什么还要毛为他留下白纸黑字的一纸声明？毫无疑问，他是想以此证明他作为一个外交家的政绩。其实，他在蒋介石和毛泽东面前表现出的"天真"和"想当然",只说明他不大适应中国特有的文化土壤。

当然,赫尔利也有私心,因为这时他正在努力成为美国驻华新大使,他在美国的政界,仍需战胜对手,需要拿出政绩来证明。

他又想了一下,可能是意识到他的要求太直白,改口道:"还是由毛主席写一封信给罗斯福总统,我很愿意设法使毛主席和罗斯福总统商量问题,这样可使全世界承认毛主席的地位。"

毛泽东却有疑问:"罗斯福总统是否愿意接受我的信件?"

赫尔利微笑道:"我可以担保罗斯福总统一定乐意接受你的信件,特别你刚才讲的话,可以写进去,罗斯福总统看了一定会很高兴。"

中午,毛泽东写了一封信让赫尔利带给罗斯福,并签发一份祝贺罗斯福第四次连任美国总统的电文。毛泽东所以能爽快地答应赫尔利的要求,是因为他发现了美国在中国重新寻找合作伙伴的可能。当然,他也希望可以交上美国这个朋友。

12时45分,赫尔利站在屋外美丽而明亮的秋阳下,对毛泽东说:"毛主席,你我在这些条款上签字吧。我认为这是适宜的,它表明我们经过考虑认可了这些条款的合理性。"

掏出笔后,赫尔利却说:"毛主席,你当然理解,虽然我认为这些条款是合理合情的,但我不敢保证蒋委员长会接受它。"

周恩来意味深长地说:"那么,你该直接将这份文件交给委员长,而不能让宋子文或其他什么人先看到。"

包瑞德后来回忆道:"条款的文本放在一块高度适中的石板上,他们签字了。我清楚地记得,毛泽东不是盖图章,而是像美国人签署支票一样在两份文本上签了名。文本上仔细地留了一块空白,下面用打字机打下了蒋介石在此签名的字样。以便让蒋委员长表示自己对这些条款的赞同——如果他有此愿望的话。"

下午2时,赫尔利带着油墨未干的五点协议飞返重庆,周恩来、包瑞德同机前往。

包瑞德在飞机上,他向周恩来提出了这样一个难题:"将军,你认为苏联和美国谁更民主呢?"

周恩来稍加思索后回答:"包上校,我们认为苏联在世界上是最民主的。但是上校,我们知道,也许还要过一百年我们才能获得这样的民主。如果我们今天能够享受你们在美国所享受的民主，我们也将十分高兴。"

这一细节除了表明周恩来的外交智慧，还透露出了这样的消息：共产党这时尚没有决定走苏联的道路。按毛泽东的估计，这个时候已开始了国共两党势均力敌、共产党渐占上风的时代。他们不仅需要苏联，而且需要美国。

赫尔利患了重感冒，在飞机上没有多说话。

这次感冒真不是时候，因为感冒，赫尔利回到重庆后不得不卧床休息。按重感冒常常伴随发烧这一常识，可以确认在高烧中的赫尔利忘了周恩来在延安的忠告，没有直接把签订的协定交给蒋介石，而是派人于11月11日送给宋子文和政府小组的其他人，要求他们将文件译出后交给蒋介石。

第二天晚上，赫尔利便无法静养了，宋子文和王世杰气急败坏地找来了。

宋子文连寒暄都省略了，当然没有询问赫尔利的贵体安否，开门见山质问道："将军阁下，你被共产党的旧货单子骗了。国民政府永远不会答应共产党的要求。"

赫尔利尚未反应过来。

宋子文接道："你签的这份文件有太多的缺陷，共产党希望建立一个联合政府，实际上是要改变中国政府的名称。"

赫尔利不以为然地说道："这是细枝末节的小问题，很容易得到纠正。我认为，共产党的建议至少已经提出了一个基础，在此之上完全可以达成协议。"

"不可能。"王世杰大声道，"在这样的基础上什么问题都不能解决。"

"为什么不能？"赫尔利忽然想起了什么，"你们把这份文件交给委员长没有？我认为他是可以接受这份文件的。"

宋子文道："我们刚从委员长那里来，他认为，在他没有承认国民党被共产党彻底击败时，不能组成联合政府。如果这样，必然会导致中共控制政府的局面。"

赫尔利火了："那你们说该怎么解决？你们谈了五年了，为什么不能解决问题？你们不要骗共产党，你们说军队好，贪污腐化是敌人造谣，可是，毛泽东告诉我，贪污腐化的事，孙夫人、孙科都谈过，新闻记者也报道过，我看你们就是这样的人。你们说共产党不愿团结，我到延安看毛他们都是爱国分子，他们是愿意团结的，我看你们才不愿团结。我不和你们谈，我要和委员长谈。"

以美国总统特使的身分，赫尔利和蒋介石进行了一次单独对话。

蒋：你和毛泽东签订的东西我看到了。我认为在现在的情况下，无法以这个东西作为谈判基础。

赫尔利：我想知道为什么？

蒋：这个五点建议与孙中山博士在遗嘱中为中国制订的程序相抵触。如果我接受这些建议，中国的形势就会雪上加霜。

赫尔利：我还是不能理解。

蒋：他们这是要搞垮我！我和他们打了多年交道，我比你更清楚他们心里在想些什么。他们是一些极端危险的分子。

赫尔利：我不这么看。主席先生，他们要求团结比你们更加迫切。你们这么恐惧和他们合作，只能表示你们的虚弱。中国内部不统一，局势无法好转。难道这样一个协议没有它的合理性吗？

据赫尔利回忆，此时蒋充满善意地解释：你和共产党签的这个协议，如果在华盛顿和伦敦，可作为同类争端的解决办法为双方接受。但是，由于中国人特殊的心理，这么做就意味着我和我的党彻底失败了。

赫尔利：这个建议你还可以修改，譬如采用两党、多党或党派代表组成政府，避免使用联合这个词，问题不就可以解决了？我认为，在现在的形势下，政府和共产党达成协议，将在政治上、道义上加强政府，而不是削弱它，这是防止崩溃的最有效办法。

蒋：中国不会崩溃的，我们虽然打得艰难，但我们坚持了八年。这个协议不能要。不过，我们还可以商量出更好的解决办法。

罗斯福总统此时考虑的只是如何防止战后美国再次陷入中国内战的泥沼。因此，他甚至还没了解赫尔利和毛泽东签的那份协定内容的情况下，就电示赫尔利打他的牌和苏联这张牌迫使蒋介石向共产党做出让步。

蒋介石在这种生死攸关的地方，有着守财奴一般的精神，寸步不让。这样，赫尔利在两次拒绝（15日、17日）转交国民党的反建议之后，不得不做出了让步。

重庆派人与日本各方秘密谈判

由于1944年后半年的豫湘桂战役大溃败，使盟军领袖对国民党军的抗战能力和蒋介石的领导能力产生严重质疑。1945年2月，美、英、苏三国首脑在雅尔塔举行制定最后对日作战方针的最高会议时，没有邀请中国国民政府主席蒋介石参加。这对蒋介石来说，不是好的预兆，因而心情十分沉重。

当时，蒋介石最担心的问题是，美、英、苏三国出卖中国的利益对日讲和，同时也担心日本与三国进行有条件投降的谈判，把保存汪精卫伪政府作为日本从中国撤军的条件。而重庆国民政府远离华北和东北，而延安距离华北和东北都比较近。谁先控制日本军队占领区，谁就有可能控制整个中国。蒋介石担心日本崩溃后中共势力难以控制，所以试图让日本在保留一定实力的情况下投降。于是，蒋介石决定动用早先预用的棋子，由戴笠让与重庆国民政府关系甚密的汪精卫政府考试院副院长缪斌去做对日媾和这件事。

缪斌原在黄埔军校担任教官，后在北伐军第一军任副党代表，一度出任江苏省政府委员兼民政厅厅长，后因贪污渎职去职。抗战爆发后，他投靠日本人，担任华北"新民会"副会长。汪精卫1940年在南京另立亲日的汉奸政府后，缪斌出任立法院副院长。后来见战事对日本不利，缪斌便又和重庆方面的何应钦及戴笠等接上了头。1944年夏，他捎给国民政府军政部长何应钦的信件被汪精卫的特务发现，被软禁了一段时间，后因日本军方出面为他说情，汪精卫将他贬职为考试院副院长。日军情报机关为了搜集重庆方面的情报，默许他用无线电台与重庆方面联系。后来驻上海的日本记者田村将缪斌介绍给内阁情报局总裁绪方竹虎，绪方竹虎又将他介绍给了当时的日本首相小矶国昭。

缪斌被告知，重庆国民政府方面与日本单独讲和的条件是：日本从中国全面撤军，解散南京汪伪政府，取消满洲国国号，中国即可与日本单独签署和平条约。为了慎重起见，缪斌要求戴笠提供保证。戴笠经过向蒋介石请示，蒋介石给戴笠下了一个手令"特派缪斌为代表同日本政府协商和谈"。

小矶国昭是东条英机内阁被迫下台后的日本新一任首相。

小矶国昭对来自重庆方面的方案很感兴趣，有意接受由蒋介石确定的条件。当时日本正准备进行本土决战，如果能和平体面地解决中国问题，把几十万大军撤回日本，可以有效地解决日本兵员不足的问题。此外，和中国单独讲和还有助于瓦解同盟国阵营，对日本在外交上也是一大胜利。

小矶国昭随即派遣自己的密友到上海会晤缪斌，双方商定了"和平方案"的初步框架。1945年2月初，小矶密令缪斌携带无线电台及随从七人乘军用飞机前往东京，让他直接在东京与重庆联系，以便确认蒋介石方面的决心。但在上海的日本陆军高层却竭力反对缪斌的工作，在当地加以阻挠，结果只是缪斌化名"佐藤"一人于3月16日乘飞机抵达东京。

缪斌抵达东京后，当日夜晚向绪方竹虎出示了蒋介石给他的电文及其他证据，表示："来日之事，蒋委员长也知道。我接受的内部命令是，中日和平交涉的最后限期是3月底以前，而且中日和平从根本上说要以日美和平为前提。"缪斌带来了据称是得到蒋介石同意的《中日全面和平实行案》，其核心是停战、撤军和取消汪精卫政权。具体内容：一是满洲问题单独协商；二是日本完全从中国撤兵；三是取消南京汪伪政府，设置留守政府，重庆政府三个月内迁都南京；四是留守政府由重庆方面的重要人物组织；五是南京汪伪政府的要人在东京由日本政府收容；六是日本与英美讲和。

缪斌要求绪方竹虎安排他首先与东久迩宫大将会晤。

缪斌第二天前去拜访日本防卫总司令官东久迩宫大将，他属于日本皇室有影响力的成员。东久迩宫问道："你是小矶首相接到日本的，为何要首先会晤我？"缪斌称："重庆方面认为，日本除了天皇以外，没有人值得信任。由于我不可能见到天皇，便希望将这个问题向殿下提出，并请求您将我的口信转达给天皇陛下。"缪斌强调："美军在占领菲律宾之后将登陆冲绳。到了决定性的时候，苏联将侵入满洲，而重庆方面愿意日本保留天皇制。"

当时缪斌的活动在日本国内高层引起争议。当东久迩宫将缪斌所言通告给参谋总长梅津美治郎后，梅津的回答是："中国人讲的话哪儿能当回事！"在缪斌赴日本前后，蒋介石通过使者又向在上海的日本最高将领冈村宁次传了话："中国与美国不可能分离，但中日两国提携对东亚非常重要。所以，我有意在适当的时候为日本讲话。能拯救日本的只有我。"

但是，冈村宁次并没有理睬蒋介石的话。日本的中国派遣军中专门从事秘密谈判的今井武夫也以缪斌品质低下为由反对与缪斌接触。日本外务省则以汪精卫政权已得到"国际承认"为借口，反对缪斌所带来的取消汪精卫政权的提案。日本陆军、海军和外相等高层都怀疑缪斌是否与重庆方面有联系，指责缪斌没有委任状，怀疑他是个江湖骗子或掮客。

日本高层还认为，联合国军队方面即将取得胜利，在此之际蒋介石没有理由与日本进行和谈。重光葵外相正在全力以赴请苏联出面议和，对其他的渠道不予重视。

1945年5月25日，缪斌收到了重庆国民政府方面"停止关于所谓和平撤兵谈判"的电报，缪斌的活动就此告终。

日本战败以后，美国驻日本占领军在接收日本战时内阁档案时，发现了日本内阁讨论缪斌活动的档案及《缪斌与东久迩宫和平会谈的记录》等一系列材料。东京审判时，日本方面举出的辩护资料《木户日记》中也有缪斌工作的记录，此事立即引起了各方面的关注。在盟国的对日理事会上，苏联指责重庆国民政府联络美国派遣缪斌到日本，策划对日媾和妥协。而当时国共两党已经处于内战一触即发的紧急状态，中共也批评蒋介石利用缪斌策划投降。麦克阿瑟遂电询蒋介石为什么瞒着美国与日本单独媾和，还准备传缪斌去东京做证人。

蒋介石复电对此表示绝无此事，随后便立即下令秘密逮捕缪斌。

1946年4月3日，针对缪斌的审判开庭，检察官列举缪斌勾结日本侵略者、通敌谋反、为害本国、担任日军特工和伪政府要职八年之久等一系列罪行。当讯问他叛国的罪行时，缪斌取出准备好的材料，为自己辩护说："蒋委员长曾说过，抗战有种种途径，除战场外，策反也是重要的工作。本人虽然出任伪职，但身在曹营心在汉，曾与中央军统局暗通消息，为了救国搞软性抗战，做策反工作，谋求以敌制敌，促进敌人自己溃散。"

缪斌一边出示有关电报等证件，一边口称"敬之兄"，述说与何应钦等书信来往的密情。但检察官一再声明不要他陈述这些事，只要他供述在日伪政府任职期间犯下的罪行，但缪斌仍然按自己的思路说。最后不得不匆匆终止审讯。

缪斌被捕入狱后，他的秘书和家属在国民党要员中四处进行活动和贿赂。据说，把缪斌的新汽车送给了何应钦，但也于事无补。缪斌最终被判处死刑，成为二战后第一个被以汉奸的罪名处决的中国人，也成了蒋介石对日媾和投降的牺牲品。

蒋介石之所以会在抗战胜利前夕冒天下之大不韪派密使对日媾和，原因很多。一是对世界反法西斯战争形势缺乏认真分析研究和判断，与美、英、苏三国的外交联系沟通极为不够，外界战略信息来源渠道严重匮缺；二是对涉及国家、民族前途命运的重大决策主观武断专行，缺乏民主沟通协商，难免导致重大事件决策失误；三是对日乞求和平、消极抗战的投降主义思想作怪，尽管在抗战接近尾声之际，依然幻想通过所谓和平方式结束战争；四是对战后国内政治格局形势分析估量不够，不能就战后团结国内各派政治力量组建联合政府做出积极妥善安排，而只是以派密使私下活动对日媾和等阴谋手段，企图实现其利益最大化，难免遭到中外各方的一致性批评谴责。

美国转向国民党政府

　　1945年1月23日，朱德写信给魏德迈，要求美军为中共军队完成摧毁汪精卫伪军部队计划提供两千万美元贷款，声明这笔款由八路军和新四军在战胜日本后负责偿还。

　　这封信很快落到了美国驻华大使赫尔利手里。

　　1945年年初，一个名叫埃文斯的美国上尉从延安发给美军中缅印战区司令部一份只供魏德迈一人过目的电报。埃文斯声明：这份来自中共首脑之一的周恩来那里的重要情报，是一份关于国民政府与日本谈判，出卖美国利益的情报，其中部分事实已被高级负责人之间通信的副本所证实。埃文斯电报中引用了周恩来的特别声明："一定不能让赫尔利将军得到这个情报，因为我们不相信他的判断力。"

　　但赫尔利很快从魏德迈手里看到了它。

　　对共产党一直心存偏见的赫尔利是怎么向国务卿报告的，可想而知。他认为埃文斯从周恩来那里得到的情报是共产党的阴谋，"这种谣传非常不真实，不可相信"，目的在于"共产党希望撇开大使馆和国民政府"，从美国军队那里得到两千万贷款。

　　实际上，蒋介石本人于1945年元月初密令在上海居住的袁良设法向冈村宁次司令官带去如下口信："中国与美国不可分离，但我认为中、日合作对大东亚至关重要；因此，拟于适当时机为日本人讲话，拯救日本非我莫属，然日本人误解我的本意，实为憾事；望互相尽力克制。"因事关重大，袁良未敢贸然递出这一口信。2月14日，冈村宁次专程去上海听了这一口信。后来，冈村宁次在回忆录里写道："当时我以为这一口信相当可靠，但因我对开罗会议的决定毫无所知，加之长期身居战地，对正在衰落的国内情况亦不清楚，因而以为蒋介石口出狂言，竟未予理睬！"

　　即便周恩来告诉埃文斯的情报是一种政治家的谋略，也并没有冤枉蒋介石。赫尔利硬要得出共产党在算计美国的结论，只能证明他人高马大却小肚鸡肠。然而，以他总统特使、驻华大使的身分，很容易影响罗斯福的决策。

　　1945年1月20日，赫尔利致信共产党领袖毛泽东，说国民政府现在准备为达成真正切实可行的协议,做出重要和实在的让步,认为对政府采取如此步骤的建议,未加考虑便予反对,是非常遗憾的,建议周恩来到重庆谈一谈。

毛泽东没听到魏德迈的回音,又见赫尔利热烈邀请,自然想见见国民党到底做了什么样的让步。22日,他电告赫尔利:决定派周恩来赴重庆重开谈判。

24日,周恩来临上飞机前,毛泽东对这次谈判作了三项指示:一、争取联合政府,与民主人士合作;二、召开党派会议作为具体步骤,国民党、共产党、民盟参加;三、要求国民党先办到以下各项——释放张学良、杨虎城、叶挺、廖承志等,撤退包围陕甘宁边区的军队,实现一些自由,取消特务活动。

这天晚上,国民政府行政院代院长宋子文设宴为周恩来洗尘。周恩来吃了宋子文的饭菜,喝了茅台酒,嘴一点也不软。他说:"今天国民党主张在行政院之下设立一个新机构,但是整个系统不变。这个系统,就是一党专政。新机构属于行政院,行政院属于国防最高委员会管辖,国防最高委员会又属国民党中常委管辖。蒋主席也不是人民选举的,是国民党中常会推选的。这一套系统不改变,我们也无法参加政府。"

第二天,周恩来去了赫尔利寓所。赫尔利十分热情,当即道:"行政院下面的新机构,就等于西方人常说的战时内阁,另外,蒋先生已同意成立三方联合统帅部,一个司令,两个副司令。司令由美国人当,副司令国民党一个,你们一个。统帅部直属蒋委员长一个人。"

周恩来当即答道:"这个办法我们不同意。党治不结束,这种统帅部只能是蒋控制我们军队的一种手段。"

赫尔利似乎早明白周恩来会持这种态度,耸耸肩道:"我为你拒绝美国统帅一事感到十分遗憾。不过,你们不接受三条是对的,我到任何时候都愿意赞助你们的五条。我要是蒋委员长,只要将五条中联合政府名义改为联合行政院或联合内阁,便可签字。"

如果说赫尔利这番话完全言不由衷,也确实冤枉了他。五条建议上,签有他的大名,又与他认定的对华政策不抵触,他自然也愿意坚持。然而,他又很清楚国民党方面的态度,话锋一转,又说道:"周将军,你既然来了,总要谈一谈的,你认为先从哪个问题谈起呢?"

周恩来答道:"要先解决党治问题。"

因这次谈判一个照面中共就占了主动,蒋介石不得不出面为各个方面鼓劲。29日,他召集国民党中常委元老、五院院长及党团负责人座谈。他说:

"国共谈判，赫尔利上次由延安带回之五条，完全上了中共的当。中共后来又提四条，又让我们让步。这次周恩来来渝，更无诚意，要价更高，又提出结束党治问题，与我党为难。我受总理之命，以党建国，只能还政于民，决不能还于其他党派，决不能把政权让给别人。赫尔利糊涂，完全以为他们有道理，为他们说话。美国人不懂中国情形，完全说不通。"

宋子文道："我已经发现赫尔利正在变化。他开始明白中国的事情了。中共的真正目的不是废除所谓我党一党专政。他们全部的策略表明，他们是想推翻我们，实现他们的一党专政。无论出现什么情况，我党都有责任在长期的混乱阶段领导中国。"

蒋介石很自信地说道："是的，美国人最近好了一步，对中共也有点不满了，因为他们本来承认美国人任统帅，现在又不承认了。我们不要怕共产党，我们一定能消灭他们。等美国人与中共谈不通了，也就会讨厌共党的。不要急，就和他们谈吧。"

半个多月来，日军开始收缩兵力，再向中国西南发动大规模进攻的可能性不大了。蒋介石也就有了回旋的余地，八个多月来，第一次感到气出顺了、自信了。

《毛泽东年谱》记载，蒋介石给各界打气的第二天，林伯渠、李维汉在向毛泽东汇报了陕甘宁党外人士提了这样的意见：他们认为他们有职无权，作为非党员受到歧视。毛泽东说："议论和批评对我们总是有帮助的。说党包办，总是有原因的，我们要研究解决。凡是正确的意见都要研究解决。"

1月30日，被赫尔利称作"学院式的辩论"继续进行。

宋子文说："国民党是中国改革的党，是孙中山的党，是自由主义的党，是有法律根据而非人为的执政党；在经历革命和坚持抗战期间，坚定不移地维护它的主义；它现在对政府负有历史性责任；没有国民党，中国将陷于混乱，这种混乱将由国民政府崩溃引起。"

周恩来道："我同意你的大部分论点，不过，现在时代变了。在这样的非常时期，指导政府的唯一办法就是大党领袖们的彼此信任；组成临时性联盟，支撑政府度过训政时期。如果你们能做出适当让步，中央政府会得到共产党无限的支持。"

又经几轮舌战，周恩来知道国民党绝对不会在结束党治、联合政府等要害问题上做出任何让步，决定以"回延讨论"为由，结束这次无望的谈判。

蒋介石当然也不挽留，2月13日，他当着赫尔利的面，十分傲慢地说道："联合政府是推翻政府，党派会议是分赃会议。"

三天后，周恩来飞回延安。

3月1日，蒋介石公开宣称：不能结束党治；不能同意成立联合政府；预定于本年11月12日，国父八十周年诞辰时召集国民大会，以实现宪政。

20天后，毛泽东在中央六届七中全会上这样表明了中共的态度："联合政府有三种可能性：第一种是坏的可能性，那就是要我们交出军队，国民党给我们官做。军队我们当然是不交的，政府还是独裁的，我们去不去做官呢？我们要准备这种可能性，不应完全拒绝去做官，这是委曲求全为了团结抗战，好处是可以进行宣传。第二种可能性是形式上废止一党专政，实际上是独裁加若干民主。第三种是以我们为中心，我们的军队发展到150万以上、人口1亿5千万以上时，政府设在我们的地方。在蒋介石发展到无联合的可能时，就应如此做。这是中国政治发展的趋势和规律，我们要建设的国家就是这样一个国家。但是现在还没有，所以我只写了不管多少迂回曲折前途是光明的。"

4月2日，回国述职的美国驻华大使赫尔利先生迫不及待地在华盛顿美国国务院向中外记者宣布：美国的军事援助只给国民党政府。

他很干脆地说："中国共产党和它领导的军队阻碍了中国的统一。"历史没有为罗斯福总统留下时间，让他检验这一决策的成功与失败，因为十天后他离开了这个世界。

一百天后，毛泽东在《赫尔利和蒋介石的双簧已经破产》一文中，给赫尔利的调停工作下了一个结论：赫尔利舍老命替蒋介石撑了腰。至此，赫尔利的中国之行告一段落了。他个人的看法，引导了美国政府，使美国政府转向中国的国民党政府。

| 第四章 |
盟军与中国战场

1945年1月6日，英国首相丘吉尔不得不向斯大林求援。1月12日，苏军从波罗的海到喀尔巴阡山的整个战线上连续不断地给德军强有力的打击，德军被迫停止了在西线的进攻，缓和了阿登地区盟军的处境。在1月战役中，苏军朝柏林方向推进500公里，2月1日已达奥得河的屈斯特伦地区，进入了德境，最后击溃德国的日子已经在望。此时，英美两国在太平洋和东南亚集结了大量海空军，但要进攻日本本土，兵力还明显不足。美国总统罗斯福"决心争取在雅尔塔得到"苏联关于参加远东战争的"书面保证"。2月2日，美英两国领导人前往克里米亚的雅尔塔途中，讨论了有关结束对德、日战争的一些问题。第二次世界大战的面貌在大国的谋划下悄悄发生了变化。

繁忙的航空港

芷江，地处湖南西部边陲，居云贵高原东缘和雪峰山西脉之间，是通往西南诸省的通道，素有"滇黔门户，全楚咽喉"之称。1934年著名军事家蒋百里就提出御日国防建设理论，极力主张"中日战争一旦爆发，中国空军基地宜设在云南昆明，战时大本营宜设在湘西芷江、洪江一带"。抗日战争时期，这里成为中国最繁忙的航空港。

卢沟桥事变后，国民政府由南京迁都重庆后，大批中国及同盟国军队及军事机构陆续迁入芷江。据统计从1937年7月至1945年9月，驻芷各种军队及军事机构多达220个，大到国民政府的陆军总部、方面军司令部及军政部、军令部所属单位，小到高炮部队、防空哨卡。从兵种上说，有陆军、空军、海军陆战队及宪兵等多个兵种。

为什么一向偏僻的芷江，忽然成为军事重镇？因为芷江县城东郊一公里处楠木坪有一个军用机场。这个机场规模很大，使用机场的既有中国军队，也有苏联、美国的空军。美军人员最多时可达6000多人。

芷江机场是1938年1月12日正式动工修建的。1938年10月，除完成了2000亩机坪及1600米的跑道扩修任务外，还修建了导航台、指挥塔、疏散道等工程设施。经航空委员会芷江工程处验收合格，随后机场开始使用。同年8月，机场正在建设时期，美国空军陈纳德便在芷江创办航空学校。机场于10月投入使用后，援华苏联志愿空军大队第一中队长伊凡诺夫斯基率领代号为"正义剑"的20架飞机进驻芷江机场。日军很快得到情报，于11月8日下午，日本海军第十二航空队18架九三式轰炸机首次袭击芷江机场。驻芷苏联志愿航空队6架战机起飞迎战，击落日机3架，毙敌飞行人员9人。

参加作战的伊-15、伊-16是苏军的一线装备，伊-15比较灵活，便于水平作战，被苏联人称作"黄莺"。伊-16则因速度快、便于垂直作战和追击，而被称作"燕子"。"黄莺"和"燕子"高低搭配，往往以少胜多，为中国军队掌握战场制空权做出了很大贡献。还有一种被苏联人称为"喀秋莎"的CB轰炸机，速度比同时代的日本九六式战斗机还要快。

苏联空军援华战斗时，苏联并未与日本正式宣战，所有志愿队处于保密状态，对外称"中国空军正义之剑大队"。来华参战的苏联小伙子有1090人，包括多名经历过西班牙战火洗礼的作战英雄。1937年11月底首批飞行员到中国后，就直接投入了保卫南京的战斗，直到12月12日南京陷落。

苏联空军撤走回国后，中国、美国航空兵组成混合团驻芷江机场。机场拥有远程轰炸机及战斗机、侦察机群，各型参战飞机400余架。日军曾多次轰炸芷江，盟军与中国军队也不惜一切代价保护机场的安全。因此，在芷江上空多次发生激烈空战。1944年7月9日，驻芷江机场的中国空军第五大队20余架飞机，奇袭湖北监利县内的日军白螺矶军用机场，摧毁敌机110架。芷江机场在抗击日寇、保卫中国领空过程中做出了重大贡献，至1944年7月衡阳机场失陷后，芷江机场成了盟军唯一未被日军占领的前进机场，成为中国中南部的最后一个空战堡垒，最后一个大型航空港。

谈到芷江机场，就不得不谈到声名赫赫的美国空军上校陈纳德。克莱尔·李·陈纳德（Claire Lee Chennault）是美国得克萨斯州康麦斯人，1919年从飞行学校毕业，1923年被派往夏威夷，负责指挥第19战斗机中队。1936年1月，中国国民党空军毛邦初上校邀请他到杭州笕桥的中央航空学校担任飞行教官，陈纳德恪尽职守、认真负责，得到了中国国民政府的信任。1936年6月3日，宋美龄任命他为中国国民党空军顾问，帮助建立中国国民党空军。在洛阳考察航空学校时，卢沟桥事变发生，抗日战争全面爆发。他当即表示："如有需要，愿意尽力为中国服务。"后赴南昌，被指派指导该地战斗机队的最后作战训练。陈纳德先后参加了淞沪会战、南京保卫战和武汉会战，1941年8月在湖南芷江组建了航空学校。美国志愿航空队（即飞虎队）参加抗战，给了中国政府和美国政府很大启示。然而，一支航空队远远不能满足抗战的需求，鉴于美国政府愿意提供更多的装备，陈纳德提出在美国训练中国飞行员，让他们学习美国的作战方法。后来在他的倡导下，又成立了中美空军混合联队（又称中美联合空军）。

1942年6月，根据《中美租借协定》的相关规定，国民政府分两批派遣中国空军飞行员赴印度进行改装训练。接着，又有部分飞行员被送到美国亚利桑那州的鲁克及雷鸟机场，接受高级训练。同时，一大批中国热血青年在考取美国空军学校、接受训练后也纷纷回国效力。1942年7月4日，美国独立纪念日，美国志愿航空队奉命在这天的午夜12时0分解散。值得大书特书的是：美国志愿航空队这一天仍在空战！整整一天，陈纳德都在发布命令和拟订公文。工作结束后，陈纳德参加了美国志愿航空队工作结束仪式——告别宴，并通知了凡是能参加晚宴的志愿队队员必须前往。各界政要和军方代表都来参加了晚宴，重庆市民像过节一样，为志愿队祝福。美国志愿航空队自从成立以来，在缅甸、印度支那、泰国和中国战斗历时7个月，共击落日机299架，击伤153架。美国志愿航空队4名驾驶员在空战中阵亡，6名被高射炮射中阵亡，3名被敌人炸弹炸死，3名被俘，10名在空难事故中丧生。美国志愿航空队共在空战中损失飞机12架，在地面上损失飞机61架。该志愿队还参加了对中国飞行员的训练，到1943年春，中国空军中已有一批新式飞机和能驾驶新式飞机的飞行员。

1943年5月，陈纳德将军与其直属上司、战区司令史迪威中将飞返华盛顿参加高级军事会议。在筹备未来在中国作战的第14航空队时，决定引进中国飞行员充实第14航空队的兵力。10月，中美空军混合联队正式在桂林成立，由中国空军和美国陆军第14航空队部分人员共同组成。联队设立了第1、第3、第5共3个作战大队，每个大队下辖4个中队，每个中队又有4个分队，每个分队6架飞机。其中第一大队为轰炸机大队，使用B-25中型轰炸机。其他两个大队是战斗机大队，早期使用画有鲨鱼嘴的P-40型战机，后来换为新式的P-51"野马"型战机。每个作战大队都是双重编组，从混合联队司令到中队长各级指挥官，均由中美双方各派1人担当。遇有战斗任务时，都由中美两国飞行员联合出动。混合联队驻防桂林、赣州、恩施、芷江、汉中等地，由陈纳德担任少将司令，统一指挥，隶属中国空军序列。同年7月25日，陈纳德应聘中国国民党空军参谋长。10月，中美空军混合联队组成并投入战斗。在混合联队中，两国飞行员的语言交流是一个问题。中国飞行员大致分为两类：一类是年龄较长的资深飞行员，他们早在1938年就曾与日本人作战；另一类则是刚从美国亚利桑那州各训练班回来的新手。许多年长的飞行员不会说英语，年轻者自然就充当了他们的翻译。在战斗中，懂英语的中国飞行员常常用中文复述无线电指令，使编队中所有中国人都能明白通话内容。随着时间的推移，语言问题有所改进。为了加强沟通，混合联军还想出了一套手势，作为飞机飞行时的通信联络方法。

第14航空队司令陈纳德为使空军能够准确地打击日军目标，空军地勤部队成立了一个对空联络台。芷江航空站派通信技术人员，防空部队派机务中队报务员，携联络工具冒险来到龙潭前线，潜伏在距日军阵地2000米左右的山顶，安好联络机与芷江航空站取得联系，飞机按照对空联络台指示的方位，向日军实施俯冲投弹，轮番轰炸，迫使日军龟缩在工事里不敢抬头，日军被阻于溆浦龙潭，伤亡惨重。

日军对混合联队又恨又怕，多次偷袭芷江等中美空军机场。陈纳德为了给日本空军造成错觉，在芷江机场一头，让官兵用竹篾和纸壳搭成战机的样子，在日军偷袭时，中美混合空战联队从侧翼突然出现，截击日机，让日本飞行员吃了不少苦头。

中美空军联队的中国飞行员，有相当一部分是由美国飞行教官培养训练出来的。抗日战争时期，中国参加战争的军队人员多是文盲，而飞虎队和后期的联队中的中国人都不是这样，不管是飞行员还是地勤，他们的文化素质普遍很高。担任过飞虎队第14航空队第5混合大队17中队上尉分队长的林雨水回忆说："我所属的小队有300人，其中半数是中国人。"这些人中有80%的人是因为抗战而回国的华侨。

林雨水出生于福建西北一个客家人家庭，因家贫养不起，父母无奈之下将1岁半的林雨水和比他大三四岁的哥哥卖给姓林的菲律宾华侨。日军侵华不久，他在马尼拉一个航空学校半工半读。抗日爆发以后，他和两位同学商量回国抗日，当时，菲律宾已经戒严，严禁中国华侨回国抗日，严禁战火卷到菲律宾来。为了回到中国参加战斗，林雨水和三位青年一起，三个人背着父母躲进渔船里，偷偷离开了菲律宾。林雨水说："你可能都不相信，我当时急急忙忙，怕被抓回去，只穿了一条裤衩上船。"

林雨水回忆，他们几个青年华侨几经辗转，才经香港到昆明，参加昆明航校的入学考试。路过广州时，有几个老头儿、老太太看林雨水无法跟人用中文交流，就教他了几个汉字，以方便他向别人介绍自己是干什么的，打哪里来，到哪里去。

好不容易到了昆明，千辛万苦找到昆明航校，林雨水他们三人身上的钱全部花完了。屋漏恰逢连阴雨，入校还要参加考试！这一下，林雨水的心彻底凉了！由于林雨水不会中文，所以，别人在试卷上不停地答题，他只能坐在那里干着急。"我的心里充满了沮丧，我想，完了！还是回到菲律宾去吧！不会中文，谁要呢！"后来，他把仅仅会写的几个中国字写满他的试卷："我是爱国华侨。"谁知道，正准备打道回府的林雨水竟然在录取榜上看到了他的名字。

当时回国参加抗战的华侨多是知识青年，他们把为国牺牲当作一件十分光荣的事。抗战爆发后，无数海外华侨争相回国，参加抗日战争。林雨水就这样卷入了抗日战争的洪流。

林雨水一进航校就拼命学习。为了努力学习，他在自己的胳臂上刺了个

"上"字，表示要天天向上。后来他去美国西点军校航校学习时，学校不允许在身上刺字，他才到医务室把"上"字去掉。1944年夏季他到印度美国十四航空队基地报到，参加了中美混合大队。一开始，他的任务是将美国援华的新飞机，从印度飞越喜马拉雅山驼峰航线送到云南昆明，或者送到湖南芷江。当时中国物资匮乏，特别是缺少飞机、汽油、炸弹、飞机零件，许多都必须从国外空运到中国，十分宝贵。驼峰航线被为"死亡航线"，这条航线损失500多架飞机，牺牲1500多人，他的同学，马来西亚华侨杨鼎玲就是其中牺牲人员之一。湖南芷江是抗日时期最大、位置最靠前线的空军基地。战斗激烈，前线飞行员和飞机损失惨重。林雨水送飞机到芷江时，上级把他留下来参加中美混合5大队27中队，没多久又被派到第17中队，直到抗战胜利为止。他在中美混合大队一共参战89次，击落日军飞机6架，获得美国政府颁发的勋章14枚。

1944年4月，日军进行了"一号作战"，以打通中国大陆交通线，盟军两大前进机场之一的衡阳机场失守，盟军空中大部分军事力量迁至芷江机场，芷江机场就成为对日作战的重要空军基地，成为远东盟军重要机场，成为华中空中军事指挥中心。从芷江机场起飞的飞机除担负袭击日军在衡阳、长沙、岳阳、汉口、南京等地军事设施外，还担负着掩护从昆明机场起飞的B-29重型轰炸机实施对驻华北、华中日军的战略轰炸，以切断日军后勤补给，阻止日军进攻西南等重要军事任务。同时，芷江机场还为准备战略反攻赶训部队。

因为怀化山区有着雪峰山天险这一天然的阻挡屏障，加之芷江机场的战机防攻，使得湖南怀化地区在对日战争中，成为华中空中军事指挥中心。据《芷江军事志》记载，从1944年大批中美空军进驻芷江机场后，美空军部队先后参加了1944年5月下旬至8月上旬的长衡会战，9月上旬至12月中旬的桂柳会战和1945年4月上旬至6月上旬的湘西会战。据不完全统计，共出动战斗机、轰炸机1200余批，4100余架次，出色地完成了夺取制空权、空中歼敌、对粤汉、湘桂等铁路、公路运输线及长江、湘江、洞庭湖等水路运输线的轰炸和封锁，切断日军后方补给，阻滞其南下西进和支援中国陆军地面部队作战等项战斗，毙伤敌军数以万计，击沉、击毁敌运输舰船、坦克和军车数以千计，击落击毁敌飞机328架（其中空战中击落81架，炸毁地面敌机247架）。给侵华日军以沉重的打击，为抗日战争的最后胜利做出了重要贡献。陈纳德于1945年8月8日离开中国，他在中国生活了8年多，与中国人民一道坚持了八年抗战。在芷江的纪念馆里，有他的照片和业绩，中国人把他当作美国朋友和战友。

战后，日本一位高级军官宣称：如果没有中美空军这种空中打击，"我们可能已经到了我们所希望去的（中国的）任何地方"。芷江机场在抗日战争时期发挥了重要的战略攻防作用。

芷江保卫战

芷江保卫战，在日本的战史书籍里称为"芷江攻略战"。中方也称"湘西会战"，也有的称为"雪峰山血战"。

芷江与川黔桂鄂等省接壤，夹在湘、资、沅三大水系中间，东临长沙、衡阳，南瞰桂林、柳州，西枕芷江盆地。这一地区是进出黔、川，威逼贵阳，迂回重庆的军事要冲地带。湘西若失，贵阳危急，重庆将陷于不保。在1944年4月日军开始的"一号作战"中，衡阳、零陵、宝庆、桂林、柳州、丹竹、南宁等地的7个空军基地和30余个飞机场相继被日军占领或捣毁。在1945年3月开始的鄂北老河口之战中，残存的老河口美军机场也被战火摧毁。这样，芷江机场就成了美国空军在中国的唯一的前方机场。该机场经不断扩建，规模宏大，从这里起飞的美重型轰炸机不但沉重打击了在华的日军战略目标，也直接威胁台湾一带的日军设施。东京大本营认为，必须拔除这颗钉子。

在发动芷江攻略的目的性方面，日军东京大本营与驻中国派遣军司令官冈村宁次大将的想法并不完全一致。根据派遣军作战主任参谋的回忆，各个司令部对这次作战的想法，也不完全一致。被指定承担芷江作战任务的日第6方面军，其司令官冈部直三郎大将起先就反对冈村大将进攻四川的计划，他认为这次作战是冈村变个花招来推销其原案，是一次冒险性试探，所以他不赞成这次芷江战役。不过他是冈村宁次升任驻华派遣军司令官后，赶走不听话的横山勇，把第6方面军司令官交付他的有恩之人；另外作为下级，他必须服从冈村宁次的决定。这次方面军的主攻部队是日军第20军，军司令官坂西一郎中将是个古怪的指挥官，貌似酒鬼。据载，"坂西将军豪饮酒醉后行为古怪，语言粗暴。近来他已觉身体不适，或因暴饮所致"。坂西一郎的部下们私下发牢骚说："军司令官可能是饮酒过量的缘故，有些神经过敏。事无巨细，都要亲自处理，参谋们很不愉快。而且统率风度不够稳重，缺乏体察实际情况的精神。"这个当年留学过德国的陆大高才生，如今已堕落为酒鬼。他近年来豪饮成癖，无非是借酒浇愁罢了。

随着帝国前景越来越不妙，日军高级将领的意志日益消沉。在1945年3月日第12军布置进攻老河口地区作战方案时，该军司令官内山英太郎召集各师团长会议，结果几个中将师团长在会上讨价还价，与内山讲条件。这在日军高级军事会议上还是破天荒第一次。最后惹得内山英太郎怒曰："按你们的种种说法，这仗根本不用打了。军队的最高使命是作战，至于天气如何，道路如何，是不用考虑的。"侵华日军高级指挥官在进入1945年后，意志之薄弱于此可见一斑。

日军大本营与驻中国派遣军司令官冈村宁次大将部署芷江战役的时候，纠集了4个半师团兵力，10余万人。其制定的"芷江攻略战"，旨在夺取芷江机场。芷江机场迎来了最大的危机。

日军将要面对的中国军队，是1944年7月刚由重庆国民政府任命担任陆军总司令的何应钦亲任指挥的9个军26个师。其中有中央军精锐嫡系第18、第73、第74、第94、新编第6军共15个师，系由美军教官训练、美军顾问指导、全部美械装备的部队。仅这15个师的战斗力就与当面日军不相上下，再加上另11个师，与日军参战兵力相比，中国军队占有绝对优势。不仅当面军力对比不利于日军，就是整个后方补给中方也占据优势。1945年初春，中印公路和输油管道已通至昆明，从印度输入的美国物资每月可达6万吨以上。到6月，中国军队全部美械装备和训练的36个师陆续建成。每师兵员和火力与日军师团相比已超过日军。此外，其他部队的装备亦大为改善，炮兵和装甲兵获得加强。空军方面，仅美空军在华的各类战斗机、中型和重型轰炸机、侦察机等就有将近千架，雷达、通讯和导航等设备也较日军先进，完全掌握了制空权。在配合地面部队作战时，美国和中国空军对日军纵深200公里内可以实行空中封锁。陆、空军综合力量对比，中国军队也占有优势。

但是，中国派遣军司令官冈村宁次信心满满。通过上一年的"一号作战"和近期的老河口作战，他麾下的侵略军仍占据着老河口—宜昌—秀山—黎明关之连接线以东地区。这就是说，此时他还保持着对中国军队的攻势作战态势。

冈村宁次大将对大本营规定的中国派遣军实行东、西两面战略有自己的想法。东主西从，即以对美为主、对中国军队为辅。冈村宁次对此方针表面服从，实际上正如日本战史专家所说："冈村的真正意思，却是以重庆为重点，是西主东从的。也就是说，他所期望的是一面促进对美作战准备，一面依据已下达作战命令的芷江战役的进展情况,继续扩大西面作战。"即对重庆的蒋介石军队进行强力打击。

重庆的蒋介石知道芷江保卫战很快打响,他对身边的人反复叮嘱:"我们一定争取把湘西会战打好。"这是他的真心话。3月末以来,日军连克豫南鄂北的老河口、樊城等地,加重了对重庆的压迫。他对"迁都"雅安又动了心思。不过,"迁都"无论在国内和国外,政治影响太大,他一直不敢实施。前几天,美国大使赫尔利返抵重庆时,通报了欧洲战场盟军连连获胜的消息,还特意告诉他:美超级空中堡垒飞机最近又多次轰炸东京、名古屋和九州等地,这些城市的某些街区已被夷成平地。为保本土安全,日本在华空军的主力已被调回。这正是应该打几个像样的仗,挽回去年豫湘桂会战失败的影响,树立中国国际形象的时候。蒋介石思前想后,决定安排何应钦全权负责指挥芷江战役。这天,蒋介石再次审阅了何从芷江城发来的战役部署电文。觉得何的部署挑不出大毛病,随即批复同意。

湘西地形险峻,山峦起伏,尤以绵延300多公里呈东北—西南走向的雪峰山脉,为湘西崇山峻岭的第一道脊梁。这些山冈对于进攻者的障碍甚大,对于防守者无形中增加了不少力量。而且湘西河流纵横,即使日军越过了雪峰山脉,进入芷江盆地,因河川流淌在中国军队阵地前面,对防守的一方也是有利的。所以,何应钦获蒋之信任,独揽战役大权,对湘西战役也充满期待,在军事部署上花了不少心血。

1945年4月11日凌晨,日军按照预定部署,主力第116师团分3路从邵阳出发向西进击其中,左路先遣队一马当先,越过中国军多道防线,深入到雪峰山中南部龙潭司附近;师团主力由中路指向白马山、乌术下之线;右路由邵阳西南桃花坪(隆回)指向洞口。中国军队第100军的3个师第36、第19、第51师,分路拦阻,因为日军攻击甚强,中国军队节节退去。

黑田铺方面:日第47师团的突击部队——重广支队,由田心指向黄金井。中国第73军第15、第17师且战且走。

东安方面:关根支队,由新宁指向武冈。由施中诚任军长的第74军部队边打边退。日第20军指挥官坂西一郎中将下决心,"把当前之重庆军主力捕捉消灭在洞口、花园市、武冈西北、高沙市周围地区"。为此,他下令第116师团继续向雪峰山山脉深处机动,从东北两方面包围敌军;关根支队予以策应,以主力向瓦屋塘附近突进,在中国军队逃向雪峰山岳地带内之前形成包围圈。

战役打响后，过程出乎预料地顺利，并没有引起坂西一郎中将的警惕，在他的内心感觉里，中国国民政府军队到什么时候也是不堪一击的。结果，惨败首先落在关根支队的头上。关根支队进占瓦屋塘后，随即派一部向武冈城扑去。武冈城在资水上游西北岸，在西汉时为都梁侯国，三国东吴改为武冈县，因城北武冈山而得名。此时守城的是第74军之58师部队。设防之前，军长施中诚向该师师长蔡仁杰交代："武冈城防坚固，护城河深阔，但敌军势头勇猛，配有坦克，切不可掉以轻心。"蔡仁杰受命后，率部在城内外构筑三道防御阵地，皆以黄泥、细沙、石灰混合筑成，建筑中，老百姓献出存放多年的糯米，熬成稀粥掺和三合土构筑，相当坚固。

4月27日，日军支队长关根久太郎少将下令攻城。于是，在坦克配合下，日军分东、西、南三面发起猛攻。谁知对面中国军队守得顽强，一连3天攻城不克。关根久太郎最后搬出了自己的"撒手锏"，他组织步兵"特攻队"，每个特攻队员头缠涂了太阳徽号的白头巾，步枪一律上刺刀——他企图运用这种"人肉炸弹"，突破城垣。5月1日，关根久太郎让所有的炮兵、坦克火力一齐开炮掩护"特攻队"冲击西门。这一着果然奏效，一些特攻队员冲过护城河，到了城墙下便拉响炸药包，血肉纷飞中，城墙被炸开一个个洞。但守军早有防范，立即用装满砂石的麻包将洞口堵住。"特攻队"一看此招不成，又用绳梯爬城，想将城墙炸开更大的缺口，但守军往往待敌爬到中途，一通冲锋枪、机枪扫射，打得日军哇哇乱叫，掉下城墙，死伤在护城河里，因为日军死伤太多，河水被染成红色……直至5月2日，武冈城依然掌握在中国军队手中。守城官兵的伤亡也很大，几处城门被炸得犬牙交错。就在战情紧迫的时刻，第4方面军司令长官王耀武命第44师一部从梅口急驰武冈城郊，从日军后侧发起攻击，守城的部队也组织突击队乘势反击，围城的关根支队腹背受敌，终于不支退去。

关根久太郎看一时拿不下武冈城，就退回到武冈城以西的武阳至绥宁一带补充，准备再战。

王耀武决心集中自己的第4方面军部分部队歼灭这股日军。攻击前，他通过何应钦向美驻华空军司令官陈纳德请求支援，于是，美空军两个编队的"野马式"和14架"P-40鲨鱼式"战机，连续几天轮番攻击武阳、绥宁一线的日军据点，日军主阵地茶山方圆不到一公里，被美国的凝固汽油弹烧成一片火海。夜间，美空军的"黑寡妇式"轻型轰炸机也频繁光顾日军各据点，搅得关根支队日夜不得安宁。

5月5日拂晓，王耀武指挥中国军队发起总攻，武阳附近各要点相继被夺回，关根久太郎少将率残部向花园市方向逃窜，途中又屡遭中国军队堵截，大部被歼。

5月6日在芷江陆军总部，总司令何应钦向前来采访的中外记者宣布："武阳之捷开湘西战役胜利之先声。"

在湘西之南的武阳一线打得难解难分之时，作为主攻部队的日第116师团也在湘西中部遇上了大麻烦。

一路长驱直入的第116师团，攻抵洞口镇附近时，出乎意料遭到了中国军队的顽强抵抗。洞口镇地处公路线上，是通往安江、进达芷江必经之路。中国军队第19师第57团驻守此地，他们利用险峻的地形，把阵地如货架子一样，层层构筑在山梁上，并设有掩盖枪位的鹿砦，而且阵地的前方是广阔的水田，视野很宽，轻重武器交叉射击，组成极浓密的火网，给日军的攻击造成了极大杀伤。

第116师团长岩永汪少将也使用了"特攻队战术"，虽然占领了中国守军第57团阵地，但随即陷入前来增援的中国军队的包围之中。5月1日，从芷江机场起飞的美军飞机对该师团各联队驻地实施轰炸，抛下的大量炸弹将日军炸得人仰马翻，第109联队3000余官兵几乎被消灭殆尽。第133联队也遭美机低空扫射，死伤累累。同时，由于攻击路线拉长，陆上有中国军队阻断，天上有美空军封锁，岩永汪部缺粮少弹，各部队为节省弹药不得不在上查坪、圭洞和洞口一带止步，一面就地赶修简易防空工事，一面请求方面军司令部同意撤退。

在湘西的北部战场，日军也不顺利。战役之初，日第47师团重广支队为策应第116师团西进，经邵阳向新化、洋溪方面进攻，一路上遇到的麻烦较少，连资水渡河作战，也出乎意料以很小的损失而结束。坂西一良的设想是：先攻占新化、溆浦、辰溪一线要地，稳固湘西北地区，然后配合第116师团在沅水以东、资水以西地区，寻歼中国军队。为此，他将其第86混成旅团也放在这一线，从邵阳西进。该混成旅所辖的重广支队在洋溪附近遭中国第73军的有力抵抗，并于4月底被该军包围于红岭山。在中美空军的轰炸扫射下，该支队只有招架之功，无还手之力。第86混成旅团一部在增援途中于小溪猪栏门等处渡河时，恰逢河水暴涨，乘竹筏至河中心时，遭美机轰炸，伤亡惨重，勉强抢渡过去的若干联队，也形不成攻击的拳头。

进攻芷江的各路日军相继受挫的消息传到南京中国派遣军司令部，司令官冈村宁次把这些归罪于前方第6方面军指挥官冈部直三郎指挥不力。据说冈部直三郎成天沉湎于文物搜集、吟诗作画，很少过问前线战事，让20军司令官坂西一郎独撑危局。冈村宁次认为冈部直三郎一直对此战心存疑窦，不尽心尽力去干，此举是存心想看他的笑话。

驻南京的冈村宁次对芷江攻略战战局高度关注，眼见前方战斗不利，十分着急。他叫来派遣军参谋长小林浅三郎中将："小林君，我本想亲自去一趟可实在分不开身，请你辛苦一趟吧。"

小林浅三郎自然没二话可说："愿为司令官效劳。"

5月初，小林浅三郎抵达汉口。一见面，冈部直三郎便要求他转告冈村宁次，必须中止芷江作战。理由是：一、日军在没有任何空中保障的情况下，只能是美机的靶子。二、中国最精锐的新6军廖耀湘部已陆续从印度空运到芷江，即使打到芷江城下，已成强弩之末的攻击部队也无法击败这个军。三、若继续作战，请冈村司令官增加2—3个师团兵力。同时，冈部直三郎还向小林浅三郎介绍，可怕的"失败主义情绪"已在湘西前线明显地表露出来，官兵中自杀和被俘的人数日益增多，这说明士兵对战争越来越失去信心，甚至在前线第133联队内公然出现了反战标语。小林浅三郎答应回去后如实向总司令官报告。

5月6日，参谋长小林浅三郎回到南京。冈村宁次在听取他的汇报时，有点心绪不宁。小林浅三郎先将此行了解的情况大概介绍了一下，又说了自己的一些观感，然后向冈村宁次提议："最好中止芷江作战！"

见冈村宁次沉默不语，小林浅三郎告诉他：前线司令官冈部直三郎早有此意，且坂西一郎也改变了继续西进的意见，事实上已中止了向芷江突进的行动。

谈到冈部直三郎，冈村宁次的眉毛便不由自主地跳动了几下，特别是当小林浅三郎讲到冈部直三郎"宁可自己负责也要中止这次作战"的态度时，冈村宁次似乎看到了冈部直三郎那张倨傲清高的脸。冈村宁次不是那种明知输了也不承认输的人，他认为武士道的可贵之处还有敢于承认失败的一面。他知道冈部直三郎与被自己赶回国去的横山勇不同，"大事方面不糊涂"，也许真的有道理吧。

小林浅三郎似乎看出了总司令官内心的隐秘，不愿再从心理上给他施加压力，而是讲了些一线部队如何英勇作战，如何艰苦卓绝之类的事。

冈村宁次终于同意了部下们的建议："请你拟定一份中止芷江作战，适时回到原来态势的命令吧。"日晕而风，础润而雨。冈村宁次已明显感觉到日本已接近于山穷水尽的地步了。他本想以扩大中国西部战事的办法，来牵制盟国力量，但没料到事与愿违，最后是这种结局。5月9日，冈部直三郎接到派遣军总司令部关于中止芷江作战的命令。实际上，第20军的一些部队从5月5日起，就已开始脱离战线，做了后撤的准备。

第116师团7日晨开始撤退，从8日起，中国军队采取陆空协同的方法向日军发动反攻。至11日，该师团退至洞口、竹篙塘一带。13日，该师团在洞口、金龙岩、竹篙塘地区被中国军队包围，经两天激战，以死伤极为惨重的代价于16日午夜退至东圳地区集结。关根支队残部于5月6日开始沿白家坊、黄土塘、李溪桥向花园市撤退。7日至9日，步兵第115大队在万福桥、湾头、李溪桥、牛角岭一带被中国军队包围歼灭。至19日，联队本部及一个步兵联队退至石坝江附近集结，其余被歼灭。

重广支队残部于5月9日从洋溪开始撤退，18日在巴油附近被中国军队包围，20日经过苦战到达后田。此前，中方战役总指挥何应钦已下令湘西中国军队全面进入反攻阶段。各美械师的榴弹炮、迫击炮统统启用，炮声此起彼伏；芷江机场的所有中美空军几乎轮番出动，在湘西战区上空盘旋、扫射、轰炸，哪里有日军，哪里便火光冲天，硝烟弥漫。

16日，日第116师团由水东桥撤向和尚桥，20日，中国第74军的5个美械师和美械第118师及第100军的3个师共9个师，将该师团包围在山溪、滩头一线，两军激战10天，5月31日，该师团留下3000多具尸体，逃脱撤至邵阳附近。

日第86混成旅团在洞口一带被围后，粮弹无法补给，官兵已多日以野菜充饥。21日晨，旅团长上野原吉少将率少量人员突围逃走，其余官兵在中美陆空火力封锁打击下，大部被击毙，小部树起白旗，投降缴械。至6月中旬，参加芷江战役的日军各部队基本上退回到原先的出发地域。芷江战役历时两月，终以日军溃退而告终。据中国军队公布的材料，此役共击毙日军1.24万人，马1286匹，毁汽车292辆。中国军人阵亡7737人，伤1.24万人。

雪峰山血战，中国军队还抓了300多日军俘虏。后来，王耀武听说一次战役抓了这么多俘虏，十分诧异，似乎不相信这是真的。中国军队与日作战多次，每次不过抓上几个、几十个俘虏，大部分日军在战败时宁愿选择自杀，也不愿意被俘虏。王耀武有些怀疑，便亲自去看这些俘虏。他来到战俘关押地，看见那些日本战俘大部分未脱童稚之形，一个个蓬头垢面，心中不忍，令看守人员押他们去水塘洗澡。这些嘴上没毛的日本士兵,一见到清澈的池水顿时嬉闹着扑向水塘。王耀武见状冷冷一笑:"日本帝国死期已近,让这些连胡子都没长出来的少年娃娃出来打仗,能不完蛋吗?"

芷江保卫战,是抗战以来中国正面战场上国民党军队20余次大会战中,打的唯一的大胜仗。日军经此次战役受挫,遂开始全面收缩兵力,冈村宁次一边布置部队首先从广西、广东等地后撤,一边焦虑地注视着整个战争态势的发展。由于多种原因,日军夺取芷江机场的美梦功亏一篑。日军部队永远到不了芷江机场了!三个月后,日军终于有人踏上了机场跑道和地面,只不过是以乞降者的身份,以冈村宁次代表的名义打着白旗来的。

缅北大捷

芷江保卫战之前,国民政府的军队在国内连遭败绩,但在国境之外的缅甸北部,以中国远征军名义和盟国军队联合作战的中国军队,却取得了令国人意料之外的不断胜利。

1943年10月,为配合中国战场及太平洋地区的战争形势,重新打开中印交通线,中国驻印军总指挥、美国人史迪威将军制定了一个反攻缅北的作战计划,代号为"人猿泰山"。计划从印缅边境小镇利多出发,跨过印缅边境,首先占领新平洋等塔奈河以东地区,建立进攻出发阵地和后勤供应基地;而后翻越野人山,以强大的火力和包抄迂回战术,突破胡康河谷和孟拱河谷,夺取缅北要地密支那,最终连通云南境内的滇缅公路。过去,由于英军轻视中国军队的力量,过于高估自己,又不愿外国军队深入自己的殖民地,一再拖延阻挠中国远征军入缅,在日本展开进攻后,英缅军一路溃败,这才急忙请中国军队入缅参战。中国成立的远征军已经失去作战先机,中国远征军从1942年3月开始与日军作战,至8月初中英联军撤离缅甸,历时半年,转战1500余公里,浴血奋战,屡挫敌锋,多次给英缅军有力的支援,取得了东吁保卫战、斯瓦阻击战、仁安羌解围战、东枝收复战等胜利。在仁安羌援英作战中,中国远征军新编第38师师长孙立人仅以一师之力与数倍于己之敌连续英勇作战,以少胜多,解救出被围困数日濒临绝境的英缅军第1师,轰动英伦三岛。新编第28师师长戴安澜屡建奇功，掩护了英军的平安撤退，后在作战中不幸受伤身亡。战役结束后，英美政府高度颂扬并给孙立人与戴安澜将军追赠了功勋章。

中国战区参谋长、美国将军史迪威对这支部队很钦佩，在他的大力争取下，在印度兰伽训练营受训并进行整编，并于1943年8月改编为中国驻印军后，利用美援物资配备全副美式装备，战斗力大为提高。印缅边境的驻防军司令官艾尔文开始还不愿一支他国的败军进入自己防区，因为他目睹英军败逃入境的狼狈相，而脱胎于清朝的中国"草鞋军"的名声更是一塌糊涂，担心这样一支军队溃散而入会给自己的辖区带来大堆麻烦。英国第1军军长斯利姆则直接去见了艾尔文，告诉他在两个月前英军之所以没有在缅甸全部溃灭，就是得益于这个中国师，当地英军的战斗力根本不能与眼前这支中国军队抗衡。驻印军主力新38师是由原税警改编而来。原税警4团团长孙立人，是一位有着极强民族自尊心的将领。他毕业于清华大学，又曾到美国维吉尼亚军事学院进修，是一位集中西军事思想于一身的军人。他利用组建机会，扩充兵员，得到正规军番号，他想将这支自己亲身训练的精兵转道印度再作回国抗日的打算。在进入印度后，他命令全师整理着装，保养军械，一定不能使殖民军看不起中国军队。史迪威对新38师这样的部队，自然是求之不得，他下决心要将之留在印度，对其实施完全美国化的装备、教育、训练，建成一支更加强大的武装，作为重新打通滇缅公路甚至解放缅甸的基本力量。

与国内部队相比，此刻驻印远征军士兵的装备可以用奢侈来形容，战斗服、作训服、夹克、T恤、内衣内裤、毛衣、胶皮雨衣、作战背包、钢盔、软帽、便帽、防毒面具、作战携行具、带帆布套的野战水壶、S腰带、丛林靴、帆布护腿，甚至袜子一样不落。伙食也向美军看齐，注重营养，主要是面包、大米和罐头食品，国内不容易得到的各种珍贵的肉食，在这里可以随便吃，先进的医药条件和卫生教育保证了官兵的健康，热带丛林的恶劣气候已经不能打倒强壮而卫生习惯良好的中国人。在长时间经历了拮据的国内部队生活方式之后，猛然间接触到如此丰富的内容，美国强大的物质生产能力令所有中国官兵眼花缭乱瞠目结舌。

原先史迪威有一个野心勃勃的设想，想把中国驻印军营以上军官全部换成美国人，为此他从美国国内调来了多达300名各级军官，准备"换血"。这个计划遭到了全体中国军官士兵的反对。反对得最凶的就有孙立人，他是唯一敢于用英语和史迪威吵得一塌糊涂的人，尽管他比任何人都受史迪威器重。最终，那些美国军官没有变成中国人的营长团长师长，而是按级别派在营以上部队里做了联络官。孙立人的新38师后来和新22师编成一个军，两个师合起来兵力近3.5万人，这就是后来成为国军五大主力之一的新1军。蒋介石为此派来了一位军长——郑洞国中将。

郑洞国是湖南石门人。学生时代参加过五四运动，接受了进步思想。1924年6月考入黄埔军校第一期，曾参加东征和北伐。1927年国共分裂后，追随蒋介石打内战、"围剿"红军。他是最早参加抗日战争的国民党将领之一。先后参加过长城古北口战役、平汉路保定会战，在中原参加过台儿庄大战、徐州会战。长期的战争生活，使他积累了丰富的作战经验。1943年初，郑洞国在述职返回途中被召到重庆，面见蒋介石，接受了远赴印度担任中国驻印度新1军军长职务。3月初，郑洞国带领新成立的军部人员乘飞机赴印度。他先在昆明拜会了盟军在东南亚的最高指挥官史迪威将军，因为行前蒋介石反复嘱咐郑洞国要处理好与盟军关系。郑洞国见到史迪威将军后仔细听取了他的意见，然后稍作停留，便乘飞机飞赴印度加尔各答。在兰姆珈训练基地，他详细了解了1942年中国远征军在缅甸作战及失利的经过。那次远征作战，不仅没有完成预定的作战任务，反而失去了中国西南唯一的国际运输线，远征军损失巨大，10万人回国时仅剩4万人。其中一些部队撤到印度，在美国将军史迪威的支持下，他们在印度兰姆珈建立了训练基地，接受美国的训练和装备，为重新打通滇缅公路做准备。

郑洞国任职的新1军，辖新22师、新38师，以后陆续补充兵员，每师达到1万余人。后又从国内空运新30师归属新1军。直属队还有3个炮兵团、6个战车营、1个汽车团、2个工兵团、2个化学兵团、1个辎重团、1个特务营。在部队补充过程中，郑洞国注意从国内精挑细选身体好、素质高的官兵进行强化训练。这支队伍逐渐成为一只劲旅。

郑洞国到任后即与史迪威将军商量，从新1军派出2个工兵团与美军2个工兵团修路，并派出第38师112团掩护。到1943年11月完成了116英里的列平—新平洋公路的修建。雨季刚刚结束，路还没有完全修好，史迪威将军与郑洞国下达命令，新1军分三路向新平洋、于梆一线挺进。进攻前他得到的情报是这里有少量日军，战斗打响后，才知道这里是日军第18师团的主力。日军第18师团，下辖第114、55、56联队，共有兵力3.2万人。是日军的一支王牌部队，以凶顽闻名，参加过进攻上海和南京的作战，参与制造血腥的南京大屠杀。它在新加坡曾以3万多人迫使8万多英军缴械投降，后投入缅甸作战，有"丛林作战之王"的称谓。

1943年10月20日上午11时，中国远征军与日军在新平洋以西无名高地打响。新38师搜索连在行进途中与日军的一个大队遭遇。双方立即抢占有利地形，并几乎同时向对方开火。按照以往的经验，日军一个大队的战斗力相当于或超过中国军队的一个师。此次战斗一开始，日军根本不把区区1个连的中国士兵放在眼里，立即向中国军队占据的无名高地发起冲锋。

搜索连是新编第38师的开路先锋，全连兵员300余人，配备迫击炮12门，反坦克炮3门，轻重机枪25挺。士兵清一色"M4汤姆式"冲锋枪。战斗一打响，搜索连即沉着应战，将敌人放入射程内，充分发挥火力优势予以杀伤。当日本兵端着三八大盖气势汹汹扑上来的时候，骤然间冰雹般的迫击炮弹便劈头盖脸地砸下来，暴雨般的机枪子弹构成一道密不透风的火墙，把气焰嚣张的日本兵打得晕头转向，一片片、一行行像割韭菜一样纷纷栽倒在地上。轮到中国军队反冲了，只见头戴钢盔的中国士兵个个争先，勇不可当。他们充分发挥自动武器近战的长处，把手持老式步枪的日本人打得血肉横飞，浑身都是窟窿。下午，另一连的中国士兵及时赶到，两路一齐夹击，日军丢下200多具尸体仓惶而逃。前哨战初战告捷，中国驻印军首创对日军以少胜多的战绩。

10月24日，新38师第112团开始攻击前进，29日即占领新平洋。日军第18师团发现中国军队入缅后，立即调整部署，以第114联队守住密支那，以第55联队和第56联队向前线增援，师团指挥部亦向前开进。11月初，新38师112团第1营和第2营进至于邦附近时，与日军第18师团第55联队遭遇，双方在加拉苏四周山头展开激战。第112团占据山头，居高临下。拥有各种口径迫击炮60门，轻重机枪110挺。日军虽然兵力占优势，但迫击炮不到20门，机枪只有10余挺。这一次，中国军队的迫击炮几乎主宰了战场形势。日军进攻屡屡受挫，连指挥部也挨了两发炮弹，正在指挥作战的第55联队副队长平田一郎大佐被当场炸死。日本人强攻不成，遂改变战术，以1个大队迂回到第112团阵地后方，断其归路，再以不断佯攻小股袭扰，以吸引中国军队打枪打炮消耗弹药。果然，一连数日后，中国军队方面还击渐趋稀疏，炮兵射击亦变得十分零落。

第五天黎明，日本人开始大规模集结部队，日军第55联队队长丸山房信大佐亲自上阵，指挥发起一次又一次猛烈进攻。就在日军以为中国军队弹药消耗殆尽，食物和水也不多的时候，一队美国运输机"隆隆隆——"出现在战场上空,将补充弹药和食物准确地投在中国军队的山头和阵地。此后一个月,第112团靠砍芭蕉树藤取水和美国运输机的空中补给,与整整1个联队的日军对峙50日。日军第55联队伤亡近千人,却始终未能攻破2个营的中国军队阵地。丸山房信大佐在中国也与国民政府军队交过手,现在突然发现出现在自己面前的中国人与之前完全不同。他在写给第18师团长田中新一中将的报告中惊呼:(加拉苏)高地之战是一个前所未有的战例,中国人的变化是惊人的,希望能引起师团长阁下的重视……

12月24日上午9时,新38师向于邦发起全线进攻。炮兵部队进行了1个小时的炮火急袭,多发炮弹在敌人阵地开花。火炮准备后,随着一阵嘹亮的冲锋号,中国军队向日军发起了攻击。亲临前线督战的史迪威在日记中写下了自己的观感:"中国人打得很好,这些人勇猛无畏,下级军官是好样的。"12月29日,经过6天的激战,新38师全部夺占了于邦的日军阵地。日军第56联队丢下300多具尸体仓皇向后退却。日军难以理解,昔日中国溃退之师、败军之将何来如此神力。

于邦战斗结束后,被俘的日军被带到新38师师长孙立人将军的面前,孙立人厌恶地皱皱眉头,不加思索地命令参谋:"这些狗杂种!你们去审一下,凡是到过中国战场作过战的,一律就地枪毙。今后都这样办。"命令被迅速执行。日军第18师团曾在中国战场上犯下累累罪行,这些俘虏手上沾满中国人的鲜血,当然在劫难逃。

1944年1月,日军第55、56联队退守胡康河谷内的达罗至太白加一线。新编第1军兵分两路向南进击。左路为孙立人指挥的新编第38师,从于邦地区出发,向太白加攻击;右路为廖耀湘指挥的新编第22师,从新平洋出发,向达罗攻击。到了1月中旬,左路的新38师已夺占日军各外围阵地,开始攻击太白加的前沿。右路的新22师也渡过了塔奈河,进至达罗北面附近的百贼河。

1月28日晨拂晓,从太平洋航母上起飞的美军飞机开始对达罗日军阵地实施猛烈轰炸。8时左右,新22师战车营的坦克纵队出现了,钢铁洪流就像一把尖刀插进敌人阵地,撕裂日军的防线,然后掩护步兵反复砍杀,并不失时机向纵深突进。这是中国抗战史上第一场由中国人操纵的坦克向日本人进攻的机械化战争,现代化优势在中国人一边。坦克们驱使着铁甲战车,猛烈地扫荡敌人的阵地和步兵,驱逐他们,追逐他们,把他们打得失魂落魄。中国步兵紧跟在坦克后面,利用钢铁屏障的掩护,肃清各个死角,占领敌人工事和阵地。1

月31日，一队坦克冒着日军炮火快速冲进了达罗镇，钢铁履带反复碾压设在小镇上的日军第18师团司令部，将日军师团参谋长濑尾少将及数十名军官碾成了肉泥。虽然师团长田中新一逃出了该镇，但师团关防大印却落在了中国士兵手中，因此达罗之战就成为日军第18师团战史上少有的奇耻大辱。

左路新38师也于1月31日向太白加发起总攻，美军第10航空队出动了30余架飞机，轮番实施空中打击，日军不得不突围后撤。2月1日，新38师占领太白加。达罗和太白加战斗的胜利，使中国驻印军在缅甸境内站稳了脚跟，开辟了向纵深地区进攻的道路。

日军第18师团自达罗、太白加一线后撤后，改变防御部署，将第55、56联队成梯次配置，分别占据胡康河谷中心地带的孟关和瓦鲁班地区，两地前后相距约12公里，企图以坚固的纵深防御阻止中国驻印军的进攻。

2月20日前后，中国远征军各部队进至孟关外围阵地，完成了对日军的包围。2月24日，中美联合部队向日军发动全面进攻，新22师和新38师主力迅速向孟关逼近。3月1日，美军拉加哈德突击队抵达瓦鲁班东北面地区，随即向日军发起攻击，并占领其侧后南北河渡口。日军发觉其后方被截断后，除留少数部队在孟关正面抵抗外，集中全力向瓦鲁班发起反击。美军拉加哈德突击队在已迂回至此的新38师113团支援下，与日军展开激战。3月4日，新22师攻克孟关，继续进攻，日军被包围在瓦鲁班周围的狭小地段。

3月8日中午，新38师第113团、战车第1营和美军拉加哈德突击队向瓦鲁班发起攻击。下午1时，战车第1营从河堤缺口涉水过河，对岸日军根本没想到坦克竟能涉水过河，急忙集中火力封锁河面，中美联军更不示弱，大小火炮对准敌人阵地实施压制射击，美国飞机也赶来助战，直打得日军阵地一片火海。下午1时半，战车已登上对岸阵地，坦克兵们极为兴奋，他们踩大油门，横冲直撞，勇猛向前。战至3月9日，日军第55、56联队死伤过半。最后凭借工兵部队在丛林中临时开辟的两条秘密通道，侥幸逃出绝境。

胡康河谷战斗，日军第18师团死伤过半。日本缅甸方面军急忙将第53师团调到北缅，增援第18师团作战，同时，在缅甸组建第33军。由本多政材中将任军长，统辖第18、53、56师团。本多政材把第18师团残部和第53师团部署在孟拱河谷，企图据险顽抗。

孟拱河谷地势险要，谷口是坚布山天险，谷内的加迈和孟拱两大重镇隔南高江对峙，攻守相望，互为犄角。史迪威与郑洞国等中国将领们商讨后，做出了一项大胆的作战部署：以新22师向加迈攻击前进；以新38师向孟拱进击；另以美军拉加哈德突击队和刚刚赶到前线的新30师第88团、第50师第150团组成中美联合突击队，绕道北侧的崇山峻岭，插向敌后的战略要点密支那。将日军在密支那、孟拱、加迈一线分割包围，予以歼灭。

1944年3月14日，中国远征军开始向坚布山天险攻击，新22师从正面佯攻，新38师113团不畏艰险从左翼翻山越岭迂回到坚布山后方，和新22师两面夹击，于29日攻占沙杜渣，突破坚布山天险，进入孟拱河谷。4月24日，新22师和新38师分别向加迈和孟拱攻击前进。28日，中美联合突击队秘密向密支那进发。5月14日，史迪威终于收到了中美联合突击队发出的信号，他们距密支那还有48小时的路程。两天后，这支部队隐蔽地接近了密支那外围。

密支那为缅北第一重镇，系缅甸铁路北部终点，有公路通孟拱、曼德勒及八莫，地形险要，是缅北重要的交通枢纽，并为中印公路之重要通道。日军第18师团第114联队主力及第56师团一部在这里构筑坚固工事据守。

5月17日清晨，美军出动大批飞机对密支那进行了持续的猛烈轰炸。上午10点，中美联合突击队向密支那以西约1公里的日军飞机场发动猛攻。日军对突然出现的中美部队仓皇应战。中美联军经过4小时的战斗，完全肃清了机场上的敌人。下午，满载着武器、弹药、给养和增援部队的运输机和滑翔机，在密支那机场降落。第二天上午，史迪威带领12名战地记者飞抵密支那。随即，"盟军奇袭占领密支那"的新闻迅速传向各同盟国。一贯自以为是、看不起中国军队的英国人，曾断言中美部队无法占领密支那。当丘吉尔得知中美军队突然占领密支那机场后，马上惊奇地询问英军东南亚战区司令蒙巴顿："他们是怎样漂亮地在密支那从天而降的，对此你有何解释？"

密支那的初步胜利，切断了孟拱、加迈之日军的后勤补给线，大大鼓舞了新22师和新38师对日军的正面进攻。5月下旬，新22师在索卡道将日军第18师团主力包围。5月27日，新38师第112团渡过狂涛汹涌的南高江，占领西通；第113团向加迈急进；第114团向孟拱进攻。6月1日，新22师将索卡道之敌全部肃清，毙敌5108人，生俘樱井中队长以下日军112人。之后，新22师挥师南下，向加迈猛进。16日，新22师和新38师113团在加迈会师，日军第18师团长田中新一率1500余残兵，在第53师团主力的接应下仓皇南逃。6月25日，新38师114团攻克孟拱，歼敌1600余人。

史迪威在空降成功的胜利心情鼓舞下，下令部队两周内拿下密支那。然而，他低估了敌人。中美联合突击队占领密支那机场后，日军急忙自滇西和八莫调派部队向密支那增援，使该地日军增至约2个联队的兵力。初胜后有些轻敌冒进的中美部队在密支那火车站突遭日军伏击，伤亡巨大。史迪威连续向密支那空运了第14师的第41、42团、新30师的第89、90团、第50师的149团，进行增援。各部队不断向日军发动猛攻，但日军凭借坚固的工事，顽强抵抗。随着缅滇雨季的到来，战斗更加艰苦。

7月以后，孟拱、加迈之日军已被歼灭，密支那成为一座孤城。但是，日军指挥官水上源藏少将按照第33军军长本多政材"死守密支那"的命令，依然作困兽之斗，负隅顽抗。史迪威连续更换4名美国将军都无济于事。7月上旬，郑洞国前往密支那指挥视察，遂担负起指挥作战任务。他亲临前线，认真观察、分析守城日军的特点。见日军依托工事，以逸待劳，打不了就躲进地下，于己方不利，于是决定采取针锋相对的办法，掘壕推进，分割包围，逐个歼灭。7月7日，中国军队3个步兵师在空中火力的掩护下发动全面攻击，使用密集炮火，对敌进行地毯式轰炸。日军通信设施全部被切断，指挥失灵。7月13日，中美联军向密支那发起总攻，很快肃清了外围阵地，攻入市区，随即开始与日军进行逐个房屋、逐条街道地艰苦争夺。经过20天的激战，终于在8月3日肃清了密支那的残敌，占领了整个市区。日军城防司令官水上源藏见大势已去，被迫自尽。仅有少数日军残兵偷渡伊洛瓦底江，向八莫方向逃窜。在这场历时80天的密支那攻坚战中，中美联军浴血苦战，歼灭日军约3000余人，自身伤亡约7000余人。这场攻坚战，摧毁了日军在缅北最后的战略重镇，日军缅北防御体系从此土崩瓦解。史迪威离职后，郑洞国1944年9月升任中国远征军驻印度副总指挥，终于彻底地从美国人手中接管军队指挥权。

中国驻印军攻克密支那后，部队乘雨季进行休整扩编，新1军扩编成两个军，孙立人由师长提拔为新1军军长，廖耀湘为新6军军长。新1军下辖李鸿新38师、唐守治新30师；新6军下辖李涛新22师、龙天武新14师和潘裕昆第50师。1944年10月，雨季将尽。中国远征军由密支那、孟拱分两路强渡伊洛瓦底江，展开反攻缅北的第二期战斗。孙立人率新1军为东路，沿密支那向南八莫进攻；廖耀湘率新6军为西路，由孟拱直取史维古，围攻滇、缅、泰边区日军，继而向东发展，协同新1军合围八莫之敌。11月，侵华日军大举进犯中国国内独山，贵阳告急，新6军奉令空运回国驰援，留下第50师编入新1军。同月上旬，新38师完成对八莫日军第2师团约1个联队的包围，经过1个多月攻坚战，于12月15日攻克日军号称至少能坚守3个月的八莫要塞，击毙敌守城司令原三好大佐以下5000余人。

在新38师攻占八莫的同时，新30师绕过八莫对南坎发动攻势，于11月15日夺取南坎西北之南开。12月3日，新30师前锋第90团与北上增援八莫的日军遭遇，日军集中2个多联队的兵力强攻第90团防守的高地，一天之内连续冲锋15次，却始终不能越雷池一步。第90团乘势反击，日军丢下1263具尸体和大量枪炮辎重狼狈溃逃。

1945年1月7日，新1军完成对南坎包围。新30师和新38师以迂回奇袭的战术，南北夹击，于1月15日突入南坎市区，全部占领南坎，毙日军1700多人。与此同时，第50师也肃清了瑞丽江岸之敌，这样整个南坎地区为新1军占领。

中国远征军占领南坎后，芒友便成为中印公路唯一被日军盘踞的据点。两年前从缅甸撤退到云南的中国远征军重新建成了滇西远征军，与驻印军同时反攻缅北，实行东西夹击，会攻芒友。

1945年1月16日，新38师主力沿芒友公路进击，新30师主力围攻老龙山地区之敌。1月21日，新38师先后占领开阳、曼伟因、苗西等芒友外围据点，并与滇西远征军第53军116师取得联系，联合发起攻击，于27日攻破芒友，滇缅公路就此全部打通。同时，新30师攻取老龙山，新38师进占南巴卡。新1军继续猛进，经过20多天的战斗，先后攻克弄树、般尼、河劳、桃笑、贵街、芒利等地。3月8日，新30师和新38师合力攻占腊戍。3月23日，第50师占领南图。24日，新38师与第50师会师细胞。27日，新30师攻克猛岩。至此，缅北会战胜利结束。中国远征军完成了消灭缅北日军、打通中印公路的历史使命。在历时两年的缅北会战中，中国驻印军全歼日军第18、第56师团，重创日军第53师团、第2师团、第33师团和第49师团，共击毙日军3.3万余人，伤日军7.5万余人，俘虏323人。缴获火炮186门，战车67辆和汽车552辆。中国驻印军伤亡1.7万人。

驻印军缅北大捷，尽管是与盟军联合在异国作战，却是中国国民政府军队多年来少有的大规模胜利。孙立人、廖耀湘从此成名天下。郑洞国率领的新1军也成为国军五大王牌军之一。郑洞国在远征军期间，从抗战大局出发，安抚军心，积极增进中美官兵间的相互理解和友谊，同时注意维护国家尊严。由于盟军方面有识之士和郑洞国等中国将领的共同努力，不仅使驻印官兵与美军人员之间一度比较紧张的关系缓和了下来，在反攻作战中配合得也很默契。重庆军委会对于郑洞国在驻印军期间发挥的良好作用深表满意，一再给予褒奖。史迪威将军也多次称赞郑洞国等中国将领的爱国精神和温文尔雅的道德修养。当世界反法西斯战争进入最后阶段时期，国民党召开第六次全国代表大会，郑洞国奉命回国参加会议。在昆明转机时，郑洞国一行受到了昆明各界的热情款待。到达重庆时，冯玉祥将军亲自主持了有重庆各界代表出席的盛大仪式，庆祝缅北反攻战役取得的伟大胜利。

一些中外学者在研究中国当代军事史时，对于中国军队在境外的出色表现，无不惊奇。国民党军在国内外的表现大相径庭，也成为专家学者直到今天仍在探讨的军事之谜。

德、意法西斯失败，敲响了日本帝国败亡的丧钟

1933年1月30日，希特勒出任德国总理。他强烈反对共产主义，反对民主主义，并叫嚷要把日耳曼民族统一在德意志帝国的周围。1934年8月初，87岁的老总统兴登堡病危，希特勒利用这一时机召开内阁会议，通过了将总统职务移交给希特勒的决定。8月2日兴登堡病逝后，内阁立即宣布一项法律，规定"德国总统职务与总理合并为一，因此，帝国总统原有的职权交给帝国总理和元首阿道夫·希特勒"，希特勒登上了权力的最高峰。9月4日至9月10日，纳粹党在纽伦堡召开代表大会。在党代表会开幕的那天，希特勒公开宣称说"德意志民族自从历史性地进入世界历史中以来，就一直处于空间危机之中"，德国"46万平方公里的土地要养活6200万人，平均136人只有1平方公里的土地"，"如果这个问题不解决，德意志民族就不能增殖"。希特勒认为，德国必须向外扩张土地。1935年2月16日，他公布了一项惊人的法令：实施普遍军役制，规定和平时期建立12个军和36个师的军队，大约50万人。这样一来，《凡尔赛和约》对德国的军事限制被希特勒彻底打破了。

1936年3月7日，希特勒命令三营国防军，以奇袭行动进入莱茵兰非军事区。10月25日，德、意两国在柏林签订了一个秘密议定书，规定了德国和意大利在外交方面的共同政策。1937年3月11日，希特勒以"应奥地利临时政府的紧急请求，派军队维持秩序"的名义，武装占领了奥地利。希特勒在强行占领莱茵兰和武装吞并奥地利之后，强调只有他一人才能做出军事上和外交政策方面的决定。9月27日下午，希特勒发出了一个"绝密电令"。命令7个师组成的突

袭进攻部队从训练地区进驻捷克边境的出击点。9月29日，希特勒前往德奥边境去迎接墨索里尼，指着地图向墨索里尼解释，他打算怎样"清算"捷克斯洛伐克。9月30日凌晨一点，希特勒、张伯伦、墨索里尼和达拉第分别代表德、英、意、法四国在"慕尼黑协定"上签字。在西方的强大压力下，捷克政府最终还是屈服了。希特勒得到了他所要求的一切，他强迫捷克割让了1.1万平方英里的土地。慕尼黑会议后，捷克被肢解了，原部署在坚固的山地工事中的35个训练有素、装备精良的捷克师，牵制着比这个数目还要大的德国军队。现在法国军队失去这支力量，无异等于失去一条臂膀。英国首相张伯伦却天真地认为，只要稳住德意两个法西斯独裁者，同他们搞好关系，就可以使世界形势大为改善，他还不知道两个独裁者早已商定，有一天他们要向自己开刀呢。

就在希特勒在欧洲疯狂扩军备战大行侵略时，意大利法西斯领袖墨索里尼的侵略野心也大大膨胀起来。他觊觎多瑙河流域和巴尔干地区，处心积虑地要侵入非洲。1935年10月3日，意大利30万侵略大军发动突然袭击，越过马雷布河边界，大规模侵入阿比西尼亚境内。1936年5月5日攻占阿比西尼亚首都亚的斯亚贝巴。5月9日，墨索里尼正式宣布吞并阿比西尼亚。1939年4月7日，墨索里尼派兵侵占了阿尔巴尼亚。5月22日，希特勒在柏林总理府，以相当盛大的排场同意大利签订了"钢铁盟约"。从此，德意两个法西斯国家就紧紧地拴在一个战车上了。

在大战迫在眉睫的形势下，苏联巧妙地利用帝国主义之间的矛盾，于1939年8月23日和德国签订了《苏德互不侵犯条约》。这一条约的签订，打破了德、意、日对苏联的包围，对苏联来说，虽然这是权宜之计，但赢得了宝贵的时间来加强战备，也使德、意、日一致投入对苏联的战争成为不可能。1939年9月，希特勒入侵波兰，英法参战，第二次世界大战爆发。它宣告了西方"祸水东引"的政策彻底破产。德军侵占波兰后，即挥师北上，践踏北欧，先后侵占了丹麦和挪威。后又挥师西进，首先向中立国家——荷兰、比利时和卢森堡开刀，接着进攻法国。由于西方长期奉行绥靖政策，思想麻痹，战备松弛，在纳粹进攻面前一败涂地，不到一个月，号称拥有300万强大陆军的法国就战败投降了。在此情况下，英国政府改组，丘吉尔临危受命、勇敢地担当起领导英国军民抗战的艰巨任务。10月14日，德国潜艇"U-47"号在占恩特·庇里少校指挥下，突破了英国重要的海军基地斯卡帕弗罗港的防御，用鱼雷击沉了停泊在港内的皇家舰艇"橡树"号，这艘战舰上的官兵786人全部殉难。希特勒说："英国人只有在挨了打以后才会坐下来谈判。我们应当尽快地给他们几下子。"

德国是一个缺少铁矿的国家，为了坚持其侵略战争，希特勒必须确保从瑞典进口铁矿砂，为此，他暂时推迟了向西线发动进攻的计划，挥师北上，向丹麦和挪威开刀了。1940年4月9日上午5时20分（丹麦时间上午4时20分），距天亮前一小时，德国驻哥本哈根和奥斯陆的使节向丹麦和挪威政府递送了德国的最后通牒，要求他们毫不反抗地立刻接受"德国的保护"。德国的期望在丹麦实现了，但在挪威落了空。挪威南部海岸的军队对德国人进行了相当规模的抵抗，那里的海岸炮台两次击退了由轻巡洋舰"卡尔斯卢合"号率领的德国舰队的进攻。但是这些要塞很快就被德国空军炸毁，港口也于午后3时左右陷落。很快，沿挪威西部和南部海岸，从斯卡格拉克到北极圈长达1500英里地区的5个主要城市和一个大机场，都陷入了德国人之手。

1940年5月10日，希特勒发出代号"但泽"的命令，发动进攻。德军在西面25英里之外的地方，越过比利时边界长驱直入。在从北海到马其诺防线之间的175英里战线上，突破了三个中立小国荷兰、比利时和卢森堡的边境。就在希特勒准备在西线发动进攻时，英国和法国却在睡大觉，它们的参谋总部不相信布鲁塞尔和海牙传来的警报。伦敦方面当时正忙于应付持续了三天的内阁危机，英法两国的总部，一直等到德国轰炸机在头上的咆哮声和施图卡式俯冲轰炸机的刺耳尖叫声冲破黎明前的宁静的时候，才得知德国的进攻。天大亮了，又从荷兰和比利时政府那里收到拼命求救的呼唤。5月19日，一支由7个装甲师组成的德军强大楔形队伍疯狂地向松姆河北挺进。此时，约有40万英法联军退缩到敦刻尔克一块很小的三角地带，陷入了重围，前面是波涛汹涌的大海，后面是如虎似狼的追兵。盟军丢盔卸甲，溃不成军。英国和法国的盟军现在要想从陆上突围的希望已经没有了，唯一的希望，就是由敦刻尔克从海上撤退。盟军在处境险恶、异常绝望的情况下，在海上突围创造了奇迹，这就是震惊全世界的敦刻尔克大撤退，这是丘吉尔新政府为挽救欧洲西方战局所采取的一项重要的举措。由860多艘各种类型、各种动力的船只编成的舰队，从巡洋舰、驱逐舰到小帆船都集中到了敦刻尔克。第一天，5月27日，他们撤走了7669人；第二天，1.78万人；第三天，4.73万人；5月30日，第四天，5.38万人，四天总共撤退了12.66万人。这大大超过了海军部原来希望撤出的人数。到第四天，即5月30日的时候，德军最高统帅部才觉察到发生了什么事情。四天来，德军最高统帅部的公报一直在重申，被围敌军的命运已经注定了，但英国军队并没有走向毁灭，而是从海上逃跑。敦刻尔克的突围,挽救了英国军队。但是,1940年春天,德国武装部队只花了7天时间,就彻底打乱了世界秩序。

1940年6月5日,德军在松姆河上发动了大规模的进攻,从阿布维尔到莱茵河上游这整个400英里宽横贯法国的战线上采取攻势。6月14日,这个伟大的具有光荣历史的法兰西首都巴黎,就被希特勒的第18军团占领了。投降派的首领贝当组织了"新政府"。希特勒在攻陷巴黎后,又把进攻矛头指向英国,制定了所谓的"海狮计划",叫嚷要"清除英国本土作为对德作战的基地,并且在必要时,全部予以占领"。德国在一个月之内,沿欧洲北海岸集结了168艘运输舰、1910艘驳船、419艘拖轮和1600艘汽艇。在海峡沿岸集结了13个陆军师。为了对付德国的登陆入侵,英国人民同仇敌忾,团结一致,誓死保卫英国本土。8月15日德英双方展开了第一次大规模空战。德方把他们所有三个航空队中的大部分飞机都投了进去,轰炸机出动了801架次,战斗机1149架次。在长达500英里的战线上进行了5次大的战斗。在南方,英国所有的22个战斗机中队全都投入了战斗,许多中队一天出动两次,有的还出动三次,甚至四次,德国损失了76架轰炸机,英方损失飞机34架。希特勒发誓要把伦敦和英国的其他一些城市夷为平地!随即下达了滥炸伦敦的命令。德国空军开始了对伦敦的大规模轮番轰炸,这个大城市遭到了巨大的破坏。德国人对伦敦的轰炸,从9月7日到11月3日,整整持续了57个昼夜,平均每天晚上有200架德国轰炸机袭击伦敦。在德国空军对伦敦狂轰滥炸的那些日子里,英国首都人民经受住了狂轰滥炸的考验。伦敦人讲:宁愿让伦敦毁灭,不愿像法国人那样无耻地保住巴黎。

1941年6月22日,在北欧和西欧得手之后的希特勒悍然背信弃义进攻苏联,从此苏德战争爆发。希特勒说:"如果我们进攻他们,斯大林的俄国将在8个星期内从地图上抹掉。"希特勒代号为"巴巴罗萨"的计划,要求"德国武装部队必须准备在对英国的战争结束以前,以一次快速的战役击溃苏联"。为此,德军最高统帅部集中了181个师又20个旅,4300辆坦克,4.7万余门火炮,4980架飞机,193艘舰艇,总兵力550万人。希特勒为了骗过斯大林,隐蔽进攻苏联的战略意图,采取了一系列的政治欺骗和战略战役伪装措施。在"巴巴罗萨"计划开始实施前,希特勒竟批准出售给苏联新式飞机和一些先进的技术兵器。他认为进攻苏联已为期不远,对方的国防工业来不及利用他们的新技术,而做出这种姿态,倒可迷惑一下苏联。在军事上德军统帅部故意制造准备执行"海狮计划"的舆论。在英吉利海峡东岸的港口,张贴了"打到英国去,活捉丘吉尔"的标语,并给部队大量印发英国地图,配备英语翻译,在海峡沿岸集结大量渡海、登陆器材,配置假火箭,进行登陆演习,以此来掩饰"巴巴罗萨"计划。

苏联是当时世界上唯一的社会主义国家,它处于帝国主义和资本主义国家的包围之中。为了加强战备,斯大林对红军的人事制度以及战略战术进行彻底地改革。1941年2月1日,具有丰富作战经验的朱可夫就任总参谋长。

1941年6月21日夜间,朱可夫从一个从基辅打来的电话获悉,一名德军司务长越过了防线对苏联指挥员说,德国军队将在次日凌晨发动进攻,朱可夫立即向斯大林作了报告。政治局委员们经过审慎的讨论和研究,斯大林发出一项命令:列宁格勒、波罗的海、西部、基辅和敖德萨各军区的前线部队,立即做好准备,准备抗击德国可能发动的突然袭击。就在斯大林对纳粹大规模入侵半信半疑的时候,凌晨3点半,希特勒以190多个师的兵力,对苏联不宣而战。第二次世界大战中,规模最大、具有决定性意义的大战役,在苏联国土上展开。德国法西斯向苏联发起大规模"闪电战"。在斯大林领导下的苏联共产党、政府和苏联人民被迫进行伟大的卫国战争。在苏联卫国战争初期,德国法西斯在军事上占优势,处于战略进攻的主动地位。在战争开始后的3个星期中,德国北方集团军群向前推进了450到500公里,南方集团军群向前推进了300到350公里,中央集团军群向前推进了450到600公里。在德军强大的攻势下,苏军被迫向内地退却。希特勒为此得意忘形,10月3日他在柏林发表讲话说:"东方的敌人已被打垮,再也不能站起来了。在我们部队的后边,已经有了相当于我在1933年执政时德意志国家幅员两倍的土地。"从7月20日起,意大利法西斯军队也直接参战,基辅战役后,法西斯军队总数共82个师,人数比苏军几乎多1倍。

8月,德、苏双方为攻守基辅展开了持续、激烈的战斗。经过多日的鏖战,德军才勉强前进8至10公里。9月19日,基辅陷落。希特勒在妄图攻占莫斯科的同时,再从中央集团军群调出一个坦克军,支援北方集团军群,妄图一举攻占列宁格勒。1941年8月下旬,德国以32个步兵师、4个摩托化师、4个坦克师和1个骑兵旅的兵力,同时还配备了6000门大炮、4500门迫击炮和1000多架飞机,向列宁格勒发动猛烈的攻击。列宁格勒是无产阶级革命的摇篮,在这里,列宁领导布尔什维克党为世界第一个社会主义国家奠定了基础。这个拥有300多万人口的海港城市,在苏联的政治、经济和文化发展中,起着极其重要的作用。列宁格勒原称彼得格勒,是沙俄的首都。由于具有特殊的战略地位,因此就成了德苏双方争夺的重要战场。希特勒为了及早拿下列宁格勒，投入了70多万的巨大兵力。德军封锁列宁格勒以后，连续用飞机和大炮轮番轰炸，妄图彻底摧毁这座城市。在关键时刻，斯大林把朱可夫从西线召回去接替伏罗希洛夫指挥列宁格勒方面军。这位将军再次临危受命，充任稳定苏德战场危险地段的"消防队员"。9月14日晨，苏军在短促而猛烈的炮火准备之后，步兵第10师与友邻兵团协同，在航空兵支援下，对敌人实施迅猛的突击。紧张战斗的结果，使防御恢复了原态势，德军遭到重创，放弃了索斯诺夫卡和芬兰科伊洛沃。

1941年9、10月份，德军对这座城市进行了猛烈的空袭，共投弹9.3万多枚。列宁格勒军民在被封锁中度过严冬，忍受一切艰难困苦，接受最严峻的考验。直到1944年3月初，苏军开始胜利反攻，歼灭了列宁格勒周围的纳粹军队和芬兰帮凶军，才彻底结束了长达3年零1个月的列宁格勒保卫战。

1941年9月5日下午，希特勒突然改变了主意，决定重新发动对苏联首都莫斯科的进攻。他咬牙切齿地发布命令说："中路军必须在8天到10天之内开始行动。包围他们，击败他们，消灭他们！"10月2日，大规模进攻终于开始了。进攻的代号是"台风"，要在莫斯科前沿歼灭斯大林最后的作战部队，把苏联打垮。1941年10月法西斯德国军队突进到列宁格勒近郊，但是，斯大林和他的最高统帅部仍然留在莫斯科，指挥全国的战斗。10月20日，德军装甲部队的前锋已进抵莫斯科40英里的地方。这时，就连一些所谓"头脑清醒"的德军将领也相信："凭着元首的大胆的领导和有利的天时，在俄国的严冬到来之前拿下莫斯科是不成问题的。"

远在东方的日本，也在关注着德军的攻势。就在多数人看好德国的时候，被称为日本"唯一明白人"的石原莞尔感觉不对了。他认为德国的作战指导思想出了问题，前景不会像德国人所预计的那样。德国如果在对苏作战中受挫不利，将影响到东方的日本。

日本和德国结盟，到现在都受到日本国人的诅咒和谩骂。当年日本和希特勒的纳粹结盟，连日本政府和负责对外的外务省都持反对意见。在中日交战的时期，不少德国军官充当了蒋介石政府的军事顾问。使得日本军方逼迫政府多次向德国提出抗议。在军国主义思潮绑架了日本后，具有军国主义极端思想的前驻德国大使的儿子大岛浩，在德国长大，说一口流利的德语，很年轻就成为日本驻德武官。这个小小的武官，膜拜德国元首希特勒达到疯癫的程度。他竟瞒过大使和外务相，直接联络军部大员，撮合成了德日两国的盟约。他本人也由武官提升为驻德大使，战后理所当然地进入了战犯行列。极个别的人毁了整个民族，这也只能是那个年代的日本才能发生的荒唐事。

1941年的冬天来临，初雪是在10月6日的夜间下的，这一天也是德军对莫斯科重新发动进攻的日子。13日，气温降到零下8度，德国部队缺少冬衣了。枪炮和人一样受到了严寒影响。由于坦克履带防滑用的尖铁没有运到，一路冰雪，行动困难。天冷还使得大炮上的瞄准镜失去了效用。由于天气太冷，机关枪打不响。种种不利形势使得德军人心惶惶。10月2日到10日，进攻莫斯科的德军，勉强完成了三个大的包围圈，苏军共损伤66.3万多人。最高统帅部采取紧急措施来保卫首都，又把朱可夫调回担负守卫莫斯科的重任。为了阻止德军的攻势，朱可夫命令在威胁最严重的地区的道路上建立许多防坦克支撑点和火炮支撑点，并且特别注意可能进行伏击的阵地。大军压境城欲摧，莫斯科局势万分严峻。在莫斯科危急的日子里，全市人民3天之内就组织了25个工人营，12万人的民兵师、169个巷战小组和数百个摧毁坦克班。全市约有45万人参加修筑防御工事。至11月，在莫斯科附近修筑了320多公里长的防坦克障碍物，设置了250多公里长的防步兵障碍物。尽管局势依然严重，为了进一步鼓舞士气，斯大林决定举行传统的十月革命节阅兵式。1941年11月6日，在兵临城下炮声隆隆中，苏联首都军民在马雅可夫斯基车站隆重举行了伟大的十月社会主义革命24周年庆祝大会。斯大林作了《伟大的十月社会主义革命24周年》的讲演。第二天，在红场举行了盛大的独具风格的阅兵式。全副武装的苏联红军，迈着雄健的步伐从红场列宁墓前走过，接受最高统帅斯大林的检阅，随后就从红场开赴前线。这一空前壮举，大长了苏联人民和世界人民的志气，增强了苏联人民和世界人民战胜德国法西斯侵略者的信心。

12月6日凌晨，莫斯科的大反击开始了。在经过集中的空袭和炮火轰击之后，朱可夫的西方方面军的部队，从莫斯科的南、北两面开始行动。随着战斗的胜利进展，战争的主动权已逐渐掌握在士气高昂的苏联红军手里。尽管希特勒三令五申，德军仍阻挡不住红军胜利前进。与此相反，红军却按照斯大林的指示节节胜利。到1942年初，苏军击溃了逃到莫斯科城下的德国中央集团军群的突击兵团，毙敌军16.8万人，把德军赶离莫斯科100到250公里。苏军最高统帅部决定乘胜前进，发动全线反攻。从1942年1月8日开始，苏联九个方面军以及波罗的海舰队、黑海舰队在空军的支援下，先后以110万之众、7652门大炮、774辆坦克、1000架飞机向德国及其仆从军发动了全线进攻。经过3个月的鏖战，苏军在各条战线上，先后把德军击退了150到400公里，消除了德军占领莫斯科和北高加索的危险，改善了列宁格勒的处境。夺回了60多座城市、1.2万多个居民点。

1942年春末，苏联的国际和国内形势都有所改善，反法西斯战线在继续扩大和巩固。1月份签订了26国宣言，签字国一致同意全力反对进行侵略的国家，不和这些国家单独媾和或签订停战协定，并与美苏两国达成了在欧洲开辟第二战场的协议。6月23日，美国政府发表声明，支持苏联对德作战。

9月13日，德军对斯大林格勒发动了新的进攻。在这危急关头，英勇善战的苏联红军近卫第13师渡过伏尔加河，采用反突击法，同德国法西斯争夺市中心的激战达到白热化，对第一火车站的争夺战持续了一周之久，火车站曾13次易手，从9月中旬起，全市的街道和广场都变成了激烈战场。1942年11月19日晨，在斯大林格勒西北面，苏联西南方面军开始大反攻。苏军兵分两路，以坦克部队为先导，向敌方的罗马尼亚第3集团军的阵地冲击。法西斯军队惊慌失措，开始瓦解，这样苏军把德军22个师约30万人合围起来。被包围的30万德军每天至少需要750吨的物资，但实际上只能运到100多吨，于是军中出现饥荒，弹药缺乏。随着包围圈逐渐缩小，德军伤亡与日俱增。第6集团军司令保罗斯请求希特勒批准突围，但希特勒对此无动于衷。苏军最高统帅部于1943年1月8日派使者到德军阵地向保罗斯提出最后通牒，要德军投降。这位集团军司令将苏方最后通牒的全文以电报形式发给希特勒，并要求准他便宜行事，希特勒立即驳回了他的请求。1月10日早晨，苏军以5000门大炮狂轰猛炸，并分多路开始进攻。就在这部分德军覆亡前夕，希特勒下令授予保罗斯"元帅军衔"，同时给予在斯大林格勒被围的117名德国军官各升一级，妄图以此来提高他们的士气。1月31日，德第6集团军司令保罗斯及其司令部的全体官兵全部被俘，斯大林格勒战役于1943年2月2日以苏军的胜利宣告结束。被围德军遭毁灭性打击，德军损失达150万人。历时180天的斯大林格勒大会战，成了第二次世界大战的转折点。

1943年初，苏军在列宁格勒到高加索山前的广阔战线上转入了反攻。春季肃清了北高加索的敌人。顿河方面军和西南方面军在斯大林格勒战役结束后，继续西进，收复了罗斯托夫、哈尔科夫、库尔斯克等许多重要城镇和地区，作战主动权完全转到苏军手中。但是，希特勒并不甘心自己的失败。于是双方都向库尔斯克方向调遣兵力，准备进攻，一场新的大规模的厮杀即将开始。为了取得这次战役的胜利，斯大林在库尔斯克地域集中了133万人，向库尔斯克前线各个参战部队发出预报：德军将在7月5日凌晨开始进攻。并于7月5日2时20分，苏联的中央方面军和沃罗涅什方面军在敌人动手之前，开始炮轰德军阵地。当时万炮齐鸣，惊天动地，库尔斯克突出部地域最大的交战开始了。丧魂失魄的德军遭受到惨重损失，进攻指挥系统也被打乱了。

7月5日这一天，个别缓过神来的德军以三个坦克师和五个步兵师的兵力，进行了五次猛烈冲击，企图突入苏军防御，但未能取得效果。几乎在方面军的所有地段上，苏军都固守着自己的阵地。7月8日，德军加强了在奥利霍瓦特卡方向的冲击。到10日为止，德军损失了数百辆坦克后，并没有向前推进。7月12日，苏军布良斯克方面军及西方方面军的加强近卫第11集团军转入进攻，突破了德军的防御。在沃罗涅什方面军地段进行了最大的一次交战，双方出动了数以千计的坦克和飞机进行厮杀。7月16日，德军遭到重创后开始退却。苏军于8月5日解放了被敌寇占领近两年之久的奥廖尔，解放了别尔哥罗德。8月23日开进乌克兰第二大城市哈尔科夫。至此，规模巨大的库尔斯克战役持续了50天，以苏军的辉煌胜利而宣告结束。在这次战役中，德军损失50余万人，3000门火炮，3700架飞机，1500辆坦克。

库尔斯克战役是整个第二次世界大战中最大的会战之一，是希特勒妄图挽回斯大林格勒战役中丢失战略主动权的最后一次挣扎。从此以后，德军在苏德战场最终地、完全地丧失了战略主动权，再也没有力量发动进攻战了。库尔斯克战役之后，在9月至11月的三个月时间里，苏军全线出击，猛打猛追，德军节节败退。

1943年4月19日，同盟国军队（主要有美国、苏联、英国、法国、中国、加拿大（英属自治领地）、澳大利亚（英属自治领地）、埃塞俄比亚、朝鲜等数十个国家）集中优势兵力发起总攻。经过18天的战斗，于5月7日分别攻占了突尼斯城和比塞大港。25万德、意军队于5月13日宣告投降。盟军在北非已全部肃清德意军队。1943年7月10日，盟军向意大利本土进军，首战西西里，歼敌16万多人，意军兵败如山倒。在人民的强烈要求下，墨索里尼被意大利国王解除一切职务，并被投入监狱。巴多格里奥奉命组织新政府，并向盟军宣布无条件投降。

此后，就全面反攻问题，美英苏三国首脑在德黑兰举行会议。会议发表了《德黑兰宣言》。从1944年1月中旬开始，苏军在北起巴伦支海、南到黑海大约4500公里的战线上，连续对德军及其仆从军实施了10次歼灭性打击。与此同时，英、美军队在法国诺曼底登陆，开辟了第二战场。在各条战线的联合打击下，德军节节败退。1945年4月30日，希特勒在绝望下自杀身亡。5月2日苏军攻克柏林。5月8日德国无条件投降，希特勒建立的"第三帝国"终于覆亡。

1945年5月9日，朱可夫元帅代表盟军最高统帅部宣布，德国受降仪式正式开始。德国代表、希特勒的主要助手凯特尔元帅出示了邓尼茨海军元帅授权他们签署无条件投降书的证件，他用颤抖着的手签署了五份投降书……

1945年5月9日零时50分，受降仪式宣告结束。欧洲战争终于结束了。

按照事先的约定，法西斯德国投降的消息，美英苏三国将同时在当天上午9点公布于众。

丘吉尔在唐宁街10号向英国人民发表了讲话。

在华盛顿的白宫里，美国总统杜鲁门举行了记者招待会。

受降仪式一结束，斯大林就于当天发表了《告人民书》。为了庆祝在伟大的卫国战争中取得的胜利，斯大林于1945年6月24日在莫斯科红场举行作战部队、海军部队和莫斯科卫戍部队的胜利阅兵式。

法西斯轴心国中的德国、意大利的失败，敲响了剩下的日本法西斯的丧钟。

《波茨坦公告》促令日本投降

1945年7月17日，苏美英三国首脑在柏林近郊波茨坦举行会议，会议到8月2日结束。会议由苏、美、英三国首脑斯大林、杜鲁门、丘吉尔（后期为艾德礼）和三国外长参加。会议同意根据苏联代表团的建议通过了处理德国问题的原则和其他有关决定，包括设立外长会议，占领德国的基本政治、经济原则，德国赔偿，波兰西部疆界，控制黑海海峡，对意大利的政策，哥斯尼堡地区最后让与苏联，对罗、保、匈、芬的政策，如何处理战争罪犯，奥地利领土托管和参加联合国组织等问题。并签订了《柏林（波茨坦）会议议定书》，发表了《柏林会议公报》。这两个内容基本相同的文件通称《波茨坦协定》。会议期间发表对日最后通牒式公告，被历史称为《波茨坦公告》。对日《公告》由美国起草，英国同意。中国政府没有参加会议，但公告发表前征得了中国政府首脑的同意。

波茨坦公告是由美国助理国务卿格鲁拟定的初稿。格鲁在冲绳战役进行的时候就建议发表，军方人士说，应该"等到日本一旦拒绝投降之后"，美军进攻"日本本土时再发表"。军人想打个痛快。总统杜鲁门是政客，他说："那就等到了波茨坦再说吧。"

杜鲁门到了波茨坦与丘吉尔商量过目后，将公告的文本发给重庆的蒋介石。蒋介石只是提出希望把公告上三国首脑名字的顺序调换一下，将他的名字放在英国首相前面，这样一来，他蒋某人在国际国内都有面子，而且在国内也会使他处于有利地位。

为了迎合蒋介石的虚荣心，杜鲁门答应了。

柏林时间7月26日晚9时20分，《波茨坦公告》正式发布。美、中、英三国向日本发出了最后通牒。公告由杜鲁门、蒋介石和丘吉尔签署发表。

当时，美国陆军部长史汀生向总统杜鲁门建议："应该通知斯大林签字，否则日本人会把最后的一线希望寄托在苏联保持中立上。"在公告发布之前的7月25日，发生了一件事情。这天，日本外相东乡茂德给佐藤大使发过一封电报，这封电报被美军破译，送到杜鲁门的办公桌上。电报中说，要日本接受无条件投降是不可能的。但是，电报也声称："日本政府愿意通过适当途径向对方表明，我们并不反对根据大西洋宪章来缔结和约。"电报流露出几分凄凉："应让他们知道，我们想以十分合理的条件来终止战争，以确保并维护日本民族的生存和荣誉。"日本人只求保留天皇，因为做到这一点，日本就解决了"生存和荣誉"的问题。为此，日本将不惜付出一切代价。所以东乡茂德在电报中表白："万一美国和英国一定要坚持解决这个形式上的问题，那么，在这种形势下，我们为了这么一点事情，除了坚决打到彻底垮台外，别无其他办法。"

具有西方思维的美国人百思不得其解，日本人为了取得一种"尽量少丢面子"的投降方式，竟愿意顽抗到底，最终挽救的只不过是一种形式上的东西而已。

此时，在日本人看来，苏联还是一个处于中立地位的大国，如果苏联肯替日本说几句好话，日本就会保全这点面子。

然而，美国人杜鲁门却不这么想。

《波茨坦公告》全文共13条，其中包括结束对日战争的条件以及战后处置日本的基本方针。用当年的中文译本，主要内容如下："余等：美国总统、中华民国国民政府主席及英国首相，代表余等亿万国民，业经会商，并同意对日本应予以一机会，以结束此次战争。"公告称："美国、英帝国及中国之庞大的陆海空部队，经由西方调来的军队和空军的增援，业已增强多倍，即将予日本以最后之打击。"公告认为，"此种力量当其对付抵抗之纳粹时，不得不将德国人民全体之土地、工业及其生活方式摧毁殆尽。"一旦"集中对付日本之力量则较之更为庞大，不可衡量"，势必"将使日本军队完全毁灭，无可逃避，而日本之本土也必终归全部摧毁"。

所以，公告强调：日本必须做出抉择，是一意孤行，使"日本帝国陷入毁灭边沿之军人统制"，还是"走向理智之路"。为此，公告声明："以下为吾人之条件，吾人决不更改，亦无他途可循，吾人办决不犹豫迁延。"

公告重申："开罗宣言之条件必将实施，而日本之主权必将限于本州、北海道、四国、九州及吾人所决定之其他小岛之内。"不过，日本军队在完全解除武装以后，"将被允许返其家乡，使其有和平及生产生活之机会"。

美国在起草《波茨坦公告》时并未同苏联商量过，直到公告发布后，贝尔纳斯才派人急匆匆地给苏联外长莫洛托夫送去一份副本。莫洛托夫对杜鲁门的做法很不愉快，询问公告能否延迟三天发布。但是，这一要求被美国人拒绝了。

公告发布的第二天，即东京时间7月27日早晨6时，日本的广播电台收听到了波茨坦公告的全文。

上午，首相铃木贯太郎（接替下台的小矶国昭，也是日本战争期间最后一位总理大臣）主持召开最高战争指导会议，用一整天时间讨论了日本对公告的立场。出席会议的有首相铃木、外相东乡、内相安培、内务大臣木户、陆相阿南惟几、海相米内、国务相安井。代表军方出席会议的有：参谋总长梅津美治郎大将、陆军总司令东条英机、作战第一部部长宫崎、海军上将丰田。天皇裕仁也参加了会议。

主和派代表外相东乡首先发言，他说："这显然不是敦促无条件投降，为了结束战争，陛下应以极其慎重的态度对待之，不能从正面拒绝。"

他的话音刚落，就遭到军方的强烈反对。陆军相阿南惟几叫道："现在就谈论结束战争还为时尚早，日本陆军乃是世界上最强大的力量，况且我们还有庞大的本土决战计划。"

"同盟国虽然要求无条件投降，但这个宣言还是提出了有条件的媾和，我赞成接受。如果拒绝同盟国的要求，会给日本带来灾难性的后果。"外相东乡依然坚持自己的观点。

陆军相阿南惟几乎吼叫起来："我看不出，只要投降，对日本国就是不利的。"

对军方来说，接受公告就意味解除日本军队的武装，军队没有了，军人的势力也就随之完结了。

作战第一部部长宫崎明确表示支持阿南惟几，他说："主要的在于决心，在于日本的精神，我们对此决不能动摇。"

海军上将丰田也跟着表态："我认为这个公告是荒谬的，应不予考虑。"

此时，铃木首相说出了自己的看法："外相说的对，但无论如何，都必须谨慎从事。"

尽管军方强烈反对接受《波茨坦公告》，但天皇明确表示支持外相，他宣称："我认为这个公告在原则上是可以接受的。"

最后，双方达成妥协。军方同意在日本媒体发表波茨坦公告，但要删除其中的一部分内容。如第九条：日本军队在完全解除武装以后，将允许返其家乡，有和平及生产之机会。结果，军方向日本新闻界提供了一份经过删改的《波茨坦公告》文本。

就在同一天，日本报纸《朝日新闻》冠以显著标题《可笑的事情》，并加以评论："联合宣言不具有什么重要意义，它只会更加增强政府坚定地把战争胜利进行到底的决心。"

7月28日下午3时，铃木召开记者招待会。有记者问道："《朝日新闻》的消息，是否可靠，政府有无结束战争的可能？"

"如不接受公告，政府有什么对策？"

"政府的态度是否改变了？"

面对如此众多的发问，铃木简要地阐述了自己的观点。当时，日本官方通讯社——同盟通讯社发表了铃木声明的英文译本。同盟社的翻译是："我认为联合公告只是重复开罗会议声明。对于（日本）政府来说，看不到重大意义，而且已经没有其他选择，只能完全将它忽略，并且为了成功地结束战争而坚定地战斗。"

从这段译文中，可以看出日本首相铃木贯太郎明确地拒绝了《波茨坦公告》，决心要与盟军决一死战。

当天，美国无线电监听员向总统报告：东京电台重申日本政府作战的决心，把盟国的声明说成是："不值得考虑"，是"荒唐"和"无礼"的。随即，美国《纽约时报》便以"日本正式拒绝盟国促其投降的最后通牒"为标题，表达了美国领导人对日本政府反应的理解。

7月30日，日本报纸《昭南新闻》以极其强硬的语气宣称："如果敌人想结束战争，那么，让他们向日本投降吧。指望日本向他们投降的想法是荒谬的。"

日本拒绝《波茨坦公告》之后，苏联向日本宣战，并且在中国东北出兵攻击日军主力关东军，美国也于8月6日、9日分别向向广岛、长崎投下了新式武器原子弹。

美国总统杜鲁门回忆此事时表示，如果日本不拒绝《波茨坦公告》，美国就不会向日本投掷原子弹。而根据日本战后文献和裕仁天皇及铃木首相的发言，都说日本当时并没有拒绝《波茨坦公告》，当时的意思只是表示：暂时不予置评，等待苏联的回复。

之后受到原子弹轰顶的日本人，纷纷指责首相铃木贯太郎一语误国，在生死关头还在玩文字游戏。但绝大多数外国人均认为铃木当时确实是拒绝了《波茨坦公告》，只是日后日本遭到原子弹袭击才倒过来说。

按日本的说法，铃木是位日本政客，日本政客说话一定是模棱两可，这是惯例。同盟通讯社的翻译员在搞不清楚铃木首相声明的原意情况下，选择错误的译文，把"完全忽略"《波茨坦公告》的话硬塞进铃木的口中。路透社和美联社编辑又将"拒绝"《波茨坦公告》的话硬塞进铃木的口中。

事后，铃木贯太郎解释他讲话的原文是"默杀"。人们找出当时的录音和讲话稿，确实如此。铃木贯太郎首相没有明确地说对《波茨坦公告》"暂不置评"，却用了意义含糊不清的日文"默杀"一词。"默杀"这个词没有对应的英文单词，即使在日文里也可以解作"不置评"或者"拒绝"等意思。小聪明的铃木贯太郎使用模棱两可的语句，给本国造成了巨大灾难。

日本战时首相铃木说"默杀"《波茨坦公告》，在日本的通讯社路透社和美联社便将"不置评"——"拒绝"《波茨坦公告》发到全世界。美国总统和军方看到的文本是路透社和美联社发出的版本，确认日本拒绝投降。结果，日本就是在政客、译者和编辑的疏忽或有意为之下，吃了两颗原子弹，然后宣布无条件投降。

即使没有误译日本首相铃木讲话，日本高层和军方大概也会选择不撞南墙不回头。当时主战派对于公告中的条文如盟国对日作战将继续到日本完全停止抵抗为止，日本政府必须立即投降，以及公告规定的盟国接受日本投降的条件，即铲除日本军国主义；对日本领土进行占领；实施开罗宣言之条件，解除日本军队的武装，惩办战争罪犯；禁止军需工业等是极难接受的。高层的主战派将军们压制了主和派，也玩死了日本。

第五章
黎明前的不和谐音符

1945年，日本侵略者在颓势当中，不得已悄悄与国民党政府谈判议和。随着战场情况的变化，双方的条件也发生了很大变化，但双方的分歧不可弥合。美、英、苏达成《雅尔塔协定》，罗斯福从苏联黑海边回国后在美国国会作报告，公开撒谎说雅尔塔会议只讨论了欧洲问题，与太平洋无关。然而，一些国民党官员通过在美的关系，还是打探出其中一些秘密。3月15日，国民政府驻美大使魏道明向重庆密报了他所探悉的雅尔塔会议大致内容，蒋介石看此报告后怒火中烧。此时蒋介石自己也有一笔交易急于同斯大林达成，就是苏联占领东北后只能把当地交给他，而不能交给中国共产党。于是，他强压火气与苏联人交涉，在曾家岩官邸招待苏联大使彼得罗夫，亮出了准备与苏联作交换的最后条件，而苏联趁机提出了苛刻的出兵条件，国民党政府违心屈从。斯大林狠狠的一刀，切除了中国一大片土地。

国民党军与日军的秘密谈判

日本帝国主义侵略中国之后，侵略头目们一直在威胁利诱拉拢蒋介石的国民政府，妄图以"不战而屈中国之兵"。日本的打打拉拉，国民党的拉拉扯扯几乎贯穿抗战始终。令人诧异的是在日本鬼子即将覆灭的前夕，即进入全面抗战第八个年头的1945年春天，国民政府又偷偷摸摸与即将失败的日本侵略军头目私下接触谈判，似乎有旧的"城下之盟"翻版的意味。

1939年秋天日本支那派遣军总司令部成立，地址在南京大方巷原国民党政府外交部大院内。成立这个侵华日军最高指挥机构，目的是统一在华日军（不包括中国东北地区）的军事指挥，此外也有为了更好与汪伪政权打交道的因素。

到了抗战末期，中日双方的情况已今非昔比，实际情形是日本人急于寻求与中国讲和，以便从长期深陷的泥潭中拔出脚来。1944年12月，由第6方面军司令官接任中国派遣军总司令的冈村宁次大将，一方面筹划最后的决战，一方面极力充当秘密和谈的组织人。

冈村宁次是侵华战争主要战犯，他1913年毕业于日本陆军大学，是缔造昭和军阀的"巴登巴登同盟"三羽乌的第二位，被日本人吹捧为"在统率或是作战方面都是罕见的名将"。他1932年任日本上海派遣军副参谋长，参与制造"一·二八"事变。1933年春代表日方迫使国民党当局与之签订了屈辱的《塘沽协定》。1938年下半年，指挥了武汉会战。在日军正规作战中率先实施装甲兵团空地联合作战。1941年晋升为大将。1941至1944年疯狂推行烧光、杀光、抢光的"三光政策"。在非正规作战中抑制华北反日游击战活动"成效显著"。1944年，先后任日军第6方面军司令和日本中国派遣军总司令。冈村宁次此时还不大会说汉语，不过不妨碍他在日军中有"支那通"的称号……

1944年夏，随着日军又把战略进攻的重点转向国民党正面战场，冈村宁次调升担任了为打通"大陆交通线"而新设的第6方面军司令官。在取得战役胜利后，他12月间接任了中国派遣军总司令官之职，就此搬到南京。这里，是他20年代为孙传芳当顾问时就熟悉的地方，然而此刻的心情却非那时可比。对于冈村宁次来说，他的苦恼在于日本本土已经告急，中国战场仍久拖不决，国民党政府还在抵抗。他在1945年初曾坚决主张进行"重庆作战"，即从湖南和广西两个方向进攻重庆，迫使美军来援救国民党，迫使美国对日本本土的登陆计划推迟。对这一计划，天皇一度也很关心，不过此时日本的国力及军力根本不允许进行这样的攻势，甚至保持在中国现有占领地都办不到。1944年4月间，根据日本大本营的指示，中国派遣军将战略方针改为"东主西从"，决定撤出广西、湖南的部队，将主力集中到宁沪和山东一带，名义上是准备抗击美军登陆，实际上，一旦盟军登陆攻击日本，各驻外部队能够尽快回国救援。另外，日本大本营又催促中国派遣军尽快通过各种渠道，争取与重庆国民党政府议和。

对国民党最高当局来说，自抗日战争开始以后与日本的秘密议和活动始终未断。南京陷落之前，国民党政府迁都重庆。日本政府狂妄声明"今后不以国民政府为（谈判）对手"，逼蒋介石下台。后来由于中国坚持长期抗战，日本又派代表今井武夫等于1940年在香港与重庆方面秘密谈判，但要价太高，特别是要求公开承认伪"满洲国"和日本在关内重点地区有驻兵权，蒋介石无法接受，也不敢接受。随着日军战况的不利，日本又降低了条件，一再企图诱和。1939年12月12日，日军派出6架敌机从宁波飞到奉化轰炸蒋介石的老家，溪口镇顿时乱作一团。蒋介石的夫人毛福梅不幸被炸弹炸死。1943年11月，日本中国派遣军总司令部突然派高级参谋辻政信大佐带了两个极大的花圈，到日军占领下的奉化祭祀蒋介石的夫人毛氏。三个月后，那个在日本陆军中号称"军神"的辻政信大佐又突然以"单刀赴会"自诩，闯进湖南中部国民党第9战区防地，要求直接面见蒋介石谈判。战区司令长官薛岳请示重庆侍从室，得到的回答是用竹筏将他沿湘江放回日军防地。

1944年日军对国民党军的"一号作战"取得重要进展时，当年秋，日本内阁又向重庆提出只要承认伪满就可从中国关内全部撤兵。此时国民党方面看到反法西斯战争胜利在望，不肯同意。到了1945年夏，日本的情况江河日下，可是蒋介石在国际上总觉受《雅尔塔协定》的侮辱，在国内又担心中共力量壮大，仍想试探着与日本单独媾和，于是双方的秘密接触反而频繁起来。

继那个自称代表重庆方面的缪斌去东京商谈和平条件之后，1945年5月中旬，潜入南京的国民政府第10战区代表吴树滋向日军中国派遣军司令部提出了议和的原则大纲，主要有三个条件：

一、日军无条件地从山海关至广东的中国国土上全部撤兵；

二、日军今后应根据日华协议的条件，从满洲撤出兵力；

三、中国不妨害日军在中国战场以外的行动。

见到这些条件，冈村宁次不禁皱了皱眉头，对在司令都内负责秘密谈判的副参谋长今井武夫少将说："对方的条件不是要我们退到釜山吗？我们只能退到山海关。"

今井比较熟悉国际形势，有长期中日谈判的经验，他解释说："那是内阁去年的方针，现在形势又不同了，对满洲国的问题也不能不谈了。"

冈村宁次对此表示沉默，这其实意味着允许下属一试，自己不承担责任。尽管过去冈村宁次是"宫廷党羽集团"的前辈头目，却由于长期在外，因此不了解本国濒临崩溃的现状。据他自己后来的回忆称："我于1941年就任北支那方面军司令官以来，继续了四年多的战场生活。在这期间，一次也未回国。因此，国内的事情，虽然片断地听到一些，但实际情况如何，既不知道，也不让我知道。虽然大体上对战局的前途感到颇为黯淡，但认为还有相当的余力。"

根据他的指示，今井武夫于1945年7月9日化装进入河南新站集的国民党第10战区驻地，与战区副司令长宫兼第15集团军司令何柱国进行了秘密会谈。

在一间点着蜡烛的农家房舍里，出身东北军、曾上过日本士官学校的何柱国与今井武夫用日语夹杂着汉语，不用翻译直接进行了交谈。据今井后来回忆，内容大致是这样的：

今井武夫首先表达了总的议和原则：日本以维护国体、保全国土为绝对条件，这点如不被容纳的话，则决心继续交战到底。与此同时，对于满洲国和南京政府的处理，希望努力做到不违背道义，对此很想知道中国方面的设想。

何柱国知道，过去日本方面一直坚持"维护满洲国现状"，这是他们第一次表示可以考虑让步。然而对于当时作为日本"国土"的台湾、朝鲜，他们还不想放弃。

何柱国谨慎地回答说："日本战败，结果衰亡，这绝非中国所希望的。我们宁愿日本即使在战后仍作为东亚的一个强国而存在，和中国携手协力维持东亚和平。因而热切希望在必要的国力尚未消耗殆尽的时候，日本政府明智而妥善地早日结束战争……特别是蒋介石主席对日本天皇制的继续存在表示善意。并已向各国首脑表明了这个意向。"

接着，何柱国说了一段令今井吃惊的话："战后，日本首先从满洲以及海外撤走全部兵力自不待言。朝鲜、台湾、库页岛等地也必须交还"，"本条件已经盟国协议完毕，所以没有再更改的余地。"

对此，事后今井武夫回忆说："何柱国坦率而恳切的谈话内容，对于他来说是在盟国之间协商好的既定条件，但对于听者的我来说，犹如受到了雷击般的震惊。如果同六七年前，不同两三年前我们向重庆政府提议的和平条件相比，我重新认识到彼我所要求的条件完全颠倒过来了，有了天壤之别。对于历史车轮飞速地转动和现实世界的严峻，我感到不寒而栗。"

由于双方的条件差距太大，今井武夫眼看无法谈下去，只得回屋。由于深感震惊，他躺在土炕上瞪着天花板度过了一个不眠之夜。第二天一早起来，今井武夫向何柱国告辞。

两人走到村边，何柱国突然问道："南京、汉口现在晚间是否还有电灯？"听到谈判对手提这个问题，本来精神很紧张的今井武夫一下子宽心了许多，暗中还感到好笑。他马上回答说："当然有，欢迎阁下去看一看。虽然比不上东京银座的夜景，却也是灯火通明。"

何柱国感叹一声说："抗战八年，我始终没有在有电灯的城镇里住过。"

今井武夫说："尽快实现了日华和平，阁下就可以回到有电灯的城市去。"

7月10日会谈结束后，何柱国的报告很快送到了蒋介石案头，据当时收件者的日记记载，上面写着："午佳（注：电码中9日的代号）与敌酋冈村副参谋长今井武夫少将在周家口我军防地会谈，共四次历八小时。今井谓，天皇命陆军部负责，军部命冈村负责进行媾和停战或默契撤兵。今井表示，除变更天皇国体及割让本土外，万事皆可商量；又谓如中国不斡旋和平，唯有走苏联路线。"

今井武夫回南京后，也立即向冈村宁次汇报。听完汇报内容后，冈村宁次板着面孔说："在满洲国问题上，你不应该表示让步，不能迁就对方。"

"总司令官阁下，皇国的形势很不乐观，不谈满洲国问题，对方就会感到没有新意。"

冈村宁次说："可是，你对满洲国的这种表态报到东京去，大本营肯定会申斥的。"

今井武夫面色黯淡，想到时局到了这一步，自己的做法仍不被东京理解，军中这批人真是太昧于天下大势了。人家不只要满洲，还要你退出台湾、朝鲜呢。

接着，冈村宁次又问道："这次你还有什么观感？"今井武夫回答说：

"国际形势对我不利，对方抗日意识仍很强，看来难以单独讲和。不过，我感到重庆方面的将领已经耐不住长期艰苦的生活，也满怀苦恼地想快一点结束战争。"接着，他又讲了何柱国询问南京等城有无电灯一事。

　　冈村宁次听后，不禁露出一丝冷笑。"那好办，我们恭候他们回来。不过必须与日本言和。另外，召集在南京的记者，我要再发表一个声明。"

　　7月17日，冈村宁次在南京对记者公开发表声明，宣布准备从中国撤兵，然而又提出两个条件：

　　一、撤兵前应予停战，否则将招致混乱。

　　二、即使撤兵亦非短时间所能为之事，全部撤退须二年之久；即使非武装撤兵，亦须一年以上。

　　若不对上述事实作战术上之考虑而侈谈撤兵，实不足取。

　　为了进一步商谈议和，今井武夫又与江西方面的国民党军第3战区接洽，商定再同顾祝同直接会淡，为此决定在8月8日之前赶到江西玉山机场，只是因对方答复推迟，一时还没有出发。

　　1945年8月8日立秋之日，有火炉之称的南京城的气温让冈村宁次焦躁不宁。国民政府第三战区司令长官顾祝同为何不答应再次秘密会见？着急的冈村宁次在司令部中踱来踱去，一时无计。

　　一面是中国广大军民对民族敌人浴血苦战，一面是当权者与侵略军秘密交易。此时的日本侵略头目仍是不见棺材不落泪。他们不知道，日军已是秋后的蚂蚱，蹦跶不了几天了！

蒋介石的心情三起三落

　　1945年8月8日是立秋之日，国民政府"陪都"重庆和南京一样热，而且还闷。在几年前，夏秋两季由于这个号称雾都的山城天气转晴，一般正是敌机空袭频繁的时候，除了下雨天外，日本九七式轰炸机和零式战斗机的轰鸣声差不多总要响起。"躲警报"几乎成了市民每日的必修课。可是近两年不同了，在中美空军的打击下，日本飞机在头顶上绝迹，代之以美国道格拉斯公司出产的C46和C47运输机天天在山城起起降降。

　　住在"陪都"的蒋介石，此时在闷热如火炉般的气温中焦躁不安，正为中苏谈判中的问题而苦心焦虑。2月，美英苏达成的《雅尔塔协定》，对外是严格保密的。罗斯福从苏联黑海边回国后在美国国会作报告，公开撒谎说雅尔塔会议只讨论了欧洲问题，与太平洋无关。然而一些国民党官员通过在美的关系，还是打探出其中一些秘密。3月15日，国民政府驻美大使魏道明向重庆密报了他所探悉的雅尔塔会议大致内容，蒋介石看此报告后怒火中烧，在当天的日记中写道："阅此，但有痛愤与自反而已，雅尔塔，果已卖华乎？惟如此可以断定此次黑海会议俄国对日作战已有定议。果尔，则此次抗倭战争之理想，恐已成梦矣！"

据蒋介石的侍从幕僚唐纵回忆，6月14日美国政府正式将《雅尔塔协定》内容通知国民政府。此时蒋介石终于清楚地知道，美国为换取苏联参加对日作战，已经拿中国主权和领土作了交易。苏联要求外蒙古"维持现状"，将旅顺、大连归苏联使用，恢复帝俄时代在中长铁路的特权，作为对日作战的条件。美国不仅全部答应，还担保采取压力保证中国政府接受。

气愤归气愤，此时蒋介石自己也有一笔交易急于同斯大林达成，就是苏联占领东北后只能把当地交给他，而不能交给中国共产党。于是，他只有强压火气与苏联人交涉。

7月19日，蒋介石吩咐在市内的曾家岩官邸招待苏联大使彼得罗夫。见到彼得罗夫后，稍事寒暄，他就拿出当年在上海交易所时的本事，亮出了准备与苏联作交换的根本条件："必须苏联协助我东三省领土、主权与行政权完整，及解决国内共产党问题，使国家真正统一，和新疆变乱的解决。必须这一点做到，我才可排除一切，解决外蒙问题。"

这时的蒋介石已是国民政府主席、国民党总裁、军事委员会委员长，在财经方面他还兼四行联合办事处主任，又是国防最高委员会及航空等一大堆委员会的兼职委员长。

1943年11月蒋介石出席了在开罗召开的中美英三国首脑会议。他首次以正式国家元首身份与美英两大国头号人物并肩平列，真是得意非凡。殊不知英国首相丘吉尔根本不同意他到会，只是美国总统罗斯福认为应在亚洲找一代表才能体现这是世界性会议，才向亚洲最大的国家中国发出邀请。会后，国民党当局大力宣扬蒋介石是"当代世界三大伟人之一"，在中国历史上是前无古人的民族英雄。可是不争气的是，大话刚出，第二年就遇到了湘鄂桂大溃败。他本人在1945年元旦献辞中都不能不承认："八年以来，要以去年一年为危险最大而忧患最深的一年。"无论是在国内还是在国外，他的威信一下子降到了最低点。

蒋介石在卢沟桥事变发生后，改变了"九一八"以来的不抵抗政策，宣布"守土抗战"，在国内得到各党各派的一致拥护，其威望在全国也一时大大提高。当时虽然连连失败他却不忧患，原因是自己的地位很稳固。1941年12月8日，日本袭击珍珠港的消息传来，重庆国民政府一时欢喜若狂。天塌下来这下子有美国人顶着了！有的官员直接向美国大使馆说："你们的珍珠港受难日，就是我们的胜利日。"蒋介石心中窃喜，只是不好乱说。

太平洋战争爆发后的第二天，即12月9日，中国国民政府以主席林森的名义发布文告："兹特正式对日宣战，昭告中外，所有一切条约、协定、合同，有涉及中、日间之关系者，一律废止。"说来也有点滑稽，全民族抗战已经打了好几年，大半国土已经被敌人的铁蹄践踏，国民党当局此刻才对日本宣布进入战争状态，废除过去与日本签订的不平等条约。不过蒋介石从此已经完全把宝押在美国必然胜利上，美国和英国也有求于他，其国际地位自然大有改观。

太平洋战争之初几个月，日本横扫太平洋和缅甸，美国和英国大败。西方国家忽然想到，过去被他们看不起的中国居然能抵抗日本好几年，不禁对中国首脑蒋介石刮目相看，蒋介石在外国人面前也显得有些神气了。蒋夫人宋美龄于1942年4月19日的《纽约时报》上发表了《如是我观》一文，称："到了抗日战争发生之后，西洋人才认识中国精神的伟大。上海没有设防，我们战斗了三个月，新加坡设防十四年，两个星期为敌人占领了，谁优谁劣，不言而喻。"这里虽未敢讽刺美国人，却嘲笑了大英帝国。而美英两国为了对日作战，也只得请蒋介石出任中国战区的统帅，中国与美英苏并列为国际反法西斯战争的"四强"。

然而美英此时并非真正看得起中国，援华是为他们自己的需要。罗斯福在开罗会议上就说："要是中国陷落了，会有多少日本师团可以自由调遣！他们去干什么？去打澳大利亚，打印度，而且会像捡熟李子那样唾手可得，然后直指中东。"

后来美国见国民党在抗日战场上表现不佳，自己在太平洋战场上又扭转了战局，对华态度又有了变比。中国虽然列入"四强之一"，却并没有受到过平等对待。1942年成立的美英联合参谋长会议和军火分配委员会，不仅没有将中国政府包括在内，而且中国政府连派代表参加的资格都没有。美国当时号称

"民主国家的兵工厂",声称将自己的武器大量提供给另外三个反法西斯盟国——英、苏、中,但中国得到的援助,不到英、苏两国任何一国所得的十分之一。而且美国毫不尊重中国主权,运到中国的物资,国民政府还大都无权支配。哪些飞机给驻华的美国陈纳德航空队,或是给中国空军,哪些大炮要给中国哪个部队,是驻云南的远征军还是华中前线,都要由美国委任为中国战区参谋长的史迪威决定。

蒋介石一再向美国在华官员抱怨:"美国援助英国和苏俄的物资,丘吉尔和斯大林都有绝对的支配权,为什么我就不能?"

在给他的大舅子、身为外交部部长的宋子文的电报中,蒋介石又催促这位"国舅"直接向罗斯福交涉,电报中也是一股怨气。到了1944年国民党战场大败,美国不仅一度赞同中共提出的组织联合政府的主张,还考虑选择亲美人士替换蒋介石。无怪乎蒋介石认为此时"忧患最深"了。这个因光头被罗斯福私下戏称为"花生米"的脑袋,在权术方面确是精明过人,其预感也是对的。

1945年春末,蒋介石的心情又开始好转,过去一直骂他消极抗日的美国政府对他的态度大有转变。这不仅是由于那个长期坐在轮椅上的罗斯福总统死了,更重要的是美国眼看日本即将失败,对远东问题更多考虑的是战后如何在中国维护和扩大美国的利益。从这一点出发,不管史迪威和驻延安那些美军观察员说中国共产党多少好话,骨子里坚决反共的美国政府也不会援助共产党和毛泽东。同样,不论美国的观察家和在华人员怎么说国民党腐败无能,可是在中国能实现美国利益的还"只此一家,别无分店"。正因为如此,过去总是骂国民党囤积武器不用于抗战而准备内战的美国要员,此时也不再说三道四。那个与蒋介石作对的史迪威被调走,新任驻华大使赫尔利对国民党的态度也令蒋介石振奋。几个月前作为罗斯福个人代表来华的赫尔利,到中国时居然连蒋介石姓什么都不清楚,还傲慢得不屑一问。首次进行外交拜会时,他想当然地按照西方人名在前姓在后的习惯,开口就称蒋介石"General Shi",也就是"石将军"。这种外交场合罕见的失礼,使在场的其他人都啼笑皆非。面对着蒋介石一脸的尴尬像,担任翻译的宋美龄显出笑容解释说:"特使先生,您犯了一个错误,我的丈夫姓蒋而不姓石。"赫尔利来华后就去延安,曾使蒋介石大为担心。不过,很快蒋介石就明白他的同情所在。赫尔利在1945年2月16日明确地对他说:"等到对日战争结束,你的那些装备精良的师团就可以轻而易举地战胜共军了。"蒋介石闻之大喜。他这一年的心情,用三起三落形容非常合适。

这一短期的得意,又被得知雅尔塔协定的内容和对苏谈判开始后的窘境冲掉。然而蒋介石感到,战后想要解决中共问题还有求于苏联,于是一再致电正在莫斯科谈判的"国舅"宋子文,表示在外蒙古问题上可做出"最大之牺牲",同时又必须确保苏联将东北交给他。

进入8月,在莫斯科进行的这笔拿领土主权来换取自己国内统治地位巩固的交易仍迟迟未达成。8月4日,蒋介石又一次召见彼得罗夫大使,向他表示:"中苏同盟条约订立之后,苏联加入对日作战时,想到莫斯科去访问斯大林元帅。"

对自己的盟友美国、英国都从未进行过访问的蒋介石,竟提出要到自己过去竭力咒骂过的"赤都"去,可见其心情急不可待。因为他感到苏军一旦进入东北,自己向斯大林讨价还价的筹码就将更少。

中国失去了156万平方公里土地

就在抗战胜利即将到来之日,中国又失去了一片比东北大得多的国土。作为战胜国、且号称为四大国之一的中国,它失去的领土竟然比战败的德国和日本还要多。自1858年沙皇俄国同清政府签订《中俄瑷珲珲条约》到斯大林签订《中苏友好同盟条约》,作为封建军事帝国的沙俄和作为社会主义国家的苏联,以军事占领和政治干涉为手段,使中国先后失去了300多万平方公里的领土。

苏联出兵东北的政治条件在雅尔塔会议上就已经确定了,但是,中国没有出席雅尔塔会议,这些条件还需得到中国政府的同意。所以,斯大林需要同中国政府继续就这些条件进行谈判。

在中苏第一轮会谈期间,蒋介石曾试图通过美国总统杜鲁门向斯大林施加压力,结果失败了。斯大林在外蒙古问题上态度非常强硬。

蒋介石虽然同意外蒙古独立,但仍然心有不甘,还指望杜鲁门出面劝说斯大林。7月20日,蒋介石致电在波茨坦的杜鲁门:"在外蒙古问题上我们甚至超过了这种限度,我们作了中国舆论所许可的最大让步。"蒋介石感到,他的让步可能超出了"中国人民所能支持的范围"。所以,他希望杜鲁门向斯大林说明中国的"合理立场",劝斯大林不要坚持"不可能做到的条件"。

事态的发展表明，华盛顿的态度明显使蒋介石不悦。然而，最感到心烦的要算外交部部长宋子文，他担心，如果他在条约上签字，外蒙古就会从中国版图上划出去。中国历史上，李鸿章因签订卖国条约而遭到后人的诅咒还算少吗？他宋子文无论如何也不能当这种千古罪人。

从莫斯科回到重庆后，宋子文一直忐忑不安，睡觉都在做噩梦。几天后，宋子文再也忍受不下去了，便跑去找蒋介石。谁知，蒋介石却告诉一个他不愿听到的消息："7月23日，杜鲁门总统来电说，他要我执行《雅尔塔协定》，又说未请我做出超过《雅尔塔协定》的让步。他还说，如果我和斯大林在协定的解释上有不同意见，希望派你回莫斯科继续谈判，以便达成谅解。"

本来，宋子文就不打算当什么外交部部长，更不想去莫斯科签订什么条约，他来找蒋介石就是为了这个。现在，蒋介石又要他去莫斯科，他当然不能答应。"我不想兼这个外交部部长的职务了，你让别人去干吧！"

蒋介石自然明白他这位大舅子的心思，便安慰道："你的难处，我是理解的。这回我可以让王世杰代你签字，由他来担任外交部部长好了。但是，莫斯科你还是要去的。"

看看眼前这位愁眉苦脸的妹夫，宋子文只好答应："那好吧，我就再跑一趟莫斯科。"

8月5日，斯大林、莫洛托夫从波茨坦回到莫斯科。当天，宋子文、王世杰、蒋经国、熊式辉等14人从重庆启程赴莫斯科，开始中苏第二轮谈判。苏联大使彼得罗夫与中国代表团同行。

同一天，美国政府国务卿贝尔纳斯奉杜鲁门之命电告美国大使哈里曼，要他转告斯大林：美国希望中苏之间不得达成进一步使中国让步的协议，因为这将对美国不利。实际上，对于斯大林把大连划为苏联军事区而没有征得美国同意一事，杜鲁门耿耿于怀。所以，国务卿贝尔纳斯特地在电报中嘱咐哈里曼应"坚持大连港国际化，成为自由港"。因为美国的利益在于维护门户开放，所以，美国"反对把大连港划归苏联军事区或把它作为苏联海军基地"。

杜鲁门说，他密切注视着中苏之间的谈判。尽管谈判拖了很久，但他还是希望这两个"盟国能够达成协议"。因为斯大林跟他说过，除非中俄达成协议，俄国将不会对日作战"。为此，杜鲁门尽量敦促蒋介石恢复与莫斯科的谈判。

8月6日上午9时15分，美军飞机投下的第一颗原子弹在广岛爆炸，方圆42平方公里的城市被摧毁，房屋毁坏率达70%以上。国民党政府当天得到消息。下午4时，宋子文一行抵达莫斯科，莫洛托夫到机场迎接。

蒋介石这次派代表团到莫斯科来，显然是要签订一项条约。王世杰从宋子文手里接过了烫手山芋，出任国民政府外交部部长。

美国当天上午在广岛投放了第一枚原子弹，这对所有人的心理都产生了影响。大家都知道，这有可能促使战争提前结束，这无疑使美国对苏联参战的热情骤然降到了零度，杜鲁门总统决定放弃克制态度，介入中苏谈判。

他通过美国驻苏大使哈里曼转告斯大林，希望他不要从中国捞走更多的好处，最好不要把大连纳入苏联的军事区。

但是，斯大林的态度也很坚决，他说："我们认为，雅尔塔协定规定的优先权是指苏联在大连及其港口有行政权，并且把这个地区划入苏联军事区。"

8月7日晚，克里姆林宫会议大厅里，中苏第二轮谈判就大连问题展开了激烈的争论。

宋子文说："大连的行政管辖权应当属于中国，但可以向苏联出租部分港区作为商业之用。"

斯大林在大连问题上也作了一些让步。他说："我们同意不把大连及其相连的铁路划入苏联的军事区。但是，大连应由中苏双方共管。"

此外，斯大林还提出另外一个问题，即在苏军占领区内，原日本经营的工厂应作为苏军的战利品，归苏联所有。

然而，宋子文不同意斯大林提出的上述两项方案，谈判又陷入僵持状态。

8月9日，宋子文在拿不定主意的情况下，致电蒋介石："苏方对于大连行政，似将坚持苏方必须参加管理，形势趋紧，不容过于迁延。"

次日晚9时，双方再次举行会谈。一开始，斯大林就做出了较大让步，放弃了苏联通过联合委员会参与大连行政管辖的要求，也不打算向旅顺派遣苏联行政官员。

这时，美国在日本投下第二颗原子弹，苏联已经出兵东北，眼看日本投降在即。在此情况下，王世杰迫不及待地想同苏联达成一项协定，以便限制苏联对中国共产党的支持，同时也有助于保证苏联能够在规定的时间内将其军队撤出东北，并将东北地区交给国民党。

所以，王世杰问斯大林："苏联打算什么时候从满洲撤军？"

斯大林很爽快回答了王世杰的问题："在日本投降后最晚三个月内撤出东

北。"

听了斯大林的话，王世杰心中的一块石头落了地。但是，外蒙古问题依然成为双方争论的焦点。

宋子文说："中国代表团在蒙古问题上以及旅顺口等问题上已经做出了很多让步。"

斯大林立即将宋子文的话顶了回去："关于蒙古问题就不必再讲了，因为对中国来说，外蒙古早就丢掉了。"

宋子文不服气，还想同斯大林辩论。他说："外蒙古差不多占中国整个领土的七分之一。"

斯大林不以为然："外蒙古不过是一块沙漠！"双方围绕外蒙古同新疆的边界划分问题进行了激烈辩论，斯大林不允许中国在承认外蒙古独立的同时又提出边界划分问题。

宋子文担心，如果不明确划定外蒙古界线，那么阿尔泰地区可能会被苏联当作外蒙古的一部分。

1911年前，阿尔泰地区属于外蒙古，后来划归新疆，20年代苏联地图上一直都这么标着。但是，1940年苏联出版的地图，则把阿尔泰地区约2.51万平方公里的土地划入外蒙古。对重庆政府来说，承认外蒙古独立，也就意味着要割出阿尔泰西部地区。而斯大林又拒绝提供苏联地图，这就加深了蒋介石政府的疑虑。

所以，宋子文在会谈中说出了自己的想法，希望能够划定外蒙古边界。斯大林也担心蒋介石以划定外蒙古边界为借口，不承认外蒙古独立。所以，斯大林对宋子文说："如果中国政府寻找借口，就应该直截了当地和坦率地讲清楚，何必吞吞吐吐。"

8月12日，中国代表团同莫洛托夫举行会谈。会谈内容主要是大连和中东铁路问题，没有涉及外蒙古的问题。

莫洛托夫执意要把大连和旅顺的行政管辖权划归苏联，但是，宋子文坚持中国只能将这两个地区的顾问和咨询权交给苏联。并且，莫洛托夫还提出："苏联人员在旅顺口混合军事委员会中占多数，并且由苏联人担任主席。"

宋子文认为，"中苏双方在军事委员会中的人数必须相等，主席由中方担任。"

当谈到大连港不动产的归属问题时，莫洛托夫声称："大连港的所有建筑和设备都应该归苏联。"

宋子文心想，你莫洛托夫的胃口也太大了。他没有同意，只答应将其中的部分建筑物和设备租赁给苏联。

关于中东铁路和南满铁路理事长的人选问题，莫洛托夫说："理事长由苏联人担任，但理事长的代表可以由中国政府任命。"双方在大连港港务局长的人选上也出现了分歧，莫洛托夫说："我们认为应由苏联人充当局长。"宋子文表示反对，说："局长必须由中方担任。"

会谈对上述问题没有达成一致意见，双方只好同意将这些问题留待下一次会谈解决。

可是，就在同一天，蒋介石致电宋子文："对于外蒙古问题，须先划定边界。旅顺港海军基地中苏军事委员会的建立及中国人担任大连港务局长的问题，也必须取得明确的协议。否则，应停止谈判。"

蒋介石的电报在中国代表团内部掀起了轩然大波，宋子文、王世杰都急于达成协议，觉得蒋介石的想法不切实际。当晚，王世杰在经过一番慎重考虑后致电蒋介石，提出自己的看法："外蒙古问题，职等反复谈判，迄无结果，不胜惶恐。但默察苏方态度，似非蓄意与我为难，其欲借此次缔约，改进中苏关系之心……因此，我们诚恳地请您授权我们在外蒙古问题和其他一些悬案上采取应急措施。"

接到王世杰的电报后，蒋介石一屁股坐在沙发上，沉默了好一阵子。心想：苏联出兵东北，帮助中国赶走日本人这当然是件好事，可是，斯大林也太不像话了，居然打起外蒙古的主意。这么大的地方，一旦割让出去，国民不骂死我蒋某人才怪呢！如果不签订条约，苏联人真赖在东北不走怎么办？如果真像王世杰说的那样，斯大林转而支持中国共产党怎么办？话又说回来，有了中苏友好条约，斯大林也就不能随意插手中国内政了。想到这，蒋介石连忙叫来陈布雷，问道："布雷，我该怎么回答子文他们呢？"

陈布雷也感到事关重大，历史上因割地而遭后人诅咒的确实不在少数。他说："总裁，您可要慎而又慎哦！"

蒋介石摸了摸光秃秃的脑袋，诡秘地一笑，"你就这样写好了：对于外蒙古及其他未解决事项，准授权兄等权宜处置。"

陈布雷看了一眼自鸣得意的蒋介石，深感蒋介石的老奸巨猾。蒋介石就是这么一个人，每当遇到一些可能招致国人谴责或者后人唾骂的事情，他多半是暗示或默许别人去做，自己藏奸不露，故意不明确表态，到头来再诿过于人。

很快，蒋介石的复电到了宋子文手里。8月14日，中苏举行第10次会谈，也就是最后一次会谈。有了蒋介石的手谕，宋子文告诉斯大林："蒋委员长同意外蒙古在现有的边界内独立。"这意味着中苏谈判的最大障碍被清除了。

斯大林感到宽慰，脸上终于露出久违的笑容，他也痛快地在中长路问题上作了一些让步：理事会按双方对等原则组成，两名理事长均由中国人担任，但铁路局长由苏联人担任。

关于大连建筑物和设施问题，双方同意大连港归中国所有，中国将部分设施租给苏联，但不得租给第三国。时至午夜，会谈结束时，中苏双方商定尽快准备好条约和协定的中俄文本，以便在核对完毕后于当晚签字。

俄罗斯历史学家、曾当过外交官的列多夫斯基在《斯大林与中国》一书中写道："中俄文文件直到8月14日深夜才准备停当。远东司司长通金将其带往宋子文下榻处。夜已很深，宋子文正睡着，通金只得将他唤醒。宋子文几乎没有读一下就签了字。"

双方规定，条约一旦批准后，立即生效，条约有效期为30年。如果条约到期时，任何一方必须提前告诉对方不想延长，条约才算无效。

在签署条约的当天，王世杰照会莫洛托夫，提出三点声明：苏联政府同意给予中国道义上的军需品及其他物资援助，此项援助只能给国民党政府。

苏联政府承认东北三省是中国的一部分，尊重中国在东三省的主权与领土、行政完整。对于新疆最近的事变（指1944年伊犁、塔城、阿勒泰爆发的反对国民党统治的武装斗争，并成立了临时政府），苏联重申无干涉中国内政之意。

关于外蒙古问题，苏方提出：兹因外蒙古人民一再表示其独立的愿望，中国政府声明，在日本战败后，如果外蒙古公民投票证实这项愿望，中国政府应当承认外蒙古独立，以现在的边界为独立后的外蒙古边界。

当天，双方还签订了《关于中国长春铁路之协定》《关于大连之协定》及其《议定书》，《关于旅顺口之协定》及其《协定附件》，有效期均为30年。

无论是《中苏友好同盟条约》，还是上述几项协定，都没有提到苏联撤军的问题。关于这个问题，中国代表团在8月14日有一项记录，这样写道：

"斯大林元帅与宋子文院长在1945年7月11日第5次会谈时，曾讨论苏联参加对日作战后，其军队由中国领土撤退之问题。斯大林元帅不愿意在苏军进入东北的协定中加入在日本战败后三个月内,将苏军撤退一节。但是,斯大林元帅声明,在日本投降后,苏军当在三个星期内开始撤退。"

当宋子文问斯大林:"苏军全部撤完需要多少时间?"斯大林回答说:"可不超过两个月撤完。"接着,宋子文又问斯大林:"能否确保在三个月内撤完?"斯大林回答说:"最多在三个月内撤完。"

斯大林之所以不愿意在协定中写明苏联从中国东北撤军一事,主要是为了防止美国势力向东北渗透。不明文规定撤军时间,斯大林就可以见机行事,不受条约限制。后来事实证明,苏军撤退的期限大大超过了斯大林的承诺。

8月15日,宋子文前往华盛顿。尽管宋子文在外蒙古问题上表现出实足的强硬,但结果未遂其愿。不过,在离开莫斯科之前,宋子文还是发表了一个公开讲话,声称:"我感到十分高兴和难以言表的兴奋,一方面我出席了为建立远东持久和平所举行的奠基礼,另一方面,我目睹了世界最后一个侵略者的彻底覆灭,值此告别莫斯科之际,我热忱祝愿我们的伟大邻邦——苏联及其人民前途辉煌,繁荣幸福。"

8月16日,苏联《真理报》刊登了宋子文的讲话。

当天,王世杰也离开莫斯科返回重庆。国民党满堂文武皆大欢喜,弹冠相庆。宋美龄致电华盛顿,盛赞中苏谈判结果。

8月20日,《大公报》发表社论说:由于中苏条约的签订,中国不仅赢得了战争也赢得了和平,对苏条约和其他协定甚至比日本的投降还要重要。

中苏条约的签订明显对中国共产党不利,当事人王世杰曾毫不掩饰地承认,由他在莫斯科签署的条约极大地限制了中国共产党的活动。

国民党政府国防部长何应钦声称:"这个条约将使共产党人感到极大的失望。"

就连外国人也看出了这一点,俄罗斯学者曾这样讲道:"对中国共产党人来说,8月14日条约的签署犹如遭到一次休克性的袭击。"

伦敦的一家报纸说,在重庆和延安的争端中,苏中条约肯定是站在重庆一边。

但是,中共还是对条约的签订表示了一定程度的赞成。在重庆的中共主管的《新华日报》做出如下反应:"中苏友好同盟条约的成立,是中国人民意志的胜利。在将要到来的大时代中,这一伟大的胜利必然加强了中国人民争取自由民主的信心。"甚至称赞中苏条约标志着"亚洲大陆报晓了"。

1945年10月初，一辆黑色轿车悄然驶向重庆机场。跑道上停着一架飞机，轿车靠近飞机后停了下来，国民政府内政部副部长雷法章走出轿车，快步登上飞机。应斯大林的再三敦促，为履行中苏条约的承诺，雷法章奉命赴外蒙古观察所谓"全民公决"。

1945年10月10日，外蒙古开始全民投票。根据乔巴山的指令，每一位选民必须在投票的前一天到投票点向主持投票的工作人员陈述自己是赞成还是反对外蒙古独立。苏联通过舆论宣传、施加压力，对投票进行干预。

公民的投票不是秘密进行的，也不是无记名投票。每一张选票上，选民必须在"赞成"或"反对"一栏下写明自己的姓名，如果是文盲，就在选票上按手印。

雷法章是一位虔诚的基督教徒，他对这种公然作假的选举感到极为不满。"全民公决，不应该用口头的赞成或反对之方式，更不应该让表决者签上姓名，这是一种变相的独裁和恐吓！"但是，雷法章的抗议是没有用的，乔巴山对此不予理会。

10月20日，投票结束。在此期间，外蒙古举行了1.3万次集会，成千上万的牧民、工人参加了集会。另外，妇女还单独举行了3170多次集会，有17.6万妇女参加。

此次全民公决，共收回选票48万多张，有1万余人未能参加投票。投票记录显示：参加投票者百分之百赞成外蒙古独立，无一人反对。

据此，1946年1月5日，国民政府发布公告承认外蒙古独立。公告曰："外蒙古人民于民国34年（1945年）10月20日举行公民投票，中央曾派内政部次长雷法章前往观察，根据外蒙古主持投票事务人员之报告，公民投票结果，已证实外蒙古人民赞成独立。兹照国防最高委员会之审议，决定承认外蒙古之独立，由行政院转饬内政部将此项决议正式通知外蒙古政府，特此公告。"

从此，这块面积达156万平方公里的领土正式从中国版图上分离出去了。

实际上，8月14日，日本已经宣布接受投降条件。中国人民尽管收复了东北，可是，就在抗战胜利之日，中国又失去了比东北大得多的一片国土。

国民政府承认外蒙古独立，消息公布，国人为之哗然。几个月内，学生罢课，上街游行事件不断发生。报刊登载大量文章，谴责蒋介石政府屈从大国压力，出卖国家主权和领土。

斯大林是怎么看待的呢？他对此很满意，苏联参加对日作战只不过10天时间，它以较小的代价，换取了法律上承认苏联对外蒙古的实际统治，并且夺回了沙皇在东北失去的大部分特权。

1946年2月7日，外蒙古政府副主席苏伦扎巴率代表团抵达重庆，与国民党政府商谈建交事宜。2月13日，国民政府外交部以换文的形式同外蒙古建立了外交关系，并商谈互派使节及勘定中蒙边界问题。苏伦扎巴称，中国是继苏联政府之后世界上第二个同外蒙古建交的国家。

| 第六章 |
1945年的胜利曙光

1945年元旦，共产党的《新华日报》发表了毛泽东在延安的演说《1945年的任务》，他预计日本崩溃还有一年左右的时间。中共中央从1944年5月21日至1945年4月20日，在延安召开了中国共产党六届七中全会。1945年2月，美、英、苏三国首脑在苏联克里米亚半岛小镇雅尔塔举行会议，反法西斯战争接近最后胜利，美、英、苏之间的矛盾日益明显暴露，在斯大林面前，有两种方案可供他选择。要么接受美英的主张，参加对日作战；要么接受日本的请求，扮演调停者的角色。斯大林毫不犹豫地选择了前者。1945年8月8日，苏联根据《雅尔塔协议》对日宣战。8月9日零时，以三个方面军上百万的兵力，跨过中苏边界进入东北，向日本关东军发起了势不可挡的总攻。8月6日、9日美国在日本投下了新式强力武器——原子弹。8月9日，毛泽东发表《对日寇的最后一战》的声明。8月15日，坚持抗战14年的中国军民，终于从收音机里听到日本天皇的"终战诏书"……

重庆与延安的两个新年祝词

1945年1月1日,重庆《中央日报》全文刊登了蒋介石的元旦广播讲话。蒋介石的元旦祝词,是围绕抗战与民主宪政两大命题讲的。

蒋介石说:……我今日要首先明告我同胞的,就是去年一年之间,我们中国处境的艰危,不仅是抗战八年中所未有,亦是我们革命五十年以来未曾遭遇过的险境。接着,他谈了1945年的努力方向:全国同胞们,我们去年一年最危险的难关虽已渡过,而最后胜利尚未获得。尤其是强敌在境,寇患益深,我们更不能不准备以后继续而来的更多困难和更大的危险。我们必须坚定必胜的信心,发挥无上的勇气,随时随地准备以任何的困难和不测的危险和搏斗,而予以克服。

蒋介石还在唱高调中诉了苦衷:我们抗战以来一贯的主张,就是要在抗战之中完成我们建国的大业。我国人深感我们宪政实施和建设是完全受了日寇侵略的阻挠……然而我们中央虽在国家多难之状,仍然继续致力于宪法草案的议订,与国民大会的积极筹备。

1945年1月3日,共产党领导的《解放日报》刊登了一篇"延安权威人士"批判蒋介石元旦广播的评论文章。文章说:"蒋氏不但不肯指出蒋氏自己及其一群法西斯主义与失败主义的寡头专政为一切战争失败与国事败坏的总根源,反而将责任推诿给'社会'"。"不先消灭寡头专政,彻底改组现在的国民党政府,代之以民主的联合政府,消灭特务机关,给予人民以言论集会结社自由,请问有什么民选的国民大会可言?"

文章的结论是:必须消灭寡头专政,彻底改组现在的国民党政府,代之以民主的联合政府,消灭特务机关,给予人民以言论集会结社自由……

在蒋介石发表元旦祝词时,共产党也发表新年祝词。1945年元旦,共产党的《新华日报》上的新年祝词是毛泽东半个月前在延安的演说《1945年的任务》,这本是1944年12月15日毛泽东在陕甘宁边区参议会第二届第二次会议所做的一次演说。毛泽东的讲话中说:我们唯一的任务是配合同盟国打倒日本侵略者。

他批评了蒋介石的国民政府:"正面战场的战事,节节失败,国民党当局仍然固执其为全国人民所不满意的一党专政及其失败主义的政策，拒绝一切有利于抗战、团结与民主的建议。"告诉国人和国际社会"只有艰难缔造的广大的中国解放区，执行了孙中山先生的革命三民主义，即新民主主义，团结各界人民，建立了英勇的军队，粉碎了一切敌人的进攻，并能发动攻势，收复了广大的失地"。

毛泽东豪迈地说："1945年应该是中国人民抗日战争更大发展的一年。全国人民都希望我们解放区能够救中国，我们也有这样的决心与勇气。我希望我们解放区的全体军民一齐努力，不论是共产党人与非共产党人，都要团结一致，为加强解放区抗日工作而奋斗，为组织沦陷区人民而奋斗，为援助大后方人民而奋斗，为建立民主的联合政府而奋斗。"在庆祝1945年新年的第一天，延安枣园人民自发地给中共领袖送去了金匾，上面有四个鎏金大字"人民救星"。在后人看来，这或许有一些个人崇拜的迷信色彩，然而在当时人们却是发自内心的敬意。据军科院军史专家徐焰教授说：那时毛泽东预计距日本崩溃还有一年左右的时间。毛泽东等中共伟人不是能掐会算的神仙，但比普通人看得要远要准。

公历1945年是日本的昭和二十年。在日本，老百姓感到生活逐渐窘迫，日子一天天艰难。特别是盟军轰炸机对日本多地的持续轰炸，对于日本高层和底层军民都带来极大的压力。八年前引起中国全民抗战的七七事变发生在1937年，是日本昭和十二年。有的日本百姓议论说十二和二十怕是要翻个了，还有在中国作战的小军官悄悄议论：今年是中国的鸡年，中国版图像个大公鸡，日本像个在公鸡嘴边的虫子，怕是流年不利啊……对于迷信的日本人来说，1945年大大不利。对于苦难抗争的中国人则是吉兆当头，他们即将脱离苦海，已经看到光明的曙光了……

会期最长的中共七大

1944年5月21日至1945年4月20日，中国共产党在延安召开了中国共产党六届七中全会，这是中共历史上最长的一次中央全会。六届七中全会是在全党整风的基础上，通过讨论党的历史，总结党的历史经验，党的高级干部对许多重大历史问题取得了一致的或更深刻的认识，党内思想基本统一在马列主义基础上的情况下召开的。在历时11个月的会议期间，先后召开了8次全体会议。

为开好这次会议，中共中央采取了一些特殊措施：选出毛泽东、朱德、刘少奇、任弼时、周恩来5人组成主席团，毛泽东为主席。会议正式决定：全会期间，由主席团处理党的日常工作，中央书记处及政治局停止行使职权。毛泽东从实际上的中共领袖成为名义上的也更为正式的中共最高领导人。

《关于若干历史问题的决议》是六届七中全会通过的主要文件之一，它是在延安整风运动的基础上形成的。重新起草历史决议，是全面总结历史经验最重要的工作。这次会议一开始，即成立了有任弼时、刘少奇、周恩来、张闻天、康生、彭真、高岗、博古8人参加的专门委员会，任弼时为召集人，负责《决议》的起草、修改。由任弼时先写出第一个稿子，修改几稿后，胡乔木以任弼时的稿子为基础，重新起草一个稿子。任弼时对胡乔木的稿子又进行多次修改，之后，中央又指定张闻天参加修改。最后，毛泽东对张闻天修改过的稿子，作了7次修改。《决议》原准备提交党的七大讨论通过，为了使党的七大能集中精力讨论抗战建国方针问题，后来征得准备参加党的七大的各代表团同意，改在党的六届七中全会上讨论通过。在全会一致通过这个《决议》时，王明路线的核心人物王明，因病没有参加会议，但他写信给全会，表示拥护这一决议。

《关于若干历史问题的决议》是一个重要的马列主义文件，它运用辩证唯物主义和历史唯物主义对党的斗争的历史经验和教训作了科学总结和概括。《关于若干历史问题的决议》对毛泽东运用马克思列宁主义的理论和方法来解决中国革命问题的杰出贡献给予高度评价，肯定了以毛泽东为代表的马克思列宁主义路线。

紧接着于1945年4月23日至6月11日，在延安召开了中国共产党第七次全国代表大会，简称中共"七大"。

中国共产党第七次全国代表大会于1945年4月至6月在延安召开，这是在抗日战争即将取得胜利的前夜，召开的在中共历史上具有里程碑意义的大会。出席"七大"的代表共755名，其中正式代表547名，候补代表208名，代表全党121万党员，分为中直（包括军直系统）、西北、晋绥、晋察冀、晋冀鲁豫、山东、华中和大后方8个代表团。

在延安杨家岭中央大礼堂，"七大"开幕式的主席台上，悬挂着毛泽东和朱德的巨幅画像，鲜艳的党旗挂在两边。会场后面的墙上，挂着"同心同德"

四个大字。两侧墙上张贴着"坚持真理""修正错误"等标语,靠墙边插着24面红旗,象征着中国共产党24年奋斗的历程。插红旗的"V"字形木座是革命胜利的标志。在主席台的正上方,悬挂着一条引人注目的横幅:"在毛泽东的旗帜下胜利前进!"

毛泽东在"七大"首先致开幕词,题目就是《两个中国之命运》。他说:"在中国人民面前摆着两条道路,光明的路和黑暗的路;有两种中国之命运,光明的中国之命运和黑暗的中国之命运。我们的任务不是别的,就是放手发动群众,壮大人民力量,团结全国一切可以团结的力量,在我们党领导之下,为着打败日本侵略者,建设一个光明的新中国,建设一个独立的、自由的、民主的、统一的、富强的新中国而奋斗。我们应当用全力去争取光明的前途和光明的命运。"

毛泽东向大会提交了《论联合政府》的书面政治报告,并就报告中的一些问题以及其他问题作了长篇口头报告。根据议程,朱德作了《论解放区战场》的军事报告和关于讨论军事问题的结论,刘少奇作了《关于修改党章的报告》和关于讨论组织问题的结论,周恩来作了《论统一战线》的重要讲话。

大会充分发扬民主,对重要报告进行了认真深入的讨论,尤其对毛泽东的政治报告,先后讨论修改达9次之多。七大原定会期较短,大会开始后,代表们纷纷要求延长,大会发言人数也突破了原定人数,先后在大会上发言的还有陈云、彭德怀、张闻天、李富春、陈毅、叶剑英、杨尚昆、刘伯承、彭真、聂荣臻、陆定一、乌兰夫、博古、高岗等,他们的发言代表了全党的呼声。大会经过深入讨论,一致通过了关于政治、军事、组织方面的报告,通过了政治决议案、军事决议案和新的党章。

大会选举产生了新的中央委员会和中央领导机构。其中,中央委员44人,中央候补委员33人。随后召开的七届一中全会,选举毛泽东、朱德、刘少奇、周恩来、任弼时、陈云、康生、高岗、彭真、董必武、林伯渠、张闻天、彭德怀为中央政治局委员;选举毛泽东、朱德、刘少奇、周恩来、任弼时为中央书记处书记;选举毛泽东为中央委员会、中央政治局主席。

中共"七大"顺利召开,其实很不容易。中共"六大"是1928年6月在异国他乡的苏联首都莫斯科举行的,而党的"七大"却到了1945年4月23日才在陕北延安召开,期间耽搁了整整17年之久。红军结束二万五千里长征胜利到达陕北后,中共中央就把召开"七大"提上了议事日程。1937年12月的中央政治局会议通过了《中共中央政治局关于召集第七次全国代表大会的决议》，决定近期内召开七大，并初步拟定了"七大"的主要任务和议事日程。然而，由于一些情况的相继出现和诸多因素的不断干扰，这个决议没能付诸实施。战争期间，把散落在全国各地的700多位党员代表召集到延安，极为不易。许多出席会议的代表是历尽艰辛才到达延安的。从代表赴延安的时间可以看出，七大代表早在离大会开幕还有六七年前就基本选出确定下来了，因此，与会人员踏上奔赴延安的路程，从这时就陆续开始了。由于处于战争年代，代表们去延安的路程可谓曲曲折折，困难重重，险象环生，甚至是冒着生命的危险。他们大都来自沦陷区或抗日根据地，要通过敌人的封锁区，交通不便，有的骑马，更多的是步行；因为路途遥远，环境险恶，有的化装成商人、小贩或乞丐，提前几年出发，靠一双脚板昼夜兼程；有的是由游击队护送来的，有的则是通过伪军的关系护送来的；有的是从国外辗转归来的；有的在路上遇到敌人袭击身负重伤，甚至牺牲在奔赴延安的途中。对党的忠诚，对延安的向往，使代表们历经艰险汇聚到了宝塔山下。

1943年1月13日，刘少奇正在主持中共华中局会议时，中共中央通知他回延安参加七大。当时，华中局的同志为了挽留刘少奇，曾给中共中央发电。中共中央没有同意华中局的要求，于1943年1月21日坚持要刘少奇返回延安，并让他顺道解决山东问题。考虑到刘少奇从苏北到延安千里迢迢，中间要经过许多日军和国民党的占领区，安全是个大问题。毛泽东极为关注和重视。2月13日，毛泽东亲自打电报给陈毅、刘少奇："少奇返延，须带电台，并带一部分得力武装沿途保卫。"20日又来电强调："护卫少奇的手枪班须是强有力的，须有得力干部为骨干，须加挑选与训练。"一口气连用了三个"须"，既可看出毛泽东对刘少奇的战友情深，又可见当时形势之严峻、情况之复杂。

3月19日，刘少奇等人动身，穿越日伪军严密封锁的陇海路，于3月底到达山东抗日根据地。刘少奇在山东期间，顺利解决了山东抗日根据地领导人之间的团结问题。7月下旬，刘少奇离开山东抗日根据地，向陕北进发，于12月30日到达延安。

陈毅是在1943年11月从华中抗日根据地赴延安参加七大的。25日一早，陈毅踏上赴延安的路程，经过3个月的跋涉，于1944年3月7日抵达延安。3月16日，华中局和新四军出席中共七大代表团成立，公推陈毅和张鼎丞任正、副主任。彭德怀和刘伯承是1943年9月一起去延安的，他们去延安是参加整风运动，之后留在延安参加了七大。刘伯承任晋冀鲁豫代表团主任。其它根据地的领导人贺龙、聂荣臻等也先后来到延安。

南方各省七大代表奔赴延安，历尽艰辛。1939年11月，香港党组织选出的七大代表有钟明等5人，分两批先后进入东江游击区，由东江纵队派人护送到韶关，与广东省委选出的七大代表古大存等会合，组成广东代表团。随后，广东代表团成员分别化装到桂林，在八路军办事处集中，换上了八路军战士的军装后，乘新四军派来的军车到达黄山附近的太平镇。由于前面没有公路，代表们徒步翻越黄山，先到泾县云岭新四军军部，后又转移到中共中央东南局驻地丁家山。在这里，他们与浙江、广西、湖南、江西、福建、上海、闽粤边、苏南等9个地区参加中共七大的代表共41人会合。1940年1月，新四军反"扫荡"取得胜利，铜陵、繁昌先后被攻克，七大代表北上的道路已经打通，东南局让七大代表立即出发，经敌后根据地到延安。为保密起见，东南局规定这支由代表组成的队伍对外称"服务团"，指定古大存为团长。1月20日，"服务团"在新四军军部一个连的护送下，从芜湖乘坐两只大木船，绕过日军的巡逻艇，渡过长江。之后，他们又随罗炳辉的部队夜间越过津浦路，辗转行军，到新四军江北指挥部半塔集。当时华中局也驻在江北指挥部里。华中局书记刘少奇给"服务团"每人送了一本《论共产党员的修养》，作为他们学习的理论课本。"服务团"在半塔集停留了半个月后，又向皖东北挺进，两渡古金河，夜行百里越过陇海路，经过台儿庄，抵达鲁南山区八路军第115师部抱犊崮。经过一个星期的休息后，第115师派老六团团长贺东生率一个加强连护送"服务团"去鲁西地区。在离大汶口不远的一个村子里，"服务团"遭到了伪军的包围袭击。这天一早，负责医疗工作的钟明起来到外面查看动静，刚刚出院，敌人的迫击炮弹已打到隔壁院子里。发现敌情后，他立即返回驻地找到卫生员一起收拾好药箱。但是，当他们冲到村口时，村口已被敌人的机枪封锁了。钟明只好和卫生员往回走。路上，他们又碰到一位掉队的同志，和队伍失散后，钟明等3人并没有惊慌，他们机智地翻越后墙，躲入玉米地里，后在群众的帮助下，找到游击队。当天晚上，在游击队的护送下，回到了"服务团"。钟明等人安全归队，使同志们惊喜万分，激动得互相拥抱，热泪直流。原来，大家都以为钟明等人在敌人袭击时牺牲了。古大存更是心情沉重，还准备打电报向党中央报告，引咎接受处分。

离陕北根据地较近的晋察冀七大代表，赴延安参加七大途中也同样历经危险。1940年4月，根据中共中央晋察冀分局的决定，北岳区党委、冀中区党委、冀东区党委选出的七大代表在阜平县集中组成一个行军大队，由赵振声（即中国共产党创始人之一李大钊的儿子李葆华）等带队赴延安参加七大。途中，为了避免与敌人遭遇，代表们只能走山路，走小路，夜行军。行军非常困难，平均一天走六七十里路。但大家想到能赴革命圣地延安参加七大，都不怕苦，不怕累，情绪很高。按照行军计划，队伍将从太原市西南白水镇通过铁路。那天晚上，他们通过了铁路后，沿着山路继续向前走。不久，日军发现了他们，在山顶上疯狂地向他们射击，这是晋察冀代表此行遇到的一个突发情况。当时，他们紧急从山路上撤下来，从山沟里突围。由于敌人不知虚实，没敢追击，否则后果不堪设想。这场战斗使晋察冀七大代表损失较大，有的代表被打死，有的被打伤，有的被俘。天亮后，幸存的代表们才陆续突围出来。最后，又经历几次险境，经过两个多月的艰难跋涉，晋察冀边区的七大代表于6月底到达延安。

据档案资料记载，新四军和皖南地区代表们的遭遇最为惨烈。他们一行24人，在到达安徽无为时，被国民党扣押起来，最后全部被杀害。

因此可以说，直到七大召开前的几天，会议代表才基本上全部到达延安杨家岭。

一时间，延安群星璀璨，几乎中国现代史上所有革命精英都聚集在这里。当时延安的生活条件很差，大批的七大代表到延安后，由于没有大的招待所，代表们除一部分住到中共中央党校外，其余的分散住在附近的机关、部队、学校里。尽管到延安后住得很简陋，吃得也很简单，但来自各敌后抗日根据地和沦陷区的代表们毫无怨言。他们来到延安，看到了延安的新气象，看到了新中国的曙光，因此，他们怀着兴奋的心情，等待那激动人心的时刻的到来。

七大代表们学习党内两条路线斗争的历史，弄清楚了以王明为代表的"左"倾机会主义者掌握了党的领导权，使党和红军受到惨重的损失。洛甫在会上作了检讨，给了代表们一个较好的印象。对博古的检讨，代表们不很满意。而对"左"倾路线的主要代表王明更是恨之入骨，特别给他提了很多意见，谁也不想投他的票。对于博古进入中央委员会，许多人想不通，会前党中央、毛泽东一再做代表们的思想工作，说明选上他们对团结犯过"左"倾路线错误的人有好处。毛泽东也说过，批判陈独秀时有些偏重个人责任，而对总结经验不够。与有不同意见的人合作共事，是毛泽东的一贯思想。中央委员的选举本来是45名，但王稼祥的票数因没过半数而落选了。党中央、毛泽东对王稼祥的功过有正确的评价，在选举中央候补委员时有意将王稼祥列为第一候选人。毛泽东在给代表们做工作时说：王稼祥同志犯过路线错误，但他是有功劳的。在第二、三、四次反"围剿"战争中，他提出过正确意见，遵义会议上发挥了重要作用，在六届六中全会上，从莫斯科回来的王稼祥同志对共产国际的意见作了正确的传达。选举结果，在33名中央候补委员中，王稼祥名列第二。

中共七大的一个重大历史功绩是确定了党的政治路线，即"放手发动群众，壮大人民力量，在我党的领导下，打败日本侵略者，解放全国人民，建立一个新民主主义的中国"。这条政治路线阐明了全党全国人民的奋斗目标是打败日本侵略者，建立一个新民主主义的中国；阐明了为实现这一奋斗目标，就要放手发动群众，壮大人民力量；阐明了加强党的领导是革命取得胜利的关键。

党的七大另一个重大历史性贡献是将毛泽东思想写在了党的旗帜上，确立毛泽东思想为党的指导思想并写入党章。1945年6月11日在中共七大闭幕式上，中共中央委员会主席毛泽东在闭幕词中向全党发出了鼓舞人心的号召：发扬愚公移山精神，"下定决心，不怕牺牲，排除万难，去争取胜利"。毛泽东的这篇闭幕词，会后经整理修改后，以《愚公移山》为题，收入《毛泽东选集》第3卷，成为马列主义、毛泽东思想的经典之作。

中共七大号召全党发扬三大作风，带领全国人民为实现党的任务而斗争。中共七大使全党的认识在马克思列宁主义、毛泽东思想的基础上统一起来，使全党达到了空前的团结和统一，为抗日战争和新民主主义革命在全国的胜利做了准备。

苏联向日本宣战——苏军出兵东北

1945年2月，美、英、苏三国首脑在苏联克里米亚半岛小镇雅尔塔举行了一次重要的会议，这时，德国法西斯临近灭亡，反法西斯战争接近最后胜利，美、英、苏之间的矛盾日益显露。丘吉尔、罗斯福和斯大林为了增强相互信赖，尽快结束战争，安排战后国际事务，三国首脑于1945年2月4—11日召开了7天会，就有关问题进行了详尽会谈。雅尔塔会议之后，在斯大林面前，有两种方案可供他选择。要么接受美英的主张，参加对日作战；要么接受日本的请求，扮演调停者的角色。第一种情况需要付出无数士兵的生命，后一种情况则不必流血。但因为苏联在第二次世界大战中的角色已发生转变，因此斯大林毫不犹豫地选择了前者。苏联早有对日开战准备，早在1944年的夏天，白俄罗斯战役刚刚结束，华西列夫斯基元帅就接到来自莫斯科最高统帅部的一份电报，斯大林告诉华西列夫斯基，他将被派往远东，指挥那里的部队同日本关东军作战。华西列夫斯基出生于1895年，1919年参加苏联红军，经历过两次世界大战，担任过连长、营长、团长、总参作战部长等职务，1943年晋升元帅，是第二次世界大战时期苏军的著名统帅，曾两次荣获"苏联英雄"称号。

1945年4月30日苏军攻克柏林，标志着战争即将结束，华西列夫斯基加快了制定对日作战计划。他的计划体现了苏军最高统帅部的意图，那就是消灭日本关东军，占领南库页岛和千岛群岛；接收中国的旅顺和大连，保证苏联太平洋舰队自由出入太平洋。他的计划得到了大本营和斯大林的肯定。当时，苏联在远东只有两个方面军的兵力，难以一举击败兵力占优势的日本关东军。大本营决定将西线兵力调往远东，因此进行了横跨亚欧大陆的运输百万大兵的秘密行动。百万大军的调动，是在极其保密的情况下进行的，要做到这一点很不容易，特别是苏联远东地区的铁路线与边境线最近处仅3公里，日本关东军在边境上可以看到苏联铁路线上的运输情况。但是，日军对苏军调运车辆的估算还不到实际数量的一半。苏联把如此众多的兵力、武器及其他作战物资从9000至12000公里外的欧洲战场迅速调到远东，而没有被日军发现，不能不说是一个奇迹。

1945年5月至8月，苏军几乎动用了所有的运输工具向远东滨海地区和外贝加尔运去了13万6千节车皮的部队和作战物资。在调运高峰的6月和7月，每天晚上发出的火车平均为26列。5月到7月，在西伯利亚、外贝加尔和滨海地区的铁路上，来往的苏军就达100万人。各路大军在乔巴山会合，然后向展开地域前进。从卡雷姆斯卡亚到乔巴山的铁路是单轨，无法保证正常的车流量，因此，部队往往要靠两条腿走很长的路。机械化牵引的炮兵部队和机械化兵团在赤塔和卡雷姆斯卡亚下车后，还要行军600至1200公里，即使从乔巴山到蒙古边界也要走250到300公里的路。

从西线调到远东的苏军有三个诸兵种合成集团军和一个坦克集团军，共12个军，39个师，75万人，使苏军在这个地区的兵力增加了一倍。到1945年8月，苏军在远东共展开了11个合成集团军、两个战役集群、1个坦克集团军、3个航空军集团和3个防空军集团、4个独立航空兵军，总兵力为157.77万人。另有2.61万门火炮、5556辆坦克、3446架飞机。此外，还有太平洋舰队和阿穆尔地区舰队。为了达到进攻的突然性，苏军不仅采取了严格的保密措施，而且还采取了一些迷惑日军的行动。所有部队的调动，都是用演习的命令下达的。边防部队仍然在按原计划巡逻，仍然像往常一样割草，并且有意在日本哨兵看得见的地方晒干草。同时，所有的坦克、汽车、火炮全部进入了地下坑道，上面进行了伪装。苏军采用了严格的无线电控制，新到的部队一律不准使用电台。

为了麻痹日军的情报机构，苏军指挥部不让部队进入居民区，也不能同居民接触，并且禁止做饭和砍伐树木。到前沿观察地形的指挥员一律穿士兵服装，指挥员用的都是化名。根据最高统帅部的安排，派往远东的三位元帅也要用化名，华西列夫斯基化名瓦西里耶夫上将，麦列茨科夫改名马克西莫夫上将，马利诺夫斯基成了莫洛佐夫上将。他们前往远东时，都奉命摘掉了元帅肩章。

在中苏边界的东面，有牡丹江和兴凯湖，还有太平岭、张广才岭和老爷岭，这三条山脉绵延400多公里，犹如一堵天然屏障矗立在中苏边界。此外，这里还生长着大片的原始森林。在中苏边界的北面，有连绵不断的小兴安岭和广大的丘陵地带，还有流经中苏边界的黑龙江（苏联称为阿穆尔河）。在西面的中蒙边界，有蜿蜒起伏的大兴安岭，平均海拔在1000米以上，在大兴安岭的南部分布着浩瀚的沙漠。

根据中国东北的地形分布，苏军在兵力上作了如下配置：滨海集团军群，由麦列茨科夫元帅指挥，下辖60万人，从中苏边境的滨海地区向吉林突击，并会同外贝加尔方面军和远东方面军作战，粉碎牡丹江地区的日军，并攻占哈尔滨、长春和朝鲜的清津，这是苏军在东部的主要攻击方向。远东方面军，由普尔卡耶夫大将指挥，下辖30万人，这些部队原来都集中在远东地区，没有经历过苏德战争的锻炼。突击方向是沿黑龙江直指哈尔滨，积极支援后贝加尔方面军和滨海集团军群，这是苏军次要的攻击方向。后贝加尔方面军，由马利诺夫斯基元帅指挥，下辖60万人，苏军在远东唯一的坦克集团军配备在这个方面军，他们参与东部的主要攻击方向。

苏军的突击方向有两个：一是以坦克集团军为主，横越大兴安岭、蒙古大草原和浩瀚的沙漠，插入伪满"首都"新京（长春）和工业中心沈阳；二是以机械化集群向长城以北推进，直指张家口、多伦一线，牵制日本华北方面军。

日本关东军无论如何也不会想到苏军竟会将坦克置于大兴安岭这个方向

上，在海拔1000多米的大兴安岭，突然窜出2000多辆坦克，这会大大出乎日军的意料。苏军坦克一旦进入山谷，日军就是想挡也来不及了。外贝加尔方面军在第一梯队就布置了600多辆T-34型重型坦克。

7月30日，最高统帅部大本营发出命令，任命华西列夫斯基为远东苏军总司令，负责指挥后贝加尔方面军、远东方面军和滨海集团军群以及太平洋舰队。从8月5日起，滨海集团军群改称远东第1方面军，远东方面军改称远东第2方面军。

8月6日，美国向日本广岛投放了原子弹，蘑菇云震动了苏联大本营和斯大林，莫斯科决定将原定于8月11日发动进攻的时间提前。8月7日下午4时30分，最高统帅部给华西列夫斯基发来训令，后贝加尔方面军、远东第1、第2方面军于8月9日开始军事行动。后贝加尔方面军和远东第1方面军的地面部队于8月9日晨越过满洲边境；远东第2方面军按照远东总司令的指示行动；太平洋舰队进入一级战备，着手布雷。

此时，日本在海外的部队共有3支，即中国派遣军、南方军和关东军，相当于三个总军单位。其中中国派遣军有105万人，被分割在中国关内的广大地区，指挥官为冈村宁次；南方军有100多万人，被同盟国军队分割包围在南洋诸岛和印度支那半岛；山田乙三大将指挥的关东军有90多万人，是日本在海外唯一完整的机动作战部队，其主要目标是防范苏联，同时也是本土决战的后盾。日本大本营考虑，如果本土决战失败，天皇就将都城迁往朝鲜或者中国东北。

日本大本营早在1931年就开始做准备，14年间，关东军为了修筑防御工事，抓来了大批中国劳工，用刺刀逼着他们在极其恶劣的条件下修筑工事。劳工病死后，尸体就被扔到山谷里，有的还没有死就被扔了。为了保密，劳工们修好工事后，日军就将他们残忍地杀害。1944年，关东军强迫劳工在内蒙古呼兰浩特附近修筑工事，完工后，日军将5000多名劳工全部杀死。据不完全统计，仅修建七项工程，关东军秘密杀死的劳工就达3万人之多。14年来，关东军在中苏、中蒙边界修建了17个筑垒地域，总长达1000多公里，有8000多个永备工事。黑龙江沿岸是关东军的重点防御地带，关东军修筑了5个防御区。这些筑垒地域，有的地方正面宽达20到100公里，纵深达30到40公里。炮兵工事内的火炮全部是240至410毫米口径，工事顶层厚达十多米。在筑垒地域还有410多个钢筋混凝土浇灌而成的仓库、20个地下发电站、70多个通讯枢纽、90多个地下水库，以及大量暗道、防坦克障碍物等，形成了一条宽40多公里的坚固防御体系。关东军还在东北修建了20个空军基地、133处机场、200多个起降场、400个机场点，可容纳6000多架飞机。另有150多座医院，计7.5万个床位，还储藏了可供180至200个师团使用的粮食、弹药和燃料。在交通方面，关东军修建了长达1.37万公里的铁路和2.2万公里的公路。

关东军修筑的这些工事的意图主要是用来进攻苏联的，而不是防御的。其弱点在于工事太多，且紧靠国境，作为进攻时部队出击的掩体还可以，但纵深防御工事很少。苏联红军一旦突破覆盖在外层的硬壳，就可以长驱直入软软的腹部，而且，这些工事的分布也不尽合理，主要集中在中苏边界的东部和北部，广大的西部地区，即中蒙边界工事却很少。关东军认为该地区自然条件恶劣，苏军不会从那里发起进攻。可是，事实证明关东军的判断存在着致命的失误。后来，苏军恰恰把这个地区当作主攻方向，结果关东军被打了个措手不及。

1945年8月，关东军可用于对苏作战的兵力，连同朝鲜的驻军在内共有24个师团、11个独立旅团、90多万人，加上"满洲国"和内蒙古的15万多伪军，兵力达到120万人。关东军司令部设在长春，当时称新京。下辖第1、第3方面军，独立第4军，第2航空队和驻朝鲜的第34军。为了对付苏联红军，关东军司令部将兵力作了如下布置：

第1方面军位于牡丹江，所以又称东满方面军，司令官为喜多诚一大将。下辖24万多人。兵力沿着苏联滨海地区国境线展开，主要布防于牡丹江、穆棱、敦化、图们、汪清、饶河、延吉、吉林等地，重点防卫区域是哈尔滨、珲春和牡丹江以东的吉林地区。

第3方面军位于奉天（沈阳），又称西满方面军，司令官为后宫淳大将。下辖20多万人。兵力配置在长春、洮南和沈阳，有两个师团分布在蒙古西部边界，该方面军是关东军预备队，其职责是担任东北西部防务。

独立第4军位于齐齐哈尔，又称北满方面军，司令官为植村中将。下辖10万多人。兵力配置在哈尔滨、齐齐哈尔、黑河、满洲里、海拉尔和瑷珲，其职责是担负北部和西部的防务。独立第4军受关东军司令部直接指挥，并得到关东军第2航空兵的协同作战。在武器数量和配置上，关东军远远比不上苏联红军。由于"本土决战"需要，关东军的大批武器被运走，到苏联红军发动进攻时，关东军可使用的坦克只有160辆、飞机155架。

同苏联红军相比，关东军的武器在质量方面也处于明显的劣势。关东军的坦克以97式坦克为主，没有重型坦克，都是一些中型和轻型坦克，重量只有15吨，装配47毫米炮一门，甲板厚度为20至50毫米。苏军的坦克多半是重型坦克，T34型坦克重量达32吨，是关东军的一倍多。装配85毫米炮一门，装甲厚度为35至70毫米。KBNC2坦克重达46吨，装配85毫米炮一门，装甲厚度为70至105毫米。NC2型坦克更厉害，装配了122毫米的重炮。

对于苏军的坦克，关东军真是可望而不可即。在这样的情况下，等待关东军的将是一种什么样的命运呢？

8月2日，日本外相东乡茂德电告驻苏联使馆佐藤大使，要他赶快去见苏联外交部部长（外交人民委员）莫洛托夫，请苏联出面调停日本与同盟国美英等国的紧张关系，并指示佐藤："可以在波茨坦公告的基础上同他们谈判。"日本政府中主和派希望结束战争的心情越来越迫切，但斯大林和苏联外交人民委员莫洛托夫当时还远在德国的波茨坦。斯大林和莫洛托夫回到莫斯科后，尽管佐藤一再要求拜见苏方高层，但苏方不慌不忙地叫日本大使耐心等待。这时，远东战争一触即发，上百万苏军正在分头秘密奔向出发地域。

进入1945年8月，日本东京大本营的战犯及官僚们似有预感，个个犹如热锅上的蚂蚁，8月7日，东乡外相在万分焦急之中又发电报催促佐藤大使，称："局势急转直下，必须尽快摸清苏联的态度。"因为斯大林没有在波茨坦公告上签字，苏联同日本到此刻为止还没有处于战争状态，所以日本认为，苏联是最合适的调停角色，即使斯大林不愿意出面调停，只要苏联能保持中立，日本就心满意足了。

可是在这个时候，斯大林考虑的已经根本不是调停，而是何时向日本宣战的问题。莫斯科时间8月7日下午4时30分，苏联最高统帅斯大林签署命令，命令苏联红军于9日零时开始进攻。将原定于8月11日发动的进攻计划，提前了2天。

随即，莫洛托夫通知焦急等待的日本大使佐藤，定于8月8日晚8时会见他。稍后，莫洛托夫又将会见的时间提前了3个小时，改为下午5时。佐藤得到莫洛托夫可以安排接见自己的消息，眼前仿佛出现了一道曙光，他很快把这个情况当作好消息发回到日本外务省，说当晚他终于能面见莫洛托夫了。

日本驻苏联大使馆与克里姆林宫之间的路程只有10分钟。佐藤大使提前从大使馆出发，当佐藤怀着忐忑不安的心情走进莫洛托夫办公室，莫洛托夫礼节性地同佐藤打了招呼。佐藤看到办公室里只有莫洛托夫和他本人，觉得情况有些不寻常。他镇定了一下，想按照7月17日东京电报的指令，转达日本天皇的

"旨意"。不料，莫洛托夫用手制止了佐藤，对他说："佐藤大使先生，我这里有一份苏联政府给日本政府的通知，我要传达给你。"

起初，佐藤还以为是苏联接受日本请求调停方面的内容，没想到竟然是一份苏联政府对日本政府的宣战书。他像当头受到雷击，一下子僵住了，大脑里一片空白。

莫洛托夫当即宣读了苏联对日本的宣战书：希特勒德国被打败后，日本成了唯一的仍在继续战争的国家。7月26日美英中三国关于日本武装部队无条件投降的要求遭到了日本的拒绝，于是，日本政府要求苏联调停远东战争的建议便失去了一切基础。鉴于日本拒绝投降，同盟国建议苏联政府加入反对日本侵略的战争……苏联政府认为，这项政策是唯一能够使和平尽快到来的手段，它将使人民免于进一步的牺牲和苦难，并给日本人民提供一个可能性，使其免于受德国拒绝无条件投降后所遭到的那种危险和毁灭。鉴于上述理由，苏联政府宣布从明天即8月9日起，苏联政府将认为它与日本处于交战状态。

十来分钟的见面，击碎了佐藤的所有梦想和努力。佐藤回到大使馆后，考虑如何向国内报告这一爆炸性的消息。他拿起电话，才发现日本大使馆所有向外联络的电话线，已在佐藤回来之前已经被苏方有关部门切断。佐藤只好写了一封明码电报，派人送到莫斯科电报局通过民邮系统发往国内，但即使这样，佐藤的电报也没能发出去。

事实上，莫斯科时间8月8日下午5时，东京时间已经是8月8日晚上11时。佐藤5时30分左右回到大使馆，这时已是东京时间11时30分之后了，距次日零时只有20来分钟了。也就是说，莫洛托夫向佐藤宣读战书的这段时间，苏联红军已经进入了攻击点。佐藤想告诉国内，已来不及了。

苏联人把一切细节都考虑得很好了。

所以，当苏联红军向关东军发动进攻时，日本一方还没有得到任何消息，也没有准备。日本喜好突然袭击，苏联在这一方面，丝毫不逊于日本。

9日上午，苏联驻日本大使马立克要求约会见东乡外相。11时15分东乡才会见了马立克，见面后，马立克将一份迟到的宣战书递交给了东乡。东乡阴沉看脸，真想大骂苏联"卑鄙"，但他也知道日本自己这样的事情做得更多。马立克也没有多做寒暄，仰长而去。

苏联向日本宣战的消息马上就传遍了全世界。位于中国西北黄土高原上的延安，一缕晨光射进窑洞。毛泽东披着一件衬衣从窑洞里走出来，八路军参谋长叶剑英兴奋地跑来告诉毛泽东,新华社刚从广播中收听到一则消息,说苏联向日本宣战了,苏联红军已经越过了边界线。

毛泽东听后,非常高兴,立即以他和朱德的名义向斯大林发了一封致敬电:

"斯大林大元帅:我们代表中国人民,对苏联政府的对日宣战,表示热烈的欢迎。中国解放区的一万万人民及其军队,将以全力配合红军及其他同盟国军队,消灭万恶的日本侵略者。"

消息传到重庆后,蒋介石也于当天给莫斯科发了电报:

"斯大林大元帅:苏联今天已向日本宣战,中国人民深为振奋。余谨代表中国政府和全体军民,向阁下及贵国政府暨英勇的苏联军民表示真诚的佩慰。当中国抗战之初,苏联给予我们极大的精神与物质援助,中国人民莫不感谢……余深信已陷绝境仍负隅顽抗之日寇,必因贵国压倒势力的加入,思想完全崩溃,东亚永久和平必能早日奠定。"

随着斯大林的一声号令,早做好准备的苏联红军远东军区部队,从8月9日零时起,全线发起了对日本关东军的进攻。

第八十八独立步兵旅

在苏联进入东北前,第八十八独立步兵旅的中国同志已经开始行动了。1982年春天,笔者曾经在保定军分区五四路休干所采访了原抗联老战士、国际第八十八独立步兵旅上尉张光迪。他详细叙述了该部从苏联进入东北的经过。

1941年冬,日本驻东北的关东军达70余万人。东北抗日斗争形势更加恶化,抗联人数在日军的围困下锐减到不足1000人,几乎完全潜居在高山密林中,失掉了同人民群众的联系,活动更加困难。为了保存力量,根据共产国际的正式决定,抗联主力陆续转移到苏联远东边疆的南、北两个野营进行集中整训,番号为抗联教导旅。为了便于对这些过境部队统一领导和管理,苏军建立了两个驻屯所,这便是被抗联战士称为"野营"的地方。野营有南北之分。北野营位于距伯力东北75公里处的雅斯克村,依山环水,森林茂密,具有天然的滑雪场和游泳区,是军事和体育训练的最佳场所。因位于黑龙江边,能与外界联系,又非常隐蔽,这里被选为建立东北野营的最佳地点。黑龙江的俄文是

"阿穆尔"，字头为"A"，所以，这里被简称为A营。先期过境整训的抗联第二路军总部直属部队、第三路军三支队，约300余人驻扎于此。南野营位于海参崴（符拉迪沃斯托克）与双城子（沃罗什诺夫）之间一个被当地人称为蛤蟆塘的小地方。因其靠近沃罗什诺夫城，故也被称为B营（沃罗什诺夫的俄文字头为B）。抗联第一路军警卫旅和二、三方面军500余名将士驻B营。抗联将士到了营地后，自己动手伐木盖房、开荒种地，建立临时休整基地，进行政治、文化学习和军事训练。周保中担任了这两个野营的中共党组织的领导人。他一面指导这两个野营的整顿训练工作，一面不断派遣游击小分队回国侦查并指导南满和吉东地区的抗日游击运动。

抗联战士进入苏联营地后，后勤供应由苏军负责。军装多用苏军替换下来的棉衣、军大衣、少量的皮大衣和毡靴、棉皮鞋等旧衣物。每个抗联战士每天1公斤面包，还有少量的菜、食用油和肉类，开始阶段这些食品仍显不足，苏军司务长彼得罗维奇对此十分不解，这些面黄肌瘦的中国人怎么这么能吃。后来当他了解到中国战士在抗日斗争中常年啃树皮、吃草根，甚至把皮带都煮了吃掉的情况后，大为震惊，开始努力提高供给标准。抗联战士进入营地后，很快健全编制、按照正规部队进行建设。他们的军事训练按照苏军的条令进行，冬季在零下三四十摄氏度的户外训练，抗联战士没有叫苦怕冷的。苏军教官安德烈少校不由得跷起大拇指，连称："玛拉介茨（俄语：好样的）！"

1942年8月1日，苏联远东军司令员阿巴那申克大将来伯力抗联教导旅驻地检阅部队，正式宣布："授予抗联教导旅以苏联远东红旗军第八十八独立步兵旅番号。"该旅正式组建。对外番号是八四六一步兵特别旅。第八十八独立步兵旅成立后，按照苏军要求统一了苏军军装，配齐了武器装备，进行了授衔。该部名义上归苏军远东部队代管，装备由苏联远东军区提供，干部战士分别授予苏军军官、军士军衔，薪金和待遇与苏军同级指战员相同。全旅官兵共1500多人，其中抗联人员643名，其余人员是朝鲜人及苏联籍的亚洲人。营以上的副职军官由苏联军人担任。初期没有设政委、政治部，只设政治副旅长，后改成政委。周保中任旅长，抗联第三路军总指挥李兆麟任副旅长（实为政委）。全旅编为4个步兵营，1个无线电营，1个迫击炮连，1个教导大队。每营两个连，每连3个排。每营装备重机枪6挺，每连装备轻机枪9挺，每排装备冲锋枪15支。

据第八十八独立步兵旅第2营3连连长彭施鲁回忆，中苏两国官兵关系十分融洽。在苏军的协助下，除了搏斗、刺杀等基本技能外，第八十八独立步兵旅的将士还接受了跳伞和滑雪训练，针对东北气候严寒、冬季雪大的特点，第八十八独立步兵旅高度重视滑雪训练。虽然战士们摔得全身青一块紫一块的，但仍然坚持训练。第八十八独立步兵旅在苏联的训练中不断成长、不断壮大，由游击队发展成为一支掌握先进武器装备的专业部队。

1945年5月德国战败后，第八十八独立步兵旅的伙食标准忽然得到提高。官兵发现，黑面包变成了白面包，午餐肉食的量也增加了。原来需要交钱吃饭的军官们现在也不要交钱了，伙食费全免。就连一直限量供应的香烟、黄油和糖的供应量也比以前多起来了。干部悄悄问苏联军官："这到底是咋回事呢？"苏联军官告诉他们说："这就是战争二线部队的供应标准。"这些变化使第八十八独立步兵旅的官兵们确信，对日军作战已迫在眉睫，大家都兴奋不已，每天想方设法打听消息。

7月10日，斯大林来电邀请周保中、崔石泉赴莫斯科会谈。11日上午，斯大林在克里姆林宫接见了周保中、崔石泉，共产国际负责人季米特洛夫陪同接见。斯大林笑着对周保中说："你愿意配合苏军作战反攻东北，我真高兴！你梦寐以求的东北解放将要实现了。我电告延安的毛泽东同志……"会谈举行了一个小时。临走的时候，斯大林和周保中紧紧拥抱。

张光迪时任独立第八十八旅连长，苏军上尉军衔。9月初的一天上午，张光迪被一辆军车送到伯力机场，草坪上，一架安Ⅱ型飞机早停在跑道上等候。他看到，一同回国的共有12个中国人，都是原抗联的同志。飞机起飞后，飞行了一段儿时间，在黑龙江绥化降落后，大家分头展开工作，张光迪乘坐苏军卡车到了海伦县。海伦县地处小兴安岭向松嫩平原的过渡地带，苏军已经占领了此地，并在县城建立了司令部。统一管辖当地的治安苏联红军全面出兵东北以后，抗联指战员分三批回国，第一批是七月份的向导和侦察部队，根据苏军的命令，1945年7月上旬从第八十八独立步兵旅派出340名指战员作为第一批先遣队到苏军，进行统一的军事训练后，分派到第一方面军160名、第二方面军80名、后贝加尔方面军100名，担任苏军向导或执行特殊的战斗任务。第二批是空降部队，7月下旬到8月上旬，由侦察分队的280名指战员组成的20多支"伞降特遣队"，先后用飞机空投，秘密潜回中国东北境内，在牡丹江、佳木斯、哈尔滨、长春、沈阳等地进行战前侦察。空降小分队中有很多人为了祖国的光复牺牲了生命。8月9日，伞降队员孙吉友在牡丹江海林拉古南甸子一带跳伞后因伞出现故障未打开牺牲了。8月10日，徐雁辉、郭喜云小队从苏联起飞，在东宁大肚川空降时，飞机被日军炮火击中有两人牺牲。

伞降队员大多是在营地训练中的尖子，秘密回到东北后，利用各种方式接近或潜入日军数百个营区、工事、弹药库、军事谍报指挥机关等要害设施，将日本关东军的17个战略地堡及中苏边境上三道防线，无一遗漏地标注成空袭目标，并制成图表，由交通人员星夜传递越界过江，送到抗联第八十八独立步兵旅情报中心。在此期间，侦察员们不仅摸清了日本关东军的军力部署情况，还多次完成了破坏等任务。在十几天的时间里，"伞降特遣队"成员就牺牲了大半。在此期间，侦察队员完成的最具传奇色彩的事件，莫过于炸毁虎头要塞的"亚洲第一炮"。虎头要塞位于黑龙江完达山脉的丘陵之中，是日军为进攻苏联而秘密修筑的边境军事要塞，拥有庞大的进攻和防御体系，是中苏边境东段的核心阵地之一。在要塞的山顶有一门榴弹炮，炮身直径为1米，炮口直径为41厘米，炮长约20余米，号称"亚洲第一炮"。它的杀伤力极为惊人，装药量为1吨，一颗炮弹竟有4米长，最大射程达20公里，可以打到苏联的土地上，对即将出兵东北的远东军威胁极大。在苏军发动总攻的前夜，第八十八独立步兵旅小分队混入虎头要塞，冒险炸掉了这门"亚洲第一炮"。

苏军在8月9日发动进攻之前，苏军最高统帅部印制了日军在东北防御体系的资料图册，下发连以上干部，人手一册。图册详细绘制了日军防御工事结构、位置、坚固程度、火力配备等情况，为苏军迅速摧毁日军防御体系提供了可靠的保证。毫无疑问，苏军绘制的情报图册，凝结着指战员的鲜血和生命。8月9日，150万苏军分三路对日本关东军发起闪电攻击，指战员200余人直接参加了先遣队。他们全力配合苏军的正面攻击，使关东军的机场、铁路、桥梁、堡垒等目标迅速被摧毁。事后，华西列夫斯基元帅发来热情洋溢的贺电，他说："第八十八旅英勇的中国战士们，感谢你们用生命和鲜血换来的情报，为我们远东军进攻中国东北起了重大的作用，特别是对日本关东军戒备森严的要塞、堡垒进行的侦察和营救活动，高度体现了中国战士的优秀品格和顽强的战斗精神。我代表苏联人民感谢你们并向你们致以崇高的敬意。"

8月9日苏军参战后，第八十八独立步兵旅留下的大部分人员积极要求参战，11日上午，全旅400多中国将士带上装备，来到伯力，准备登上一艘苏联军舰回国参加战斗，就在这时，一个联络军官突然跑来找到周保中说："斯大林同志听说你们要出发，拍了电报给你们！"周保中打开电报一看，电报上写着：东北是你们中国人民的东北，苏联红军的任务是解放东北。建设东北的任务是你们的，待命。"很显然，斯大林是怕第八十八独立步兵旅在进攻战斗中遭遇重大伤亡，而是准备把他们在最需要时派回。周保中将电报内容传达给大家，大家都很感动，很快返回营地待命。

在重返东北被苏方阻止后，八十八旅便派遣小部队进入东北。主要任务是寻找收容遣散的旧部，建立地方党组织，坚持游击斗争，执行军事侦察任务。这种小部队的派遣有两个组织系统，一种是受苏方制约，由苏方指定任务，由抗联派遣。另一种是苏军抽调抗联人员，直接派遣。

8月26日，苏联远东苏军总司令华西列夫斯基元帅对八十八旅下达了行动命令。由于战局急转直下，苏军将抗联反攻作战的任务转变为抢占东北，即抗联随苏军远东军分赴东北各要点。在特定的历史条件下，八十八旅的任务由反攻作战转变为接收东北。

最后一批返回中国的抗联战士编为4个队，任务是迅速接收东北，进行建军、建政。第一队共170人乘飞机分赴哈尔滨、吉林、延边等地；第二队40多人，乘飞机赴佳木斯地区；第三队102人，乘飞机赴长春、沈阳各点；第四队30多人，乘飞机分赴齐齐哈尔、绥化、大连等地。四批人共分布在57个战略要点和城市。

抗联将士一踏上东北土地，每个人都无法抑制内心的激动。他们扑倒在地，热泪横流，无限深情地亲吻泥土，张大嘴巴呼吸祖国的新鲜空气，放声高喊："啊，我们回来了！"抗联战士进入战略要点后，迅速投入接收工作。所有的抗联战士都着苏军军装，有苏军军官证，他们大多数都会讲俄语。抗联官兵的苏军身份为中国共产党的部队进入东北、与苏军取得联系、达成默契提供了极大的方便。张光迪到司令部后，见到了司令官哈巴罗夫将军，这是一个鬓发斑白的老军人。他很热情，一只有力的大手紧紧握住张光迪，他说："你来海伦当副司令，上级已经通知了。欢迎！欢迎！"

张光迪在苏联多年，也学会了俄语，他也高兴地说："哈巴罗夫同志，我在这里，还需要苏联同志的支持呢。"

哈巴罗夫将军爽快地说："没有问题！"

张光迪担任副司令，就住在了苏军司令部里，他白天出去寻找当年失散的抗联人员，晚上回来住到苏军司令部里。他经常与哈巴罗夫将军边喝酒，边聊天。从谈话中张光迪得知，哈巴罗夫将军是参加过十月革命的老战士，对中国革命十分同情。张光迪1933年底参加抗日游击队后，历任游击队分队长、东北抗联团长、师长等职，大部分时间在汤原、海伦一带活动，对当地情况熟悉。他详细介绍了本地社情、民情，给哈巴罗夫将军很多好的建议。

当时，海伦县有一些政治土匪趁机作乱，也有所谓国民党"县党部"在活动。哈巴罗夫将军根据张光迪的建议，派出坦克将政治土匪击溃，也悄悄给了张光迪一些武器，帮助他建立武装，以备苏军撤退后，将县城交给共产党。年底，哈巴罗夫将军接到撤退的命令，他悄悄地将撤退的时间告诉了张光迪，使其能在第一时间接管县城，并及时成立了县政府。40多年后，在回忆中，张光迪还对哈巴罗夫将军充满了感激之情。

山田乙三司令官和关东军末日

8月8日晚，关东军司令官山田乙三大将应日本满铁总裁三浦的邀请，于当天从新京（长春）来大连观看日本歌伎的演出。对于边境发生即将发生的战事，山田乙三全然不知。甚至在苏联已经宣布开战，苏军展开全面攻击后，迷糊的山田乙三仍然不为所知。

8月9日一大早，还没起床的山田乙三被他的参谋长秦彦三郎的电话惊醒："司令官阁下，据国境守备队报告，今天凌晨俄国军队向我们发起了进攻。"

山田乙三不相信自己的耳朵："你再说一遍。"

电话里，秦彦三郎大声重复了一遍："俄国人向满洲发动了进攻，飞机正在轰炸新京。"

山田乙三的脸色立刻变了，赶忙爬起来，乘坐汽车赶往机场。大连正下着瓢泼大雨，山田乙三此时已经顾不上雨水，也顾不得雨天不能飞行的禁忌，下了汽车就直奔飞机，钻进机舱，就命令起飞。13时，山田乙三的座机在布满弹坑的长春机场的跑道上颠簸了几下终于停住了。他走下飞机，有些发懵，机场一片狼藉，满眼是炸坏的房屋、满地的弹坑，地勤人员正在紧急清理障碍物，远处被炸毁的一座建筑物正冒着滚滚浓烟。

山田乙三径直朝关东军司令部赶去，路上不断传来刺耳的警报声。随即有一群苏联飞机从天上飞过，山田命令司机加快速度，不要顾及苏军飞机的轰炸。汽车在司令部前停了下来，卫兵们向司令官敬礼，山田乙三只是摆摆手，连回礼的工夫都没有了。走进司令部，参谋长秦彦三郎急忙报告当前战况。

"今日凌晨，苏联军队分三路越过边境，向满洲发动了突然进攻。"其实，关东军司令部是8月9日早晨6时才从通讯社广播中得知苏联已向日本宣战。关东军上上下下都没有思想准备，已经陷入了混乱。

东京，8月9日上午10时30分，日本大本营紧急招集有关人员，召开最高战争指导会议，商讨对苏联参战的对策问题。首相铃木、外相东乡、海相米内、陆相阿南、总参谋长梅津美治郎参加了会议。

东乡茂德在会上说："今天早晨接到了关于苏联态度的广播消息，但这不是该国政府正式公布的通牒。佐藤大使的电报还没有到，马立克大使那里也没有任何联系。"

此时，东京已经得知以下消息：塔斯社公布苏联对日战争宣言；英国外交部发言人对外发布声明。但是，日本大本营认为目前还未进入同苏联全面作战时期，因此日军上下还未进入战争状态。在情报不准、战况不清的8月9日，从日军大本营到关东军上下，就是两个字：混乱。

8月10日清晨，苏军红旗第1集团军前锋75坦克旅和267坦克旅已经推进到石头河左岸。8月11日，第26步兵军开始进攻牡丹江。苏联红军越过边境后，一路所向披靡。面对苏军锐利的"向心攻击"，号称"皇军之花"的日本关东军，顷刻间变成了"凄惨稻草人"。

8月11日，悬挂在关东军司令部大门上的菊花纹章忽然不见了。这天清晨，长春至通化的铁路上，火车往返的频率非常高。苏军越过边界的同时，出动飞机轰炸了长春。关东军司令部放在长春来已经不安全了，于是，山田乙三决定将关东军司令部搬到通化。

关东军看中通化，原因在于：第一，通化与朝鲜只有一江之隔，它位于长春至珲春、清津、罗津之间，到朝鲜非常方便。根据日本大本营关于确保朝鲜的指令，通化作为关东军司令部的第二驻扎地点，可以说再理想不过了；第二，这里群山环绕，森林茂密，便于防守。

关东军司令部在撤退时，还不忘带上臭名昭著的731部队，生怕落在苏军手里留下证据。接到撤退命令后，731部队炸毁了所有营房，残忍地毒死了还活着的囚徒。这些囚徒，多半是被俘的八路军和在诺门坎被俘的苏联红军。在爆炸动物实验大楼后，那些携带疫菌的老鼠到处乱窜。731部队干完这些丧尽天良的坏事后，从哈尔滨撤到朝鲜。日本战败后，关东军司令及其下属均成了阶下囚，而血债累累的731部队却在部队长石井四郎率领下从朝鲜平安地回到日本。

原来石井四郎将细菌试验资料交给了美国人，以此换得了免于追究战犯责任的处分。此外，关东军司令部还带走了伪满中央银行里的五亿货币，甚至掠去了四吨鸦片，大量白金、钻石也被洗劫一空。

8月14日上午，关东军司令部还在通化研究日后的作战方针，午后就从"满洲国"通讯社得知，战争似乎要结束了。下午4时，通化关东军司令部指挥所接到留守在长春的第二课原野博起参谋的电话，说东京有重大事情相告，总司令官必须返回新京。于是，山田乙三和秦彦三郎急急忙忙地从通化赶往长春。到长春后，又接到大本营的电报："明天15日正午，将有重要广播，请收听。"

重要广播究竟指什么，关东军一帮人并不清楚，在忐忑不安中度过了一夜。8月15日中午12时，房间里的收音机打开了，关东军司令部通化和长春两个地方的全体官兵们肃立聆听了天皇的玉音广播。也许是太宁静的缘故，以至于眼泪落到地板上都能听得见"啪啪"的响声。下午2时，关东军副参谋长兼第一课课长松村知胜少将奉山田乙三命令乘坐专机前往东京，去探个究竟。夜里9时，松村从东京打来电话，说大本营到现在还没有发出正式统帅令。

不过，当天下午，大本营已经给关东军发出了"大陆命"第1381号，要关东军"停止积极进攻行动"。据此，关东军命令空军的飞机不要再起飞，但没有向地面部队发出停止抵抗的命令。

日本已播送"终战诏书"，但莫斯科仍然命令他的部队不要停止战斗。斯大林大元帅接通了华西列夫斯基元帅的电话，两人商量后，决定继续作战。8月16日，苏军总参谋部在《真理报》上发表如下声明：1. 日本天皇8月14日关于日本投降的公告只是关于无条件投降的一般性宣言。对武装部队还未发出停止战斗行动的命令，日军武装部队依然继续抵抗。因此，日本武装部队还没有真正投降。2. 只有当日本天皇命令自己的武装部队停止战斗行动并放下武器，而且这一命令确实付诸实行时，日本武装部队才算投降。3. 有鉴于此，苏联远东武装力量将继续同日本作战。

听到天皇的"终战诏书"，莫斯科倒真的担心起日本投降了。因为苏军进入东北不过一周时间，奉天（沈阳）、新京（长春）、哈尔滨这些大城市还没有拿到手。此时，蒋介石又在请求美国将其军队运往东北，这就不可避免地加重了斯大林对美国插手东北事务的担忧。莫斯科的苏共领导人自然清楚，停战时的军队位置就是战后谈判的有利砝码。从战后远东的国际地位考虑，斯大林要想夺回沙皇在东北失去的利益，苏军就必须赶在美军进入中国东北之前占领各要地。

8月16日，苏军第35集团军逼近佳木斯至图们江铁路，截断了关东军独立第4军同牡丹江集团的联系。红旗第1集团军也于当天攻克牡丹江，歼灭关东军4万多人。

当天晚上，关东军司令部召开幕僚会议，这是一次生死攸关的会议，因为它将决定关东军的命运，关东军所有的参谋幕僚都参加了。会议围绕三套方案展开了激烈的争论：第一，抵抗到底；第二，继续战争，在有利条件下相机停战；第三，立即停战。在日本天皇已经发布"终战诏书"的情况下，同意第一种方案的人居然占多数，由此看来，把战争继续下去的论调在关东军上层显然占据上风。

作为关东军的最高指挥官，山田乙三、秦彦三郎自然明白，如果拒绝投降，就意味着违背了天皇的旨意，这是他们不愿做到的。因此，他们陷入了两难境地。但是，当天皇旨意同将士们的愿望发生冲突时，他们最终还是选择尊重天皇的旨意。秦彦三郎当即表示："我们作为军人，除服从陛下命令，别无忠节之道可言，否则，将永世成为乱臣贼子。那些顽固坚持作战的人，最好先把我的头颅砍下来，然后再继续战争。"这算是秦彦三郎的一番肺腑之言。

山田乙三也强调说："诸君心情我十分理解，但是圣断已下，本军只能奉戴圣旨，全力以赴终战。"

此后，东京的日本大本营又向关东军司令部连发两道命令，要求关东军停止作战行动并同苏军进行交涉。8月17日清晨，关东军停止抵抗的广播传到苏军驻地。下午，为促使战争结束，日本天皇向海陆军人发布了与美英苏及重庆媾和敕语。同时，皇族们被派往各地劝说军人投降。当天，竹田宫亲王奉命赶到长春传达圣旨，敦促关东军向苏军投降。

下午5时，苏联远东军司令部华西列夫斯基元帅接到关东军司令山田乙三大将的电报，称关东军"奉天皇之命停止军事行动"，向苏军缴出武器。晚上7时，日军飞机在苏联远东第一方面军驻地投下两个信筒，内有关东军第一方面军司令部有关停战的请求。

天皇的"终战诏书"在收音机里播放后，日军地面部队并没有全部放下武器，一些官兵们长期受武士道精神的熏陶，拒绝当俘虏。他们在部分地区还加快了进攻，甚至向苏军实施反突击。后来，关东军司令部对苏军作了如下解释：开战后的第二天许多部队就失去了联系，司令部的命令无法传达到所属各部。

根据这个情况，华西列夫斯基电告山田乙三："日本关东军司令部曾发报给远东苏军司令部提议停止军事行动，但却只字不提满洲的日本武装部队的投降问题。同时，日军在苏军战线的一系列地段上却发起反攻。兹向关东军司令部提出，从8月20日12时起全线停止对苏军的任何战斗行动，放下武器，缴械投降。之所以提出上述期限，是为了使关东军司令部能够使停止抵抗和投降就俘的命令下达到自己的所有部队。一俟日军开始缴械，苏军即停止战斗行动。"同时，华西列夫斯基命令远东第一方面军司令梅列茨科夫，立即派人赶往牡丹江，通知关东军司令部的代表："只有当日军开始缴械投降时，苏军的军事行动才会停止。"苏军红旗第1集团军奉命继续进攻，部队沿中东铁路向西推进，很快占领了海林镇。

8月18日下午，关东军司令部终于向所属各部下达了投降命令，并通知了苏联远东军司令部。旋即，华西列夫斯基指示各方面军"立即占领长春、奉天、吉林和哈尔滨这几个城市"。为了达到这一目标，"必须派出专门编组的装备精良的快速支队"。苏联红军经过前一段时间的快速推进，后贝加尔方面军越过了几百公里的无水地带，坦克、汽车缺水少油，不得不停下来等待供给。为了不延误行动，苏联远东军司令部命令各部派出"快速支队"。

8月18日以后，关东军有组织的大规模抵抗已经结束。苏军空降部队开始在奉天（沈阳）、新京（长春）、哈尔滨、吉林等中心城市降落，赶在美军之前强占这些地区。在空降兵之后赶到的是由坦克部队、机械化步兵、自行火炮部队组成的支队。就在这天，红旗第1集团军的先头部队抵达横道河子，在那里，他们得到通知：关东军投降了。关东军司令部下达的投降命令还算及时，否则，在苏军强大攻势面前，不知日军还要葬送多少性命。

8月18日下午5时，扎别林指挥120名空降兵从霍罗利机场起飞，经两个小时的飞行，于7时降落在哈尔滨机场，他们遇见了关东军参谋长秦彦三郎。秦彦三郎受关东军司令部的派遣，到哈尔滨同苏军进行交涉。苏军全权代表谢拉霍夫少将向秦彦三郎通报了苏军的最后通牒：

一、为避免无谓流血，苏军统帅部建议日军立即停止抵抗并有组织地投降；

二、在苏军统帅部下达特别命令之前，关东军所有将领在自行投降的条件下允许持有冷兵器并留在自己的房间里；

三、苏军到达前，日军指挥部应负责保管武器弹药、仓库、基地及其他军用物资；

四、哈尔滨市内和郊区一切最重要的目标由苏军空降兵占领；

五、在苏军到达之前，由日军负责维持哈尔滨市内和市郊的秩序，为此，日军可以保留部分武装分队，但必须有军官率领。

8月19日下午，关东军参谋长秦彦三郎来到苏军远东第一方面军司令部梅列茨科夫元帅的指挥所。苏军提出了受降程序，并指定了受降时间、地点和行程路线。同时，苏军警告关东军，日军必须有组织地缴械投降，而且俘虏的伙食起初由日军自行安排，部队连同伙房和存粮全部移交给苏军。

华西列夫斯基元帅也在场，他要求关东军所有部队的投降应在8月20日12时之前结束。关东军的行动相当快，秦彦三郎刚从苏军指挥部回到长春，日军独立第4集团军司令官村上就将整个东北日军的投降命令、将领名单连同哈尔滨日军守备队的材料送到苏军手里。

从8月19日这天起，关东军开始有组织地向苏军投降。当天拂晓，后贝加尔方面军的全权代表阿尔乔缅科飞抵长春关东军司令部。什捷缅科大将在回忆录里记述了受降的情况："山田的办公室里正在开着一个什么会议，这位苏联军官中止了会议并向日本人提出了立即投降的要求。关东军司令官默不作声。只是当我空降运输机和轰炸机出现在城市上空时，他才恢复了说话的能力。这时山田又企图提出他的一些什么条件。阿尔乔缅科根据所受领的指示断然拒绝了他的要求并坚决要求立即投降。山田司令官这才第一个取下佩刀，将它交与我特命全权代表，承认自己成了苏军俘虏。随后室内所有其他日军将领也采取了同样的行动。"

8月20日上午，关东军第5军司令官清水带着5名将军来到牡丹江苏军红旗第1集团军指挥部，向苏军投降。苏军对他们进行了审讯。清水的身材矮小，体态肥胖，留着一头短发。此时的清水，脚穿高统骑兵靴，就连当了俘虏还不忘佩戴勋章，但表情流露出了不尽的沮丧。

苏军的突击确实达到了出奇制胜的目的。战前，关东军第5军共6万多人，到投降时，只剩下2.6万人了。其他人大部分伤亡和逃散。尽管如此，清水仍然摆出一副武士道的神态，说他的部队还能作战，他还有2万多效忠天皇的士兵，他们会战斗到最后一刻。别洛鲍罗多夫还记录了清水在被审讯时说的一段话："我们厌恶听到'俘虏'这个词。我们不认为自己是俘虏，我们是根据诏书停止军事行动的，我们从来没有遭到过失败。如果同苏联的战争继续下去的话，我们所有的军人都会战死在沙场上。根据以上陈述，我请求严重注意'俘虏'一词的使用。"

别洛鲍罗多夫终究以胜利者的姿态命令道，在今天，贵军就应当完全解除武装，并在我军押解下成团纵队前往战俘收容所。为避免引起误会，每支队伍还是举一面白旗为好。

8月20日下午，别洛鲍罗多夫率领红旗第1集团军司令部到达哈尔滨，接受日军第4军的投降。

8月22日，别洛鲍罗多夫指令日军第4军司令上村干男，要其命令全军停止作战行动，向苏军缴械投降，将装备及军队撤出哈尔滨市区，到郊区战俘营集中；停止日本军人在市区的一切单独或结伴行动；向苏军交出仓库、基地及其他军用物资；在行进途中保持军人纪律。司令上村干男执行了命令，一天之内，关东军第4军及其直属部队共4.3万人向苏军投降。但是，苏军仍在追剿藏匿于深山老林里的小股日军，这些都是特攻队员。这项工作持续了将近两个星期，直到9月初才结束。期间，发生了一些相当规模的战斗，那些不肯放下武器的日军，全部被歼。

战争开始后，尽管莫斯科大本营最高统帅部命令苏军在日军投降的地段上停止战斗，但实际上苏军并没有这样做，而是继续向预定地域推进。8月22日，苏军到达了他们向往已久的土地——旅顺。

苏军自8月9日开战以来，至战争结束，共打了24天，其中大规模战斗只有11天。据苏方统计，苏军共击毙日军8.3万人，俘虏59万多人，其中有148名将领，缴获火炮1565门，迫击炮2139门，机枪1.2万挺，坦克600辆，飞机861架。苏军伤亡3.2万人，其中阵亡8000人。

关东军成立于1905年日俄战争之后，到1945年，正好40年。关东军的覆没，印证了斯大林的那句话：我们"已经等了40年"，而"这一天终于来到了"。苏军消灭了当年打败沙俄军队的日本军队，这个"污点"被"洗清"。

美军的冲绳岛登陆战

冲绳是琉球群岛中最大的岛屿，位于日本九州与中国台湾两地之间岛屿链的中点，距两地各约370海里。冲绳岛长约100公里，宽10余公里，总面积约为1100平方公里，跟相邻的硫磺岛相比，可算是个巨无霸。冲绳岛的形状像一条背部拱起的卧蚕，尾向日本九州，头向中国台湾，斜卧在东海边缘。岛上森林密布，地形崎岖，石灰岩洞穴密布全岛，尤其适合防守。

对于日本而言，冲绳岛是太平洋上的最后一道关口。冲绳一旦失守，本土、朝鲜以及中国沿海地区的制海权、制空权将全部丧失，日本赖以维持生存的通往东南亚的海上交通线将被彻底切断。因此，日军大本营判断美军在进攻日本本土之前，必先在冲绳岛登陆，所以日军对冲绳的防御极其重视。自1944年7月马里亚纳群岛失守后，日本就开始重点加强冲绳岛的防守兵力和防御工事。

到1945年1月，日军在冲绳岛上的兵力为陆军两个师团和一个旅团，加上海军的一些警备部队和陆战队，共约10万人，统一由日本陆军第32军军长牛岛满中将指挥。

牛岛满在日本陆军中也算是个攻防全能、防守尤佳的将军。日本大本营安排他守卫本土作战，是因为他的指挥作战能力与另一个在日本大名鼎鼎的将军栗林忠道齐名。牛岛满对天皇和战争指导委员会的信任诚惶诚恐，生怕有负众望，对于冲绳防御战做了极其充足的准备工作。他的应战计划是以岛中部的两个机场为核心防御地带，先以海上和空中的自杀式特攻作战来削弱美军的舰队力量，再集中兵力将登陆之敌歼灭在水际滩头。

从理论上说这个防守作战计划有守有攻，即使在后来的各国军校教学中，有相当多的国家把此当作有代表性的经典战例研究。牛岛满对自己的部署也是相当满意的。日本海军虽然之前在和美军的海空对弈中屡战屡败，但自从启用"神风特攻队"以后，和之前相比很有效果，就像给连遭打击的日本军方打了一针兴奋剂，官兵仿佛重新拾起了信心。因此，牛岛满想故伎重施，用宣传口号叫嚣的"玉碎"，实施自杀式攻击，给进攻日本岛的美国人迎头一击。

日军大本营认可了他的守土作战计划，还为此拟订了"天号作战"航空兵配合决战计划，在集中的2990架作战飞机中，自杀式飞机就占了将近一半，分别部署在台湾、琉球和九州地区。计划在美军登陆冲绳岛时对美军舰队和运输船只实施猛烈突击。

把精心培养的各类技术人员，当作一次性的牺牲品，本身就是军事战略的大忌。但途穷末路的日本法西斯高层，顾不得那么多了。

上有所好，下必甚焉。日本海军把"自杀式进攻"进行到极致。他们又琢磨出了自杀式摩托艇、自杀式鱼雷等各种新型"自杀式"打法，其中最为登峰造极的是自杀式火箭。

自杀式火箭又名"樱花弹"，实际上是由火箭助推的载人航空炸弹，由攻击机携带到达战区后脱离载机，由敢死飞行员驾驶冲向目标，上面装有一吨烈性炸弹，由三台固体燃料火箭发动机推进，时速高达800公里。他们认为在这种战法下，敌舰根本来不及做出任何反应，因此威力巨大！有了这么多丰富多彩的"自杀式武器"，作为战场司令官的牛岛满，牛气溢满日本岛，豪迈放言：将不知天高地厚的美国佬消灭在冲绳岛的滩头上！

但让他没有想到的是，仗还没开打，情况又发生了变化。用他自己的话讲就是：美军尚未动手，自己却先被总参谋部的自己人捅了一刀！

就在美军进攻菲律宾的时候，日军大本营担心美军从台湾方向占岛，就近攻击日本，便将冲绳岛守备部队中最具战斗力的第9师团调往台湾。牛岛满闻讯勃然大怒，与高层大吵之后未果，意气用事的牛岛满司令官立即以手头兵力不足为理由，放弃了歼敌于滩头的计划，仅在北部和海岸地区配置了少数象征性的部队，并将80%的兵力统统收缩到中南部地区，以至于后来美军登陆时，出乎意料地顺利。他们奇怪地不停地问："守岛一线配置的日本人到哪儿去了？"

跟日本早早准备守岛防御相比，美军这边的进攻准备工作也毫不逊色。尼米兹和麦克阿瑟与高参们经过反复推演，达成一致，决定放弃利用台湾方案，直接将冲绳岛作为美军进攻日本本土的跳板。

1944年10月，美国参谋长联席会议向太平洋战区下达了攻占冲绳岛的指令。遵照华盛顿指令，太平洋舰队总司令尼米兹立即开始组织有关人员筹划这一战役。参加此次作战计划制定工作的有第5舰队司令斯普鲁恩斯、太平洋战区两栖部队司令特纳、陆军第10集团军司令巴克纳等人。1945年1月3日，美军参谋长联席会议批准了冲绳岛作战计划，2月9日又批准了具体的登陆计划，登陆日期最后确定为1945年4月1日。美军认为冲绳岛距离日本本土较近，必定会遇到日军航空兵的全力反击，尤其是自杀式飞机的拼死撞击，尽管这些自杀式飞机并不足以改变战役的最后结局，但不可否认，其对美军的威胁是巨大的。因此，美军计划在登陆之前，先以航空兵对日本本土、琉球群岛和台湾等地的日军航空基地进行大规模突击，以尽可能削弱其航空兵的力量。同时在登陆前一周，以陆军第77师在庆良间列岛登陆，建立前进基地，以便在战役中就近进行后勤补给和战损抢修。

美军命令斯普鲁恩斯和米切尔率领第58特混编队，在硫磺岛战役期间对日本本土实施轰炸的返航途中，于1945年3月1日对冲绳岛进行了猛烈空袭，并对冲绳岛、庆良间列岛和奄美大岛进行了航空侦察和空中摄影，为冲绳战役提供了宝贵的第一手资料。

被誉为二战海军之神的尼米兹，早就判断日军必将集中力量死守冲绳，为此他派遣了一支前所未有的庞大部队去担此重任，此队共有舰载机2108架、航空母舰34艘、战列舰22艘、巡洋舰和驱逐舰320艘。参战的总舰艇达到惊人的1457艘，参战总兵力更是高达50万人，为太平洋战争中历次战役之最！

1945年4月1日6点20分，日美双方均期待已久的冲绳战役在西方的愚人节这一天爆发！

美军率先发起进攻，一支由1200多艘运输舰和军需舰组成、载有18.2万人的攻击部队，在300多艘战斗舰艇的保护下直扑冲绳。

这次美军充分吸取了贝蒂欧岛上的教训，先用巨舰大炮对着岸上猛轰，一个小时后，轰炸机又蜂拥而至，对着登陆滩头进行"地毯式"轰炸，目的是将美军登岛士兵的伤亡降至最低。

到了8点，美陆战第6师、11师、步兵第7师、96师乘坐的运输舰，由北向南黑压压排开阵势，四路大军分成八个进攻方阵，浩浩荡荡向白沙滩冲去。令美军大为不解的是，此次登陆美军几乎没有遇到任何抵抗，短短半个小时后，第一波方阵便已成功登陆，大家纷纷发问："守卫滩头的日本人去哪儿了？"

冲绳岛上风平浪静，不见日军踪影。下午4点，美军的坦克和大炮均已上岸，后续部队也开始登陆，之后一连好几天，都是如此，这让美国大兵感觉不是在打仗，而是来冲绳旅游。

正当美军有所松懈的时候，日本人现身了。

1945年4月6日，日军开始了蓄谋已久的"菊水特攻"行动。"菊水"的意思是"水上菊花"，曾是日本南北朝时代著名武将楠木正成的标志。1336年5月29日，楠木正成在被叛军包围时，说过这样一句名言："我的唯一愿望是七生（轮回七次）同样生于人间，消灭朝廷的敌人！"说完以后，楠木正成便冲入敌阵，与敌人同归于尽。

此番冲绳之战，日军将自杀式攻击命名为"菊水特攻"，其用意正是表明与美军死战到底、不惜用一命换一命的决心！想通过不惜生命的进攻方式，首先摧毁美军舰队，而后岛上的日军大举反攻，最终将美国人赶入大海。

傍晚时分，日军发动"菊水一号"作战，50架自杀式飞机首先向美军舰队发起了冲击。美军"布希"号驱逐舰成了"菊水特攻"的第一个牺牲品。虽然"布希"号装备了警戒雷达，可以提前准确发现目标，展开炮火攻击，但日军飞机根本不闪不躲，开足马力，一头撞在两个烟囱间的甲板上，重达一吨的炸药瞬间将前轮机舱炸开，引发大火，美军死伤惨重，舰身也大量进水，严重倾斜。

"布希"号舰长赶紧下令灭火，船员们刚刚拿起灭火器，又见十多架日军飞机像发疯一样从低空直冲过来！舰长见势不妙，只得下令船员们立刻跳海逃生！随即，日军飞机一架接一架地撞在"布希"号上，直到将它撞沉为止……

其他美军舰艇的情形也好不到哪儿去，虽然雷达可以提前准确锁定飞机的位置，甚至可以用炮火将飞机击中，但面对这种亡命打法，除非将它们在空中直接打爆，否则难逃与飞机同归于尽。

在接下来的两个月里，日军从"菊水一号"到"菊水十号"，连续发动了十次大规模自杀式进攻！加上零零散散的出击，日军总共出动飞机7851架次，其中自杀机2423架次，虽被击落4200余架，但给美军造成了巨大损失，共击沉美军军舰33艘，击伤360余艘。在美军被击沉的33艘军舰中有26艘是被自杀式飞机击沉的，占沉没军舰总数的78.8%。就连米切尔乘坐的旗舰"邦克山"号航母也于1945年5月11日在日军发动的"菊水六号"作战中被两架自杀式飞机击中，损伤极其严重，舰员死亡和失踪达396人，伤264人。其中一架自杀机撞上母舰时发动机爆炸的气浪冲进米切尔的司令部所在舱室，使舱内14名参谋军官当场阵亡，米切尔只好率司令部的其余人员转移到"企业"号航母上，不料3天后，"企业"号也遭到了自杀式飞机的撞击，失去了航行能力，使得米切尔在3天里两易旗舰！

日军持续不断的自杀式打法，令美军惊恐万分。甚至连一贯以沉着冷静著称的斯普鲁恩斯也撑不住了，因为他本人的旗舰"印第安纳波利斯"号重巡洋舰就是受害者之一！斯普鲁恩斯心有余悸地向尼米兹报告："如果日军这种疯狂攻击再持续下去，我怕我们会抵抗不住！"

所幸的是，日军这种杀敌八千、自损一万的打法损耗太大，他们自己先撑不住了。首先是飞机数量严重不足，只得翻箱倒柜地找来一些根本不能用于作战的木质飞机充数，加上油料极度缺乏，不得不往飞机油箱里加煤油甚至酒精！这样的飞机对美军来说威胁就小多了，他们可以有时间将其直接在空中打爆。有时候甚至不用打，它们飞着飞着就自己掉到海里去了！

冲绳战役的焦点，又从海上转到了陆地上。

1945年4月8日以前，美国陆军一直打得顺风顺水，从北部登陆到占领整个中部，一路势如破竹，直到他们来到冲绳南部，遇到牛岛满的日军主力。因为牛岛满把这里的每一个悬崖峭壁、每一处深沟高谷、每一条战壕坑道，甚至每一块大石头，都变成了攻击美国人的火力点。美军在这里激战5天，伤亡累累，前进受阻。

1945年4月13日，星期五，美国总统罗斯福在佐治亚州与世长辞。美军上至上将司令，下至普通一兵，无不感到震惊和悲痛。尼米兹以太平洋战区全体官兵的名义向罗斯福夫人发去了唁电。日军乘机大做文章，大肆散播题为"美国的悲剧"的传单，声称特攻作战将击沉美军所有战舰，并使无数人成为孤儿！日军大本营急不可耐地催促牛岛满抓住时机发动反击，一举将美国人赶下大海！

牛岛满对此很是不满，他倒不是不想乘人之危，只是心里清楚，现在日军能占据上风完全因为采取防守战术。如果改为进攻，那就是以己之短，攻敌之长，说得难听点，等于去白白送死！但日军大本营不这么想，他们太需要一场胜利来鼓舞士气了，因此强令牛岛满，要么进攻，要么滚蛋，选一个吧！

牛岛满迫于无奈，只得硬着头皮下令部队进攻，但他还是留了一手，没有按照大本营的命令将所有部队投入进攻，而是留了相当一部分兵力在防守阵地上。结果正如他预计的一样，日军主攻部队一离开坚固隐蔽的防御工事，立即遭到美军优势炮火的集中轰击，不到24小时的反攻就被粉碎了。这次反击得不偿失，损失了大量人员，消耗了大量弹药，尤其是消耗的弹药难以补充，使日军的弹药储备接近枯竭，牛岛满不得不下令节省弹药，每门炮平均每天只发射十发炮弹，这严重影响了作战效果。

5月8日，纳粹德国宣布战败投降的消息传来，冲绳海面的每一艘美军军舰向日军阵地发射三发炮弹，以示祝贺！接着，又将新型的喷火坦克和重型坦克投入地面作战。披着重甲的重型坦克冒着日军的枪林弹雨，碾压日军的战壕，冲入日军的阵地！喷火坦克紧随其后，将凝固汽油射入日军隐藏的山洞和坑道，这下日军终于支撑不住了，不得不撤往下一个防线。这样的战斗很快变成了一种固定模式：日军先是凭险死守，接着美军在猛烈火力的支援下取得突破，日军后撤到下一道防线再死守，如此周而复始，日军防区逐渐缩小。

到5月31日，美军终于取得了重大进展，突破了日军核心防御地带首里防线，海军陆战队攻入了已是一片废墟的首里城，第10集团军司令巴克纳满心喜悦地以为冲绳首府被占领，意味着战斗即将结束，但他显然高兴得太早了！日军作困兽之斗反而更加疯狂！牛岛满率余部后退了约十公里，退到岛南端精心准备的最后防线，这是由两座山峰构成的天然屏障，地势崎岖险峻，日军充分利用地形，筑有巧妙隐蔽的炮位和坑道工事，牛岛决心以此为依托，绝不投降，誓死战至最后一兵一卒！

激战一直持续到6月22日，期间第10集团军司令巴克纳在一次视察中，被日军弹片击中，当场身亡，成为美军在整个太平洋战争中阵亡的军衔和职务最高的将领。

当天深夜，美军突破日军的最后防线，攻到了冲绳岛最南端的荒崎，并将残余日军分割成三部分，逐一消灭。日军都很清楚，末日就要到来了，在坑道里，卫生兵给伤员注射了大剂量的吗啡，给他们实施了安乐死，然后自杀。到6月23日凌晨四点，牛岛满脱下军装，换上和服，与身边的参谋一一碰杯，喝完最后的断头酒后，牛岛满剖腹自杀，他的参谋们相继追随他而去。

冲绳岛的残酷较量终于以日军的失败而告终。此战役日军死亡9万余人，被俘7400人，岛上居民死亡约10万人，损失飞机7830架，舰艇被击沉16艘，击伤4艘。而美军伤亡7万余人，损失飞机763架，舰艇被击沉36艘，击伤368艘。此战为美日两军在太平洋岛屿作战中规模最大、时间最长、损失最重的一次战役，也是最后一次战役。

战后，美军有一个评论：日本军队有一个奇特之处，实施战术的中层军官们都非常厉害，马来亚的山下奉文、贝蒂欧岛的柴崎惠次、硫磺岛的栗林忠道，以及冲绳岛的牛岛满，无论是拼搏精神，还是战术素养，放在任何一个国家的军队里都是顶尖水平。可高层的战略水平却实在差劲，如果说战争初期山本五十六想利用日本海军的局部优势,跟美军舰队决战,还说得过去的话,那后面的几位继任依然抱着这个想法,就是刻舟求剑、食古不化了。至于陆军的高层,那就更不用提了,东条英机除了心狠手辣、恬不知耻,加上会抱天皇的大腿,其他几乎一无是处。这也是日军在太平洋战场上一败再败的根源所在。

美军占领冲绳岛后,打开了日本的门户,已经随时可以展开对日本本土的进攻了。

美军的"奥林匹克"行动和日本的"一亿玉碎"计划

日本帝国在邻国四处点燃战火,没有想到战火终会烧到自己的国家。美国早在1944年,就制定了在日本本土登陆的计划方案,决心在打败法西斯德国之后,用一年左右的时间彻底击败日本。接替罗斯福的杜鲁门总统多次表态:针对日本的战争,美国一定要登陆日本本土。美国会大规模集中一切可使用的船只、飞机、装甲、大炮和其他物资。盟军有人力、物力、技术、领导和坚忍不拔的精神,最终会取得全面的胜利。

1945年5月美国参谋长联席会议下达命令,进攻日本本土的"奥林匹克"行动将在11月1日实施,登陆计划选中的登陆地点分别是日本南部的九州岛和东京附近的关东平原。计划中,美军将组织一支规模远超诺曼底登陆的庞大舰队,进攻部队共有11个步兵师和3个精锐的海军陆战师,总兵力超过43万人。在后来修改的计划中,英联邦和中国军队也一同参加。英国及其联邦国家派出一支由20多个中队组成的英联邦重轰炸机部队调往冲绳,英联邦陆军的1个军和中国陆军的1个美械军将参加关东地区的作战。

1945年年初,日军在各条战线连吃败仗,加上兵力和物资都不充分,即使是最顽固的军国主义分子也承认,当时日本本土的防卫"处于令人寒心的状态"。由于美国对日本持续的战略轰炸,日本的经济、交通、能源、财政已经濒临崩溃,城市人口为避战祸正大规模向农村疏散,工业生产几乎停滞,石油供给断绝,不得不依靠松根油和木炭这样的替代品,内外航运阻塞,铁路瘫痪,燃料匮乏,军队和民众都深受饥饿的威胁。

1945年6月,日本先后颁布了"义勇兵服役法"和"国民义勇战斗队统率令",将15—60岁的男性公民和17—40岁的女性公民纳入兵役范围,根据初步统计，人数将达2800万。日本大本营叫嚣的"一亿玉碎"计划就是妄想使"皇国的亿万生灵都化为战士"，也就是所谓的自杀性"全民特攻"。

曾经威名赫赫的日本海军早被打残。整个战争期间，日本联合舰队共计阵亡元帅2人、大将5人、中将56人、少将252人，阵亡大佐以下官兵40.91万人。日本海军开战时原有254艘舰艇，这支计637艘的庞大舰队在几年的时间里就被美军消灭殆尽。在防空方面，日本本土只有870架防空战斗机和1200门高射炮，而且性能不佳，官兵训练极差，弹药和燃料又极度匮乏，根本不具备粉碎大规模空袭的能力。尽管人们都承认1945年夏天的日本穷途末路，但基于日军的蛮勇，盟军很多人对登陆之战并不乐观，一致的看法是成功虽有把握，伤亡料必惨重。其实，多年战争早已淘空了日本，美军的轰炸和封锁也肢解了日本的军事经济潜力，登陆作战只要爆发，日军即使有激烈的抵抗，也无法避免军事上的总崩溃。

从1945年3月开始，美军的"饥饿行动"封锁计划有效地封锁了日本的海上运输通道，日本既不能为驻朝鲜和中国的派遣军补充弹药，也不能从这些地方回输日本急需的粮食和燃料。美国航空队不断轰炸和布雷，潜艇则到处袭击日本船只。为进行全面的海上封锁，美军航空部队在濑户内海西部和关门海峡投放了大约1800枚磁爆水雷。封锁取得很大成功，甚至东京、大阪、神户、名古屋等太平洋沿岸的主要港口都受到影响，大型轮船无法航行。美军参加"饥饿行动"的B29轰炸机共计出动了1529架次，投下大量的水雷，以15架飞机的代价造成了40万吨日本船只的损失，濑户内海除了小型标准E型战时船或者机帆船以外，其他船只无法航行。

美国对日本国土的战略轰炸也十分奏效。1945年3月9日晚，美军334架B29轰炸机发动了东京大轰炸，整个城市葬身火海，死亡8.4万人，逾100万日本人无家可归。随后的时间里，B29轰炸机频频以超过500架的庞大编队在最先进的P51野马战斗机护卫下，扫荡日本的多个城市，以摧毁日本的社会经济体系。

1945年7月14日，美国第38特混舰队第8分舰队的第1小队在海军少将约翰·萨弗斯的指挥下突袭釜石制铁所，战列舰"南达科他"号、"印第安纳"号、"马萨诸塞"号、"重巡洋舰芝加哥"号、"昆西"号和9艘驱逐舰在2.9万码外进行了2小时炮击。期间，编队如入无人之境，6次在港内发射802发406毫米炮弹、728发203毫米炮弹和825发127毫米炮弹，轰毙日本工人423名，整个厂区燃起大火。整个7月，这种炮击从未停止，包括日本制铁轮西制铁所、日立制作所这样的工业设施都受到无情炮火的袭击。而这些工厂所在的城市遭受的生命损失更为可怕,美军的炮击和空袭对日本海岸和沿岛居住工作的平民造成的恐慌心理尤甚。这一切,都为盟军大规模登陆作了铺垫。无论官方、军方,甚至百姓都能预想到即将来临的盟军登陆"惩罚日本"。

日本大本营一筹莫展,日本海岸线太广,攻击方能够随心所欲选择登陆地点,哪里作为防御重点?哪里可以舍弃重兵防卫?地理条件让守御者防不胜防。日军只能硬着头皮,拼尽全力,负隅顽抗。

作为握有战争主动权的美军,集中的兵力颇有牛刀杀鸡之感:海军方面,包括66艘航空母舰在内的2900多艘舰艇提供支援,光舰载机就高达2000多架,远东空军有3个航空队共计14个轰炸机大队和10个战斗机大队,这还不算战略空军1000多架B29轰炸机为坚强后盾。而日本陆军仅仅拥有约700艘自杀特攻艇,日本海军拥有约5000艘相同作用的自杀特攻艇,以及19艘幸存的驱逐舰和38艘潜艇。这就是日本此时的海上力量的全部家当,已不足在海上对美军构成威胁。

对日军唯一有利的消息是,进攻日本本土的"小王冠行动"开始的时间可能比预计的要迟一些,欧洲战事结束之后,整个美国军事力量面临再部署的问题,美国调遣大军掉头至东方需要不少时间。

日本针对美军即将到来的登陆,制定了日本本土反登陆计划。自1945年起,日本帝国高层已知战败在即,但谁也不开口点破。只得寄希望于垂死挣扎,困兽犹斗。日本军方高层拼命扩充本土防御部队的数量,计划集结250万人用于反登陆作战。他们希望从亚洲大陆调回尽可能多的作战部队和装备。但自1944年秋季美军航空部队加强对日本海上运输线的袭击后,调集行动越来越困难。1945年1月,美国海陆军展开了首次大规模联合行动,最终目标是对日本本土实施决定性的打击,但因为外围日军的抵抗而有所延迟。此时战线已经缩小至千岛—小笠原—琉球—台湾—上海一线。

1945年6月,日本帝国最高统帅部组建了东京防御特别部队,专门用于守备东京内日本皇室所在的区域。8月3日,军部决定在必要时将皇室迁到临近日本海的长岗市的专门避难所。日本内阁和军部则做出在东京抵抗到底的高姿态,宣布东京将全面要塞化。日军情报部门判断,美军的登陆行动大约延至9月末台风季节结束后发起。当前美军只能利用这段时间加速扩建琉球等地的前进基地,积累补给品和装备。一旦对九州登陆成功,美军将迅速于九州和四国设置大型的海空基地，争取于1946年春实施对本州关东地区的决定性登陆。届时由欧洲战场调来的大批精锐部队将作为主攻力量，北海道地区也将被纳入占领范围。据这一判断，美军会首先于九州地区登陆，而对本州关东地区的登陆将后延至1946年春。另一部分日军高层则认为，美军将首先割裂日本本土和亚洲大陆之间的联系，收紧对日本本土的海空包围圈，实施对日本的海空全面封锁，以及正在进行的B-29火攻东京的计划，以这种情况逼迫日本无条件投降。如果日方一味坚持抵抗，才会刺激盟军对日本本土最终实施登陆。

1945年5月至6月间的争执中，日军最高统帅部和方面军总指挥部对于作战方针终于达成共识：本土防御战唯一能够胜利的方式，就是决不后退一步。以美军登陆为最坏情况准备，当登陆的美军挨过了自杀飞机和自杀特攻艇的神风攻击后，海岸防御部队必须坚决于滩头消灭美军，将滩头作战作为决定性的战场。帝国陆军必须始终迅猛和竭尽全力地打击敌人，让他们没有时间组织起部队和防御。日本高层达成共识：美军将于南九州登陆，建立主要的陆海空基地，作为登陆本州关东地区的准备。综合各种因素，许多日本军官都相信，神风自杀部队足够击沉30%~50%的敌军入侵舰只。

不过，也有一些清醒之士认为这些个数字都是头脑不清醒的产物。根据过往使用神风自杀部队的经验，击沉15%~20%的敌军舰只才是比较切合实际的估计。至于神风自杀部队的口号"一机（艇）换敌一舰"不过是吹嘘胡扯。

7月，日本海陆军决定，一旦盟军进行登陆日本本土作战，日本运用决定性的空中神风攻击行动即"决号空中作战"，来挽回越来越不利的本土防御态势。神风自杀机部队将在美国登陆舰队尚未卸下部队之前，以突然攻击的方式将登陆舰和搭载的部队一起击沉于海上。当美军登陆舰队和运输船队靠近海岸的时候，神风自杀机群将以每小时100至200架的空前密集波次进行强袭，无分昼夜。

日军高层坚持认为，只有拼尽全力击退美军的第一波登陆攻击，才能迫使美国人认识到日军以及日本民众的战斗意志和不惜同归于尽的决心，认识到登陆日本将要承受难以估量的损失。帝国最高统帅部认为，在九州反登陆作战的成功将会有效延缓美军计划中对本州关东地区的入侵，鼓舞国民士气，给日本更多的时间和更有利的条件，争取体面一些的休战。因此，必须不惜一切代价争取九州作战的胜利，因为这是最后一次争取有条件的体面休战的机会。所以，日本军方认为，九州反登陆战的政治意义远超过其军事层面的意义。

到1945年8月初，日本陆军的本土防御部队共拥有235万名军人，组成53个步兵师团（不包括北海道和东北地区岛屿的5个师团）及25个旅，此外还有2个坦克师团和7个坦克旅，以及4个要地防空师团。这55个陆军师团按照如下的方式部署在本土：本州地区35个师团，2个坦克师团；四国地区4个师团；九州地区14个师团。除此之外，还有陆军非战斗人员、海军非战斗人员、25万名特别守备部队以及2800万名民兵和准军事组织成员，这就是全部能够指望的地面作战人员，其中不少是装备着竹枪和木棒的老人与孩子。进行最后的决战唯一的依靠是日本军人狂热情绪。军国主义教育全体国民，一旦国家不复存在，那么作为依附国家而存在的人们就没有必要苟活下去。所有大和民族一员，应该为了日本帝国而英勇献身。日本最后一位战时首相铃木在投降前夕发表的公告声称："这是一场捍卫日本帝国的圣战，即使我们所有的只是竹枪和匕首，吃的只是草根和树皮，我们也要为帝国战至最后一息。"

美军对这场战役的伤亡评估十分审慎。参谋长联席会议主席马歇尔认为美国在30天之内将承受3万人左右的伤亡，而最终伤亡约7万人。陆军部长史汀生认为整个征服日本的战斗将造成170万到400万的美军伤亡，其中死亡40万到80万人，平民也参加战斗的日本仅死亡就可达500万到1000万人。由于预测到受伤人员可能为数巨大，所以美军预先生产了约50万枚紫心勋章。可是，即便到今天，在二战结束60多年后，美国在各个战场的受伤总人数也没超过这个数字。到2003年，美军库存中仍有12万枚紫心勋章。由于勋章太多，美军在伊拉克和阿富汗的战斗部队甚至直接把它们备在手边，以便随时授予在战场上受伤的士兵。

为了减少登陆部队的伤亡，盟军在计划中针对神风攻击还制定了一系列详尽的反制措施，即"大蓝被"计划。计划包括使用更多的战斗机代替航母机库中的鱼雷机和俯冲轰炸机，以及将B-17轰炸机改装为航空雷达警戒飞机，类似于今天的空中预警机。尼米兹将军还提出了一个佯攻计划，即在真正进攻前几周，先派一支舰队到登陆点附近引蛇出洞，待日本大批自杀式飞机扑来时，日军就会落入盟军的圈套，发现目标并非有价值的、脆弱的运输舰，而是从舷到舷都装备了防空武器的战斗舰艇。

对于日本是否使用化学武器进行报复作战，盟军也进行了评估。二战期间，《日内瓦公约》已全面禁止使用化学武器，但当时的美国和日本都不是签约国。美国也曾保证决不会首先使用化学武器，但日本却已在战争早期就对中国使用过毒气。因此，盟军在计划中也考虑以牙还牙，使用化学武器对日军实施攻击，而且受风向和其它因素影响，若盟军使用毒气攻击，日军可能受到重创。这样的攻击将迫使日军放弃坑道和洞穴，因为在这些地形中瓦斯将更容易发挥作用。而且，当时日本已丧失了使用空中或长程火炮投射毒气弹的能力，盟军不必担心日本会使用化学武器实施报复。

1945年夏，美军的"暴雨行动"登陆计划与日本的"一亿玉碎计划"，针尖对麦芒，在紧锣密鼓中一天天迫近。

"小男孩"和"胖子"从美军飞机上投向日本

1945年6月29日，美国参谋长联席会议将进攻日本九州的日期定在本年11月1日，并呈送杜鲁门总统，总统杜鲁门批准了这个作战计划。

美国参谋长联席会议主席马歇尔将军随后将自己和陆军部令人沮丧的报告送给杜鲁门总统。他告诉这位美国武装部队总司令：估计在日本本土迫使日本投降，可能需付出牺牲50万美国军人生命的惨烈代价。杜鲁门总统听后沉默了。

历史突然出现了转机。这就是原子弹的出现！

1933年，著名犹太裔物理学家爱因斯坦因纳粹迫害，被迫离开德国到美国，爱因斯坦曾任柏林威廉皇帝物理研究所所长和柏林洪堡大学教授，是普鲁士科学院院士。他在物理学方面有极高的天赋和造诣。这段儿时间很多在欧洲工作的犹太裔科学家也陆续逃往美国，他们告知美国：德国正在研制原子弹！如果纳粹德国抢先研制出原子弹，人类就面临史无前例的核灾难，因此呼吁美国抓紧研制原子弹。但当时军界的一些领导人对这个新生事物不太理解，对这个建议不置可否。科学家们心急如焚，他们推举爱因斯坦作为代表，劝说美国时任总统罗斯福。爱因斯坦署名的建议报告并未引起罗斯福的重视，只是在半信半疑中接受了劝说，象征性地拨款6000万美元用于研究，这点钱显然是杯水车薪。

1939年，物理学领域里的原子分裂实验在德国取得成功。1941年12月珍珠港事件发生后，美国有了危机感，加速了研制原子弹的进程。1942年开始实施以"曼哈顿工程"命名的庞大计划，由美国陆军工兵部队全面负责研制原子弹，该计划投资25亿美元，动用了10多万科技人员和工人，在绝对保密的情况下加紧研制。

1942年以后新墨西哥州人迹罕至的一片沙漠突然热闹起来，美国原子弹研制的心脏机构——洛斯阿拉莫斯实验室建在了这里。全美国只有12个人知道整个工程情况，很多人甚至都不知道自己正在从事原子弹的研制，即便是高层领导，也只有罗斯福总统和陆军部长史汀生知道内情。当时的副总统杜鲁门都不知道美国正在进行原子弹的研制。

1945年7月初，美国3颗原子弹终于研制造出来，被分别命名为"大男孩""小男孩"和"胖子"。在阿拉莫戈多沙漠上，一座高达30米的铁塔竖立了起来，原子弹爆炸实验就将在这个架子上完成，供第一次核试验使用的原子弹"大男孩"由一个大卡车装载。这时的"大男孩"还没有装上核裂变物质，这次试验的代号为"复活日"。当原子弹实验在阿拉莫戈多沙漠准备就绪的时候，新任美国总统杜鲁门正准备去德国参加波茨坦会议。德国投降后，为了协调处理德国战败后的相关问题以及对日作战等有关事宜，同盟国决定于7月17日至8月2日在德国的波茨坦举行首脑会议，这次会议的代号为"终点"，表示这将是二战期间最后一次盟国首脑会议。这次会议原定于7月1日召开，为了借助原子弹爆炸抬高美国的地位，杜鲁门特别建议将会议推迟了两个星期。

7月15日，美国的核试验人员把核裂变物质放入了"大男孩"的肚子里。试验人员在14公里以外设置了观察所，里面隐蔽着425名科学家和军事专家，他们怀着紧张的心情，等待着惊心动魄的最后一刻。16日凌晨5时29分45秒，"大男孩"轰然炸响，一个蘑菇状的大圆球突然升到了10000英尺以上的高空，爆炸核心的铁塔也在瞬间被高温蒸发得无影无踪！其威力相当于1500~2000吨TNT炸药。这场爆炸超出了现场所有人的想象，以至于整个美国西南部都感到了爆炸的震撼。为隐瞒真相，美国政府编织谎言说是阿拉莫戈多军事基地的弹药库发生了爆炸。

美国负责研制原子弹的专门委员会在试爆之前曾提出建议："在条件具备时，应立即使用原子弹对付敌人，而且不必向对方发出警告。"至于轰炸目标，委员会建议选择在"能够造成巨大破坏力的地方"。波茨坦会议后，杜鲁门乘美国军舰回国途中向军方下达了命令：去投掷那颗大炸弹吧，现在没有任何选择的余地了。

杜鲁门在谈到原子弹的用途时，把它看作是一种纯粹的武器。他直言不讳地说："我认为原子弹是一种战争武器，从来没有人怀疑过可以使用它。"在波茨坦，当杜鲁门把他的这种想法告诉丘吉尔时，这位首相毫不犹豫地回答说："如果原子弹有助于结束战争，我主张运用它。"当时，美国一些专家认为，原子弹可以从两个方面威胁敌人：一是作为技术上的武器，如在荒岛上投放，以威慑敌方，但这很难结束战争；二是军事上的武器，直接打击敌人。委员会得出的结论是："我们必须用原子弹袭击敌人。"至于什么时候在什么地方投放原子弹，由美国总统做出最后的决定。

7月23日，格罗夫斯将军在美国首都华盛顿，根据美国总统、美国武装力量总司令的命令，正式起草了向日本投掷原子弹的指令。斯帕茨将军指挥的空军战略大队，负责按照选定目标进行。起初选择目标时，美国陆军航空队司令阿诺德将军曾主张把京都也列入其中，因为它是日本的军事活动中心，但是，陆军部部长史汀生将军认为京都是日本的文化和宗教圣地，不同意向那里投放原子弹。年轻时，他去过京都，那里优美的环境和凝重的文化范围给他留下很好的印象。他的建议被接受，所以，京都就从轰炸名单上勾掉了。经过讨论，最终确定日本的广岛、小仓、新潟和长崎四个城市作为轰炸目标。这些城市是按照作为第一次袭击的先后顺序排列出来的。目标选定以后，杜鲁门、史汀生、马歇尔、格罗夫斯、阿诺德就投掷的第一个目标进行了仔细的研究。

7月24日，美国陆军部给斯帕茨将军下达指令："司令官卡尔·斯帕茨将军：第20航空队509混合大队应于1945年8月3日以后，在气候许可目击轰炸条件下，对下列目标之一投掷一颗特种炸弹：广岛、小仓、新潟和长崎。"7月25日，杜鲁门总统批准了陆军部的指令，并指示陆军部部长史汀生执行这项命令。

7月26日，英国大选揭晓，艾德礼担任新首相。这个结果对可怜的老人丘吉尔来说犹如晴天霹雳。他于当天发表了告全国人民书，遗憾又伤感地说："我没有机会完成对于日本的工作了。"这一年，丘吉尔交出英国首相的权杖，时年70岁。

8月6日凌晨2时，被称为"东方乐园"的美军提尼安空军机场，一架名为"伊诺拉·盖伊号"的B-29轰炸机悄悄地驶入跑道上。机组人员全部就位，他们是：驾驶员蒂贝茨上校、投弹手费雷比少校、军校师帕森斯上尉、电子技术官杰普逊上尉。

6时零5分，飞机在完成最后一次装弹后，从硫黄岛上空飞向日本。

7时41分，蒂贝茨上校驾驶飞机开始爬升。此时传来的天气报告显示：广岛、新潟上空的天气状况良好，但小仓上空乌云密布，能见度很差。

8时38分，飞机在3万2700英尺高空作水平飞行。10分钟后，杰普逊检查了一下电子导火线，情况正常。

日本广岛市是军事重镇，大街上车水马龙，人们像往常一样，各干各的事情。7时零9分，广岛市民发现一架美国的飞机出现在上空。广岛响起了一阵警报声，也许是人们对飞机轰炸见得多了，所以广岛人并不在意，但飞机盘旋一周后便飞走了。这是鲍勃·伊瑟莱少校驾驶的侦察机，他从1万米高空观察广岛上空的天气情况。不一会儿，"伊诺拉·盖伊号"的蒂贝茨上校收到了来自广岛的天气报告：周围覆盖着厚厚的云层，但直径20公里上空是一片碧蓝的天空。

9时零4分，蒂贝茨上校拉动操纵杆，飞机向西拐了一个大弯，朝广岛方向飞去。5分钟后，广岛便进入了机组人员的视线，大家迅速戴好防护镜。

9时15分，费雷比少校按动开关，一枚代号"小男孩"的原子弹脱离飞机，从一万多米高空落向广岛。随即，飞机来了个近180度的回转，向上直冲300米，以便避开在45秒内就会爆炸的强大火焰。一分钟后，整个广岛一下子被耀眼的闪光所笼罩。原子弹在距离地面600多米的高度爆炸，顷刻间形成一个直径为110米的大火球，温度高达摄氏30万度，爆炸中心下面半径一公里内的石头都被熔化了，地面上已经没有活着的人，也没有了生物。距爆炸中心较远的地方，也横七竖八地躺着烧焦的尸体。广岛的时钟全都停在了9时15分。当时，广岛有34万人，仅这一天，广岛就死了十多万人，全市化为一片焦土。广岛的日军第二总军司令藤井也被炸死在司令部里。

广岛与东京之间的通讯被切断了，日本大本营无法了解广岛的真实情况。到了晚上，海军部好不容易从吴镇守府那里得到消息：广岛遭到特殊炸弹的袭击，市街大部分被炸毁。海军立即将这一情况报告给了皇宫侍从武官莲沼。在东京天皇御文库，侍从武官莲沼向天皇呈告说："陛下，广岛受到一种新型炸弹的攻击，蒙受了重大损失。"

"什么新型炸弹？"

"目前还不太清楚。"

"马上派人去查。"

天亮之前，广岛方面依然没有新的消息。各种传闻说，广岛受到的损失比原来估计的要严重得多。心急如焚的昭和天皇裕仁，在御文房里来回踱步，每隔一小时就把侍从叫来询问情况。

此时，日本国内最著名的核物理专家吉尾西岛博士已被从东京派往广岛，去查看该广岛究竟遭到什么新型炸弹的轰炸。西岛博士从飞机上俯瞰广岛，只见到处都是残垣断壁，燃烧的建筑物还在冒着滚滚浓烟，市景一片狼藉。西岛博士还发现，伤亡人数远远不止十几万人，还有十几万人因受伤、辐射而奄奄一息。西岛凭着他丰富的经历和渊博的知识，很快断定：只有铀裂变，才能造成这种迹象。

8月7日，西岛博士正式向有精末三中将报告："广岛被一颗铀型炸弹击中。"午前，日本方面已经侦听到杜鲁门的广播讲话，得知投向广岛的是原子弹。这时，内阁正在召开紧急会议。有人说，广岛遭受的是"特殊炸弹原子弹"的袭击。陆军大臣阿南不相信，立即反驳说："什么原子弹，那不过是空想。对美国的虚假宣传用不着惊慌失措。"

就在这个时候，西岛博士的结论被送到会上，证实了在美国广岛投下的就是原子武器，死亡13万多人。顿时，会场就像原子弹爆炸过后，无了声息。

杜鲁门在餐厅用午餐的时候，白宫海图室军官弗兰克·格雷姆上尉将一封电报送给杜鲁门总统。电报是陆军部部长史汀生发来的，上面写道："8月5日，华盛顿时间下午7时15分，在广岛投下大型炸弹。初步报告表明轰炸完全成功，这次比前次试验的效果更为显著。"

杜鲁门继续用餐。然后带着早已准备好的讲稿，走到甲板上，发表声明。他说："原子弹利用了宇宙的基本能量。太阳从中吸取的力量已经放射出来，以对付那些把战火烧到远东的人。"他还宣称，如果日本不投降，美国会投放更多的原子弹。

军舰上所有官兵和几个广播电台的技术人员站在那里，聚精会神地聆听总统的声明。

全世界都从广播里听到了杜鲁门的声明："我们现在准备更迅速更彻底地消灭日本人在任何城市的一切生产事业。我们将破坏日本人的造船厂、工厂和交通运输设备。"

当天起，日本各大城市都见到了美国飞机撒下的印有杜鲁门讲话的《告日本人民书》。

8月7日杜鲁门回到白宫。在总统办公室里，陆军部部长史汀生将一张轰炸后广岛的照片递给了杜鲁门，从照片中可以清晰地看到广岛在遭到原子弹轰炸后的凄惨景象。史汀生对总统说:"我们现在应当说服日本人尽快投降。"

可是,日本依然没有投降的迹象,杜鲁门不想再拖延第二颗原子弹的投放。于是,他给斯泊茨将军发出一道指令:"除非另有指示,须依照计划进行。"

1945年8月9日凌晨3时50分,两架B-29重型轰炸机从提尼安岛起飞,其中一架的炸弹仓里携带着一颗原子弹。这是美国计划中对日本的第二次核打击。第2次空投任务落到了第509混成大队斯威尼机组身上。斯威尼曾率领他的机组驾驶"艺术大师"号观测飞机在广岛轰炸中担任轰炸效果观测任务。由于这次"艺术大师"号上仍保留着科学仪表,因此将再次当作观察机使用,斯威尼只好用另1架B-29飞机"博克之车"作为原子弹载机。当"博克之车"飞到硫黄岛上空汇合点时,另外2架提前起飞的用于观测和照相的飞机中的1架等着与他会合,斯威尼在那里等候了30分钟仍不见另外1架的踪影,于是毅然朝小仓飞去。9点5分,"博克之车"飞抵小仓上空。这天小仓上空气象条件很差,空中布满厚厚的云层,地面也是浓烟滚滚,能见度极低。"博克之车"在小仓上空盘旋了3周,始终未能找到投放瞄准点——5号军火库。这时小仓的地面防空部队发射了密集的高射炮火,斯威尼只得提高飞行高度。

当斯威尼决定再一次进入小仓上空搜寻目标时,接到无线电报务员报告:从截获的日本航空兵使用的频率看,可能会有战斗机升空拦截。机上一阵慌乱,斯威尼来不及与基地联系便调转机头向西南方向飞去,他决定改为轰炸长崎。离开小仓后他命令向基地发报:小仓上空无法投弹,改炸长崎。10点28分,飞机抵达长崎上空。恰巧这天长崎也是多云天气,第1次进入长崎上空也未能找到目标。燃料表的指针在急骤地下降,斯威尼心情异常紧张,他决定第2次进入时无论如何也要把代号为"胖子"的原子弹投下去,于是向机上人员宣布:"改用雷达瞄准,准备投弹,返航。"

投弹手克米特·比汉是一位投弹老手,当他正准备换用雷达仪器瞄准时,突然发现身下两块云团之间有一大段空隙,透过空隙可以清楚地看到瞄准点,他立即通知斯威尼,可进行目视轰炸。10点58分,"胖子"脱离"博克之车"飞向长崎。有27万人口的海港城市长崎上空随即腾起了巨大的蘑菇云,1.4万栋建筑物被毁,7万多人死亡。

"天皇"裕仁忍痛做出"圣断"

1945年8月9日凌晨3点,日本内阁书记官长(相当于国务院秘书长)迫水久常被电话惊醒,电话的另一端传来消息:"苏联向日本宣战了!"首相铃木贯太郎随即被叫醒,得知这一消息后,他冷冷地说:"该来的终于来了。"

上午10点30分,在日本皇宫文库地下一间大约50平方米的密室里,首相铃木贯太郎根据天皇的授意,主持召开决定日本的前途最高战争会议。与会的有"核心内阁"的外相东乡茂德、陆相阿南惟几、海相米内光政、参谋总长梅津美治郎和海军军令部参谋长丰田副武。

铃木首相说:"在目前的形势下……我的结论是,唯一的办法就是接受《波茨坦公告》,结束战争。于此我想听听诸位的意见。"

在幽暗的光线中,铃木低沉的语音消失了。会场陷入痛苦的沉默。

实际上,关于战与降,这个"大六人团"已经过激烈的交锋,虽然每个人的内心是复杂的,但争论的结果大致形成了三比三的局面。铃木、东乡、米内为主降派。他们以悲观的目光,看到了战争险恶的局势,也看到了国内衰竭的情状。钢铁、煤炭、运输和制造业等生产急剧下降,与前一年比较,飞机仅及其一半,钢铁仅及其四分之一。11岁至60岁的平民每天只配给6两6钱大米。市场上物价飙升,黑市横行,民不聊生,工人起而罢工反战,怒骂天皇。当年6月6日日本政府提出的《国力之现状》承认:民心"对指导阶层之信任,渐有动摇之倾向"。

另一方面,阿南、梅津和丰田则坚持强硬态度,他们仍然决心实施"狠毒残忍到极点的"总决战计划,继续叫嚣要"一亿玉碎",以无辜的全体日本人民作抵押,以自杀战术阻抗盟军登陆。如东京陷落,即向盟军投降,而在中国华北、东北及朝鲜的日军仍必须继续决战,直至全军覆没,不许一兵一卒投降。

地下室的会场里仿佛埋着炸弹,在刀剑悬顶似的气氛中,潜伏着深刻的矛盾和危机。沉默,再沉默。

海军大臣(海军部长)米内打破了沉默:"只是沉默就能有办法吗?……如果接受了《波茨坦公告》,是无条件承认呢,还是提出我们希望的条件?这个问题,我想必须讨论。"老资格的米内曾经担任过首相,他以老辣的政治手腕,压制了主张决战到底的陆军的意见,以接受《波茨坦公告》为前提,把会议主题集中到接受公告附加什么条件上来。同时这也是米内对主战派的妥协。《波茨坦公告》促令日本政府:必须"立即宣布所有日本武装部队无条件投降"。

米内关于附加条件,提出四个议题:(1)政体的维护;(2)对战犯的处罚;(3)解除武装的方法;(4)占领军的进驻问题。

会议便围绕这四个议题进行讨论。放在第一位的国体即皇权的维护,与会6人一致同意为"绝对条件"。二是战犯问题,参谋总长梅津认为应由日方自己处理。至于第三条解除武装问题,阿南、梅津和丰田强调用自主的方法。在讨论占领军进驻问题时,陆军大臣和参谋总长说应交涉占领军不在日本本土登陆,迫不得已时也要"小范围、少兵力、短日期"。

会议正在进行的时候,美国轰炸机"博克之车"又在长崎投下第二颗原子弹,尘雾和碎石飞到5万米高空,7万余人在数秒钟内丧命。一名军官拿着刚收到的电报轻轻地走进来,紧张地读了一遍。会场好像遭到一股巨大的地震波冲击,霎时寂静无语。

与会诸人心里又一次震惊。铃木、东乡和米内听完军官念过的电报内容,一直阴沉着脸。

最高战争指导会议开到下午一点。会议决定简单休息之后,马上召开内阁全体会议。

内阁全体会议下午两点半召开,接着上午的议题,以陆相阿南和海相米内、外相东乡为中心,继续进行激烈的争论。会议开到5点半,大家简单吃过晚饭,6点钟继续开会。内阁会议一直开到夜里10点半,什么也没定下来。

会议开了三个小时一直无结果。老谋深算的铃木利用休会吃饭的间隙,悄悄找到内大臣木户,向他陈述了会议的情况,提出一个酝酿已久的解决问题的办法:"只有一个解决办法,我们请天皇作出决定。"

实际上早在当天上午7时半,铃木已去过皇宫并与天皇商量达成共识:必须在当天接受《波茨坦公告》。实际上早在6月21日冲绳守军全军覆没的时候,天皇的恐慌就加剧了,天皇的倾向已趋向明朗。只是连首相铃木贯太郎都不知道,作为日本军队的最高统帅,天皇裕仁从军中秘密渠道看到了一份绝密的文件。这是情报局官员通过莲沼武官长径报天皇一人阅读的审讯美军战俘的记录。

几天前，美军在对东京地区大轰炸的过程中，一架B29轰战机被击落，八名机组人员伞降落地后被俘。不久，广岛即遭到了新式大规模武器的攻击（当时日本高层以至军方都不知道原子弹这一名称）。情报局首脑当即对机长和飞行员进行审讯。不知什么缘故，也不知情报局使用了怎样的审讯手段，迫使美军飞行员交待出一个惊天口供："美国已经准备了100颗特殊炸弹（即原子弹），准备投向日本。"情报局官员感到事关重大，但又怕消息泄露造成日本上下恐慌，就残杀了这8名美军飞行员战俘。情报局将此重要信息通过天皇的亲信、武官长莲沼大将传递给了天皇裕仁。当时裕仁十分震惊，他认定美国总统杜鲁门是一个疯子，会冒天下之大不韪，将美国的原子武器统统丢到誓不投降的日本全土。

深夜11时55分，天皇裕仁神色疲惫地走进御文库地下防空会议室，吃力地在御座前坐下。臣下们立即起立向天皇鞠躬，军人们的佩刀发出轻脆刺耳的叮当声。参加会议的有最高战争指导会议的"六巨头"和枢密院议长平沼骐一郎，另有迫水等四人列席。

会议桌上放着尖锐对立的两种议案。以东乡外相为代表的甲方案，主张仅以承认天皇地位作为唯一条件接受公告。阿南陆相坚持乙方案，绝不放弃四个条件。米内海相和平沼枢密院长支持前者，而梅津参谋总长和丰田海军军令部总长则坚定地支持后者。形势依然是三比三。

阿南惟几恶向胆边生，他斜视着桌上的议案，低头对梅津美治郎耳语道："停止条件问题的讨论，把战争进行到底！"

铃木让书记官长再念一遍《波茨坦公告》。迫水遂以"悲感交集、内心痛苦、无以言宣"的心情念了公告。

铃木接着让外相发言，东乡表明自己的立场："我们必须接受《波茨坦公告》，唯一条件是天皇的地位不能改变。"

东乡的话音未落，阿南就跳了起来，声色俱厉地咆哮："我反对外相的意见！日本战力未灭，我们还有足够的勇气和力量，乘敌来犯本土之机会，予以痛击！"在昏暗的光线下，阿南惟几的脸上闪着泪光。

米内海相："完全同意外相意见！"

梅津参谋总长："完全同意陆相意见！"

天皇虽然衣冠楚楚，但神情忧戚，头发也没梳，散乱地搭拉在额前。众人看到他们心目中的神竟如此模样，不禁现出惊愕的表情。

天皇裕仁细心地倾听着各方的陈述。他强作精神，却时露忧容。情势是三比三。如果铃木首相能直言阐述己见，事情即会出现转机，但他生性多虑狡诈，不敢轻言。

时针已指向了日本东京时间10日凌晨两点，讨论仍没有结果。这时，内阁首相铃木慢慢地站起来，说道："会议已进行数小时了，很遗憾仍不能作出结论，但是事态已不允许有一刻拖延。在此作为例外，拜请天皇陛下为会议作出圣断。"

铃木离席向天皇走去。他步履蹒跚，腰背驼得更厉害了，显得衰老不堪。大家都感到吃惊，不知他要干什么。铃木慢腾腾地走到天皇面前，恭恭敬敬地施了一礼，说道："会议的情况，说起来令人异常地惶恐，我想祈求您的指示。"

第124代天皇裕仁正襟危坐，稍稍动了动上身，嘴唇嚅了嚅。聋聩的首相用手拢着右耳仰询天皇。44岁的天皇裕仁遂又低低地重复了一遍："您可以回到座位上去。"待首相铃木坐定，天皇裕仁稍稍向前探了探身子，站了起来，语调平静地说："朕赞成外相之主张。"他停下来，用戴着白手套的手擦了擦眼镜。接着缓慢地说下去："试顾吾国现状与列国形势，继续战争意味着民族的毁灭，延长人类的流血和残酷行为。我不忍目睹无辜国民再受苦受难。故此际唯有忍受一切，结束战争。"他的话说完，沮丧的暗流立即在桌子周围蔓延，有人立即歇斯底里地伏在桌上哭泣起来。

另外有的资料说裕仁还说了这样一段话："本土决战，本土决战，连最重要的海防都未搞好，这种状态进入本土决战会怎么样呢？能保住日本这个国家并传给子孙吗？……当然军人是朕的股肱，要解除他们的武装，并把朕的臣下作为战犯引渡出来，这是不能忍受的事。但是现在是我们忍不住也得忍的时候了。"

事关重大的"圣断"下达了，此时是10日凌晨2点30分。会议室里又恢复了宁静。天皇裕仁扫了愤懑的阿南一眼，以内含怒火的口吻说："战争开始以来，陆海军所进行者，与计划相差甚远，若继续战争，今后岂非同样乎！"说完，天皇裕仁拂袖离去。

天皇的态度，定了基本的调子。会议同意接受《波茨坦公告》。

80岁的平沼枢密院长平沼骐一郎，这位老皇族由于在询问时被军人顶撞，心中不平，话锋直指陆相阿南惟几："按皇祖皇宗遗训，陛下有责任防止国内不安。"

气恼的阿南惟几咬文嚼字地说："只要不确定保全皇室，陆军将继续战争。"会议结束后，阿南惟几以维护国体之条件联合国是否接受尚不可知为由，向陆军发表了狂放的训示："……挟令军人要像古代武将楠公那样，即使转生七世也要尽忠报国。"

8月10日上午7时，日本政府把在"国体不变"的前提下同意接受波茨坦公告的答复传到了中立国瑞士和瑞典的日本国公使。由驻瑞士公使加濑俊一负责通知中国和美国，由驻瑞典公使冈本季正负责通知苏联和英国。

下午4时，广播电台播发了投降可能性存在的《情报局总裁谈》，向国民吹风。而当晚7时的广播在播出勇猛雄壮的进行曲之后，又广播了穷凶极恶的阿南惟几的《陆军大臣训示》。在次日的《每日新闻》等报纸上，也并列刊载了上述两件文告，形成了奇妙的对比。

日本准备接受《波茨坦公告》的消息在参谋本部传开后，一些参谋军官们找到天皇的弟弟三笠宫亲王，请他在皇族会议上劝说天皇继续作战，一些海军参谋人员也对高松宫亲王提出了相同的要求。但是在同日召开的皇族会议上，由裕仁的两个弟弟带头，各亲王都赞成接受《波茨坦公告》，只有闲院宫亲王和久迩宫亲王对能否"捍卫国体"表示担心。

在阿南惟几和东条英机等人的暗示和怂恿下，以竹下和畑中为骨干的少壮派官佐，密谋策动政变，捕杀政府要员。阿南惟几的办公室聚集着谋反的疯子，像一个加热的火药桶，一触即爆。当美国对日本乞降照会的复文到达后，他们议论纷纷，借口难保国体，军部内外一阵骚乱。陆军大臣阿南惟几贼心不死，东奔西走，苦心游说。他钻进一个防空洞去见三笠富亲王，试图说服他去做工作，改变他皇兄的决定。亲王怀着敌意拒绝了他。阿南惟几邀同盟者梅津参谋总长议事。但梅津的心理起了戏剧性的变化，他不阴不阳地说："我现在同意接受《波茨坦公告》。"去找内大臣木户，木户的态度斩钉截铁。

在阿南惟几的暗示下，陆军打算发表一个电文："皇军收到新敕令，已重新开始对美国、不列颠联合王国、苏联和中国发动进攻。"然而，电文被禁止发出。

14日上午10点50分，日本最高层再次召开由内阁和陆海军统帅部首脑参加的御前会议。天皇裕仁身着大元帅服装参加了会议，作第二次决断。

天皇用白手套由上往下擦了几次眼泪。他说："反对意见都已经仔细听过了，我的想法仍和上次谈过的一样。我充分研究了世界现状和国内情况后，认为战争再继续下去已经不可能……对于陆海军将士来说，诸如解除武装、占领本土等事，实在令人难以忍受，我很理解这种心情。然而，不管我本人如何，也要营救广大国民的生命。战争再继续下去，最后将使我国完全变成一片焦土，使全民遭受更大的苦难……与日本完全亡国的结果相比较，只要留下一些种子，今后就会有复兴的希望……此时当然需要颁发（停战）诏书，希望政府迅速起草。"

看到天皇的悲恸模样，屋子里的所有人开始嚎啕大哭，有的人从椅子上滑了下来，跪在地毯上，最后瘫倒在地上放声痛哭，五十平方米的御文库中如同鬼哭狼嚎，乱成一片。

裕仁站了起来，命令铃木将停战诏书的草稿尽快呈送上来，侍从武官长莲沼静静地打开房门，天皇的身影消失在了门外。

迫水书记官长按照铃木的交待，回到二楼自己的办公室，找来木原，让他起草停战诏书。

木原曾是《报知新闻》驻首相官邸的记者，当时迫水任首相秘书官，因为两人关系亲密，所以当战局不利、报纸合并的时候，木原当上了内阁秘书。但他完全没有想到由他自己起草诏书。

他仔细看了迫水的会议记录，上面写有："……我已无所谓了。虽然是难以坚持、难以忍受的事情，但也决心结束这场战争。"木原把天皇的这段话改成汉语的文言文："念及帝国臣民之死于战阵、殉于职守、毙于神命者及其遗属，则五脏为之俱裂。至于负战伤、蒙战祸、损失家业者之生计，亦朕所深为轸念者也。"他接着写道："朕欲忍其所难忍，堪其所难堪，以为万世开太平。"

应木原的请求，汉学家川田瑞穗、安冈正笃也一同参加起草。

草稿很快出来了。内阁会议上，十四名大臣围绕着大圆桌讨论诏书的草稿。

当读到"虽陆海将兵勇敢善战，百官有司励精图治，一亿众庶之奉公，各尽所能，而战局日非……"时，阿南开了口："这种提法欠妥。如这样写，迄今军方发表的战况都成了撒谎。在历次会战里，虽失利较多，但最后胜负尚未定局。现在不过是尚未好转，应该写成'战局并未好转'。"

米内海相作了反驳："陆军大臣说还没有战败，实际上，连续败北的事实谁都清楚。并且'战局日非'也并未说打败了。应该把实际情况告诉国民，说'战局并未好转'是虚伪的。"

阿南作色而答："也许海军是那样，而陆军则没有战败。"

米内冷语进攻："战败就应说战败。"

米内很固执。双方唇枪舌剑，互不相让。其间，米内因海军省有事，不得不暂时退席。他走到念稿子的迫水时，特意用很大的声音说："这个地方很关键，我不在时请不要改动。"

接着，在"义命之所存，朕欲忍其所难忍，堪其所难堪"处又出了问题。

"义命"二字，是安冈正笃从中国宋代诗句上引下来的，大臣们对此纷纷议论。于是找来《汉日大辞典》、《广辞林》一查，没有"义命"这个词，所以又改为"然时运之所趋"。

农商相石黑则对"朕将高擎神器常与尔等臣民共在"一段提出意见，说如果写上神器什么的，美国占领军也许会借题发挥，索要神器，于是"神器"这一句给删掉了。经过大臣们七嘴八舌的修改，删除的地方有23处、101个字，文字加工18处、58个字，新添加内容4处、18个字。随后这份被改得乱七八糟、有些地方涂成漆黑一团的草稿被送往宫内省，由内官用小楷毛笔誊写在高级的淡黄色"奉书纸"上。

后来，天皇又亲自修改了五处地方，用小纸条糊在原来的字上。在内阁会议上争来争去吵了两个多小时的"战局尚无好转"这段，也被加上"未必"两字送了过来。这份有添字、有贴纸的奇特诏书，就这样送到了准备开始录音的裕仁天皇手里。

天皇在停战诏书上用了印，首相与内阁大臣也在诏书上署上了自己的名字，从而完成了法律上的投降工作。与此同时，外务省接到电话，向驻瑞士和瑞典的公使馆发去极密的急电，要求其通知盟国以下内容："天皇陛下已经签署诏书，宣布日本接受波茨坦公告各条款"，从而完成了外交上的投降工作。

东京时间8月14日23点25分，裕仁身穿大元帅军服，坐车从御文库来到了御政务室，开始录音。房间拉下了防空百叶窗，灯火辉煌，但却闷热无比。房间的正中放着立式话筒，两旁是刺绣狮子图案的金屏风。NHK会长大桥八郎和内阁情报局总裁下村宏向裕仁深鞠一躬，伸出戴着白手套的手，录音开始了。裕仁用自幼经过专门训练、从高到低的独特发音开始念道："朕深忧世界大势与帝国之现状……"5分钟后录音完毕，但是由于声音偏低，之后又念了一遍。23时50分，录音完毕，天皇及侍从返回御文库住所。关系到日本前途命运的这两盘录音带被装到了两个咔叽布袋子里。

顽固的阿南惟几嚎啕大哭，彻底绝望。

谋反的少壮派军官们对阿南惟几的态度十分失望，他们决定自己干。军务局课员椎崎中佐和畑中健二少佐按照他们预定的计划，准备动用东部军及近卫师团，封锁皇宫，切断通讯联络，占领电台、报馆和政府部门大楼，软禁天皇，逮捕铃木、东乡、木户等人。

反叛行动分几路，在黑暗中同时展开。在由横滨至东京的二号公路上，一辆卡车在夜色中疾驰。车上乘坐着40名横滨警备队的敢死队员，还装着几桶汽油和两箱手榴弹。车头上架着两挺机枪。他们由佐佐木大尉率领，要以灵肉和热血，捧持军旗，走向毁灭。

此时近卫师团师团长森赳中将巡视过宫城的戒备，回到宫城外的师团长室。畑中少佐等一拥而入。畑中要森赳师团长参与叛乱，森赳未允，畑中即刻拔出手枪击中森赳前胸。上原大尉从鞘中抽出剑，砍中森赳的锁骨。倒在血泊中的还有随侍森赳师团长晤谈的白石参谋。

东条英机的女婿、近卫师团参谋古贺秀正少佐这时赶到，他也是想来对付他的上司森赳师团长的。畑中拼命叫喊："因为时间紧迫，就干掉了！"古贺秀正抬手向上司未凉的尸体致军礼。

与此同时，佐佐木率队的卡车驰达首相官邸，首相铃木不在，愤怒的士兵们点燃了大火，向首相私邸驰去。住在丸山的铃木接到告警，衣履不整地钻进汽车逃命。佐佐木等人来到首相私邸，破门而入。他"嚓"地抽出剑，在女佣百合子的鼻尖晃动："铃木在哪儿？不说就杀了你！"随即，士兵们闯入每个房间，用刺刀在壁厨和立柜上乱捅。不一会儿，私邸燃起熊熊大火。

其它几个地方发生了猛烈交火。7名"思想宪兵"组成的团伙想杀掉内大臣木户幸一，但他们在内大臣的官邸遭到了顽强的抵抗。枢密院议会平沼骐一郎的官邸的房顶上也窜起了腾空的火焰。一批军人用轻重武器狂扫滥射，把临街的门窗打得稀烂，并投掷了燃烧弹。平沼从后花园溜走，慌乱中连假牙也遗在桌上。

枪杀森赳师团长的畑中少佐向宫城奔去。井田中佐赶往日比谷的东部军司令部。古贺、石原等人起草了近卫师团的"伪"命令。近卫步兵二联队包围了皇宫，占领了皇宫卫兵本部，莲沼侍从官长被监禁。天皇居室义库附近架起了机枪，枪口指向天皇居室窗口。通讯被切断。近卫步兵的一个中队占领了东京广播局，中止广播。他们的行动目标不言而喻，就是要用武力夺取录音唱片，中止天皇裕仁《终战诏书》的广播。

古贺少佐挥刀高喊："天亮以前一定要找到天皇的录音唱片，要搜遍皇宫的每个角落！"士兵们在皇宫里乱窜。木户内大臣、石渡宫相等仓皇逃入地下金库避难，侍从把"女官浴室"的牌子置于金库入口。几个手持战刀的士兵窜至，看看牌子离去。

对叛军构成最大威胁的是担任东京卫戍任务的东部军。古贺一边打电话给东部军司令部以求支持，一边让井田中佐去东部军田中大将处，力图说服他。

田中大将带着副官，乘坐插着将官旗的小车赶往皇宫。车至坂下门，并不减速，直开进去。田中大将走进卫兵本部。此时是5点左右，天已放亮。田中大将脸色铁青，杀气袭人："是谁下达的作战命令？把他抓起来……交军事法庭处置！"伪造的"师团命令"败露。

在乳白色的广播协会大楼里，畑中用手枪威逼正在广播的宫野，要自行广播，"我必须向国民转达我们的感情"。这时，东部军司令部派人将政变分子畑中逮捕。

8月15日中午11时许，东部军副参谋长带着宪兵，护送天皇讲话录音带赶到东京放送局大楼，对第一联队第一中队长小田中尉说："刚才的命令是伪令。从现在起，一切服从东部军命令。全面护卫天皇陛下的广播。"

11时59分，收音机里传来首席播音员和田紧张的声音："从现在开始，进行重要广播。请全国的听众起立。"

1945年8月15日正午，宣读终战诏书的昭和天皇的"玉音"伴随着电波响彻全国。这一天，日本列岛天气炎热，知了在枯燥地鸣叫，夏日的骄阳高高挂在空中。

兵变失败后，陆军大臣阿南自觉约束无力，造成重大事变，在官邸自杀。

叛乱的官兵被强令退回原营房。骨干官佐被拘押。

播放天皇录音结束后，继阿南等人之后又有许多军官自杀，在很多地方还发生了军人反对投降的暴动。《军人敕谕》规定"生不受俘虏之耻"，有些以天皇的这一命令为人生信条的军官和士官生便用日本刀自杀了。他们认为投降诏书是天皇身边的重臣等坏人炮制的,不是天皇的本意。天皇绝不会投降,如果投降,肯定会恪守武士道而自尽。

八千万日本国民在饥饿和战火中筋疲力尽,无家可归的国民已无力反抗美军,只有茫然若失地观望。国家组建的军队业已崩溃,他们的最高层已经决定投降,少数人的短暂抵抗注定是无济于事的。

第七章
胜利喜讯频频传来

中国抗日战争战局发展到1945年7月，这是抗战胜利前最后一个月，在国民党正面战场上，从7月15日至8月8日，国民党政府一个月内共丢失18座县城。8月10日晚间，在上海市内的俄侨中首先传出了日本无条件乞降的消息。他们中的多数人听到自己故国击败德国和战胜日本的消息，情绪激昂地纵情欢呼"乌拉！乌拉！"第二天早上，全上海自动停业，爆竹声四处响起，几千人自发地游行，高呼"中华民族万岁！"在侵华日军总部和伪"国民政府"的所在地南京，由于受八年前残酷大屠杀的阴影笼罩，8月10日晚间日本投降的消息只是私下在民间传递。8月15日抗战胜利的消息得到证实，满城的日本官兵都如丧考妣般地惶惶奔走，庆祝的鞭炮声才在一些小巷中响起。随着日本投降，伪汉奸政府代理主席陈公博、伪汉奸政府行政院院长、上海特别市市长周佛海等一批汉奸先后被捕。一场清算汉奸的运动在全国展开，大小汉奸相继受到正义的审判。

神州大地喜惊雷

1945年8月10日夜，陪都重庆忽然传来了一条消息，这个消息是由美军传出来的：据收听到的英文广播，日本天皇表示，愿意接受《波茨坦公告》，向盟国乞降。

这消息是真是假？听到的人大多半信半疑。饱受战争之苦的重庆人，都急切盼望着官方能证实这样的消息。

马路上跑出了一批批美国年轻军人，一面跳着一面高声喊叫，他们的情绪也感染了街上的中国人。重庆市民口口相传，有的也随之兴奋起来，加入到雀跃狂欢的美国大兵行列中。

作为战时首都，重庆的消息比黄土高原的延安快许多。庆祝胜利的活动，实际上是在日本正式投降前的8月10日就开始了。日本皇宫地下防空洞内，天皇召集的御前会议从9日夜一直开到10日凌晨，最终决定准备接受《波茨坦公告》。8月10日，日本政府受天皇委派分别电请中立国瑞典、瑞士，将投降之意转达盟国。当天17时35分，设在重庆的盟军总部，收听到东京发出的英语广播，称日本准备接受《波茨坦公告》。这是外相东乡茂德未经军事当局的检查，代表政府播发的。美军有关部门收到消息，当班人员抑制不住兴奋，一传十、十传百，消息迅速传播开来。

也有一些能听懂英语广播的年轻人，从英文广播中听到这个消息，当即驾着三轮车狂敲锣鼓，绕城区主干道一周，向市民报告"日本乞降"的喜讯。饱受战争之苦的重庆百姓半信半疑，他们从心里盼着这一天的到来，但一时又不敢相信这个消息，急切希望官方正式发布消息。

14日20时40分，重庆新闻媒体终于获得官方正式消息：日本天皇宣布无条件投降！这消息像一股疾风，迅速传遍了重庆的大街小巷。刚刚被第一场秋雨洗涤过的马路上顿时涌动着欢呼的人群，男女老少都在高喊着，有鞭炮的放鞭炮，有锣鼓的敲锣鼓。有的人甚至把家中的面盆拿来用力地敲。整个城市进入了一个不眠之夜。

正如多少亲历者所形容的那样：疯狂了，疯狂了，日本投降的消息传开后，全城民众都欢喜得疯狂了。无论是锣鼓、喇叭、口笛、口哨、脸盆、手掌、黄包车上的铃子，都为胜利发出了声音。有人看见别人敲锣打鼓，自己手中没有东西，忙脱下自己的鞋，两只鞋底拍在一起，啪啪作响，以助狂欢。

重庆各报分别以下列标题报道了狂欢之夜的情景："抗战胜利和平再造，百万市民热烈狂欢"、"日本投降消息传出，重庆大欢乐，百万市民兴奋不眠"、"百万市民齐声欢唱胜利进行曲，重庆人同庆和平……"

几乎同一时刻，这一胜利的消息也在春城昆明传响。由于这里是美援物资的汇集之地，许多新建的电影院内都在播放着美国影片。突然银幕上映出"日本已无条件投降"几个字，观众顿时把帽子、手帕甚至是手中的瓜子都抛向屋顶，随后蜂拥着冲出影院。正在演出的戏院里，有人冲上台去，抱住正在甩腔的大花脸狂呼："日本投降了！"台下的戏迷和台上的演员马上一起喊叫着跑到街上，海涛似的欢呼和连珠炮式的鞭炮震动了全城。在这座春城里，还有八年前由不愿在侵略者铁蹄下生活的北京大学、清华大学和南开大学师生南下组成的西南联合大学。听到这一喜讯后，茅草棚式的学舍里也是欢声雷动。《国民公报》记者及时报道了昆明的消息，标题是："胜利激荡昆明，狂乐震撼人心。"

在古城西安，在甘肃省会兰州，在贵州省会贵阳，在素称"塞上江南"的宁夏省会银川，在青海省会西宁，在当时的新疆省会迪化（今乌鲁木齐），以及刚刚收复的广西省会桂林，中国沦陷区之外仅有的这几个省会传来日本投降的消息后都是一片欢腾。

空中飘荡着浓浓的鞭炮硝烟，在昆明郊区贫寒小屋中居住的西南联合大学著名教授闻一多，也和大家举杯同饮，同声喊道："让八年苦难尽于一醉！"

当他走出屋来，习惯地用手摸摸蓄着长须的下巴时，突然想起一件事，马上找到路边一家小剃头店。他向同样欢喜若狂的老板说："请帮一下忙，把我这胡子剃掉。"

"把这漂亮的胡子剃掉，太可惜了。"老板有些惊讶。

"动手吧，老板。你知道抗战胜利了。"闻一多感慨地说。

回想当初，侵略者的铁蹄踏入北平城内，满怀一腔爱国热情的清华大学教师闻一多，随北大、清华师生南下流亡的途中，看到国难深重，发誓到抗战胜利之日才将胡子剃掉。如今，该是剃掉它的时候了！

8月10日晚间8时，延安清凉山的新华社也收到了盟国电台的关于日本乞降的广播，整个古城顿时沸腾起来。著名诗人艾青在8月10日那个狂欢之夜所写的诗篇，生动地记述了当时的情景——

"日本无条件投降了！"
消息像闪电划过黑夜的天空，
人们从各个角落涌出向街上奔走，
向广场奔走。
"日本投降了！"
没有话比这更动人更美丽！
人人的脸映着火光，
人人的心像火把一样，
忧愁被锣鼓赶跑了！
阴影被火光吓退了！
锣鼓更响了！
火把更亮了！
天地合抱了！
笑呀！叫呀！奔呀！
跳呀！舞蹈呀！拥抱呀！
没有人能抑制住自己的感情！
人人的心都像火把一样燃烧！
……

这个晚上，延安是火把的世界，是黑夜中的光明世界。在市内和城外的几条山沟里，火龙彻夜不息，欢呼和锣鼓鞭炮声震动天地。大家点燃了可以找到的引火之物，甚至烧掉了自己的日用品。参加党的"七大"之后尚留在中央党校学习的冀南军区司令员陈再道曾这样回忆当晚的情景："我们冀南的同志，在家里谈论着冀南开始反攻的喜人情况，忽然听到外面锣鼓喧天，欢呼声、鞭炮声、秧歌声，响作一团。原来是日本要投降了。我们都从窑洞里跑出来，高兴地大喊'日本投降！日本投降！我们胜利了！'大家兴奋地喊叫着。我们不约而同地跑回自己的窑洞里，把睡觉的草垫子、报纸、烂衣服等，全抱到山上放火烧起来。火光，到处是胜利的火光，把古老的延安城照得明亮通红。"

在延安火炬游行的人流中，还走着一支250人的日本工农学校的队伍。这些日本人大部分是过去侵华日军中的士兵，有的在当了俘虏后经过教育认识到本国统治者发动战争的罪恶，要求进步而被送到延安学习；有的过去就是日本国内的共产党员或共产主义同情者，在战场上主动向八路军投诚并自愿参加反战运动。如今，这些虽来自敌国却是反法西斯斗争中的战友们，也同中国的抗日军民一起振臂高呼口号。不过他们听到本国政府投降的消息后，心情与延安军民多少有些不同。据当时的学校成员后来回忆说："在工农学校里，大家兴奋得一夜没合眼，都在热烈地谈论着战争结束后返回日本的事……大家听到了那年三月开始的东京大空袭，日本的主要城市相继遭轰炸，已变成一片废墟，心情十分沉重。好在那场战争已经结束了。大家都在集中地考虑一个问题，那就是应该如何在建设新日本的工作中发挥作用。"

8月15日日本宣布投降的确切消息传来，整个延安又一次沸腾了！全城万人欢腾，街上张灯结彩，国旗飘扬，各处黑板报上都用大字报报道消息。有的卖瓜果的小贩欢喜得跳起来，把筐子里的桃梨，一枚一枚地向空中抛掷，高呼："不要钱的胜利果，请大家自由吃呀！"群众报以热烈的掌声。庆祝的人群像潮水一样涌来，秧歌队越跳越大，完全卷成一片人海。美军观察组闻讯后，也乘汽车随秧歌队欢庆。

进入晚间，延安东南西北各区到处举行火炬游行，全市灯火辉煌，欢呼声从各处发出。队伍中鼓乐喧天，机关与群众的乐队、秧歌队，纷纷出发游行。新市场的商人来回奔跑欢呼报信，寻找着柴棍，扎起火炬，也参加游行。实验厂、联政宣传队、大众剧院、延大、完小等十余秧歌队在新市场十字街口汇合后，在鼓乐喧天声中，无数火把照亮了宝塔山和延河两畔，一片片口号声震动山谷。

在如潮涌动的人群中，还有不少拄着拐棍的残疾军人，看到自己付出鲜血换来的胜利，这些人热泪滚滚。一个在平型关战斗中失去一条腿的残疾军人一面呜咽一面吃力地对记者说：几年啦，我的血没有白流！……接着，身边的群众把他簇拥起来，又向潮水般涌动的人流奔去。

听到庆祝抗战胜利的锣鼓声，窑洞中的领袖毛泽东并没有像一般群众那样跑出去欢庆，而是忧喜交织。正如他两年后所回忆的那样："日本投降时，我们还是一则以喜，一则以惧。喜的是日本投降，抗战胜利了；惧的是优势问题未解决，蒋介石很强大，严重的内战危险临头，成败两个可能还在斗争。"

此时忧虑的不仅是力量的对比，还在于胜利来到得太突然。日本宣布投降时还在延安待命的晋察冀军区司令员聂荣臻对此也回忆说："摆在面前的问题很多，但归纳起来，主要是在日本投降之前，对形势发展估计不足产生的。苏联对日本一宣战，日本很快就宣布投降了，对这种急剧变化的形势，事先没有足够的思想准备。所以，日本一宣布投降，无论在思想上、组织上，以及物资准备等方面都感到措手不及，跟不上形势发展的需要。"

不过，压在中国人民头上的两座大山中的一座——帝国主义中最凶恶的日本侵略者被打倒，这毕竟是有利于中国的天大喜事。在这一点上，中国国民党与中国共产党取得了空前的一致。

在敌后的各个解放区战场，听到日本投降的消息，正在抗日前线奋战的人们也是一片欢腾！8月10日深夜，在河北西部山区的阜平县城，晋察冀军区机关的干部和城内的群众都已进入梦乡，只有值班人员还在工作。抗战八年来，这里是日伪军"扫荡""蚕食"的重点，偌大的北岳山区，这是八路军坚守下的最后一个县城，新华社分社当班的同志从无线电波中突然收到了喜讯，马上唤醒了大家。消息很快传开，人们揉着蒙眬的睡眼走出屋子庆祝，一片片"八路军新四军万岁！""解除敌伪武装，最后消灭日本侵略者！"的口号声已经响彻县城狭小的街道。中共晋察冀分局、晋察冀军区的同志立即全部投入紧张的工作，电台工作人员和骑兵通讯员则以最快的速度，将这一消息传达到各分区、各县。

在8月11日拂晓，晋绥解放区的中心晋西北兴县地区也是一片欢腾。人们被胜利的喜讯提前唤醒，在充满早秋凉意的黎明中尽情欢呼。在晋绥八路军比较集中的驻地，人们都围住收音机，一面聆听着广播，一面兴奋地议论。晋绥军区首脑机关则紧急召开会议，研究如何执行毛主席和朱总司令的命令，向敌展开最后一击。

在群山连绵的晋冀鲁豫解放区内也是欢呼声震动天地。这片横跨四省、位于华北南部和中原北部心腹要地的根据地内，通过不久前的局部反攻已经夺取了大部分土地和许多县城，此时喜讯飞来，在晨鸡竞鸣中男女老幼都奔走相告。一些在抗战中失去亲人的军烈属老大娘，也巍巍颤颤地走到村口田间，有的人还到亲人的坟前放声大哭："孩子！你听见了吗？抗战胜利了！抗战胜利了！"

苏皖解放区的天长县新四军军部，8月10日晚间全体人员正在看戏，突然有人跑来报告，从广播中收到日本表示要投降的消息。露天剧场上顿时一片欢腾！欢呼声响彻天动！军部的领导人同大家一起高呼口号后，马上退场召开紧急会议。在这个不眠之夜里，军部各机关灯火通明，在远处锣鼓鞭炮声的伴奏下，面对着作战地图，首长和参谋人员都开始进行紧急部署。

在大别山和桐柏山麓的中原解放区，在渤海和黄海之滨的山东解放区，在华南解放区的东江边和海南岛五指山麓，胜利的电波传来后也到处是锣鼓喧天。从8月11日起，空前规模的参军参战热潮开始席卷各敌后解放区。大批紧急入伍的青年来不及换上军装，头上扎块白手巾就加入了子弟兵的行列，准备参加大反攻。

更大数量的民工抬着担架、推着运粮小车，也随着自己的队伍奔向反攻的战场。在山乡田间到处滚动着的浩浩荡荡的队伍中，嘹亮的《反攻进行曲》在队伍中回荡——

"同志们紧急地动员起来，

举行胜利的大反攻！

百万红军对日进攻，

朱总司令发布反攻令！

……

假若是敌人不投降，

我们就把它消灭干净！"

沦陷区的人民从暗喜到公开欢庆

对于日军占领区的一亿多中国民众来说，抗战胜利前"黎明前的黑暗"是生活最痛苦的时候。感到末日临近的日伪当局不仅在农村实行杀鸡取蛋式的征粮搜刮，在各大城市里也把民众推到求生不得、求死不成的灾难境地。

北平此时已是百业萧条。城中许多院落都被日本人占据，几乎所有的日用必需物资都被占领军垄断，市民们终日排队买配给的少得可怜的一点"杂合面"。这些由少许杂粮和霉烂的秕糠混合而成的"粮食"，许多人吃下去腹痛肚胀，不少人因此丧生。人们却看见日军的粮车终日不绝地将搜刮到的粮食运到兵营仓库，准备进行最后垂死挣扎的决战。

战前被西方人称为"东方乐园"的中国最大城市上海，此时虽街道房屋的外观依旧，却也笼罩上一层临战状态的恐怖阴影。由于电力不足，只是早晚上下班时间街上的电车运行，晚间7至10时居民的家中才送电。而且只要天一黑，家家要挂上"防空窗帘",日本的巡逻哨在街上见哪一家有灯光漏出,马上就登门问罪。过去的"夜上海"此时早已不存。

自1944年下半年起,美国飞机就经常空袭上海,虽然目标是虹口区的日租界和军工厂,但投下的炸弹炸死炸伤的却多是中国百姓。1945年4月美军在距此不远的冲绳岛登陆后,上海就战云密布,原先警备长江下游的日本第13军将主力向上海城内和郊区集结,市内的许多高楼大厦被强行征用,准备依托上海进行最后的抵抗。日军还公开宣布,如果美军在上海登陆,就放他们进入市区凭借楼房进行巷战,让美国人付出大量伤亡。日本的"上海防军司令部"也把所在楼的最高层作为"敌侨收容所",将原来圈禁在浦东的英美侨民迁到此处关押,当作"人质盾牌"。此举无异告诉美军:你来炸吧!先炸死你们自己人。

8月10日晚间,在上海市内的俄侨中首先传出了日本无条件乞降的消息。说来也有意思,这些俄国人大都不是被自己祖国承认的苏联侨民,而是布尔什维克发动十月革命后被驱逐或逃亡到中国的。大概是血浓于水的原因,他们中的多数人听到自己故国击败德国和战胜日本的消息,情绪激昂地纵情欢呼,到了深夜,大街小巷里仍是兴奋奔走的人流。南京路边的国际饭店上飘起了国旗,接着"和平号外"的叫卖声也在马路上响起,长期实行的灯光管制制度无人遵守了,大上海又成了不夜城。

第二天早上,全上海自动停业,爆竹声到处响起,在南京路上有几千人自发地游行,高呼"中华民族万岁!"看到日本侨民,许多人就向他们抛掷西瓜皮,昔日趾高气扬的日本浪人从未见到中国人这样对待他们,都吓得东躲西闪。看到单独行走的日本军人,市民就涌上去,扯掉他们头上尖顶的战斗帽,以他们平时最惯用的对付中国人的耳光相回敬。这些鬼子官兵在愤怒的群众包围下,尽管挨拳脚被打嘴巴,也一声不敢吭。不过,喜庆的气氛没有持续多久,成群的全副武装的日军又乘卡车在街头出现,并在路口布设岗哨,市民们又纷纷跑回家中。随后,伪上海市市长周佛海广播了"告民众书",要民众"镇静",要各级伪政权人员"继续执行原有任务",上海市内一时又转入沉寂。人们在等待着事态发展。8月15日无线电广播中传来日本投降的确讯,街头的日军全部撤入军营不敢再出来,上海的马路上又出现了欢呼的人流。不过,过去的伪军此时又跑出来了,据说奉重庆国民党当局的命令维护治安,昔日的"二鬼子"代替了大鬼子,嚣张气焰更令市民们望而生厌。

但是,在广大上海市民中间,喜庆之情到处可见。几年来在上海寓所中闭门谢客深居简出的京剧大师梅兰芳,此时家中突然高朋满座。这位自从日军占领上海后就不肯登台演戏的天下第一旦角,近年来还留起了胡子。不管生活如何困窘,不论日本军官如何登门威逼,梅兰芳的信念就是:"在战时,在跟我们祖国站在敌对地位的场合下,我没有权利随便丧失民族的尊严。"这种拒绝在侵略者占领的土地上登台为日伪粉饰太平的行动,被报界称为"一直实行着个人的抗战"。在上海滩一片欢天喜地声中,当多时不见的客人们进到梅家时,只见出迎的主人剃掉了胡子,并换上一套漂亮的西服。

大家都说:"梅先生一下子就像年轻了10岁哪!"

梅兰芳高兴地向大家宣布:"胜利了,我该登台演出了!"

梅兰芳在胜利之际准备剃须登台演出,成为日本投降后上海的一大新闻。戏迷们奔走相告,许多过去不爱看戏的人也挤进卖票房外长蛇式的购票队伍。人们不仅是想看这位艺术大师的表演,更主要的是向他高尚的民族气节表示敬意。

8月10日晚中央社关于日本乞降的广播,马上悄悄传遍了沦陷区各大城市。日本占领当局还在封锁消息并继续进行恐怖统治,人们只能在私下庆祝这一盼望已久的胜利。在那个中国大后方惊喜狂欢之夜,北平市内有收音机的人也听到了这个消息。虽然当时有这种"电匣子"的人家很少,日军也严禁收听重庆和盟国的广播,可是一夜之间市民们奔走相告,到第二天早上古都的市民几乎都知道了这一消息。许多人兴奋地流出热泪,戏迷票友们也亮开嗓子唱起了高亢的"忠义千秋",不过人们没有上街庆祝,因为那些凶恶的日军宪兵还气势汹汹地在巡逻,马路上反而比往日清静得多,饱经改朝换代政治风云变幻的老北平市民们相互提醒着:"小心点啊!天亮前不要叫疯狗咬一口!"

8月13日早上,北平的大街上张贴着伪政府所办的唯一的报纸《华北新报》,上面第一版的位置刊登的是日本北支那方面军司令官下村定大将的布告:"闻近日北平巷间谣传日本无条件投降于同盟国的消息,这完全可说是侮辱皇军的举动,若有人胆敢再散布这种谣言,则日本军事当局绝将以军法从事……"

8月15日中午日本天皇的"终战诏书"广播后,下午2时华北伪政权的广播电台终于以中文广播了这一消息,日本投降终于被证实。从当天下午起,北平的大街小巷到处飘扬起中华民国国旗,人们在路上欢呼歌唱。城内各个日本军事机关门口的鬼子哨兵虽然没有了往日的神气,却仍是一副凶相地望着在他们面前庆祝胜利的中国人。

8月16日早上却有一个不幸的消息使北平市民大受震动。一个日本兵仍以往日的气势要人力车夫拉他去某处，这个车夫因中国人的胜利自豪拒绝这个侵略者乘车，恼羞成怒的鬼子兵竟然拔出刺刀恶狠狠地向车夫捅去，这个爱国车夫顿时倒在血泊中，杀人者随后扬长而去。大家都盼着中国的军队快来，可是他们感到奇怪的是，那些凶恶的日本兵又正式奉重庆方面的命令，大模大样地"维护秩序"。

在侵华日军总部和伪"国民政府"所在地南京，胜利消息传来后倒显得有些冷静，由于受八年前血淋淋的残酷大屠杀的阴影影响，8月10日晚间以后日本投降的消息只是私下在民间传递。8月15日抗战胜利的消息得到证实，当满城的日本官兵都如丧考妣般地惶惶奔走，到处焚烧可能成为战争审判的罪证时，庆祝的鞭炮声才在一些小巷中响起。引起全市惊骇的倒是伪政权内一些派别为争夺市内控制权而向"中央"邀功，在一些地段展开了枪战。随后，日军又出动到街道上"维持秩序"，已经宣布战败的侵略者此刻还晃着白光闪闪的刺刀，这无疑是在提醒沦陷区人民，"天还没有亮"。多数人都期盼着中国接收部队快来，出现了"想中央，盼中央"的急切之情。

汪伪"国民政府"代主席被枪毙

素有"六朝古都""十朝都会"之称的南京，在日本宣布投降后突然热闹起来。在原国民政府大院内，伪汉奸政府代理主席陈公博正主持召开会议。这个由大汉奸汪精卫网罗20余名叛国的国民党中央委员和50多名国民党军降将为骨干，在日军扶植建下立起来的政府，是1940年正式建立起来的地道的傀儡政权，其所属的机构只存在于沦陷区内，由各级日本顾问"指导"，完全是日军用以统治中国人民和征粮征税的工具。他们声称因中国打不过日本，"抗战必败，再战必亡"，只有由他们出面与日本讲和才能"保护民众"，以此"曲线救国"，为自己当汉奸辩护。如今，日本投降了，虽然陈公博等人还硬说自己的"曲线救国"与重庆国民党当局的"直线救国"是"殊途同归"。但汉奸们心里唯一的希望就是能向重庆国民党当局投靠，以抵抗共产党"保全地方"来"将功赎罪"，保全自己的性命和财产。可以说，这是一群无情无义、不知廉耻的人。

在南京伪"国民政府"内部，地位居第一位和第二位的汉奸头目陈公博和周佛海首先发生争斗。陈公博从20年代起就是汪精卫的亲信，跟随左右亦步亦趋。抗战开始后不久，身为国民党中央执行委员、国民政府实业部部长的陈公博对抗战前途完全失望，随汪精卫一同叛国。1943年夏天他见日本大势已去，才对当初的选择产生悔意，派人到重庆向戴笠送信并转告蒋介石，表示愿立功赎罪，听候驱使。

重庆国民党政府此时却看不上这个汉奸名气很大却没有实权的家伙。戴笠向蒋介石建议说："陈公博与周佛海不同，陈是汪精卫的死党，又是汉奸政府首脑，这事不要理他。"接到日本投降的消息后，陈公博连续发了几封电报给蒋介石，表示愿出面"维持治安"，可是却一直未收到答复，他的手握实权的下属周佛海却抢到他前头。

地位仅次于陈公博、掌握一些伪军和特务的周佛海，早与重庆方面建立了秘密关系。周佛海在历史上从来是个见风使舵、投机成性、毫无气节操守的人。20年代初他留学日本时参加了共产党，回国后国民党给他厚禄高官，就背叛了共产党。大革命时他随北伐军到了武汉，一时又跳到极"左"立场上，鼓吹搞什么"裸体大游行"的"妇女革命"，没几天又转向极右，到南京投靠蒋介石，并写了一篇记述"逃出赤都"的文章。以至汉奸头子汪精卫都对人说："这个周佛海真拆烂污，他过去当过共产党，现在却骂共产党。你们以后切不可与这样的人共事！"抗战开始后，他曾担任国民党中央代理宣传部长，与陈布雷并列为蒋介石的"文胆"。可是看到武汉失守，日本大力诱降，这个朝三暮四的周佛海即追随汪精卫投敌。投敌之后仅过了三年，看到太平洋战争爆发，日本前景不妙，又与军统头子戴笠建立了联系，并派代表到重庆向蒋介石请罪。蒋介石也通过戴笠向周佛海表示，要他切实掌握武装，以实力控制江南，将来待日本失败时完整交给中央，防止京沪为共产党占领。这种在反共的大前提下互为需求的关系，使双方一拍即合。抗战胜利前两年，周佛海、戴笠二人已是信频书繁，称兄道弟了。甚至周佛海的母亲在息烽集中营遭软禁病死，戴笠马上赶赴灵前披麻戴孝三叩首，然后拍下照片秘密送给周佛海。虽说这一举动带有做戏的色彩，却也使周佛海感激不已。1944年11月，头号大汉奸汪精卫病死于日本后，无兵无勇的一介迂腐文人陈公博坐上了南京伪"国民政府"的第一把交椅，给了周佛海一个行政院长的头衔。眼见得"忽喇喇似大厦倾，昏惨惨似灯将尽"，周佛海本人对行政院长已不感兴趣，只想一心抓兵权，并坚持身兼上海市市长一职，平时根本不去南京。在他看来，乱世之中只要有枪有地盘，既可保身，还能以实力向重庆方面邀功。当时上海储存着伪政权的多数货币准备金，还驻有伪政权的中央税警总团，兵力超过万人，装备在伪军中也堪称头等。于是，周佛海一面将财权牢牢掌握在手中，一面要税警团及沪杭一带的其他伪军直接听命于自己，一时成了长江下游沦陷区内最有实力的汉奸。

8月9日得知苏联出兵的消息后，周佛海以上海市市长的名义发出布告，禁止市民随便议论。此时他虽然明白日本即将失败，却估计至少在半年之后。可是8月10日晚间，从无线电中传来日本乞降的消息，这个大汉奸立即变得极为紧张忙碌，他马上通过军统设立的秘密电台向重庆请示，又赶赴南京与陈公博等人磋商。他还对心腹们说："政府一定会迅速解散，我所能做的，也只能随机应变。"此时在周佛海看来，宁沪一带为新四军的根据地包围，国民党部队则相隔甚远。他不仅有上海市市长的职位，手下还有中央税警总团，另外一些伪军将领也能听从其指挥，不像陈公博是光杆司令。如果能为蒋介石保住南京、上海，不被共产党接收，日后就可以得到蒋介石的宽容谅解，说不定还有重新飞黄腾达的可能。果不出周佛海所料，8月12日国民政府军事委员会侍从室奉蒋介石之命，对他和伪上海市公安局局长罗君强发来委任状，南京、上海一带的报纸还刊登了这一消息：任命周佛海为军事委员会上海行动总队总指挥、罗君强为副总指挥，令其指挥税警总团，上海市保安队和警察，以及驻杭州的伪军第12军和伪地方团队负责维护上海及沪杭一带的治安。

8月16日下午，伪汉奸政府代理主席陈公博召集汉奸们开了一个短暂的会议，到会者一致同意宣布伪政府解散。在会上，陈公博还抛出事先拟定的一份宣言，宣布"南京国民政府即日宣布解散"，然而原机关仍然保留，"改为南京临时政务委员会，所有国民政府各项职务，即日移交该会"。按照此宣言，这个摇身一变的汉奸机构及其下属军队根据蒋介石"维持秩序"的命令，还要继续实行统治，并要当地日军服从它的指挥。因此，主子和奴才的地位一下子颠倒过来了。对此，到会者均表示赞成，并立即交伪中央社发表。随后，陈公博又摆出往日的"代主席"架子，要求再"讨论一下人事问题"，也就是再以他为首建立起"南京临时政务委员会"的新班子，控制全局后再向重庆方面移交。勉强来南京出席会议的周佛海却站了起来，毫不客气地说了声"这样就行了！"然后拂袖而去。接着，几个掌握军权的伪军头目跟着走了出去，把目瞪口呆的陈公博晾在屋里。日本宣布投降后，大小汉奸如丧考妣，惶惶不可终日。陈公博生怕被中国民众和政府追究他的汉奸罪，希望逃到日本某一个地方隐居下来。日本政府很快同意了陈公博的请求。8月25日晨，陈公博带着李励庄、莫国康、林柏生、陈君慧、周隆庠等男女汉奸乘飞机出逃。日方派出了陆军司令部参谋、原汪伪军事及经济顾问小川哲雄陪同陈公博等人，并负责安排沿途的生活起居。日本军方认为，东京、大阪、福冈等地美军随时都会进入，便决定让飞机在不为人注意的米子机场降落。陈公博上机后，心事重重，一言不发。当小川哲雄把飞机将在米子机场降落的消息告诉陈公博后，陈公博愣了一下，他对日本的地理位置比较熟，对于飞机降落到这样一个偏僻地方，颇感意外。此时此地，也没有了办法，只得说："全交给你了，你看着办吧。一切以安全为要。"

很快，飞机飞临日本本州岛阴县西郊的米子机场上空。飞机做好准备正要降落时，飞行员忽然发现，机场跑道已被盟军轰炸得破烂不堪，跑道上还散落着被炸飞机的残骸。飞机降落有风险，便在机场上空绕行了一圈又一圈。这时，飞机燃料已尽，油压表上红灯闪烁，提示再不降落将会机毁人亡，飞行员只好横下心进行迫降。飞机在起伏不平的跑道上强行降落，好在飞行员技术熟练，飞机经过一阵剧烈的颠簸后，停在了跑道尽头。陈公博脸色苍白，飞行员也是一身冷汗。

陈公博一行下了飞机，时间已是正午，机场上空无一人，烈日当空，炽热难耐。小川哲雄让他们先在飞机机翼下躲躲太阳，他跑到机场附近的一片松林里找来一辆破卡车，将陈公博一行送到了市政府。

米子市市长为他们弄了点吃的，然后将他们安排到一个叫"水交馆"的旅馆去住。从市政府到"水交馆"旅馆还有一段路程，市政府没有车，市长好不容易找来一辆消防车，把陈公博夫妇安排坐进驾驶室，其他人则站在消防车两边，像受训的消防队员一样，手拉手紧贴在消防车上。陈公博的情人兼秘书莫国康身着艳丽旗袍，站在车上格外显眼。这一行中国人站在消防车上，招摇过市，神情个个如丧家之犬。行人驻足观看，真是丢人之极。

"水交馆"旅馆原是日本海军的俱乐部，日军战败后，这里已是人去楼空，破烂不堪，房间里连一把椅子都没有，陈公博只好睡在草席上。这一夜，他辗转反侧，几乎没有合眼。第二天，陈公博一行又被秘密转移到浅津东乡湖的望湖楼暂住。考虑到陈公博的安全问题，在望湖楼没住两天，日本政府又派人把陈公博送到京都，化名东山公子，隐居于京都郊外的金阁寺。

一天晚上，周隆庠匆匆走进陈公博的房间，说道："我刚刚看到晚报，梁鸿志等已遭重庆方面通缉。"陈公博闻讯，脸色陡变，自言自语道："梁鸿志不过是和平政府的监察院院长，我还是代理主席，如此看来，蒋介石肯定不会放过我！"陈公博挥了挥手，周隆庠退了出去。

陈公博猛地拉开抽屉，说："看样子，我一切全完了！全完了！"说话间，取出一把手枪，对准脑袋："劫数难逃，与其这样东躲西藏，活着受罪，还不如一死了之。"李励庄见状，跑过来一把抓住手枪，争夺中扳机被扣动，只听"砰"的一声，子弹打到了天花板上。

陈公博嚎哭起来："早晚不得好死，为什么不让我早点死了呢？"。李励庄把手枪藏了起来。从这以后，她寸步不离守着陈公博，防他再寻短见。

陈公博欲寻短见的事被日本人知道了。日本政府心生一计，便通过同盟通讯社播发了一条假消息：陈公博开枪自杀身亡。日本政府这样做的用意是让陈公博就此长期隐居日本，逃脱中国政府对陈公博的制裁。

国民党政府正在通缉陈公博，见了陈公博自杀的报道后，判断这是一条假消息。9月9日，南京受降仪式结束时，中方代表何应钦即向日方代表冈村宁次提出引渡陈公博等人回国的正式要求。何应钦指出，陈公博逃匿日本，对外宣称自杀，企图逃脱制裁，日本政府必须马上将其交出。陈公博如果真的自杀了，将由中国方面派人验尸。

日本政府知道纸终究包不住火，最后不得不交出了陈公博等人。陈公博很快被羁押回上海。

1946年4月6日下午2时，法庭开庭公开审判陈公博。检察官宣读起诉书后，陈公博一副不服气的样子，问法官能不能让他当庭宣读他在看守所写好的《八年来的回顾》。法官同意了。他打开自白书，边读边为汪精卫和自己的叛国行为辩护，为自己当汉奸推卸罪责。1个小时55分钟，陈公博才把这份材料读完。随后，审判长按起诉书，逐条询问犯罪事实，陈公博均供认不讳。接着，又由法庭指定律师为陈辩护后，法庭对陈公博的辩护理由一一予以驳斥。在铁的事实面前，陈公博哑口无言。4月12日下午，江苏高等法院再次开庭，对陈公博进行宣判。审判长宣读判决书主文："陈公博通谋敌国，图谋反抗本国，处死刑……褫夺公权终身，全部财产除酌留家属必需之生活费外，予以没收。"

6月1日，江苏高等法院核准了对陈公博的死刑判决。次日，陈公博被移往苏州狮子口江苏第三监狱，等待执行死刑。6月3日早上约8点半钟，陈公博被带到监狱设置的临时法庭上。法官循例问了问陈公博的姓名、年龄、籍贯等，接着宣读死刑执行书。随后，陈公博向刑场走去，走到指定的位置上，"砰！"的一声枪响了，陈公博应声倒地，浑身痉挛，一股鲜血从右眼流出。几分钟后，法医上前检查，陈已气绝。陈公博的副官将尸体送苏州殡仪馆入殓。随后，将陈公博葬在上海公墓，连墓碑也没有立。

同月被枪毙的大汉奸还有汪伪"政府立法院"院长梁鸿志。1940年3月汪精卫在南京成立伪"中华民国国民政府"后，梁鸿志出任汪伪"政府监察院"院长。1944年底汪精卫死后，他改任伪"立法院"院长，是一个在全国颇有影响的大汉奸。抗日战争胜利后他匿居苏州。1945年10月2日，他在姑苏被捕，随即被押解上海，送到楚园里作了"楚囚"。1946年6月，梁鸿志被国民政府以叛国罪处以死刑，法庭上，一位西班牙记者当面采访了他。记者问：枪毙？梁回答说：枪毙！记者又问：reason（原因）？梁答道：treason（叛国罪）。二人对话颇似单口相声，说完相视一笑。此事一时被人们传为笑谈。也有报章说这段话仿佛影视剧中的对白，语言简练，回应干脆，主题明确，好像梁鸿志早就知道有这一天。

10月底，提篮桥监狱典狱长徐崇文忽然接到上级密令，要求在监狱内安排法场，有要犯在此枪决，这在提篮桥监狱史上尚属初次。1946年11月9日上午10点多钟，主办检察官戴荣铎去提篮桥监狱行刑。法警进入"忠"字监，关照梁鸿志有人接见。梁鸿志误认为家属拜候，于是把衣裤换得整齐一新。他经过走廊时，还向熟人点头打招呼，他没有走到接见厅，却被法警押解到了法场。只见检察官戴荣铎坐于审讯席正中，左席为典狱长徐崇文，右席为布告官王容海。临时法庭问明其姓名、年龄、籍贯等项目，遂将最高法院的判决书交给梁鸿志，并告即日履行，梁鸿志仓促翻阅了一下，即在上面签了字，同时发起抗辩，说依法收到复判书后，被告有最终之抗告。法庭答复很是痛快：是奉令履行。梁鸿志又要求让他回牢房清算遗物，庭上仍不承诺，可是检察官戴荣铎说可以当庭誊录绝笔，于是梁鸿志走到公案右侧前安排的书桌旁，在身边摸出"茂娜"挂表一只，置于桌上，戴上老花镜，磨墨凝神，提笔疾书，写下遗书共计10行纸3张，并标出每页页数次第。写毕，梁鸿志又给蒋介石写信，共花去1小时15分才收笔，他把所写之信交送戴荣铎检察官过目。他苦笑一下，想在行刑前同戴荣铎检察官握手，但遭到了拒绝。

提篮桥监狱依惯例为临刑犯人筹办了酒菜,梁鸿志哪有心情喝酒。梁鸿志见表上时间快到12点,就对法官说:"快12点了,不敢误法官用饭。"再对法警说:"走吧,谢谢你们。"遂进入履行区,缓缓坐入行刑椅上,开始闭目吟诵:"年到六十四,行步移法场……"未及吟完,法警用驳壳枪对准梁的后脑,"叭"的一声枪响,梁鸿志颓然倒于行刑椅之左侧。约一分钟后,法警将梁鸿志的尸体翻转向上,由检察官查验气已绝。尸体于下午送往沪西胶州路上海验尸所查验后,发还梁鸿志的家属。至此,这个曾被称为"华中第一奸"的卖国奸贼在正义的枪声中结束了他可耻的生命。

汪伪"行政院"院长入死监

1940年3月,汪精卫在南京成立伪"国民中央政府"。周佛海夺得了伪"财政部"部长、伪"军事委员会"副委员长、伪"中央政治委员"秘书长、伪"上海特别市"市长、伪"行政院"院长等要职,他甚至狂称:"人生有此一段,亦不枉生一世也!"

在形式上,周佛海地位仅次于汪精卫和陈公博,但是由于他直接掌握汪伪政权的外交、金融、财政、军事大权,因而他在汪伪政权中是一个握有实权的人物。

周佛海和陈公博一样,也曾是中共一大代表。中共一大后,他背叛了共产党,成为蒋介石的亲信和国民党内的"状元中委"。抗战期间,他又叛蒋投日,成为汪伪政权的"股肱之臣"。周佛海为人奸狡滑头,最能看风使舵。抗战初期,中国军队节节败退的时候,他高叫"抗战无用""和平谈判"。眼看日本侵略者对中国的进攻已成强弩之末,周佛海曾私下对人说,他有两个没有预料到:一个是万万没料到日军在占领武汉之后,会停止进攻;二是万万没料到日本会向美国开战。

周佛海为了给自己留条退路决定向重庆靠拢。先是偷偷给国民党特务头子、军统局长戴笠写信,表示要将功赎罪,为军统效力。接着又派人秘密到重庆,向蒋介石"自首",说他当初逃离重庆时未向蒋请示,是受了汪精卫的欺骗,是对蒋的背叛,为此请蒋宽大为怀,他愿粉身碎骨,报效党国,效忠蒋介石。

新四军在华东的发展壮大,使蒋介石感到头疼,看到周佛海的自首信后,他把戴笠叫到办公室，对他说："周佛海现在向我们自首，我准备接受他的自首，要他戴罪立功。我想，命令周佛海利用一切机会遏制新四军的发展，同时抢占东南沿海地区，为日军投降接收做准备。你看怎么样？"

戴笠马上回答说："委员长英明，我立即命令上海的工作人员，与周佛海接触。"

上海军统特务与周佛海秘密联络后，军统便向他交待了任务。此后，周佛海就按照重庆方面的命令，开始大肆破坏沦陷区的中共地下组织，组织伪军进攻敌后抗日武装力量，对新四军茅山抗日根据地发动了大规模的"围剿"。周佛海还安排了一部秘密电台与戴笠保持经常联系，为重庆方面输送不少日军重要情报。

日本投降后，周佛海被蒋介石任命为国民党军事委员会上海行动总队总指挥，负责国民党对上海的接收。蒋还通过戴笠命令周佛海指挥上海、杭州一带的伪军"维持治安"，全力阻止新四军收复失地。接到戴笠命令后，周佛海开始神气起来，先是通过广播电台发表讲话，接着又以上海市行动总队的名义发布布告。一夜之间，周佛海摇身一变，由卖国汉奸变为国民党的接收大员。抗战胜利后，舆论界的首要呼声就是惩治卖国汉奸。周佛海虽"接收"有功，但投敌当汉奸却是不争的事实，全国人民对蒋介石包庇汉奸的做法表示抗议，要求严惩大汉奸周佛海的呼声一浪高过一浪。国民党内的不少有识之士也推波助澜，纷纷上书蒋介石，要求对周佛海等卖国巨奸严惩不贷。舆论的压力，迫使蒋介石不得不重新考虑对周佛海的处置。蒋介石决定先让周远离上海，先送到重庆软禁起来。1945年9月30日晨，戴笠用专用飞机载着周佛海、丁默邨、罗君强等汉奸，从上海江湾军用机场秘密起飞，中午11时半左右降落在重庆九龙坡机场，周佛海等人被秘密安排住进了军统监狱白公馆。到了第二年夏天，大汉奸周佛海仍逍遥法外。此时，中共中央、各民主党派、各文化团体及各界人士，纷纷发表声明，谴责蒋介石姑息养奸的行为。

蒋介石虽然有意袒护周佛海，但他也知道，这种做法于理有亏，再这样下去无法向民众交待，只得指示军统局将周佛海送交南京高等法院审理。

1946年9月20日开始，最高法院对周佛海进行了审讯。11月7日，最高法院判处周佛海死刑。周佛海不服判决，提出抗告。最高法院驳回抗告，核准原判。

当周佛海在监狱里坐以等死、度日如年的时候，他的妻子杨淑慧在南京城里四处奔走，向陈果夫、陈立夫、陈布雷、顾祝同等人托情，请他们向蒋进言，周佛海不再提与重庆联系的事，只看在周抗战胜利后，奉命维持上海秩序、阻止新四军入沪、协助重庆接收等，对他予以特赦。后来，经陈布雷安排，杨淑慧还见到了蒋介石。杨淑慧一见到蒋介石，就长跪在地，抽泣不止，一句话也不说。果然，这一招起到了作用，蒋皱着眉头，看着地上的杨淑慧，思索良久，以低缓的语调对杨说："起来，安心回去吧，让他再在里面休息一两年，我一定会让他再归来的。"杨得到了蒋的许诺，感激而归。

1947年2月23日，蒋介石致电司法部，命令对周佛海进行特赦改判。3月27日，周佛海被改判为无期徒刑，收押南京老虎桥监狱。

周佛海死里逃生，不禁感慨万千。周佛海患有胃病、心脏病多年，关押在老虎桥监狱后，胃病和心脏病时有发作，身体一天不如一天。虽然用了很多贵重药品，仍无济于事。

1948年2月28日，这天是正月初五，周佛海油尽灯枯，在南京老虎桥监狱结束了可耻的一生，时年52岁。

陈公博死后不久，汪伪特务头子丁默邨、罗君强等汉奸也先后被法办。1947年丁默邨被执行死刑，时年46岁。据台湾资料，丁默邨自投靠日伪后，先后兼任伪"最高国防会议"秘书长、伪"浙江省"省长、省党部主任委员、驻杭州"绥靖公署"主任、省保安司令，是日本侵略军和汪精卫的得力爪牙。后来丁在狱中生病、保外就医。丁在其间顺道游览玄武湖，被中央社记者认出，遂采写报道《丁默邨逍遥玄武湖》一篇登于报纸，社会一片哗然。蒋介石看到这一报道极为生气，"生病怎还能游玄武湖呢？应予枪毙！"丁默邨遂遭枪毙。出任伪"安徽省"省长、伪"上海特别市"秘书长的罗君强被判处无期徒刑，新中国成立后继续执行刑期，1970年2月死去。

众汉奸普遍遭清算

抗日战争胜利后，在广大人民群众的呼声中，不齿于民族的汉奸罪人普遍遭到清算。

1945年9月初的一天，伪满洲国的总理大臣、大汉奸张景惠正在长春的家里惶惶然，苏军一名上校带着三大卡车士兵和几辆轿车来到他家。那位上校用生硬的汉语对张景惠说，最高指挥部叫他去开会，马上就走。随后，张景惠只戴了一副眼镜便跟着上了一辆小轿车。苏军就这样，一个一个地逮捕了几乎所有在长春的伪满大臣。苏军每到一家把人带走之后，就留下四五名士兵把守大门，不准任何人出入，唯恐走漏消息。

张景惠卖过豆腐，土匪出身，九一八事变之后，他参与筹建伪"满洲国"。1932年2月中旬，张景惠等人在奉天"汉奸"赵欣伯家召开了一次四人会议，推举张景惠为"东北政务委员会"委员长，并发表宣言，脱离中央政府，东北自治独立。就在会议召开的当晚，张景惠又召开紧急会议，决定成立伪"满洲国"，迎请溥仪担任伪政权的执政。而后由张景惠率领东北各法团到旅顺向溥仪表示"民意的拥戴"。张景惠就这样不择手段地出卖祖国，认贼作父，为自己谋取利益。

汽车直接把张景惠等人拉到苏军指挥部，出面接见的是留着一撮小胡子的格瓦寥夫上将。他由一位中将陪同从另外一个房间走出来，走到伪大臣们的前面停下来，对他们说：你们的皇帝溥仪很想你们，你们或许也想他吧。所以，我们决定把你们送到溥仪那里去。说完，格瓦寥夫便转身离去，弄得这批汉奸们一个个目瞪口呆，不知所措。随后，苏军将一干伪大臣们押赴到了苏联，1950年，苏联政府将伪满战犯移交中华人民共和国，张景惠即被关押在辽宁抚顺战犯管理所。曾经的伪满国务总理大臣在共产党抚顺战犯管理所过着阶下囚生活，一直挨到生命的尽头。1959年5月5日，他因心脏病死于管理所内。

冀东老牌第一汉奸殷汝耕也遭到清算。1935年11月25日，河北省滦榆区专员殷汝耕在日军的支持下，通电全国，在通州宣布独立，成立"冀东防共自治委员会"。12月25日又改称"冀东防共自治政府"，自任委员长，辖冀东22个县。殷汝耕17岁赴日本日语预备学校学习，学习期间加入同盟会。1927年，殷汝耕出任国民政府驻东京代表，代表蒋介石与日本官方往来密谈。殷汝耕是个出名的亲日派，平时说日语，生活中全是东洋做派。他本来是中国政府管理冀东的官员，结果他把冀东22县分出去了，成了汉奸，彻底堕落为民族败类。他曾在北平一次会议上，毫不脸红地公开讲："想干大事，想当汉奸的可以找我。我给你们位子。"

国民党对这位以当汉奸为荣的家伙恨之入骨。曾派出军统杀手陈恭澍带一组人专门到北平，寻找并策划刺杀殷汝耕。有一次，他们把毒药放进了殷汝耕家中餐桌上的食物里，却被他侥幸躲过。还有一次，殷汝耕手下的保安队因受日军压榨，实在无法容忍，几个大队长商议之后，决定带手下的伪军反正。起义部队对通州日军发起攻击，迅速冲向长官公署和其他重要机关，汉奸殷汝耕听到枪声，连忙呼唤卫队长，卫队长早已被起义部队叫到了指挥部。殷汝耕见无人应声，便藏身柜顶。起义部队官兵冲进殷汝耕的卧室，但见被单、衣服散落在地，就是不见人。厕所、壁橱、立柜都搜了，还是找不到人。这时，从厢房搜出了一个仆役，就让他交待殷汝耕的去处。仆役不情愿地指向柜顶，说："长官，您出来吧！"几个保安队士兵上去，把殷汝耕从柜子顶上拽了下来。随后，将他押解到北关吕祖祠指挥部监禁起来。"冀东保安队"反正起义的部队押着殷汝耕绕行到北平西部，遭到日军迎头拦截，不得不折回。混乱中竟被他伺机逃脱。殷汝耕虽然一时逃脱了，但"通州事件"起义军民杀死日本官兵、日商，他的日子就不好过了。以后，殷汝耕出任日中合办的山西煤矿公司董事长，同年受汉奸汪精卫之邀，出任伪全国经济委员会特派委员。俗话说得好，躲过了初一躲不过十五。日本投降后，1946年10月31日，国民政府首都高等法院以"连续通谋敌国，图谋反抗本国"之罪，判处其死刑。1947年12月1日，殷汝耕书写完遗嘱后，检察官又问："你对于书写遗嘱外，还有什么话要说吗？"殷汝耕答："其余无话说，不过请准予给我一个座位，我念几声佛，以后再执行。"

　　检察官没有答应这个大汉奸的要求，继续问："还有话说吗？"殷汝耕最后说："没有。"于是，检察官命令狱警对汉奸殷汝耕执行枪决，子弹从其后脑进由左眼穿出，当场毙命。

　　华北臭名昭著的大汉奸"二王"——王克敏、王辑唐也同样落得可耻下场。

　　王克敏从1932年起，历任南京国民政府东北政务委员、北平政务整理委员。1935年任冀察政务委员会委员。1937年卢沟桥事变后，王克敏于同年12月出任日军扶植的傀儡政权"中华民国临时政府（北京）"行政委员长一职。在汪精卫为首的南京伪"中华民国国民政府"成立之前，王克敏的伪政府是中国大地上最大的伪政权之一。1938年4月下旬，王克敏专程去日本东京，争取日本政府对自己的支持。5月3日，日本首相近卫文麿会见了王克敏，但对于他所提出的统一伪政权建议不予重视，王克敏无果而返。1938年12月，国民党副总裁汪精卫公开投靠日本。在日本政府的安排下，1939年6月27日，王克敏与汪精卫在北平日军杉山元司令官邸进行了首次会谈。1939年9月在沈阳，在日本特务机关长土肥原贤二等人的策动下，王克敏与汪精卫、梁鸿志在南京进行了第二次会谈。正在王克敏踌躇满志、春风得意的时候，日本国内传来消息，日本平沼政府垮台,由阿部信行组成新内阁。阿部信行上台后立即发表声明支持汪精卫建立"中央政府",这样一来,日本人的天平倒向汪精卫一边。1940年3月30日,在汪精卫伪"中央政府"所谓"还都"之日,王克敏的"临时政府"发表解散宣言,以"华北政务委员会"的形式再次出现。王克敏及其奸徒在新的"衙门"中各踞其位,俨然以华北小"朝廷"自居。"华北政务委员会"名义上是汪伪国民政府的直属机构,但实际上汪精卫的国民政府只是一个空名,对"华北政务委员会"没有什么约束力。

1940年3月,王克敏出任伪"南京国民政府"的内务总署督办、中央政治委员伪"中华民国临时政府行政委员会"委员长和汉奸组织"新民会"会长等职。1945年8月15日,日本宣布无条件投降。消息传来,大小汉奸坐卧不安,惶惶不可终日。王克敏知道自己在华北恶贯满盈,华北第一号汉奸的帽子非他莫属。他顿时异常紧张,四处奔走,寻找救命的门路。10月5日,王克敏接到戴笠的请柬,要他次日到东城兵马司胡同1号汪时璟的家里赴宴。同时接到请柬的,还有伪华北政府里任过职务的大小汉奸50多人。王克敏明白这是"鸿门宴",但还是硬着头皮去。院子内外军警戒备森严,让汉奸们产生了不祥之感。当戴笠宣布名单时,第一个名字就是王克敏,他听后顿时瘫倒在沙发上。随后,王克敏同其他汉奸一起,被重庆国民政府以汉奸罪名逮捕,随即被押往北城炮局监狱。1945年12月26日王克敏于狱中畏罪自杀身亡。

与王克敏齐名的另一汉奸王揖唐,1935年曾任宋哲元为首的冀察政务委员会委员,后来又成为三名常委之一。1937年7月7日,"卢沟桥事变"爆发,日本开始大举侵华。觊觎谋求更多权力的王揖唐认为时机已到,便趁宋哲元不在北平之机取代其成为冀察政务委员会委员长,亲自与日本人谈判。这年12月14日,在王揖唐、王克敏等人的操纵下,伪"中华民国临时政府"在北平宣告成立,作为创始人,王揖唐在其中"居功至伟"。但随后在瓜分政府权力时,伪"政府行政委员会"委员长王克敏拟任命王揖唐为"内政部"总长,王坚辞不就。作为北洋时代的老牌政客,代表皖系的王揖唐和代表直系的王克敏曾是宿敌,两人互相攻击,水火不容。王揖唐又气又恼,想方设法拆王克敏的台。他利用王克敏与汪精卫之间的矛盾,讨好汪精卫,借助南京汪精卫的势力来反对王克敏。1940年6月如愿以偿,将王克敏挤下了台,由自己出任了伪"华北政务委员会"委员长,成了华北汉奸的第一号人物。就在王揖唐倾力实现其卖国"抱负"之际,汪精卫逐渐对其不满。蛰居青岛的王克敏也联络以前的老班底,向日本人揭发王揖唐的罪状，掀起了倒王风潮。日本兴亚院遂指令北平机关长水磨负责调查王揖唐被指控的贪污渎职、废弛公务案。汪精卫借机发难，于1943年2月"劝说"王揖唐辞去"华北政务委员会"委员长职务，仅保留其政府委员头衔。王克敏又坐了"华北汉奸一号"交椅。王揖唐退居"华北汉奸二号"。

1945年10月5日晚，国民党军统局局长戴笠"设宴招待"北平城里的原伪府特任级以上官员。人到齐后，戴笠宣布清点人数，已有五十余人与会。戴笠环视着周围大大小小的汉奸们，忽然问身旁的军统北平站站长马汉三："怎么不见王揖唐？"马汉三告诉戴笠："王揖唐还住在医院里，行动不便，反正也跑不到哪里去。"宴会结束后，到场的一众汉奸们都未能回家，直接被投进了监狱。第二天，消息传到医院，王揖唐顿感末日即将来临，他连忙派家人找人托话给戴笠，希望减轻一点儿自己的罪行。孰料尚未开始活动，王克敏就在炮局监狱内自杀而死，让戴笠大为恼火。为应付民众的肃奸舆论，也为免受蒋介石的责罚，戴笠便让王揖唐来顶这个华北头号汉奸的缺，指令马汉三将王揖唐从医院弄到监狱。

王揖唐被军统局"请"到了炮局监狱，但作恶多端的王揖唐仍不甘心，想方设法开脱自己的罪责。河北省高等法院预备公审他，检察官先是简述了其投敌就任伪职的过程，继而一一列举了其在任伪职期间的祸国罪行。看完了起诉书，王揖唐顿感心惊肉跳，他深知其中的任何一条罪状，都足以使他死上一百次，于是，便打定主意称病装傻，以沉默与法庭对抗。

正式开庭后，捂着被子躺在床上的王揖唐被法警抬到法庭被告席上，在法官问其姓名、年龄、籍贯时，他以"啊"作答，后来干脆闭口不言了。第一次公审的两个半小时中，王揖唐一动不动，再未出一声，眼睛也未曾睁一下。目睹此状，曾有记者在报纸上骂道："王逆竟成活尸，一言不发。"

1946年9月17日，河北高等法院特刑庭开庭，公开宣判王揖唐案。开庭后，王揖唐只说了一句"文人游戏之笔墨"，再问时便又缄口不语，称病避而不答。此时的王揖唐真成了死猪不怕开水烫，审判长只好自顾自地宣读审判主文：王逆揖唐通谋敌国，图谋反抗本国，处死刑。全部财产，除酌留家属生活费外没收。9月10日早晨，河北高等法院院长将王揖唐的死刑执行令交给了检察官，检察官随即赶往姚家井第一监狱，向典狱长出示执行令。典狱长立即派两名看守到"病监"抬王揖唐上刑场。枪声响后，这个卖国奸贼终于结束了他罪恶的一生。

| 第八章 |
八路军、新四军发动大反攻

中国抗日战争战局发展到1945年7月,这是抗战胜利前最后一个月,在共产党领导的敌后战场上,从7月15日到8月8日,新四军和八路军从日伪军手里收复了16座城市。8月9日,苏联出兵中国东北。8月10日,日本外务省通过中立国瑞士、瑞典向同盟国方面发出乞降照会。从8月10日深夜12时至8月11日下午6时这18个小时内,毛泽东伏案奋笔,连续起草了以延安总部朱德总司令名义发布的七道命令,通知各解放区立即布置动员一切力量向日伪军发动广泛进攻,以正规部队占领大城市和交通要道,以游击队和民兵占领小城市。各解放区应迅速将过去主要从事游击活动的部队组编成正规兵团,投入反攻作战。8月15日日本宣布投降后,蒋介石不承认共产党领导下的八路军、新四军政治地位,不允许日军向八路军、新四军投降。中国共产党针锋相对,抢得先机,乘胜进击,大举收复沦丧国土。抗日军民扬眉吐气。

毛泽东昼夜不息起草七道命令，朱德发出第一号作战令

1945年8月9日，苏联出兵中国东北。8月10日，日本外务省通过中立国瑞士、瑞典向同盟国方面发出乞降照会，提出有条件地接受《波茨坦公告》。毛泽东和中共中央通过与莫斯科的电台，及时得知了这一事件。在这历史的转折关头，驻延安的中共中央、中央军委和八路军总部机关，都处于极其繁忙而紧张的工作中。毛泽东工作忙碌到了空前的程度，他一面处理事务、起草批阅文件，一面接见即将被派赴各地的领导干部和将领们，饥饿时，就一手书写文件，或是与人交谈，另一只手抓起食物，边吃边写，或边谈边吃。

8月10日，毛泽东为中共中央起草的指示，主要是通知各解放区，要求立即布置动员一切力量向日伪军发动广泛的进攻，以正规部队占领大城市和交通要道，以游击队和民兵占领小城市。各解放区应迅速将过去主要从事游击活动的部队组编成正规兵团，投入大反攻作战。从8月10日深夜12时至8月11日下午6时这18个小时内，毛泽东伏案疾书，连续起草了以延安总部朱德总司令名义发布的七道命令，其中的第二、第三、第六号命令规定了与苏蒙军配合协同作战事宜，公开提出了要进军东北四省（黑、吉、辽、热）。在第二号命令中，延安总部指示中国共产党所属部队为配合苏联红军进入中国境内作战，并准备接受日、"满"伪军投降，原东北军吕正操所部由山西绥远向察哈尔、热河进发；原东北军张学思所部由河北、察哈尔向热河、辽宁进发；热河东北军万毅所部由山东、河北现地向辽宁进发；驻河北、热河、辽宁边境之李运昌部即日向辽宁、吉林进发。第三号命令指示，为了配合蒙古人民共和国军队进入蒙古及绥、热、察等地作战，并准备接受日、"蒙"敌伪军投降，贺龙所部由绥远现地向北行动；聂荣臻所部由察哈尔、热河现地向北行动。第六号命令指示，为配合苏联红军进入中国及朝鲜境内作战，现在华北对日作战的朝鲜义勇队司令武亭等立即统帅所部，随同八路军及原东北军各部向东北进军消灭敌伪，并组织东北的朝鲜人民，以便达成解放朝鲜的任务。

毛泽东起草的命令中提到的"朝鲜义勇队"，是中国抗日战争期间由流亡到中国的朝鲜人建立的反日组织。司令员武亭30年代就担任了中国工农红军炮兵团团长、八路军总部直属炮兵团团长，是在中共军队内部职务最高的朝鲜同

志。毛泽东起草的命令中提到的"原东北军吕正操所部",这是指东北军第53军的团长吕正操率领所部拒绝南撤留冀中抗战,被改编并入八路军冀中军区的部队。命令中所说的"东北军万毅部",是指1942年在山东起义投奔八路军的东北军第111师一部,这支部队起义后加入了八路军山东军区的序列。此时,该部经过按八路军制度改编后对外还沿用原番号。由于部队中东北人较多,在进军中仍然可以起重要的向导作用。

这七道公开命令之所以没有提出派大部队向东北进军,一是日本关东军当时尚未投降,二是苏军能否允许中共进军东北还不确定。除了不明苏联的意向外,日本突然投降,各敌后抗日根据地调动部队也需要一段时间。本来八路军的野战部队就不多,1942年的困难时期又实行"主力地方化",过去的许多旅、团建制的部队穿上便衣,改成县大队、区小队,进行分散的游击战。此刻为了大反攻,中央军委迅速下令将大批地方部队组成能机动作战的大兵团,虽说已是争分夺秒,可是动员、集中和重新编组免不得花费时间。如晋察冀军区一个月内就将部队扩增到20多万,比过去增加了一倍多,许多战士还没有军装,只匆匆见了一下各级指挥员,就靠着双腿,沿着崎岖的小道奔向战场。

苏联8月9日出兵东北后,中共中央确定开展大反攻。日本乞降的喜讯传来,大家知道抗日战争作为一个历史阶段即将过去,可是八年抗战的胜利成果还没有到手。一方面是日本侵略者和附敌有罪的伪军还没有放下武器,一方面是消极抗战的国民党不许中国抗日的革命军民获得抗战胜利果实。

在得到胜利喜讯后的延安干部会议上,毛泽东以他一贯的幽默打了个形象的比喻——"比如一颗桃树,树上结了桃子,这桃子就是胜利果实。桃子该谁摘?"

8月11日,毛泽东为中共中央起草的命令确定了当时的主要行动目标:"目前阶段,应以集中主要力量迫使敌伪向我投降,不投降者,按具体情况发动进攻,逐一消灭之。"命令还强调:占领一切可能占领的大小城市与交通要道。

在8月10日至11日那个不眠之夜,除了枣园之外,延安的其他许多窑洞里也是灯火彻夜通明,各战略区的领导人都在根据本地区的任务,制定夺取大城市的计划,并通过电波把命令传达到千里之外的各军区。

晋察冀军区下达的命令是:准备夺取北平、天津、保定、石门(石家庄)、大同、阳泉、张家口、唐山、山海关,并与苏军会师,相机进入东北。

山东军区下达的命令是:准备占领济南、德州、徐州、青岛、连云港及其他交通要道。

晋冀鲁豫军区下达的命令是：准备协助晋绥军区夺取太原，并占领开封、新乡、归德（商丘）三城。

晋绥军区下达的命令是：准备夺取太原、归绥（呼和浩特）。

新四军军部于8月10日接到中共中央关于"集中主力去占领大城市和要点"的命令，于次日下达了向南京、上海等大城市进攻的命令，还任命了上海、南京等市的市长。

在上海的中国共产党地下组织积极行动，发动工人准备进行起义。当群众在庆祝抗战胜利之际，上海的大街小巷突然出现了许多标语——"欢迎新四军进入上海"。一些工厂积极准备武器，地下党的干部还勘察攻击目标，等待着一声号令，即里应外合占领全城，让红旗在黄浦江畔最高的楼房上飘扬。

在中国共产党人积极行动的同时，在抗日战场上消极作战的国民党当局却以极快的速度前来抢夺胜利果实，并阻挠解放区军民的对日攻势。蒋介石给各战区国民党军队官兵的命令要求："各战区将士加紧作战努力，一切依照既定军事计划与命令积极推进，勿稍松懈。"8月10日，蒋介石又下达了《对沦陷区的地下军、伪军的命令》，其中强调："我沦陷区各地下军及各地伪军，应就现驻地维持地方治安，保护人民，各伪军尤应乘机赎罪，努力自新，非本委员长命令，不得擅自移动驻地，并不得受非经本委员长许可之收编，仰各凛遵为要。"

为了在政治上批驳蒋介石命令之荒谬，毛泽东马上起草了两篇回复蒋介石的公开电，分别于8月13日和16日以朱德总司令的名义发表。同时，毛泽东为首的党中央和中央军委加紧催促各解放区迅速展开大反攻。首先是夺取沦陷区的各大城市。

由于蒋介石的命令和日伪方面的态度，形势的变化不尽如人意。位于南京的日本中国派遣军司令部集中兵力保卫各大城市，拒绝向新四军、地方抗日武装投降。蒋介石又视江浙一带大城市为老巢，不允许新四军进入。潜伏在宁沪一带的国民党特务机关向重庆急报了上海大街小巷突然出现了许多"欢迎新四军进入上海"的标语等情况后，蒋介石立即对汉奸周佛海等南京伪政权头目加封官职，令其坚守上海等，不能向新四军缴械。消息传来，中共中央又于8月12日改变决心，提出"江南大城市不作占领打算"的新部署，要求新四军停止执行攻击南京、上海等大城市的命令，向中小城市和广大乡村发展。

长江南北的新四军根据中央精神,一面继续大造攻击上海、南京等城的声势,使日军和伪军急忙向这里收缩,一面迅速全面出击,占领了大量县城和乡村。各根据地还按照中央要求,向日伪军送交了促其投降的通牒,一些日军虽表示愿意"谈判",但是在玩缓兵之计,并不肯投降。各地伪军则干脆宣布已归顺国民党,在冀东等地甚至发生了伪军头目枪杀八路军劝降使节的事件。

8月15日,当日本天皇讲话公开广播后,八路军总司令朱德又命令驻华日军头目冈村宁次,要他率部投降,并申明:这只限于解放区军队作战的范围内,并不涉及其他区域。同日,朱德总司令向美、英、苏驻中国大使馆送交"说帖",提出中国解放区的人民和武装部队必须享有参与同盟国对敌国受降的权利,并且为了减少中国内战的危险,美国应立即停止对国民党政府的援助。

8月15日这一天,冈村宁次也接到蒋介石的命令,要其"保持现有态势,并维持所在地之秩序",随后,冈村宁次又得到远东美军统帅麦克阿瑟关于只能向蒋介石所属军队缴械的通告。起初有所犹豫并试图多方试探的冈村宁次就此打定主意,只接受美国和国民党政权的命令。

8月17日,根据前三天的约定,日本驻中国派遣军派人到达了安徽天长县新四军军部,然而投降谈判还未正式开始,他们又接到来自南京的日军总司令部的命令,要其立即返回。更令人愤慨的是,已经宣布投降的日军不仅拒不向解放区军民缴械,还在部分地段向八路军、新四军反攻,夺回了刚刚放弃的山西文水、山东即墨、江苏海门等10多座县城以及部分交通要点。此后,日军又为国民党军的空运、海运和陆路进军提供掩护。共产党领导的军队为迫使部分日军和伪军投降,只能在各地继续向日军和伪军展开攻势,以夺取广大地区并截断主要交通线。

从9月份开始,中国大地上出现了这样一幅图景:原先的正面抗日战场上一派和平气氛,国民党军队在日军和伪军的合作下迅速开进各大城市和交通线。在原先的敌后战场上却是战火连天,日军和伪军仍坚持在过去的炮楼、工事里,手持武器抵抗解放区军民的反攻。

8月22日,考虑到美蒋垄断受降权,大城市已经难于夺取,中共中央和中央军委发出指示,就攻取城市一事强调指出:"除个别地点仍可占领外,一般应以相当兵力威胁大城市及要道,使敌伪向大城市及要道集中;而以必要兵力夺取小城市及广大乡村。"

8月23日,中共中央在《关于目前时局和任务的指示》中又解释:"原定力争大城市的方针是对的，但形势变了，今后一个时期应夺取中小城市。"

大城市和要道不能属于八路军、新四军，可是在"力争"二字的命令下，解放区军民还是摘到了不少中小"桃子"，一大批中小城市先后落到解放区军民手中。

夺取张家口

华北战场是解放区抗日军民的重点攻击方向。在大反攻开始后，从河北平原、太行山麓到长城脚下，到处是进攻的号角，千千万万抗日军民以火山爆发般的热情，投入到迅猛的攻势之中。张家口之战，是反攻中最为出色的一个范例。8月9日延安总部大反攻的号令下达后，八路军晋察冀军区的一部分部队即向原察哈尔省会、当时作为伪"蒙疆自治政府"首府的张家口发起了猛攻。

万里长城线上的华北名城张家口，地控塞外，关锁平津，附近有汉蒙两民族居住，是华北军事重镇。1937年日本侵略者占领张家口，1939年指使叛国投敌的大蒙奸德王纠合伪"察南自治政府"的一伙汉奸，在此建立了与伪"满洲国"相似的政权——"蒙疆联合自治政府"，作为统治察哈尔、绥远一带蒙汉人民的工具。日本政府还从本土向这里移民4万余人，准备把此作为进行殖民统治的据点。张家口的国民党军弃地逃跑后，经八路军领导当地人民与日伪当局进行长期抗战，在张家口周围建立起大片根据地。苏联出兵东北之前，八路军晋察冀军区下属的冀察军区部队相继发起了察南战役和平北战役，迫使日伪军退缩到平绥铁路沿线，驻守张家口的日本驻蒙军司令部和德王伪政权实际也陷入四面被围的风雨飘摇之中。

苏联出兵之后，围绕着塞外名城张家口的得失，苏、日和中国的国、共两方展开了激烈的争夺，出现了复杂的局面。苏联和蒙古人民共和国的机械化和骑兵混合部队以牵制华北日军为作战目标，日夜兼程经内蒙古草原南下，每天行进速度超过百里，大军很快逼近了长城沿线。日本驻蒙军进入紧急状态，平绥线上，日军火车、汽车往返频繁，从上海北上的日军第118师团的部队星夜调往张家口。当地的日伪军也拼命抢筑阵地，准备在长城附近一线抵抗苏蒙联军的南进。伪蒙政权头目德王和大汉奸伪蒙古军总司令李守信知道大事不妙，一面要求下属协助日军防守，一面又紧急与重庆方面联络，表示准备将当地献给国民党。

重庆国民党当局对距千里之外的张家口十分关注。蒋介石在知道雅尔塔协定内容一个多月后，就根据美国在华军事顾问的建议，命令驻河套地区的第十二战区傅作义部东进。傅作义接到命令后，派出骑兵部队急速东驰与日伪军联系，准备接收并夺取平绥铁路线，切断进入内蒙古和东北的苏军与华北八路军的联系，阻止中共部队进入满洲，建立所谓"防共隔绝走廊"。美军顾问还特别强调，如果此举成功，中共问题不难解决。

毛泽东为延安总部起草命令，要求八路军晋察冀、晋绥两大军区主力"分兵北进"，其中以晋绥军区一部阻止傅作义部对察东解放区的进攻，而以主力配合苏蒙联军作战，消灭和迫降日伪军，夺取察哈尔、热河一带。当时，晋察冀军区领导人聂荣臻、萧克、刘澜涛等参加完党的七大后都在延安还未来得及返回，他们电令晋察冀军区代司令员程子华和副参谋长耿飚，要求迅速以冀察军区的部队夺取张家口。

8月12日，率领部队正围攻赤城县的八路军平北军分区政委段苏权接到从延安发来的紧急电报，电文中几乎每个字都用钢铁铸成，每项要求都包含着重大的战略意义。电报命令：察蒙骑兵支队沿张（家口）库（伦）大道与苏蒙军联络，冀察军区以平北部队做好进攻张家口的准备。接到命令后，段苏权感到任务紧迫，困难又很大。此时，他手头只有两个步兵团，由蒙汉两族战士组成的察蒙骑兵支队只有5个连。他马上命令停止对赤城的围攻，部队集结起来进行转移战场的准备，并通知当地根据地的党政部门马上征集和补充兵员与支前人力、物资。饱受日本侵略者摧残的根据地人民已经得知大反攻开始的消息，在"向鬼子汉奸算总账"的口号下群情激昂，掀起了参军参战的热潮。大批新兵入伍，一时没有军装可发，在头上扎一块白手巾就加入了队伍。许多民兵和普通群众牵着牲口、抬着担架在各地政府组织下前来支援。在县大队、区小队的基础上，两三天内就组建到两个新的步兵团，老部队也补充了人员。同时，新缴获的重机枪和迫击炮首次装备了平北军分区部队，这样汇集起的队伍很快就浩浩荡荡地向张家口进军。

与此同时，接到命令的八路军察蒙骑兵支队奉命前去与苏蒙联军联络，于15日在张北地区首次遇到了苏蒙联军。八路军遇到苏军时，干部战士个个激动万分。中国国民党在孙中山领导下就"以俄为师"，中国共产党人也将苏联称为"老大哥"，党内电报中都以"辰兄""远方"为其代号。但是，面对八路军热烈的口号,"老大哥"们却全无反应。原来当时的八路军既无正规的军装和标志,武器又破烂不堪,苏军以为是遇到了伪军或土匪。苏军还用军车上的机枪对准了八路军,要缴八路军的械。带队干部在语言不通的情况下,挽起了自己的袖子,亮出了参加革命时左臂上刻的五角星和右手臂上刺的镰刀铁锤的标志,部队也唱起《国际歌》和挥舞红旗。凭着双方都熟悉的曲调和同样的旗帜,苏军才明白是政治信仰相同的"朋友和同志"。随后,双方商议了共同作战的事宜,苏军表示他们准备进攻张家口,并同意八路军代表带一部电台与他们进行联络。

8月15日下午,八路军平北军分区部队进抵距张家口市区仅10公里的羊房堡,侦察分队向市郊展开。此时,电台里传来日本天皇裕仁以广播《终战诏书》的形式宣布投降的消息。侦察人员回来报告说,中午时分市区内的日军和日籍居民听到广播后,一个个如丧考妣,失魂落魄。伪蒙政权也已经陷入混乱之中。包围张家口的八路军和支前民工听到日本投降已经证实的喜讯,顿时又是一片欢腾。面对有利形势,段苏权等领导人决定:"做两手准备,一是争取和平受降;二是如果敌人拒绝投降,我们就以武力收复张家口。"

第二天,张家口的日本驻蒙军司令部派出两个骑兵,打着白旗抵达城外的八路军指挥部,要求洽商"停战"。段苏权等人马上把朱德总司令的命令交给日军骑兵信使带回,要求日本驻蒙军立即向八路军投降,限期缴出全部武器,并说明:"在缴械后,我军当以优待俘虏条例给以生命安全之保护。"

根据双方约定,8月17日八路军方面也派出两名代表前往张家口市,进入日军司令部谈判。长期在敌后坚持抗战的八路军代表第一次雄赳赳地走进了日军占领的城市,向侵略者发出要求其投降的通牒,显得分外自豪。负责接待的日军代表显得十分客气,当即表示:"同意贵方的受降条件,不过要请示驻北平的下村定司令官才能办理投降事宜。"

在张家口乃至整个察哈尔地区,八路军和当地人民坚持了八年抗战,已经在这里形成对日军的包围。此时日本宣布向中国投降,按照军事通例此地也应该由八路军受降。不过日军头目却不愿放下武器,特别是担任日本驻蒙军司令官的根本博中将,原来是昭和军阀骨干"宫廷党羽集团"成员,长期负责"扫荡"华北抗日根据地,从骨子里极端仇恨八路军,同时又害怕追究自己的战争罪行。在这巨变关头,他一方面对围城的八路军表示和缓之意,为自己留后路;一方面却又拖延时间以观测风向,并向上司发电要求:"迫于自卫不得不在张家口附近打一仗。"

8月18日，八路军代表再次进入张家口日军司令部，催促其快投降。这次负责接待的日军代表态度大变，以比较强硬的口气说："已经接到冈村总司令官的命令，只能向贵国的蒋委员长为首的合法政府投降，不能向八路军缴出武器。"

八路军代表一听，顿时怒火填胸，马上据理驳斥。可是日军代表声称，只能听从上司命令。八路军代表眼见日军主意已定，交涉不可能再有结果，只得返回报告情况。

据后来日本公布的历史档案证明，驻张家口的日本驻蒙军司令官根本博此时已经与国民党军傅作义部达成协议。8月20日，根本博致电冈村宁次报告说："重庆方面之傅作义已要求接收张家口，谓可保护日本人的生命财产。但若将张家口移交延安军或外蒙苏军，该等即不能守约。本职决心答应傅作义之要求，并坚决阻止八路军及外蒙苏军侵入……事属紧急，敬候指示。"

对于根本博的这封要求与八路军和苏蒙军继续战斗的电报，冈村宁次害怕将来追究责任，表示不同意。强调："采取一切手段，首先由我军迅速停止战斗，就此进行停战交涉及交出武器。又，严禁轻举妄动。为了皇国未来之兴隆，必须隐忍自重。"

根本博只是部分服从了冈村的命令，虽然继续下令进行"停战交涉"，却严禁"交出武器"，并下令紧急运输侨民，准备向平津撤退，以避免向八路军和苏蒙军投降。

日军不投降，就只有对城市采取强攻。八路军指挥员全面考虑了战地情况，感到攻占张家口确有很大困难，然而也存在有利条件。围攻张家口的八路军部队不足万人，而城内和郊外的日军却有第118师团主力和驻蒙军的直属队1万多人，伪蒙军警也有几千人。八路军不仅兵力不占优势，而且部队中有许多刚入伍的新兵，武器装备又差，还没有正规战特别是城市作战的经验。不过此时因日本宣布投降，苏军又兵临长城脚下，日军官兵军心动摇，伪军更是毫无斗志。八路军部队自8月16日起在张北附近一再向日军守备部队实施炮击，并采取了一些小规模的试探性攻击，对张家口日军形成直接威胁。城内的几万日本侨民正带着大包小包，人喊马嘶，急于向北平逃难。此时日本驻蒙军也有放弃张家口的准备，对苏军和八路军一再提出"谈判交涉"，其实也是一种争取时间以撤退军民的缓兵之计。此时乘敌混乱动摇发起进攻，是一个很好的机会。

8月19日，带着电台在张北与苏军联系的晋察冀军区第12军分区司令詹大南给指挥包围张家口的段苏权政委来电报告，苏军决定于8月20日向张家口发起进攻，要求八路军配合行动，并破坏平张铁路。8月20日拂晓，段苏权带着团、大队指挥员登上张家口以东的1177高地察看地形。经过观察，看到张家口北傍长城，南接平川，北、东、西三面环山，地形险要。一条清水河将市区分割成东西两半，河西为居民区，伪"蒙疆联合自治政府"和日军司令部也驻在此处；河东有火车站和一些工厂、仓库，以及日本驻伪蒙的"大使馆"。日军主力在城外的西北面的狼窝沟一带筑垒防御，城内主要是后勤机关和伪军。观察地形的指挥员们经分析认为，如果苏军能够参加战斗，牵制住城外的日军，攻占张家口有一定把握，还可能迫使一大批日军缴械投降。

20日清晨，八路军开始攻城战斗，很快夺取了城东南山上的日军防御阵地，形成居高临下之势。随后，部队乘胜冲进市区，8时多攻占了城东的日本"大使馆"。这个昔日殖民地统治的据点，此时已是人去楼空，遍地是遗弃的文件和日本和服、木屐。八路军随即把前进部队的指挥所设到这里，又以部队继续向市区东部分路猛攻。第10团冲进了日军荒井部队即驻蒙军后方经理部（后勤部）的警卫队营地，将里面的部分日军消灭。枪炮声中，城内成群的日本侨民扶老携幼四处乱窜。过去来中国"开拓蒙疆"时作为征服者和殖民者来到这里的日本居民，也尝到了侵略给他们自己带来的苦果。

下午3时，八路军已经攻占了张家口市东区，占领了火车站。城内的日军退到城西区，依仗优势的炮火不断向城东的八路军射击。城外的日军也不断地向城内撤退，兵力对比对八路军越来越不利。

此时，张北方向的苏蒙联军毫无消息，平北军区立即去电询问在当地的詹大南等同志，得到的回答非常令人失望：苏军拒绝与我方人员共同行动，无法了解苏军意图。在这种形势下，在市区内与敌硬拼自然不利。段苏权马上下令市区的部队乘夜撤出战斗，在城外围的高地上待命。

21日天亮后，听到市西北狼窝沟方向传来隆隆炮声，围城八路军判断是苏军向日军发起了攻击。日军一面进行抵抗，一面以主力向张家口市内撤退，并通过市区向东南的北平方向涌去。下午，八路军第10团发现一大批日军到达人头山以西，马上居高临下发起攻击，这些日军一面抵抗，一面夺路而逃，丢弃了大量重武器。傍晚，詹大南又从张北来电，说苏军当天进攻狼窝沟受阻，明天仍按原部署进攻，要求八路军仍按原来的约定行动。

22日上午，八路军再次对城区发起进攻，很快再次占领了市东区，并以一部进入市西区。上午11时，从大同方向撤下来的日军第2独立混成旅团的部队乘火车到达张家口，发现车站已被八路军占领，马上以铁甲车开道，并在敞车上架起重机枪和火炮实施射击，掩护步兵发起冲击，以夺路东逃。八路军没有重武器，就依托车站建筑物用轻武器进行顽强的阻击。双方激战至黄昏，伤亡都很大。

打了整整一天，张北方向的苏军又没有消息，从双方的兵力和装备对比来看，还不具备歼灭当地日军的条件。为避免过大的牺牲，段苏权命令天黑之前部队暂时撤出战斗，退到人头山一带。日军见有路可逃，马上如漏网之鱼，分路拼命向市东南郊逃去。成千上万的日本侨民和随军家属你推我搡，纷纷夹在撤退队伍中向北平逃奔去。

夜幕降临之后，长于夜战的八路军大显身手。第10团乘日军离城奔逃之际，主动侧击逃敌。急于逃跑的日军无心恋战，许多山炮、马匹等都被遗弃，成了急需武器装备的八路军的战利品。23日拂晓，八路军侦察分队进入张家口市内，发现只有少数日军和部分日侨集中到火车站附近，正准备撤走，伪军被安排在城区守备。发现这一情况，城外的八路军第三次攻入城中，一些日军夺路南奔，少数来不及逃走的则举手投降。那些多是妇孺的日侨们则哭天喊地，街道上和车站内外遍地都是他们扔下的箱包。对于这些来自敌国却并非战斗人员的平民和军人家属，八路军也不为难他们，放开一条通道让他们向北平方向撤退。

八路军再次攻入城内后，德王府和各据点内的伪蒙军此时也失魂落魄。伪蒙政府的"主席"德王随日军逃走前，吩咐手下的伪军要守住城市，以便向国民党傅作义部交接。可是此时在八路军的猛烈攻势下，这些已失去斗志的伪军只好纷纷缴械投降。这个由日本侵略者炮制的号称"第二满洲国"的伪蒙疆政权，就此彻底崩溃。

8月23日下午，察哈尔省会张家口全城得到解放。张家口之战不仅政治影响重大，而且战斗中还缴获了各种枪支1万多支，子弹500多万发。

8月24日，当张家口市内红旗飘扬，八路军入城部队整队通过写有"大好河山"匾额的城门时，一辆苏军的美制吉普也从城北面开来。一名苏军上校下了车，向八路军指挥员表示祝贺。

段苏权等八路军领导在一家饭店里宴请这位当时的盟军代表和兄弟党的同

志。宴会中，这位叫库兹尼卓夫的上校多少带点歉意地说：我们的上级有规定，部队不能越过长城，所以没有向张家口发起攻击。

八路军第一次与苏军配合作战，就遇到这种只顾自己的政治要求而不顾友方利益的不愉快。"老大哥"风格如此不高，指挥员们心里自然不高兴。不过苏军在长城边张北一线的威胁性行动促使了日军加速逃窜，对八路军还是有帮助的。尽管张家口是中国抗日军民依靠自己的力量解放的，对苏军的帮助八路军还是表示了感谢。在张家口西北狼窝沟的战斗中，苏军和蒙军伤亡也在百人以上。战后，中国人民在此修建了苏蒙烈士纪念碑，表达了对反法西斯战友的敬意。

在市内枪声还未完全平息之际，事先由晋察冀军区派遣的100多位干部就根据预定的任务进入城市，接管了发电厂和市政设施，组织护厂的工人立即恢复生产。战斗结束之夜，张家口市内已是灯火通明。入城的大多数八路军干部战士多年在乡村进行游击战，第一次看见电灯，许多人都欢呼起来："我们也有了城市，我们也有了电灯！"

张家口解放第二天，新的市政府就成立了，并整顿和维持秩序。当时一项重要的工作是清理街道上日本人的遗弃物品，除了入城部队参加外，部队给刚刚缴械投降的日本兵一人发一把扫帚，令他们打扫马路。看到这种情景，街上有不少过去饱受侵略者残害的群众围上前去，向那些还身着黄澄澄的鬼子军装的俘虏兵们发出质问，有的还向他们吐口水。这些日本兵虽然听不懂中国话，却也看得出人们的愤怒，个个吓得垂头缩脑，昔日的"武士道"精神和威风神气早已不知丢到哪里。还是旁边的八路军向群众宣传俘虏政策，才为他们解了围。

8月24日晚10时，刚由"蒙疆放送局"改名的张家口广播电台以很大的功率向全国发出了广播，郑重宣布："被日本帝国主义侵占八年之久的张家口，终于回到了人民手中。"

听到八路军攻占张家口的消息，国内进步人民都发出了欢呼。国民党当局知晓此事后，竟然称此地被"股匪占领"，并要求日军再夺回张家口以交给傅作义部。国民党陆军总司令何应钦于8月31日致侵华日军总头目冈村宁次的第16号备忘录中称："据报我察哈尔省会张家口于八月二十五日晨被不明番号之军队，一说系股匪占领，本总司令殊为遗憾。查察绥热三省地区，本部备忘录第一号及第四号明白规定，应由第十二战区司令长官傅作义上将负责接收，在傅长官及其所指定之中国正规军未到达前，该地区日军，应负责维持该地秩序。"

何应钦的意思是按照有关协议，应由日军把这些地方夺回来，交给国民党军队。但是，华北的日军在解放区军民展开的反攻面前已是焦头烂额，在北平、天津和太原等各个要点守备兵力都捉襟见肘，穷于应付，哪里还能答应何应钦的要求。

张家口是八路军在国内占领的第一座省城，这座塞上名城随后还成为晋察冀解放区的首府。夺取张家口的胜利，使蒋介石政府在长城一线建立"防共隔绝走廊"的企图彻底破产，为八路军、新四军进军东北打开了重要的通道。

进攻北平、天津等大城市

当大反攻的浪潮在华北大地上奔涌之时，除了张家口方向喜传捷报外，其他地区也奏起胜利的凯歌。明清时称为北京的北平城，在反攻中也成为华北抗日军民一度准备夺取的目标。国民党北伐占领此地后，为突出自己首都南京的地位，将过去的"北京"城改为"北平"。日本侵占这座有着高厚城墙和无数文物古迹的中国古都后，北支那方面军司令部和傀儡组织"华北政务委员会"都设在这里，日军和汉奸政府又把这里改称"北京"，但全国的抗日军民仍称"北平"，这座没有多少近代工业的北平城成为日伪统治华北的中心。

晋察冀军区的部队根据延安总部的反攻命令，迅速集中了6个军分区的兵力，从8月11日开始向北平发起攻击，次日从三面形成对北平的包围，并一度攻占北平东郊的通县飞机场。晋察冀边区政府还公布了新北平市长的任命，并组织接管干部待命入城。听得城外枪炮声隆隆，北平城内的日伪军惊惶万状。日军急忙撤退外围的据点，和已经宣布就任国民党新编军长职务的门致中指挥的华北伪军集中重兵守住了城池。

在华北最大的工商业城市天津，也发生了一场激战。八路军冀中军区根据反攻命令，集中13个团的兵力，在8月中旬进抵天津外围。8月19日夜，部队对天津的攻击开始，第38团一举攻入城内，占领了西火车站，其他部队也占领了杨柳青、杨村和北仓车站，天津完全陷入包围之中。驻天津的日军集中兵力开火顽抗，伪军和所谓国民党"地下军"也投入战斗，八路军部队在战斗中付出了一定的伤亡代价，且因兵力不足，很快撤出了市区。不过城内的日伪军经此一击，也久久惊魂未定，龟缩市区内不敢外出。

从8月中旬起，隶属于晋察冀军区的冀热辽军区部队也展开了大反攻，连克冀东各县，并形成了对唐山的包围。8月20日，八路军对唐山市东面著名的开滦煤矿发起进攻，经两天激战解放了开滦煤矿的大部分矿区。日军龟缩市内，一再提出要与八路军谈判。这时，昔日骄横的侵略者已经威风扫地，3名日本谈判代表打着白旗走入城外开平矿区的八路军阵地，站到冀热辽军区政治部主任李中权面前，毕恭毕敬地立正行礼。李中权望着这几个面如死灰的日本军官，以胜利者的姿态要他们快些讲明来意。

翻译马上将日军代表的话译出："祝贵军武运长久！希望贵军不要攻打唐山。贵国政府要我们向国军缴械，希望能得到贵军的谅解。"

李中权立即严厉地说："不行！冀东抗战是我们共产党领导的八路军在这里进行的。你们必须向我们投降，我们保障你们的生命安全。不然，我们一定要攻打唐山！"

几个日军代表经允许后点燃了香烟，一边吸一边头上流汗。随后，一个日军代表又以讨好的口气说："贵军攻打伪军据点，我们不干涉。开平离我们很近，我们的远程炮火也能支援，但我们没有动作，只希望你们不要攻打唐山。"

李中权坚决地说："要我们不攻打唐山，只有一个条件，就是你们必须向我们无条件投降！"

日军代表最后表示，请示上司后才能答复。并问道"可以走了吗？"在得到允许之后，他们立正说了声"哈依"，举着白旗走回唐山城。

此时，经各方面的情报证实，日军已将冀东的各地驻军收缩到唐山城内，兵力将近2万人，还有3万余人的华北伪军和伪"满洲国军"也躲进唐山。此时围城的八路军冀东部队只有3个主力团6000余人，而且缺乏攻城的重火器，在敌伪拒绝缴械的情况下显然不宜硬攻。此时，晋察冀军区又发来电报，传达了中央精神，要求尽量广占农村，夺取小城市。冀东部队接到命令后，暂时放弃了攻击唐山的企图，转兵攻取周围各县。9月上旬，以肖全夫为团长的第14团前进到玉田县城外围。守城的敌人依托高达11米的城墙，拒不缴械。据查，城中驻有日军独立第8旅团的一个大队，兵力350余人，还有伪军1600余人，日伪当局的统治机构"新民会玉田县分会"已改称"中国国民党玉田县党部"，正等待国民党军队到来。由于玉田地处冀东腹地，位置重要，又是根据地内唯一还有日军的据点，八路军决定集中力量先攻取此城，拔掉冀东解放区内的这颗钉子。但是，玉田城外地形平坦开阔，八路军没有火炮掩护，于是决定采取夜间强攻。当星星在夜幕中闪烁时，三发红色信号弹升上天空，第14、15两个团的勇士们抬着云梯勇猛地杀向城垣。指战员们冒着敌人的弹雨奋力登城，至下半夜攻入城内，展开了激烈的巷战。

天亮后，接到告急的唐山日军出动了10余辆坦克，掩护部分步兵向玉田增援。担任打援任务的第17团立即在八里铺一线展开阻击，指战员们高呼着口号："决不能把敌人放到玉田，坚决打退鬼子！"与这些虽然对外宣布投降，却仍与中国人民作战的日本侵略军奋勇厮杀。此时，对面的日军却缩手缩脚，在国家已经战败、此时不知为谁拼命打仗的心情支配下，其官兵们都抱着应付差事的消极态度。只用坦克和火炮来对抗八路军，其步兵却趴在地上不敢冲击，以坦克在阵地前反复碾压、射击。

为了尽快消灭玉田之敌，八路军在玉田城内又一次地向敌人发起冲锋。在连续突击和战场喊话争取下，那些幻想向国民党献城请功的伪军军官们已失希望，大都化装潜逃，1000多伪军士兵纷纷缴械投降，剩下的日军龟缩在一起。日军军官见突围和援兵均无希望，再打下去只有全部丧命而无法回国，于是不顾上司下达的不许向共产党缴械的命令，挂起了白旗。接着，在濑谷胜治大队长的带头下，300余名日军高举着双手，在八路军战士的刺刀押送下走出据点，当了俘虏。八里铺一线的日军得知玉田已失，其坦克马上掉头，和步兵一起飞快地逃回唐山。

在当时的争夺城市的攻势中，攻击北平、天津、太原、唐山等大城市的八路军部队数量并不占优势，武器装备又很差，几乎没有炮火。日本的北支那方面军以北平、天津、太原等城为防御重点，集中兵力坚守，八路军的进攻自然难以成功。不过这种进攻却牵制了日军的主力，使他们放弃了设在根据地内的中、小据点，只留下战斗力薄弱的伪军把守。于是，这批中、小据点就落到八路军手中。

曾克林出关进沈阳

曾克林是八路军冀热辽军区第16军分区司令员，也是日本投降时率先进入中国东北收复被占领土的中国军队将领。

由毛泽东亲拟、以朱德总司令名义下达的第二号命令中，指示冀热辽军区李运昌部务必于当日向辽宁、吉林进发。收到电报后的8月13日，冀热辽军区司令员、政委李运昌在冀东丰润县左家坞附近的大王庄召开紧急会议，成立了"东北工作委员会"和"前方指挥部"，李运昌任书记，抽调冀热辽军区8个团、1个营、3个支队共1.3万多人，加上李子光、焦若愚等4个军分区司令员和5个地委书记，共2500多名干部，在"东北工作委员会"和"前方指挥部"的率领下，准备挺进东北。

会议决定，由最接近山海关的第16军分区司令员曾克林担任挺进东北东路部队司令员，副司令员唐凯担任军政委员会书记。8月25日，司令员曾克林、副司令员唐凯率领第12团、18团、朝鲜义勇队共4000余人从扶宁出发，向锦州、沈阳挺进。

山海关是长城东端的起点，是东北通向关内的重要门户，也是八路军挺进东北的必经之地。当时，驻守山海关的日伪军有2000多人，其中日军600多人。8月27日，挺近东北东路部队副参谋长罗文率领一个连，带上一部电台，作为八路军挺进东北东路部队先遣队，最先向山海关进发。他们的任务，一是侦察锦州一带敌情，二是寻求同苏联红军取得联系。

8月28日，曾克林率领第16军分区的部队攻占了石门寨和柳江，扫除了山海关外围据点，并且截断了山海关、秦皇岛日军油料供应线路。

第二天一大早，下起了倾盆大雨。侦察连长董占林带领战士们冒着大雨，潜伏到山海关以北地区，他们埋伏在高高的青纱帐里。雨越下越大，战士们身上都湿透了，凉风吹在身上，让人直打颤。可战士们始终趴在地上，一动不动地观察着敌情。

前方2公里处就是山海关以北的前所车站，有400多名伪军把守。这里储藏着日军一批军用物资、弹药。车站四周岗哨林立，戒备森严。

临近中午时分，雨终于停了。董占林从口袋里掏出一张纸，在上面写了几句话，然后交给一名侦察兵，让他送给前所车站伪军指挥官。信上写道："八路军已经将前所车站包围，你们只有一条出路，下午5点以前，在车站以西集合，向八路军投降。"

侦察员接过信件，立即向前所车站赶去。距车站不远时，伪军哨兵见迎面来了一位带枪陌生人，连忙吆喝道："干什么的？"侦察员说："我们是八路军，快去报告你们长官，我有一封信要给他。"

哨兵连忙往指挥部跑，"报告长官，外面来了一位八路，说是来送信的。"

伪军指挥官说:"快快有请。"他听说是八路军,不肯怠慢。

侦察兵走进据点,将信交给这位长官:"这是我们连长派我送来的一封信。"

伪军官接过信一看,沉思了一会儿,然后说:"请告诉八路军长官,我们愿意同贵军谈判。"

下午3时左右,董占林按时来到前所车站伪军指挥部,同他们进行谈判。董占林说:"日本鬼子已经投降了,你们是中国人,不要再为日本人卖命了,向八路军投降,才是你们的光明大道。"

日本投降后,伪军深知大势已去,如果继续抵抗,只有死路一条。经过谈判,前所车站的伪军同意缴械投降。

下午5时许,400多名伪军列队来到前所车站西部广场。双方举行了短暂的受降仪式,伪军放下武器,共有200多支步枪、十多挺机枪。前所车站落到了八路军手里,山海关至锦州的铁路线被截断,守卫山海关的敌人成了瓮中之鳖。

8月29日下午6时,曾克林率领大队人马火速赶到前所车站。根据董占林连长的汇报,曾克林部署了部队下一步的行动。这时,苏蒙骑兵一支侦察部队已经抵达林西、赤峰一带,并向山海关方向侦察前进。得知这一消息后,曾克林、唐凯非常高兴,马上向部队作了传达,要部队做好迎接苏蒙红军的准备。第二天上午,苏军5辆汽车从北边的绥中开到前所车站,领头的是一位上校和一位少校,约有70来人。他们带来了一门三七炮、一门五七炮和一部电台。

曾克林命令八路军站成几排纵队,早早地等候苏联红军到来。他们还抽调部分司号员组成一支临时"军乐队",欢迎苏联红军。

苏军的队伍开过来了,上校本坐在队伍前面的第一辆汽车里,可是,当苏军看见八路军后,他们并没有表现出人们期待的那种友好姿态,反而迅速跳下车,将路两旁的八路军包围起来,要他们放下武器。原来,这一支苏联红军又错把八路军当成了"满洲国"的伪军了。迎接客人的曾克林只得向语言不通的苏军用手势带比划进行解释。苏军中恰好有一名蒙古人,能听懂一些简单的汉语,他听了曾克林、唐凯的介绍后,才知道他们是中国的八路军,是中国共产党领导的军队。于是走到苏军上校跟前,向他说了几句。上校似乎明白了什么,会意地点点头。然后,上校转过身来,向曾克林竖起了大拇指,拥抱在一起,一场误会就这样化解了。

八路军战士们看到苏联红军先是惊讶，苏联人长得人高马大，然后又羡慕不已，苏军每人身上佩带着三套武器。八路军的武器则十分杂乱，同苏军老大哥相比，小弟弟就相形见绌了。他们日益盼望的苏军就在眼前，八路军战士们一激动，又用汉语高呼口号："苏联红军万岁！斯大林万岁！毛主席万岁！"

苏联红军虽然没听懂是什么意思，但从八路军激动的表情上可以感觉到这是在欢迎他们，于是苏军也"乌拉！乌拉！"地欢呼起来。八路军临时"军乐队"吹起了欢迎号，嘹亮的号声，在万里长城的东端上空久久回荡。

两军会师后，鉴于山海关成了一座孤城，曾克林决定会同苏军调头南下攻打山海关，然后冉继续向锦州、沈阳挺进。在征得冀热辽军区司令部的同意后，曾克林找到苏军上校，向他介绍了攻打山海关的计划，然后说："我们奉八路军朱德总司令的命令来到东北，配合苏蒙军队作战，收复中国东北。现在，山海关有600多名日军，1000多名伪军、伪警察，这些敌人还没有放下武器，我们希望你们能同八路军一起攻打山海关。"

苏军上校告诉曾克林，"苏联大本营最高统帅部有令，苏联红军不能越过长城"。经曾克林、唐凯三番五次劝说，上校才表示愿意配合八路军进攻山海关，但必须得到他们上级的批准。

下午，苏军通知八路军，上级来电同意他们和中国军队攻打山海关。

山海关建于明代，是长城东部的一座军事重镇，历来为兵家必争之地。洪武十年（1381年），明朝皇帝朱元璋派心腹大将徐达驻守长城东端，徐达在秦皇岛东北部设置山海卫，于第二年修建了山海关。山海关城墙高十多米，最宽处可容纳五辆马车并行。全城面积达8平方公里，北边山势险峻，易守难攻。"九一八"事变后，日军攻陷山海关，日军"津榆守备队"开到山海关东部驻防，并在车站以南建立了兵营。

进攻前，曾克林和上校以八路军和苏联红军名义联名给驻山海关的日军司令官写了"受降通牒"，限期日军向苏联红军和八路军投降，并派几名干部带着一个苏军军官坐车前往山海关。他们到达山海关时，发现日军关闭了所有城门。他们在城下喊话，城楼上两名日军哨兵看见一辆汽车上坐着八路军和苏联军队，还看到了车上插着锤子和镰刀的苏联国旗。哨兵顿时意识到，苏军已经到来山海关，两人咕噜一阵后，其中一名哨兵赶紧离开了城楼。不久，城门慢慢地打开。日军一名大佐走出，只见他腰上佩带着军刀，走起路来腰杆笔挺，力争使自己保持着帝国军人的风度，身后跟着十多名日军士兵。日军大佐走到八路军和苏军代表面前，"嗨！"的一声行了一个日本军礼。八路军一名干部将通牒交给日军大佐。苏军上校命令道："限所有日军和满洲国军于下午2时在距火车站200米处集合投降，交出全部武器。"

大佐说："山海关不属于满洲国土，日本皇军下树定将军奉蒋介石命令，华北皇军只能向蒋介石政府投降。"

苏军军官一听，火冒三丈，对着日军大佐连声骂道："混蛋，什么蒋介石政府，你们应该向苏联红军投降。"一名苏军士兵突然将转盘冲锋枪对准日军大佐，"哗啦"一下拉开枪栓，大吼一声："混蛋！"日军一看黑洞洞的枪口正对着自己，十几名日军吓得拔腿就往城里窜，跑进城里后，又将城门关得严严实实。

八路军和苏军见日军不愿投降，非常气愤，决定用武力解决。下午5时许，曾克林和苏军上校接到山海关的报告后，立即率领部队赶到山海关，命令部队将山海关团团包围起来。

曾克林和苏军上校登上山海关外侧一段旧长城，曾克林用望远镜仔细观察了山海关的地形。只见城门紧闭，城墙四周是一片筑垒区，日军加强了防卫，城楼上的哨兵明显地增多了。曾克林放下望远镜，打开地图，对苏军上校说："日军开始作了防守准备。"

苏军上校满不在乎："那就用炮轰，让这里的日本人也尝尝苏联红军大炮的厉害。"

双方商定，八路军攻城，苏军用炮火支援。总攻前，八路军向日军发出最后通牒，再次敦促日军投降。但是，日军又一次拒绝了。下午5时以后，中苏部队投入战斗。苏军的大炮开始向山海关轰击，炮弹在日军阵地开花，掀起一股股浓烟。接着，八路军的机枪、迫击炮也开始向山海关射击。

八路军第18团的突击部队借着苏军炮火的掩护扑向城墙。战士们在枪林弹雨中开始登城，十几名战士扛着长长的云梯，冲向城墙。云梯靠墙后，战士们奋不顾身地爬上梯子。见八路军要登城，慌张的日军拼命地向梯子射击，几名战士中弹从梯子上掉下来，下面的战士又接着往上爬。八路军的轻重机枪对着城墙上的垛子猛烈射击，子弹打在城墙上，溅起一块块碎砖。几名突击队员向城墙扔出几颗手榴弹，炸得日军血肉横飞，他们乘机登上了城墙。城楼上的日军早已没有斗志，一下子乱了套，有的开始逃跑。这时，苏军的大炮炸开了城门，八路军战士一跃而上，冲进城内。随后，八路军同敌人展开了巷战。

在一线指挥的第18团团长周家美、副团长周骥，紧跟随着第一波冲锋部队将指挥所移到钟楼上。经一小时的激战，第18团夺取了山海关制高点，将红旗插上"天下第一关"。敌人见八路军攻入城内，惊慌失措，有的夺路而逃，有的磕头求饶。那些顽固分子均被八路军击毙。苏军也乘势攻到火车站，截获了军用物资。经过4个多小时的激烈战斗，除部分日军逃往秦皇岛外，其余全部被消灭。山海关战斗，八路军和苏联红军消灭敌军1500多人，其中日军200多人。缴获各种长短枪3000多支，机枪70多挺，掷弹筒、迫击炮50多门，子弹100多万发。八路军用缴获的武器装备了自己，曾克林指挥的挺进东北东路部队每个连有了9挺歪把子机枪、6门掷弹筒、120多支三八大盖。战士们换下了布帽子，戴上了钢盔，就连子弹带也换成了子弹盒。不久，冀热辽军区司令员李运昌率领冀热辽前线指挥部抵达山海关。曾克林、唐凯等进行了简单的准备，率部乘火车向锦州开进。

此前的8月19日13时15分，225名苏军空降部队已经在沈阳机场降落。按中苏同盟友好条约的规定，苏军应当将中国东北三省政权交给国民党政府。共产党的八路军率先进入东北，八路军指挥员们担心苏军可能不肯与其进行正式接洽，或给以帮助。但是，中苏条约又规定"所有中国籍人员，不论军民均归中国管辖，苏方不干涉中国内政"。所以，只要八路军在东北的活动不直接影响苏方在外交上和条约上所承担的义务，苏军有可能就会对此采取放任的态度。何况，国民党在东北又没有根基，它要立即向东北派遣部队还有一定的困难。苏联红军将在三个月内撤退，这样一来，八路军就获得一个千载难逢的机会争取东北。

8月29日，中共中央致电晋察冀分局，指出：准备去东北的部队，可用东北军及义勇军名义，只要苏联红军不坚决反对，我即可非正式地进入。不声张，不登报。

9月3日，一列长达40节的列车正奔驰在山海关至锦州的铁路线上。这列火车，既有客车，也有敞篷车，还有闷罐车。车头上插着鲜艳的红旗，车厢上张贴着五颜六色的标语，好不热闹。火车进入了辽西平原，铁路两边到处都是高粱地，庄稼已经成熟了。苹果树上挂满了红彤彤的苹果，仿佛向火车上的勇士们咧嘴笑着。乘坐这趟列车的就是曾克林、唐凯率领的冀热辽第16军分区的八路军干部战士。看到眼前这片景色，大家心情无比激动，他们一路谈笑风生。

火车到了锦州车站，战士们好奇地伸出头向窗外探望，只见车站上停放着一排排重型坦克,这是苏军近卫第6坦克集团军一部。这么先进的坦克,八路军战士还是头一回见到。大家交头接耳,赞叹不已。

曾克林下车后,亲自去锦州与苏军取得联系,这里的苏军倒很客气。见面后,曾克林向苏军作了介绍,说明了八路军挺进东北的目的,希望能够在锦州留下一部分八路军驻守。

听说来了中国共产党的军队,苏军记者立即赶来采访。负责宣传工作的军分区干部激动地向这些记者们扼要介绍了八路军的抗日经历,以及八路军配合苏联红军收复山海关的情况。苏军记者瞪大着眼睛,竖直着耳朵,听得十分认真,听到精彩之处,还竖起大拇指称赞"哈拉索!哈拉索!"短时间的接触,八路军同驻扎在锦州的苏军建立了良好的关系。

9月4日,曾克林、唐凯将18团留在锦州,然后率领第12团和朝鲜支队2000余人继续向沈阳挺进。沈阳是东北最大的工业城市,也是整个东北的经济中心和交通枢纽,日本关东军在这里屯集了大量的武器和军用物资。9月5日清晨,一声汽笛长鸣,曾克林部队的火车缓缓驶进沈阳车站。驻守沈阳的是苏军另一支部队。八路军突然出现在沈阳,使苏军大吃一惊。眼前这支没有军衔,身着黄色军装的部队,引起他们的警觉。于是,两军在张北相遇的那一幕情景又在沈阳上演了。驻沈阳苏军立即调来军队,将火车先包围起来,不允许火车上的人下车。

部队不能下车,怎么行?总不能让战士们到了沈阳还待在车上。曾克林等人带着参谋去见苏军指挥官。当他们走进苏军沈阳卫戍司令部时,苏军司令卡夫通-斯坦科维奇少将的态度十分傲慢,毫不客气地责问曾克林一行:"你们是什么军队?从哪里来?是谁叫你们来的?"

曾克林平心静气地回答了卡夫通的问题:"我们是中国共产党毛泽东、朱德领导的八路军,是在长城一带坚持抗日的队伍,我们奉延安八路军总部的命令,来到东北,配合苏联红军作战,解放东北,接管东北。"他还介绍了自己部队在山海关、锦州和那边苏军的友好合作。

听了曾克林的一番解释,卡夫通至少明白了眼前站着的这些人不是国民党的军队,但他还是说:"根据苏中友好条约,苏维埃最高统帅部是不会同意未经国民政府的委派,你们就自行到沈阳的。"

"你们有最高统帅部,我们也有,就在延安。我们最高统帅是毛泽东、朱德,我们是奉他们的命令来沈阳的。如果要我们离开沈阳,需要有延安总部的命令。"

由于语言不通,加之翻译的水平又低,没能把曾克林他们的意思表达清楚。结果,卡夫通生气了。

看来,再争执下去已没有意义了,曾克林一行只好回到火车上。

在火车上,曾克林就刚发生的情况同唐凯商量。他们认为,虽然苏军受中苏条约的限制,但八路军也有延安总部第二号命令,所以,应该同苏军据理力争。

第二天一早,曾克林又来到苏军司令部,再次向卡夫通解释。然而,任凭曾克林怎样说,卡夫通就是不准八路军下车。

下午3时许,曾克林和唐凯一起来到苏军司令部。

见到卡夫通,唐凯二话没说,先伸出胳臂,露出上面刻着的镰刀、锤子和五角星,还比划着说:"毛泽东!共产党!毛泽东!共产党!"

也巧,这回翻译改成苏联人,他名叫格拉辛科,是苏军的一名政工干部。见到八路军后,他的态度比较和气。

曾克林对他们说:"我们是共产党、毛泽东领导的八路军,是执行朱德总司令的命令到东北来配合你们作战。我们在山海关已经与你们共同作战了,在锦州又同你们的部队会师。冀热辽是我们的根据地,我们一直在这里坚持抗日。你们不准我们来,让谁来?如果你们不相信,可以问莫斯科。"

格拉辛科向卡夫通耳语了一阵,卡夫通才勉强同意八路军下车。但是,卡夫通坚持要八路军到苏家屯去集中,那里距沈阳市区有30多里。

接到命令后,八路军战士们"呼啦"一下,全都下了车。大家迅速集合,站得整整齐齐。

"八路军到了沈阳",消息不翼而飞。许多市民纷纷走出家门,涌向车站和街头,他们第一次看到了一支纪律严明的钢铁队伍。战士们排着整齐的队伍,唱着《八路军进行曲》,威风凛凛地走在大街上。

苏军的两辆装甲车在前面开道,八路军队伍后面跟着成千上万的老百姓。苏军亲眼目睹了这种激动人心的场面,被眼前的情景深深感动了。

突然,苏军的一辆吉普车飞速赶来。上面坐着两名苏军上校,他们下了车,拦住八路军的去路,对他们说:"你们别去苏家屯了,就住在市区东边的小河沿。"

原来,苏军从当地群众对待八路军的态度上立刻意识到这是一支不寻常的部队，于是，卡夫通一扫心头的疑云，对八路军表示出友好的态度。

9月6日，16军分区司令部在伪满沈阳市政府大楼挂牌办公。

第二天下午，两名苏军上校来到司令部拜访，他们非常客气地对曾克林和唐凯说："斯大林、莫洛托夫发来电报，说你们确实是毛泽东、共产党的部队，请你们两位将军到我们司令部去。"

当时，驻扎在沈阳的是苏军近卫坦克第6集团军。他们越过大兴安岭后，很快占领了沈阳。

在苏军近卫坦克第6集团军司令部，曾克林、唐凯见到了集团军司令员克拉夫钦科和坦克兵上将、军事委员图马尼扬中将。

克拉夫钦科将军首先向曾克林、唐凯道歉："你们到沈阳来，我们没去车站迎接，很对不起，这是因为受苏中条约的限制，我们只能这么做。"

曾克林向几位将军介绍了八路军在冀热辽坚持抗战的情况："我们一直在最前线抗战，冀热辽就是我们战斗的地方。这次我们到东北来同你们会师，配合你们作战。"接着，唐凯说道："我们坚持在这个地区斗争，才来得这么快。蒋介石的部队还远在大西南，他们不可能这么快就赶到东北。"

说着，曾克林和唐凯将延安总部第二号命令的内容告诉了他们。听着听着，克拉夫钦科将军脸上露出了满意的微笑，高兴地说："我们就不叫你们将军了，从现在起就称你们同志，我们之间的谈话是同志式的谈话。"

既然有苏中条约的约束，苏军的态度为什么会有这么大的变化？这涉及美苏之间的关系。

雅尔塔会议上，美国以牺牲中国在中长铁路和旅顺口的主权为代价，换取斯大林承认大连港为自由港，这就为战后美国势力进入东北创造了条件，从而打破了斯大林将东北变成苏联独占的势力范围的意图，这就是罗斯福的如意算盘。苏中友好条约签订后，美国担心苏联会支持共产党在东北的发展，特别害怕斯大林把东北变成苏联控制的自治国家，就像斯大林在东欧的做法一样。如果真是那样的话，美国的势力就会被排除在东北这个重要的战略基地之外，这是美国最不愿意看到的事实。所以，美国想竭力插手东北事务。

9月11日，蒋介石通过在美国的宋子文，要他向美国当局提出帮助国民党向东北运送军队。美国终于等到了机会，很爽快地答应了蒋介石，准备帮助他把军队运往东北。

斯大林本想把东北变成苏联的势力范围，不允许美国插手。可是，在中苏谈判期间，美国坚持将大连辟为自由港，这就引起了斯大林的不安。一旦美国军舰在大连登陆，就意味着美国势力进入了东北，这样一来，斯大林的计划就无法实现。

恰在这时，八路军到了东北。对斯大林来说，他就可以拿这张王牌对付美国人了。

中共中央在8月29日的电报中指示进入东北的八路军应利用东北军或者义勇军的名义，而未打出八路军的旗号，这样，苏军就可以睁一只眼闭一只眼。

苏军对进入沈阳的八路军态度的变化，有利于八路军在东北的展开，这也是后来中共中央向东北派出大批干部和军队的原因。

9月14日，李运昌率领前方指挥部和第二梯队抵达沈阳。苏军得知消息后，派出300多人到车站迎接。

中国共产党的部队在国民党还没有来得及运兵的时候，就抢先进了东北最大的城市沈阳。曾克林和他的部队立了首功。

山东大反攻

1945年8月，八路军山东军区部队在齐鲁大地对日伪军进行了全面大反攻作战。

10日，日本政府乞降。八路军山东军区遵照朱德总司令同日24时发出的第一号命令，向驻山东日军最高指挥官、第43军司令官细川忠康发出通牒，令其通令所部立即停止抵抗，就近向八路军投降。与此同时，山东军区各军区亦分别向伪军山东国民自卫军第2军军长赵保原、华北"绥靖"第8集团军司令王铁相、第3方面军第6军军长张景月、武定道皇协军司令刘佩忱、鲁东"和平建国"军司令厉文礼、山东国民自卫军第1集团军司令张步云等77人发出通牒，迫令他们投降。但日伪军已接受蒋介石11日命令，大都拒绝向八路军投降。为此，山东军区组成五路大军，在军区司令员兼政治委员罗荣桓、副政治委员黎玉、政治部主任肖华的指挥下，向日伪军展开猛烈进攻。

第一路大军在王建安、罗舜初的率领下，主力第3师、第4师向胶济路西段和济南方向疾进。8月11日到16日，即扫除据点23个，19日解放临朐，22日攻克博山。当日晚，经数日急行军的第一路八路军主力部队，以闪电之势楔入胶济路中段，包围了益都县城，经过激战，歼灭伪军2000余人。随后，于23日解放莱芜县城，25日攻下淄川，全歼日、伪军1800余人。此后，第4师越过胶济路，协同第7师于26日解放章邱。至此，第一路大军共歼日伪军5000余人，切断了胶济路西段，从东南方向逼近济南城郊。

8月17日，第一路大军回师临沂，与第二路大军和军区特务团一起发动了临沂战役。临沂北屏蒙山，东傍沂河，是联系胶济、陇海两铁路的交通枢纽，陇海路北的军事重地。经日伪长期经营，它一直是楔入到八路军鲁中、鲁南、滨海三战区中心的堡垒和"扫荡"解放区的军事集结地。临沂守军伙同从费县窜来的伪军，妄图凭借高墙深壕、明堡暗碉和日军留下的大批武器弹药及粮食，据守待援，拒绝投降。罗荣桓决心铲除这个反动堡垒，于是令第2师4团、警2旅11团、山东军区特务团和沭水独立营，共同包围临沂。另有3000民兵担任前线勤务和运输。

8月17日黄昏，各战斗部队开始对临沂发起攻击。20日至22日，八路军两次向城内发起强攻，皆未奏效。罗荣桓急电临沂前线："此次临沂之久攻不下，主要由于军事上迟缓犹疑而失时机！"他要求前线指挥员认真研究作战方案，做好准备后再发进攻。9月10日晨，经过充分准备的八路军再次发起攻势，预先埋好的2000公斤炸药，在坑道里"轰"的一声巨响，砖飞石舞，尘烟翻滚，城墙立即被崩开了一个约30米宽的大豁口，八路军各攻击部队乘势冲击，但伪军在"督战队"的胁迫下，拼死封锁缺口。八路军的两次冲锋受阻后，又于10日黄昏从三面同时发起总攻，连续击退敌军的8次反扑，终于冲入城中。八路军汹涌入城，勇猛冲杀，敌人5次施放毒气，也没能挽救其覆灭的厄运。守敌除被八路军毙伤600余人外，2000余人被俘。

第二路大军在陈士榘、唐亮的率领下，北向胶济路东段，南向陇海路东段挺进。

向北进军的第1师及滨海支队，8月中旬于诸城地区出发，迅速越过崎岖的五莲山区。当八路军抵胶县城南30余公里处时，伪军张洪飞将所部调集于胶县及附近地区，企图凭借城垣及坚固工事顽抗。陈士榘当即命令有关部队跟踪压缩，并于19日将其包围。当日晚上，月明夜静。第1师1团派出一个连的突击队，仅用10分钟即登上城墙，其他部队随后也冲入城中，战至次日下午，一举夺下胶县，俘获伪军2000名，并切断了胶济路东段，保障了向青岛方向进军的第三路大军侧翼的安全。同日，八路军又占领了莒县，控制了与青岛隔海相望的薛家岛。此时，从南线向赣榆、临沂地区及陇海路进发的第2师，一路顺利，进展迅速，先后攻取了海尖、石臼所等地。8月21日，八路军收复赣榆、青口等沿海城镇后，继续南进，切断了陇海路东段，逼近海州和连云港。

9月2日，第1师从胶县一带突然进逼诸城。诸城位于胶济路东段南侧，系数条公路的交叉点，是日军控制山东半岛的一大堡垒。城里聚集着张步云所属伪第1、2、3师以及诸城伪警备旅等4000余人。张步云是个心狠手毒、罪积如山的刽子手，日本投降后，他被蒋介石委任为"胶南边防司令"，拒绝八路军的通牒，发誓"就是杀老百姓吃，也要死守诸城"，并掩护600余名日军逃离当地。此敌不除，民众何以安生！9月5日晚，第1师的1、2团冒着大雨，连夜占领了诸城外的东、西关，并于6日晚开始总攻。师长梁兴初指挥各部八路军英勇冲锋，分路堵击。战斗于当晚结束，除张步云率少数残敌逃脱外，计俘伪第1集团军秘书长以下2100余人，毙300余人。是夜，诸城万家空室，群众提着红灯笼，涌上街头高呼："欢迎八路军！""欢迎救命人！"在八路军的威逼下，日照城守敌于9月8日也弃城逃窜。整个滨海区一步步地全部被解放。

第三路大军在许世友、林浩的率领下，向胶济路东段和沿海各城市的日伪军发起进攻。

8月17日，八路军解放威海。8月24日，占领烟台和刘公岛。26日攻克即墨。至8月底，第三路大军共毙日伪军1700余人，俘日伪军4400余人，另有伪军1500余人投诚。

至此，地处胶东腹地的平度，成了胶东仅剩的反动堡垒。城内盘踞着王铁相部以及从莱阳、掖县、招远等地逃窜来的伪军共6000余人，日军600余人。由于蒋介石刚刚封王铁相为第9军军长，王铁相立即打起"中央军"旗号，自恃人多枪好，工事坚固，扬言要在平度"二十里内外杀得人烟不留"。对此，八路军打出"打进平度城，活捉王铁相"的标语。许世友亲临前线，指挥第5师13团等部于9月7日晚发起平度之战，各路部队旋风般地勇猛直进，分别从平度城的西、东、南门冲进街巷，同敌短兵相接，巷战竟夜。王铁相被打得无力再战，慌忙逃向居民区，很快也被八路军战士活捉。这一仗，八路军共生俘伪军官兵5700余人，毙伤700余人。

第四路大军在杨国夫、景晓村的率领下，兵分3路，向津浦路济南至沧州段及胶济路西段沿线的日、伪军进攻：8月17日，解放寿光；19日克临邑；20日攻下高苑、桓台、博兴；21日解放广饶；22日占领阳信、吴桥；23日又克胶济路上的临淄及辛店、淄河等车站；22日克齐东；30日解放惠民；31日拂晓，八路军猛攻邹平，15分钟即突入城内，全歼拒降伪军，生俘1200余人；同日，又解放了青城。至此，第四路大军共歼日伪军7800余人，切断了胶济路中段，从东北方向朝济南城郊挺进，与第一路大军形成钳击济南之势。

随后，第四路大军乘势出击，于9月4日解放济阳，9日解放盐山，10日解放宁津。这时渤海区内大股伪军尚有：伪保安第6旅张子良部盘踞在无棣；伪师长田敬堂等部聚集在商河；伪军成建基等几个"司令"，纠集残余部队，散踞于惠民、滨县、青城、阳信等网县边区。杨国夫决定先"拉网"扫清"四县边区"的残伪，然后再攻取无棣和商河。

参加"拉网战"的八路军部队在民兵的配合下，于9月10日在"四县边区"构成一个周长80公里的大包围圈，然后逐渐拉紧"网绳"，将残伪压挤到徒骇河畔。紧接着，八路军从四面八方同时发起攻击，伪军除成建基等少数漏网外，大部被围歼，2000余人被生俘。

与此同时，八路军的部分主力、各县独立营和3000多名民兵，已先将无棣城围困起来。无棣城墙高城坚，四野开阔，四关外围有宽25米、深四五米的护城壕，壕内灌满水，插遍竹签。张子良气焰嚣张，自吹无棣是"金汤城池"，攻打不破，八路军已兵临城下，他竟然召人唱大戏。9月12日开始，八路军在城外挖掘了3道总长40多公里的封锁壕，使无棣城守敌成为瓮中之蟹。杨国夫、景晓村命令主力部队于9月16日晚开始攻击。战至17日晚，八路军全歼守敌，击毙张子良，俘敌5400余人，毙伤伪军400余人。

此时，商河城内守敌也已成另一瓮中之鳖。八路军部队和民兵于9月10日即包围了该城，并围着城外挖掘了周长20公里，深、宽各4米的封锁沟。当无棣解放，八路军主力部队移师商河之时，城内的伪军早已军心慌乱。9月26日，八路军发起总攻，迅速打开了东城门。伪师长田敬堂吓得慌忙率部投降。这一战，又有伪军官兵300余人被击毙，4500余人被生俘。至此，渤海区腹地全获解放。自10月16日至12月31日，渤海军区部队还发动了平原、禹城战役，歼日军大队长以下200余人，伪军近1000人。

第五路大军由张光中、王麓水率领，向津浦路徐州到兖州段及徐州东北地区进攻。8月11日，这一路大军攻进阎村，歼敌2400余人。8月18日，罗荣桓、黎玉电令张光中、王麓水："迅速挺进，夺取徐州。"当日，第五路大军就解放了兖州以南的官庄车站，切断了津浦路。泗水守敌见八路军来势汹涌，慌忙逃往兖州。19日，八路军顺利解放泗水和曲阜；随后，将进攻目标转为峄县。

峄县县城是枣庄煤矿南郊的屏障。守城伪军依仗日军支持，拒绝向八路军投降。9月1日，罗荣桓、黎玉电示张光中、王麓水："你们的作战重点，应放在峄、枣两点。我如能首先夺取峄县，则可造成枣庄完全陷入我紧缩包围中。"在王麓水的指挥下，八路军主力第8师于9月7日23时展开了峄县战役。在夜幕和炮火的掩护下，八路军突击队迅猛越过城墙，从东门、北门等处同时突入城内。北门伪军在八路军的猛烈打击下，首先缴械。于是，八路军迅速向南、向西压缩，攻击伪县政府及城防指挥部。至凌晨2时，八路军即占领全城，全歼守城伪军，俘敌1400余人。

罗荣桓的五路大军如五道巨流，不断围城攻坚，席卷山东大地。日军再也不敢无视八路军的通牒了。因为他们知道，国民党军队远在天边，八路军就在眼前。

1945年11月，已是苏北平原萧瑟的初冬时节，古城涟水却突然热闹起来，穿着灰军服和杂色便衣的青年男女塞满了这个荒凉寂静的小城。这些来自浙东、浙西、苏南的部队和党政机关干部，是执行《双十协定》撤退八个解放区的协议而渡江北来的。

11月11日，奉党中央命令，新四军组成远征军，挺进东北。任命叶飞任司令员，原新四军参谋长赖传珠任政治委员，原浙东区党委书记、浙东游击纵队政委谭启龙任副政治委员兼政治部主任，原浙西军分区司令员贺敏学任参谋长。司令部由原苏浙军区与苏中军区抽调人员组成，政治部由原浙东区党委机构及浙东游击纵队政治部部分人员组成。

纵队下辖三个旅：

第一旅是原苏浙军区第四纵队，即原新四军第一师第一旅，旅长廖政国，政委阮英平。这是1945年春由叶飞带领由苏中南下的部队，抗日战争胜利后由浙西天目山地区经苏南北撤来苏北。第1团就是闽东红军组成的新四军老6团。第2团是以原江抗新6团、挺纵2团为基础编成的。第3团为原高（邮）宝（应）独立团。

第2旅是原新四军第6师第18旅，旅长刘飞，政委彭林。第4团是新四军6师18旅52团，就是老6团挺进上海近郊后西撤时，留在阳澄湖畔的36个伤病员发展起来的部队，苏南"清乡"时转移到苏中的。京剧《沙家浜》写的就是这个团创建的故事。第5团原是由53团3营与52团3营合编的江都独立团。第6团为东台地方武装编成的新部队。

第3旅是原浙东游击队（苏浙军区第二纵队），旅长张翼翔，政委何克希。第7团由浙东游击纵队5支队与淞沪游击支队组成。第8团由浙东3支队与金（华）萧（山）支队组成。第9团由浙东4支队与三北（余姚、镇海、慈溪）特务营组成。

远征军编成后，立即筹划北上。预定的开进路线是：越过陇海路，经山东滨海地区，到达胶东，由龙口渡渤海到营口登陆。

12月上旬，远征军纵队到达山东根据地滨海地区休整，待命进入东北。此时东北的情况发生了变化。国民党第13军、第52军在秦皇岛登陆，占据了山海关，又长驱直入攻占锦州，切断了八路军华北与东北的联系，并进占沈阳。党中央根据东北形势的变化，命令挺进纵队和晋冀鲁豫的杨得志纵队停止进入东北，以后又命令挺进纵队留在山东地区临海的老根据地大店、相公庄地区。人民群众对待子弟兵八路军非常热情，但对于这支由新四军改编而成的八路军大为惊奇。地方干部归纳为：第一奇，讲话像鸟啼，叽里呱啦，南方部队来的自然是南方人居多，北方人对他们的话一句话也听不懂，好像来了一批外国兵；第二奇，个个留头发，好像来了一批学生兵；第三奇，不少人盖着五颜六色的绸面丝棉被，有人还穿着绸衬衣，好像来了一批少爷兵。他们悄悄议论起来："这样的部队还能打仗？"年轻战士接受新事物比较快，学了几句山东话，加上手势比划，就能交流情况。山东老大爷、老大娘弄清了这支部队来自出产丝绸的鱼米之乡，穿件绸衣，盖条绸被，并不一定是地主、资产阶级；习惯于留个小分头，也不是"腐化堕落"，知道这支部队是长期在敌人腹心地区的梅花点线之中坚持战斗，在大江南北作战多年的八路军的兄弟部队——新四军的队伍。

这支队伍后来没有挺进东北，留在了山东，也就成为山东军区的重要组成之一。加入山东野战军序列后，编为山东野战军第一纵队。对部队来说，地区的转换毕竟是一个转变，首先是生活上的变化。部队是吃惯大米的，在有些人的头脑里，面食只是点心，高粱是酿酒的。这倒不是有"享乐思想"，而是本乡本土世世代代就是这样生活的。山东人民非常照顾叶飞的部队，尽量把小米供应给这些南方来的子弟兵，小米在当时当地来说是上好细粮。但是叶飞纵队的炊事员们不会淘小米、煮小米饭，更不要说做出各式各样美味的小米食品了。小米饭里砂子很多，嚼起来满嘴嘎巴响。

战士们有的不习惯,有一些牢骚话,引起了当地人民群众的不满。群众七嘴八舌地批评起来:"新四军同志浪费了公粮!""咱们老百姓想吃小米还吃不上哩!""要是咱们一天能吃上一顿小米饭,那就够享福了。"有的人还责问道:"为什么要这样耍态度?是对咱们山东百姓不满吗?毛主席、朱总司令怎么教育你们的?"

叶飞纵队的领导们不知该怎样解释。还好,有位白发苍苍的老大娘说话了:"这不能怪新四军同志,南方人不会煮小米饭,他们淘不出砂粒来,为什么咱们不管这事呢?"于是,好心的老大娘、老大爷都说:"咱们拥军就要拥到实处,马上去帮军队淘小米,煮好小米饭。"当场就分工,第二天到各连炊事房去传授经验。因此,部队吃到了又软又香又没有砂粒的小米饭。从此,部队即使吃高粱煎饼、柿子蒂、山芋干、豆饼末子……再也没有一句抱怨话。

叶飞纵队的指战员们决心以胜仗报答热情好客的山东人民。

抗日战争胜利以后,蒋介石从峨嵋山上下来,摘取胜利果实,决心打内战。1945年11月7日毛泽东同志为中共中央起草的党内指示明确指出:"国民党在美国援助下,动员一切力量进攻我解放区,全国规模的内战已经存在。"由于蒋介石的军队远离华北、华中,就利用日伪军的力量控制沦陷区,进攻解放区,当时称为"蒋日伪合流"。也就是毛泽东在《蒋介石在挑动内战》一文中所说的"宁渝合流,蒋伪合作"。1946年初,叶飞纵队从滨海地区西进津浦线。1月22日奉命到华丰受降,收缴华丰、太平地区日军窪田旅团轻重武器。

日军窪田旅团本已奉令撤到济南集结,但于一月上旬又奉国民党军事当局命令停止撤退,执行所谓的"守卫华丰、赤柴矿区,并控制泰安、大汶口铁路"任务。叶飞纵队攻击兖州包围泰安时,派员下达通牒,以纵队司令员名义命令他们不得参与中国内战,并听候下一步的命令进行受降。日军旅团长表示:愿守中立,如附属的伪军求援甚切,则派小部队向天射击以应付。并且表示他们希望能撤退去济南,但碍于国民党军事当局命令,希望八路军包围佯攻,造成撤退理由,以此继续向上级要求北撤。

叶飞答应了他们的请求。

国共双方停战令颁布之前,蒋介石于1月10日密令各地军队于14日前将日军武装解除完毕。因此,国民党军徐州绥靖公署副主任李延年命令窪田旅团于13日前撤到济南集中缴械,并命令大汶口伪军接替赤柴、华丰、东太平日军防务,泰安伪军接替泰安西南至大汶口的日军防务。

叶飞纵队认为"被我军包围内的日军，理所当然应由我军受降"。纵队派出三旅一部配合鲁中地方武装包围了泰安，集中主力阻止日军北撤，迫其就地缴枪。

赤柴日军于12日下午五时撤走，三旅进占该地，并将伪军击溃。日军集中于大汶口、东太平后，即分两个梯队开进，先头部队在百子坡被叶飞纵队阻止，被收缴武器，其余部队退回原地。14日，济南国民党军队一部南下，接应日军北撤。这已是停战令生效以后，叶飞当即命令二、三旅分别将日军包围，一面施加军事压力，并断其吃水，增加他们的困难；一面派人递交以纵队司令员名义通知该旅团就地放下武器的命令。派去的人是纵队政治部联络部长金子明，以纵队司令员代表的名义与窪田旅团长进行谈判。

日军窪田旅团长同意放下全部重武器和仓库物资，要求携带轻武器到集结地域去，以防行进途中发生意外。叶飞纵队同意了这一要求，但规定他们必须依照规定路线撤走。22日达成协议，双方签了字。为了防止日军违反协议，叶飞纵队又在他们开进道路上部署了兵力，严密监视日军行动。23日，日军交出坦克两辆，汽车三十七辆，各种炮十一门和掷弹筒、重机枪等武器，又点交了辎重仓库，按照叶纵指定路线北撤。在监督日军窪田旅团集结的时候，部队有的干部战士看着日军的武器有些眼红，提出在日军在开进途中就下了他们的武器。叶飞制止了他们说，"既然有了协议，就要严格遵守，不能贪小利"。"抗战八年，看着日军在我军监视下，垂头丧气地蹒跚行进，确也解气"。

胶东半岛上凯歌高奏

盼之甚切、来之甚速的胜利大反攻的命令传到山东，设在莒南县大店镇内的八路军山东军区司令部马上处于高度兴奋状态，大家都进入了通宵工作之中。8月11日上午，军区领导人罗荣桓、黎玉、肖华召集了有党外人士参加的高级干部会议，到会的同志虽然差不多都是彻夜未眠，却个个激动万分，毫无倦意。

罗荣桓政委兼司令员和黎玉副政委首先传达了党中央的指示和朱总司令的命令，大家静静地听着中央的具体要求，生怕漏掉一个字——"山东军区有占领德州、济南、徐州、青岛、连云港及其他大小城市交通要道之任务，但着重于徐州、济南之占领及其他可能为我占领之城市。"

一向稳重的罗荣桓传达完命令，又做了语调高亢的动员："全体指战员要紧急行动起来，以高度的自我牺牲精神和冷静的态度，坚决执行党中央和朱总司令的指示和命令，为争取抗日战争的最后胜利，解放山东所有大城市、交通要道和全部土地和同胞而奋斗！"

与会者听完罗荣桓等领导同志的讲话，马上争先发言。大家集思广益，讨论了如何进行动员和处理接管城市、运输、交通和俘虏等问题。大家一致认为首要的任务是迅速整编部队，并分路展开对敌反攻。

会议一结束，到会者马上分赴自己的岗位。山东分局党校集中参加整风学习的干部也立即收拾行装，并争分夺秒地赶回自己的原部队、原单位。抗日战争后期，山东地区是八路军扩大最快的地区，此时已有21万人部队，军区司令部迅速将这些分散的武装统一编为8个师、12个警备旅和1个还没有作战舰艇的海军支队。50万民兵也动员起来，其中10万民兵组成"子弟兵团"随军行动，还有10万民工也担负起运输任务。山东大地上一时风雷滚动，铁流勇进，展开一幅壮丽的进军画卷。

为了争取政治上的主动，8月12日，出席山东解放区人民代表会议的代表正式推举产生了山东省政府，黎玉担任了主席。同日，新成立的山东省政府宣布：一贯祸鲁、助敌为虐的国民党山东省府，再无资格回山东。山东人民在被国民党政权丢弃后，自己组织了英勇的抗战，此时当然应该在政治上取得统治地位，收获八年抗战的胜利果实。

根据山东军区的指示，军区敌工部长黄远赶赴济南，于8月17日以八路军山东军区名义向日本第43军司令官细川忠康发出通牒，要其从接到通牒之日五天内派出代表到军区司令部所在地，接受无条件投降。

此时，驻山东的日伪军原已是六神无主，惶惶不可终日。可是那个当时被人称为"饮水不思源"的国民党山东省主席何思源在伪第6军张景月部护送下突然潜入济南，向日军要求"就地驻防，并协助加强防务"。同时，他还向何应钦发出急电称："鲁境内奸军活动甚烈"，要求空运支援。何应钦见空运来不及，马上致电冈村宁次："山东土匪时乘国军接收部队未到前，将向济南发动总攻，济南市入夜枪声不断，人心恐慌，希速饬细川忠康将军确保济南治安为要。"

接着，何应钦在致冈村宁次的第11号备忘录中又称："根据青岛市附近匪军企图夺取青岛,现仅距城8里,青岛治安堪虞情,希饬当地日军尽力防守,以维护当地治安。"

冈村宁次马上复电保证:"青岛当予绝对确保,敬乞释念,再一部兵力正向该地增强中。"

根据侵华日军总司令部的命令,山东日军不仅拒绝了八路军的通牒,还从济南、青岛两地出动坦克掩护步兵向胶县、淄川等地反扑。侵略者此时还敢如此猖狂,解放区军民就只有继续向其发起猛烈的进攻。山东军区第一路反攻大军兵锋首先指向博山,8月22日占领该城,日军一个分队被围后全部投降。8月25日八路军又在奋起护矿的工人配合下,解放了山东最大的煤矿淄川。大军沿胶济铁路西进,一直威逼济南城下,迫使日军第43军放弃外围要点,集中兵力守城。

在鲁南反攻战场上,八路军部队在8月中旬以席卷之势连克泗水、曲阜,并切断了津浦铁路。8月23日,八路军又攻占了台儿庄。这个抗战中驰名一时、后又不幸陷入日军之手的名镇,终于由中国解放区军民收复。

面对鲁南军民的猛烈攻势,退守徐州、临城的日军竟根据国民党的命令一再发起反扑,企图北上打通已被切断的津浦铁路线。此时,著名的铁道游击队又在自己纵横驰骋的路段上大显神威。日军一辆开路的铁甲车被游击队埋设的地雷炸毁,尾随其后的运兵车也翻车出轨。被摔得鬼哭狼嚎的鬼子兵们刚刚钻出车厢,就遭到铁道游击队的猛烈射击,死伤累累。临城的日军闻讯,急忙又派铁甲车来援,又触雷被炸毁。此时,从南面正好开来一辆日军的运兵列车,在黑暗之中与翻车的日军互射起来,接着车头又撞到被炸毁的铁甲车上,顿时死亡400余人,车上的一辆坦克也被撞毁。损失惨重的日军不得不狼狈南逃,缩回徐州。

驻山东寿光的日军、临淄和无棣的伪军因拒绝向八路军投降而被消灭。

德州以南黄河涯车站驻着日军1269部队第12小队,计有士兵50名,机关枪一挺,掷弹筒两具,长短枪45支,为首的日军曹长叫藤仓。

这天夜晚没有星光,没有月亮,天上蒙着一层轻纱似的薄云,黄河涯车站静静地卧在道轨的东侧。

时至晚秋,参加围困车站的八路军战士们刚刚换上新发的棉衣,热得浑身汗渍渍的。

指挥部就设在离据点六七十米的一间两层土楼的房子里,周围是一人多高的土墙。

八路军山东渤海军区副司令袁也烈亲临前线。

围困据点的战士们手中没有重武器，只有为数不多的几门迫击炮，必要时准备用迫击炮平射炮楼。

袁也烈副司令决定先礼后兵，于是派日本人民解放同盟的支部长松木登上土楼喊话。

松木用自制的扩音器向炮楼内的日军喊话："喂，日军士兵弟兄们，你们听着，八路军延安总部朱德总司令已经发布命令，限定你们向抗日武装缴械。八路军将保护诸君的生命安全。"

停了一会儿，看看炮楼内没有动静，松木继续喊道："如果抵抗，就是死路一条。曹长先生，希望你珍惜弟兄们的生命，珍惜他们回国和家人团聚的权利，不要让他们再作无谓的牺牲了。时间不多了，不要错过机会。"

这几句话说中了要害，炮楼内不再沉默："你是什么人？"

"我也是日本人，名叫松木，原来是军曹，现在是解放联盟的支部长，请你们立即派人前来洽降，我们暂不打枪。"

过了一会儿，炮楼里影影绰绰地出来两个人影，高举着双手向八路军阵地走来，他们是藤仓军曹长派出的两名士官，充任日军联络员。

两名日军士官被带进了指挥所，皮靴后跟喀然一碰，给袁也烈副司令敬了一个标准的举手礼。袁副司令威严地站在桌子旁边，向他们讲清利弊，松木不停地翻译，两名日本谈判代表不住点头。

两名代表要回炮楼，松木反复叮嘱："投降与否，务于一小时内答复。八路军在拂晓前将发动攻击，到那时悔之晚矣。"两名日军士官向他投以感激的一瞥，然后敬礼，返回炮楼。

天已蒙蒙亮，松木又登上土楼观察。

约莫过了半个多小时，炮楼上传过话来："我们已经决定向八路军投降，要求八路军长官接见藤仓，具体洽商投降事宜。"

松木松了一口气，阵地上已经压好子弹、上好刺刀的八路军战士也松了一口气，指挥部中的袁也烈副司令更松了一口气。

不久，藤仓穿戴得整整齐齐，来到指挥部见八路军长官。他毕恭毕敬地敬了举手礼。然后解下佩带的指挥刀，双手捧着呈给了袁也烈。

松木把藤仓的话翻译给袁司令。藤仓的条件很简单，只要求允许投降的日军士兵带走个人的随身物品，遣送他们按期回国与家人团聚。

袁副司令同意了他的条件，命令据点内的日军携带武器弹药在路南平地上集合，听候命令。

一刻钟后，炮楼内的日军士兵按要求交出了武器，同时他们也卸下了侵华战争八年来的罪恶负担。他们毫不掩饰没有作八路军枪下之鬼的兴奋心情。

噩梦结束了，松木为他们将获得的新生而高兴。

此时已经天光大亮，一轮红日出现在东方遥远的天际。

八路军山东军区的部队在胶东半岛也展开声势浩大的反攻，攻击的首要目标是青岛。青岛有日军一个独立旅团、一个相当于旅团的独立守备队和部分海军部队联合伪军固守。8月14日，胶东军区部队即向青岛外围的高密发起攻击。17日又占领了青岛以东的崂山，并控制了即墨西南的流亭机场。当地日伪军与外面的陆路联络被切断，背海退守市区和外围要点。由于守敌兵力多，工事强固，又有美国海军在此登陆的消息，于是山东军区决定暂时放弃攻占青岛的计划，集中兵力攻占烟台和威海卫。

烟台和威海都是中国北方重要港口，为渤海门户，京津锁钥。当年威海卫曾是北洋海军的基地，甲午战争中北洋舰队在此覆没，写下了中国近代史上惨痛的一页。此后，英国又强租此地当作基地，20年代交还中国后，港口已是空荡无物，只剩几条渔船漂泊。相形之下，烟台开始繁荣起来，成为胶东半岛北部最大的港口。抗战初期日本侵略军占领了烟台、威海两城，抗战末期为防备美军登陆又在此修筑了不少防御工事，不过守兵不多，作为胶东北部最大据点的烟台也只驻有日军一个加强大队。由过去降敌的国民党军改编而成的伪军，此时成为防守这一地区的主力。八路军胶东军区部队自上一年发起攻势作战后，已经解放了烟台、威海周围的地区，对两城形成了包围。

当日本宣布投降的消息传来后，烟台市区的民众一片欢腾。当地日军大都满脸悲戚地躲进军营之中，可是也有少数日本兵特别是年纪较大的人跑到街上欢呼。庆祝胜利的中国人对此大感奇怪，有人还过去询问。那些日本兵用生硬的中国话回答说："死啦的没有！回国的有啦！"原来他们在庆幸战争结束，认为自己总算可以活着回家了。

以后的事实却证明战争并没有结束，当地日军又奉命坚守城市，等待美军和国民党军前来接收。驻守烟台的伪军干脆摇身一变，自称为"国军"宣称受"中央"之命负责维持秩序，拒绝向八路军缴械。防守威海卫的日军虽然派人与八路军谈判，却只是一味敷衍，想以此拖延时间。日军还出动飞机，对八路军阵地进行侦察轰炸。面对日、伪、蒋迅速合流，解放区军民义愤填膺，决定向这些仍然是敌人的日伪军发动进攻。

8月16日，在司令员许世友率领下，胶东军区部队向威海港和牟平县城发起攻击。守敌因兵力不多害怕被歼，弃城逃窜。17日，八路军冲入驻威海的日军头目吉山的公馆内，只见人去楼空，衣箱什物狼藉遍地。

威海这座著名的军港被解放后，首先攻入城内的部队获得了"威海卫"的光荣称号。随后，胶东军区又收紧对烟台的包围，积极准备攻城。

为了做好攻城准备，参战部队指挥员们到可以俯瞰市区的南山上观察地形。放眼望去，密密层层的房屋坐落于簸箕形的山岭之间，西北面是东西横卧的芝罘岛，东北是波涛万里的大海，几个大小不等的岛屿散布其间。如此美丽的河山，已经宣布投降的侵略者却仍然盘踞其间，怎能不令八路军指战员们怒火满腔。各部队都纷纷请战，要求早日打到城里去。

正当烟台城外的八路军和根据地民兵摩拳擦掌时，突然发现机场上起飞一架飞机，升空后即摇摇晃晃。战争后期，日军因缺乏航空汽油，常常用强迫国内和满洲的小学生采集的松子炼出松节油，以供飞机使用。发动机靠这些劣质燃料油驱动，经常发出"啪啪"的声响，事故不断。烟台机场上升空的这架日军飞机飞到文登城西，就一头栽了下来。当地八路军部队和民兵马上围了上去，发现原来里面载着守备烟台的日军头目柴山大队长和日本海军的炮艇队长，此时他们丢弃部队想自己逃跑。坠机时炮艇队长已经摔死，负伤的柴山大队长当了俘虏。

看到守敌动摇，参战部队指挥员决定马上发起攻击。8月24日上午，总攻正式开始，部队很快突破了外围的伪军阵地，可是日军凭借着城周的坚固工事继续顽抗，并以步兵炮和掷弹筒向八路军进攻部队射击。在城外密布的苹果园里，爆炸的硝烟和尘土弥漫，苹果被震得纷纷落地。当地群众和民兵跟在攻击部队后面，用麻袋拣起这些苹果，向忍受着炎热、满身汗渍进行战斗的干部战士们招呼着："同志，先吃两个再打！"

吃了群众的苹果，部队更激发了斗志。没有炮火掩护，战士们就匍匐前进，摸到敌人的火力点前投手榴弹，消灭了一个个地堡。随后，随着"冲啊"的呼喊，八路军战士们端着上了刺刀的长枪，杀进敌人阵地。那些长于白刃厮杀的鬼子们困兽犹斗，经过这一番堪称最能体现部队是否勇敢的浴血拼杀，八路军"刀快不怕脖子粗",干净利索地取得了胜利。白刃战结束时没有抓到一个俘虏,阵地上却也没有留下一个鬼子。

经过这一场冲杀,已经日近黄昏。烟台外围据点已经攻占大半,却还有若干碉堡群没有攻下。鉴于白天攻击伤亡较大,八路军决定接着进行夜战。此时,烟台市区内也响起一阵阵枪声,原先秘密活动的中共烟台市工委在城内组织的1300余人的队伍,在"战斗起来,迎接解放"的口号下,已经在抢夺武器,配合攻城部队行动。天黑以后,进攻部队绕开白天日军据守的堡垒地带,分路向市区穿插。当战士们迅猛地向前跃进时,碉堡里已是一片沉寂。经侦察发现,当地日军被这一天的猛攻所震撼,顾不得坚守的命令,在夜幕降临前悄悄地向码头逃窜。八路军冲上市中心的街道时,只听得人喊马嘶,伪军们也随日军之后向海边狂奔,准备登船逃往青岛。指挥员马上命令进攻部队跑步前进,各路都以大关码头为目标迅速追击。

在朦胧的月色下,海边几艘改装的汽船正轰轰地吼叫,伪军们混乱地拥挤上船。追到码头的八路军立即向汽船开火,船只马上离岸逃走,被丢下的伪军们只好举手投降。

8月25日,当东方泛起鱼肚白的时候,烟台城内一片欢呼声。八路军完全解放了全市,胜利的队伍在街道上自豪地行进。

当军民共庆的时候,胶东军区和地方党政干部却马上赶到海边,紧张地搜集可用的船只。下一个伟大的战略任务已经在等待他们——渡海向东北进军。

晋绥军区大反攻

1945年8月至9月,在抗日战争中,中国八路军晋绥军区部队在山西省、绥远省广大地区对拒不投降的日伪军华北方面军第1军及驻蒙军所部进攻作战。

8月8日,苏联政府对日宣战,并出兵中国东北。9日,中国共产党中央委员会主席毛泽东发表《对日寇最后一战》的声明。10日、11日,八路军总司令朱德连续向各解放区武装部队发布7道向日伪军进攻的命令。但是,国民党政府、蒋介石却命令日伪军"维持治安",命令其军队"积极推进,勿稍松懈",命令八路军"原地驻防待命"。各解放区军民响应毛泽东主席的号召,执行朱德总司令的命令,向拒不投降的日伪军展开了全面反攻。晋绥军区部队反攻作战的主要任务是,向日军占领的城市和交通要道展开积极进攻,与晋冀鲁豫和晋察冀两大解放区密切配合,力争占领太原及其以北的同蒲铁路(大同至凤陵渡)、占领归绥(今呼和浩特)及其以东的平绥铁路(北平至归绥);堵截与消灭北犯的阎锡山所部与东犯的傅作义、马占山所部。根据这一任务,晋绥军区决定,集中主力在冀晋及太行军区各一部的配合下,分南北两线,同时向山西省会太原、绥远省会归绥及同蒲铁路北段、平绥铁路西段的日伪军展开进攻。

在北线,由吕正操、许光达指挥绥蒙军区及第2、第5、第11军分区部队,于12日展开以归绥为中心的进攻作战。骑兵第2团于12日、15日先后收复平绥铁路以北的陶林(今察哈尔右翼中旗)、武川县城。第9团、第27团于15日分别攻占了归绥以西的察素齐、毕克齐车站和归绥外围据点兵州亥。绥中游击部队于17日占领了归绥以东旗下营、陶卜镇、白塔等车站。18日,第9、第27团攻入归绥城内,包围了日伪军1300余人。正当伪蒙军准备投降之际,国民党军傅作义所部由包头沿平绥铁路东进,逼近归绥,并企图配合城内日伪军夹击进入归绥的八路军部队。第9、第27团在腹背受敌的情况下撤离归绥。在此期间,第5军分区部队于16日攻占右玉,18日收复平鲁,又克复井坪,21日收复朔县。至此,同蒲铁路被拦腰截断,晋绥和晋察冀两解放区联结起来。此外,独立第2旅第36团、第32团于19日攻克清水河,全歼伪军1000余人。第2军分区神五支队收复五寨县境内的义井和李家坪日军据点。

在南线,由张宗逊指挥第3、第4、第7、第8军分区部队展开以太原为中心的进攻作战。第8军分区部队于8月15日至19日先后攻占太原西北的古交、河口、陈家峪、思西村、皇后园、南寨等据点,并一度攻入太原县城(今晋源),与冀晋、太行军区部队对太原市构成包围态势。在此期间,第6军分区部队攻占奇村、忻口等据点。第3军分区和第8军分区部队分别攻克离石以东的吴城镇和以西的李家垣等据点,并协同第358旅第716团于21日在芦家庄伏击歼灭日军第114师团一部。

8月15日,日本政府正式宣布向盟国投降。但在中国战场上出现美、蒋、日、伪加紧勾结的严重态势,使中国共产党领导的人民军队夺取大城市的计划难于实现。因此,中共中央军委于22日指示各省区、各军区,由夺取大城市的方针改变为夺取小城市及广大乡村的方针。晋绥军区根据中央军委的指示,并鉴于傅作义所部已占领归绥,阎锡山所部已进入太原等情况,决定以一部兵力继续威胁太原、归绥;以主力在北线夺取绥南、绥东各县;在南线夺取太原至汾阳公路上的县城及离石、柳林、大武等城镇；第2、第6军分区部队分别夺取神池、宁武，并控制同蒲铁路一段，进行彻底破坏。根据新部署，晋绥军区部队对日伪军展开了更为广泛的进攻。独立第2旅在攻占清水河后，分兵2路，第32团于31日收复左云县城；第36团收复和林格尔，并连克凉城（今田家镇）。第2、第6军分区部队连克神池及东寨镇等据点，直逼宁武城下。第8军分区部队收复汾阳以南的阳城、三泉，逼近汾阳城。独立第1旅和第358旅于9月1日攻克文水县城，5日收复柳林，9日攻克离石县城和大武镇。12日，静乐日军弃城而逃。忻县至静乐公路线上的各据点日军也相继撤退。

晋绥军区部队半月内作战150次，在北迄绥南的凉城，南至晋中平川的300余公里的战线上，收复左云、和林格尔、凉城、神池、文水、离石、静乐等7座县城及大小据点30余处，毙伤日伪军16462人，俘日伪军5152人，缴获步马枪4000余支、轻重机枪440余挺、各种炮11门、掷弹筒34具及其它军用品一部。八路军伤亡2605人。

9月，在晋绥军区大反攻作战中，八路军第358旅第8团在山西省西北部地区的离石县城对伪军攻坚作战。

离石是汾阳至离石、离石至岚县、离石至柳林三条公路的联结点，地理位置十分重要。在日本宣布投降、解放区军民举行大反攻作战中，离石的日军于8月下旬东撤至汾阳。伪警备队和阎锡山的"爱乡团"共1000余人，合编为"晋西北挺进纵队"，继续盘踞在离石，该城城垣坚固，易守难攻，但晋绥军区部队于下旬攻克文水，解放柳林、围困汾阳后，离石已更加孤立。第8团于9月6日3时进入攻击出发位置，4时发起对离石的攻击，经2小时激战，首先攻占卧牛埚和凤山底东山伪军阵地，扫清了城外围的伪军。6日21时，各营在炮火支援下开始攻城，因当晚大雨滂沱，部队运动困难，战至拂晓仍未能登城。7日上午8时，该团再次攻城，守城伪军继续顽抗。攻击部队登城又未成功，而暂时后撤。9日1时再次对离石城发动攻击，第8连于5时首先登上城墙。6时，第7连也登上城墙。接着第9连及特务连也由第7、第8连突破口入城。随后，第1、第2营各连进入城内与伪军展开巷战。7时30分，伪军100余人由南门突围，企图向中阳撤逃，至马茂庄时，被第8团第4连及旅直青年连消灭。8时，第8团全歼守城伪军。大武、上芦桥、张子山等据点伪军在政治争取下向第8团投降。至此，离石全县获得解放。此次战斗，第8团伤亡214人，毙伤伪军304人，俘伪军1104人，缴获长短枪456支、轻机枪34挺，重机枪1挺和其他军用物资。

晋冀鲁豫军区大反攻

1945年8月日本天皇宣布无条件投降后,一些日军没有立即放下武器,八路军遵照中国共产党中央委员会主席毛泽东发出的对日伪军举行全国规模大反攻的号令和总司令朱德发布的反攻作战命令,129师晋冀鲁豫军区部队在山西、河北、山东、河南四省广大地区立即展开对日伪军大反攻作战。

晋冀鲁豫军区部队的反攻作战分为三个阶段。

8月14日至22日为反攻作战第一阶段。太行军区以8个团组成道清支队先后攻克博爱、辉县;以7个团组成西进部队向沁县、武乡地区进攻;白晋(白圭至晋城)、正太(石家庄至太原)、平汉铁路(北平至汉口)沿线各军分区部队分别攻克潞城、赞皇、昔阳、襄垣及马坊镇等据点数十处,切断了平汉、白晋等铁路线。太岳军区以5个团主力向平遥东泉地区进攻;同蒲铁路(大同至风陵渡)沿线各军分区部队收复据点50余处,攻克盐池、夏县、平陆和茅津渡等地。冀鲁豫军区以13个团组成中路军攻克延津、封丘、阳武(今原阳)等县城后,直逼河南省会开封;以3个团组成南路军配合中路军围攻开封、兰封(今兰考)地区日伪军;以11个团和地方武装组成北路军接连攻克平乡、鸡泽、曲周、广平、冀县、武邑、景县等县城,切断德石铁路(石家庄至德州)线。八路军其他各部队分别收复东阿、沛县、平阴、鱼台、金乡、鄄城、定陶、肥城等县城和许多据点,并向济南、徐州逼近。

8月23日至9月2日为反攻作战的第二阶段。为了适应形势发展的需要,中共中央于20日决定成立晋冀鲁豫军区,任命刘伯承为司令员,邓小平为政治委员,同时恢复冀南军区。军区成立后,根据中共中央、中央军委22日关于以相当兵力威胁大城市及交通要道,而以主要兵力夺取小城市及广大乡村的指令,军区以部分兵力威胁开封、新乡等城日伪军,迫其收缩集中,以主要兵力夺取中小城市,歼灭分散孤立之日伪军。据此,太行军区道清支队攻克获嘉、武陟、温县等,其它部队占领武乡,夺取平汉路西侧许多据点。太岳军区主力攻克邢村镇及张兰镇等据点;同蒲铁路沿线各军分区部队在八路军游击第2、第3支队协同下,攻克济源、垣曲等县城,并扫清了灵石、霍县、赵城、洪洞、翼城、绛县等城的外围据点,破坏了平遥至临汾段铁路。冀南军区部队攻克长清、清平、临清、隆平、尧山等县城，配合太行军区部队破坏了元氏至邯郸段铁路。冀鲁豫军区中路军攻克长垣县城及淇县东北之道口、新镇等据点；南路军收复通许、杞县、民权等县城，迫使伪军一部投降。

9月3日至12日为反攻作战第三阶段。2日，日本政府正式向同盟国签署投降书。但日军拒绝向八路军缴械，并接应国民党军队进犯解放区。军区遵照中共中央军委的指令，在挫败国民党军队进犯的同时，继续攻歼拒绝投降之日伪军。在平汉路沿线连续攻克滑县、内丘、高邑、邢台、汤阴、磁县、邯郸等19座城市；在新乡以南地区攻占原武、中牟等县城，在道清铁路（道口至清化）沿线攻克焦作、修武、孟县、沁县，同时在其它地区收复齐河、夏津、高唐、曹县、茌平、菏泽、宁阳、衡水等县城，解放了大片国土。

八路军129师——晋冀鲁豫军区部队在反攻阶段，歼灭日伪军10万余人，缴获步马枪7万多支、轻重机枪1600多挺、各种火炮130余门，收复县城80多座，使太行、太岳、冀南、冀鲁豫解放区连成一片，打通了与华中、山东、晋察冀及晋绥解放区的联系。

8月15日之后，日军大本营在下达"停止战斗行为"的命令同时，又命令日军"在不得已的情况下，为了自己可以采取战斗行为"。由于日军宣布投降又不放下武器，所以八路军各部的反攻作战仍然继续进行。抗日战争形势急剧好转，反倒令蒋介石措手不及。他以"最高统帅"的名义，令共产党领导下的八路军新四军"就地驻防待命"，企图垄断受降权，抢夺抗战胜利果实，并风风火火地调兵遣将，占领要道。与日寇浴血抗争多年的八路军、新四军当然不买老蒋的帐。中共的方针是，寸土不让、寸土必争。大旗之下，太行一分区部队奉命随司令员秦基伟出击平汉线。

8月17日，太行一分区在赞皇县的李川沟进行了一次阅兵。秦基伟向部队做了反攻动员，主要是给大家勾画了大反攻的形势：日本法西斯完蛋了，蒋介石却不肯罢休，一面邀请党中央派代表到重庆谈判，一面积极准备内战，但由于他们当初"溜得太快"，"向后转"需要时间。山西土皇帝阎锡山近水楼台，所以抢先登场。胡宗南要从陕西抽身赶来抢夺果实，还有一个过程。孙连仲远离华北，鞭长莫及。根据这种态势，刘邓首长决心集中太行、太岳主力，先打阎锡山，挫其在晋锐气。太行军区司令员李达已带七个团的西进支队出发。一分区部队的任务是出击平汉线，由北向南，收复失地，开辟战场，准备对付蒋介石更大规模的内战。

会场气氛热烈，口号声此起彼伏。当秦基伟宣布一分区首战赞皇时，战士们一片欢呼。阅兵完毕，部队和民兵、民工浩浩荡荡杀下太行山。

赞皇县城是日伪设在太行山区当面的一颗钉子，在大反攻初期，一分区军民收复了该城周围的据点，残敌退守赞皇城。其时，城内敌人有日军一个加强小分队50人左右，伪军600人左右，另有联庄会的敌伪其他人员500人左右。在解放赞皇的前两天，一分区通过各种关系将朱总司令下达的反攻进军命令送进城里，并于8月17日给伪军小队长以上的军官发出了劝告投降的书信，向他们指出，投诚者前途光明，抵抗者死路一条，八路军最后胜利在即，敌伪末路已至。

8月18日，八路军包围赞皇，10团和分区特务连在城西南，临城独立营在城西，赞皇独立营在城东北。部队兵力有800人左右，另有3000多民兵、自卫队散布在城周围各处虚张声势。一分区首先对守敌进行了一昼夜政治攻势，组织数十名伪军家属喊话。母亲唤儿子，妻子喊丈夫。规劝他们放下武器立即投诚。这一招很灵，几十名老人、妇女站在据点外，声泪俱下，铁石心肠的人也难免为之动情，再加上眼看日本侵略者大势已去，八路军又兵临城下，四面楚歌，使守军军心严重动摇，甚于惊弓之鸟。8月19日下午，城内日军钻进城北高粱地向元氏逃窜。傍晚，秦基伟指挥部队进行了半小时火力攻击。此举并没有完全消灭敌人的意思，主要是敲山震虎，再吓唬他一下。果然，伪军大乱，溃不成军。晚10点左右，又有一部分伪军向元氏逃窜。八路军城内敌工站的几个人，由南城墙攀绳跳下，向秦基伟报告："伪军已乱，正在逃走。"秦基伟当即指挥部队由南门登城，拿下了城东南敌人核心地堡，同时，兵分两路追歼逃敌。20日，逃敌全部投降，至此，八路军完全解放了赞皇。解放后的赞皇城，到处张贴着五颜六色的标语："拥护抗日民主的县政府！""欢迎解民倒悬的八路军。"一位白髯老翁作为人民政府的第一批客人，乐呵呵地坐上县长的"交椅"，说："世道真是变了，穷人能看见这样的世面，死也不冤枉！"解放赞皇，首战首捷，一分区部队士气大振，稍作休整，即于9月上旬挥戈南下，直逼临城。

就在解放赞皇的当天，即1945年8月20日，中共中央决定撤销北方局，成立晋冀鲁豫中央局和晋察冀中央局，并决定成立晋冀鲁豫军区，以刘伯承为司令员，邓小平为政委。原太行军区司令员李达任晋冀鲁豫军区参谋长，由秦基伟接任太行军区司令员，李雪峰任政委，辖1至8分区。秦基伟此时因担负出击平汉线任务，未去太行军区报到，仍以第1军分区司令员身份指挥作战。

临城驻有伪军警卫队、警察队、特务队共约700人。赞皇解放后，临城的敌人兔死狐悲，陷入恐慌之中。伪县长寇宏漠，伪国民党县党部书记吴荫溪，食不甘味，寝不安席。他们一方面对"国军"北进抱着幻想，一方面又拿不准何时祸从天降。整天提心吊胆，有的请算命先生为其相面卜凶吉。伪政府的官吏白天还硬着头皮待在机关，一到晚上就钻进炮楼，以防不测。第1军分区参战部队有两千余人，另有民兵两千余众。9月8日，第1军分区部队分路疾进，直逼临城。秦基伟回忆道：曾几何时，我们在这一段路上，只能小心翼翼地隐蔽游击，夜行晓宿，行踪飘忽。如今，我们作为胜利之军行动，一路行军一路歌，威风凛凛，势不可挡。干部战士心中好不得意。

下午3时左右，部队和民兵均到达黑城，在黑城戏楼前，部队作临战动员。会上历数日伪军和汉奸卖国贼们对临城人民犯下的滔天罪恶，要求部队奋勇杀敌，为民复仇。八年中，临城人民被杀、被残害、被奸淫、被抓劳工的人数众多，无村不带孝，四处是狼烟，这些事实激起了干部战士的深刻仇恨，会场上啜泣成声。第10团一位连长，声泪俱下地表示决心："冤有头，债有主，不为老百姓讨还血债，我们就白吃了人民的小米，请领导批准我们连为攻城突击队，活捉吴荫溪！"民族仇、阶级恨，如同澎湃的浪潮，大大地激发了部队的士气。10团和50团还提出展开战斗竞赛，看谁先登城，先突破，先解决战斗。

9月8日下午，部队将临城四面围住。晚9时40分，战斗先在北关打响，第10团部队通过火力威逼和政治瓦解，迅速拿下城东死角普利塔附近的炮楼，守敌全部投降。紧接着，第50团也登上了东城墙。虽然地方部队武器装备很差，攻击能力不强，但指战员们都有一种为民复仇、义无反顾的使命感，作战非常勇敢。尤其是那些刚刚补进来的新战士，有的连枪都没有，揣两颗手榴弹就跟老战士一起爬梯子登城。有的战士直到牺牲了，还没穿过一套八路军军装。正是凭着这种压倒一切的气势，战斗进展比较顺利。两个团突破后展开激烈巷战，歼敌大部。残敌退守城西南角和西北角两个炮楼。西南角是个核心炮楼，砖石结构，比较坚固。寇宏漠、吴荫溪带着百十人据此负隅顽抗。9月9日拂晓，秦基伟带着几名参谋，沿着掏成洞子的民房，运动到距离这个炮楼30米的地方，就近指挥。秦基伟操起铁皮喇叭筒向里喊话："你们不要打了，给你们自己留条后路吧！继续与民为敌，我们就彻底消灭你们！何去何从，快快选择！"寇宏漠、吴荫溪拒不投降，煽动伪军拼死效命，并且以钱买命，规定一个手榴弹的拉火环可领10元伪币的奖酬。守敌官兵竞相往炮楼外投手榴弹。霎时,硝烟弥漫,弹火横飞。这一下,战士们被激怒了,司令员秦基伟也有些冒火,抄起一挺轻机枪,瞄准炮楼的射击孔就是一梭子。攻城的部队把民房的墙壁扫出窟窿,形成了运动通道,能使八路军隐蔽接敌,避开在开阔地上冲锋时可能遭受的杀伤。说起来,这要算是解放军最早的"近迫作业"。指战员就利用这些墙洞和断壁残垣,隐蔽接敌,一直抵进到敌人的炮楼下面,安装炸药包,把敌人的炮楼炸了个大窟窿。吴荫溪见势不妙,企图夺路逃命,被当场击毙,寇宏漠和其余人缴枪投降。随后,城西北角的炮楼也被八路军用炸药轰开。到8时30分,战斗结束,全歼守敌一千余人,其中生俘600多名,缴获一批武器弹药。至此临城县全境获得解放,8万人民重见天日。全城鼓乐喧天,市民箪食壶浆,夹道欢迎部队入城,还用民间小调编了一支《八路军打临城》的歌,歌中唱道:

"九月八日夜,八路打临城。大炮咚咚响,机枪咯嘣嘣。好像那过新年,放炮起五更。战士们真勇敢,个个逞英雄。活捉寇宏漠,吴荫溪丧了命。八路进了城,民众来欢迎。送来牛羊肉,犒劳咱子弟兵。抗日战争大胜利,百姓得太平。"

大反攻也是大发展。子弟兵以自己的义举感召群众,群众也用自己的真诚追随子弟兵。刚下太行山时,第1军分区第10团只有500来人,打完临城一下子就扩大到2800人。不少稚气未脱的侦察员、警卫员,此时都迅速成长为基层指挥员。队伍越打越兴旺,八路军的攻势也就越来越凌厉。9月16日,第50团和临内独立团以及部分民兵合攻内邱。攻击发起20分钟,部队就从两处登城突破,不到一个小时解决战斗。共毙、俘伪军300余人,缴枪200多支(挺),掷弹筒两具。9月20日,临内独立团遣一部兵力北上与高邑独立营包围平汉路东的高邑县城。攻城部队和打入敌人内部的敌工人员互相接应,兵不血刃,轻取该城,缴枪200余支。这样,太行军区部队兵锋所向,连下四城,并顺势收复鸭鸽营、冯村、镇内、官庄等车站,基本上扫清了分区范围内的敌伪残余据点。一分区根据中央和晋冀鲁豫军区关于彻底破除所有铁路、以迟滞法西斯分子北犯之行动的指示,发动赞皇、临城、内邱、高邑4县13万群众,对平汉路元氏至内邱段进行大破袭。群众的积极性很高,不分男女老幼,整村整村地出动,分段包干,把铁轨抬进山里,把路基挖成大坑,扔弃碎石,焚烧枕木,炸毁车站设施和桥涵。整整5个昼夜,这段铁路被搞了个天翻地覆,面目全非。鬼子伪军想逃无路,国军想来路又不通。太行1分区的这段反攻行动,既是在上级总的意图下实施的，又发挥了主观能动性。利用了日军回撤石家庄、各县伪军依托孤城收缩自保、互不应援的有利形势，乘胜席卷，抢到了国民党反动派的前面。其意义不仅仅是光复四县全境，而且为发动群众、组训军队、开辟战场和准备应付新的战争局面创造了条件。在这一过程中，部队由分散到集中，逐步熟悉新的作战形势，不断得到锻炼和发展，也使革命武装拥有了捍卫胜利果实的更强大的物质手段。就在八路军大反攻步步开展之际，国民党也在紧锣密鼓地争夺抗战胜利果实，阎锡山悍然抢占了上党六城。为避免日后蒋军大举北犯时，晋冀鲁豫军区可能陷于两面作战，刘伯承、邓小平毅然发起上党战役，剪除心腹之患，然后挥师东向，堵截平汉方向的敌人。蒋介石眼见失了先机，督阎力战，企图把共产党部队的主力旷日持久地拖在坚城之下，从而加快抢占平津的步伐，实现其运兵东北的战略步骤。西边胡宗南趁太岳部队无暇西顾之际，在同蒲路上全速推进，先头已出正太路逼向石家庄。南边孙连仲的3个军已侵入新乡、汲县，并与孙殿英部汇合，伺机北犯。蒋军南北对进，打通主要机动走廊的部署基本形成，咄咄逼人，平汉线方向顿时成为牵动全局的关节。形势骤然紧张起来。

为了先机制敌，尽管上党战役方兴未艾，刘邓还是日夜兼程，从西线赶回晋冀鲁豫军区所在地涉县赤岸村，首先组织以邯郸为主要战场的邯郸战役。刘邓号令"将所有能调动的部队，加强平汉线作战"。并指出："集中意志，集中大军是争取胜利的关键。"在这种背景下，由秦基伟率领第1军分区第10团、第50团和第6分区第2团共同组成太行1支队，率部队继续南下，会合冀南部队共同解放邢台。邢台是平汉路上的一个中等城市，向为重镇。兵书上说，此地"西带上党，北控常山（今石家庄正定一带）"，是"河北之襟要，河东（山西）之藩蔽"。1937年沦陷后，邢台成为伪顺德道道尹公署所在地。日本人和大汉奸、伪华北治安军司令高德林狼狈为奸，在此经营多年，修筑了碉堡、兵营、仓库、机场，甚至还搞起了一个能生产步枪、手雷的兵工厂，抗日战争时期，邢台是日伪"扫荡"太行、冀南抗日根据地的一个重要基地。抗战胜利，日军撤出邢台，高德林也被蒋介石委以石家庄先遣军司令，于9月10日至13日率部开拔。抗战期间躲在外地苟且偷安的国民党河北第22区督导员任晓敏浑水摸鱼抢了这个空当，成了邢台的"接收大员"，他网罗了附近9个县的逃亡伪军3000多人，编成4个旅，成立了所谓"保安司令部"，自任司令。并将一些杀人如麻、恶贯满盈的铁杆汉奸充任各旅旅长。就这样变戏法似的，邢台又换汤不换药地成了国民党的地盘。9月20日，太行1支队和冀南军区4分区司令员胥光义率领的冀南第2、第4军分区部队协力廓清了邢台外围。之后，为了协调攻城动作，两支部队的领导同志在一起开了碰头会。碰头会决定统一调整部署，分头组织实施：太行1支队从北门突破；冀南第2军分区部队从东门突破，同时攻南门；冀南4分区部队从西门突破。几个不同建制的部队，分别来自于太行、冀南两个军区，为达成一致的作战目的而主动协同，充分体现了革命军队毫无私念、团结战斗的风格。这件事，后来曾多次受到晋冀鲁豫军区领导的表扬。

邢台城防坚固。砖石砌成的城墙高3丈6尺，城头筑有明碉暗堡。四面都有三道城门组成的"瓮城"。护城河两丈多宽，水可没人。护城河外布有鹿岩、铁丝网。城内粮弹充足，守敌有恃无恐。为了确保攻击顺利，各部队按照统一部署，认真进行了攻城准备。指挥员多次勘察地形，选择突破口和攻击路线。根据攻打临城的经验，八路军部队构筑出发阵地，向敌挖掘地道，组织登城演习，进行爆破试验。文工团每天晚间在城外演唱节目，宣传胜利形势，鼓舞群众情绪。政工人员向伪军家属交待政策，鼓励他们配合八路军做瓦解工作。附近各县地方党和政府全力支援，仅邢台一县就动员了2000名民兵和1万多群众，组成担架队、运输队，帮助部队造云梯、挖地道。军民同仇敌忾热火朝天的宏伟场面，代表了不可违拗的历史趋势。9月23日夜11点，总攻开始。太行1支队第10团主攻北门，北门上有敌人的一个连。战斗发起前，部队已经在接近城门的地方绑好了炸药包。进攻战斗打响后，第3连9班10名战士头顶着用水打湿的棉袄，冒着炮火，及时地送上100公斤梯恩梯炸药。一声惊天动地的巨响，烟雾冲天而起，直上云霄，偌大个邢台城都颤抖起来。城门炸开了，整个城楼炸飞了，砖石瓦块连同敌人的尸体被气浪甩出几十米高。但是9班的战士也全部壮烈牺牲，他们用自己的头颅和热血为后续部队打开了通路。当时，秦基伟和向守志就在10团的指挥所，距离城门只有七八十米，目睹战士们的壮举，泣然伫立，沉默了很长时间。北门的爆破，来得突然猛烈，敌人完全吓蒙了。第10团的勇士们像潮水一样冲了进去，一口气打到高德林的公馆，基本上没遇到有组织的抵抗。第10团团长向守志实施跟进指挥，随部队突入城内。当走进作为指挥部的高德林公馆时，已见不到敌人一个人影了。房子里电灯虽然还在亮着，但满地都是公文杂物，可见逃跑敌人之狼狈。

第42团由北城墙两段发起攻击，扼守之敌是内邱的土匪，有不少日本人的歪把子机枪。第42团的战士们冒着枪林弹雨，奋勇登城。尖刀排的战士每人提一篮子手榴弹，一边攀梯子，一边向城墙上甩手榴弹，前仆后继，终于占领了城头。冀南2分区部队在火力掩护下，竖起十多架云梯，与城东头的敌人开战，迫其溃退。冀南4分区部队连续打退敌人的多次反扑，全部控制了西城墙。这时，北门、东门、南门都燃起了漫天大火，邢台城硝烟弥漫，机枪、手榴弹的爆炸声不绝于耳。守敌在三面夹击下，已成乌合之众，纷纷向南门溃逃。但南城门早已被他们自己用麻袋装土堵死，短时间内根本打不开。城上又有冀南第4军分区部队居高临下。2000多伪军欲逃不能，只好挤在不足600平方米的南门洞内听天由命。八路军随即展开政治攻势，高喊"缴枪不杀！""欢迎弟兄们反正！"枪声、炮声、喊话声交织在一起，山穷水尽的伪军被迫放下了武器。9月24日4时，晨光熹微，战斗全部结束。除任晓敏等少数头目弃城逃跑外，其余守敌悉数被歼，俘获大汉奸何梦久以下官兵2300余名，缴获轻重机枪32挺，迫击炮1门，长短枪2100多支，汽车10辆，战马100余匹。邢台解放当天，就建立了邢台市人民政府，全城一片欢腾，市内各建筑物插上了鲜艳的红旗，张贴出喜庆的标语。位于市中心的中国大戏院，免费为八路军演出三天。各澡堂停止接客，专门优待部队洗澡。电灯公司、面粉公司和90多家工厂先后开工，上万名失业工人重新就业。铁路工人自动组织起来纠察巡逻，维持社会秩序，保卫胜利果实。这座千年古城开始了新生。

邢台解放后，八路军又将目标锁定在了剩下一个最大的敌伪据点邯郸。邯郸是平汉线上的重镇，华北的南大门，是古代赵国的国都。当年赵国"东邻燕、齐，西边秦，南界韩、魏，北迫匈奴，数拒四方之敌"，被称为四战之国，是兵家必争之地。据唐代沈既济《沈中记》载：卢生在邯郸一家客店昼寝入梦，历尽荣华富贵，一觉醒来，店主炊小米（黄粱）尚未熟，由此得"黄粱美梦"一说。历史似乎在捉弄蒋介石，他也在做黄粱美梦，想从这里打通平汉路。

为了先敌控制要点，闭锁战场，保障平汉线战役的顺利实施，刘邓决心集中冀南第3、4、5、6等军分区的部队和太行1支队迅速夺取邯郸，作战统由晋冀鲁豫军区副司令员王宏坤指挥。邯郸守敌主要是由大名、临清、鸡泽、曲周、武安等县落难来此的伪军和顽匪组成，共3000多人。这伙民族败类在原国民党中将师长、大汉奸郭采芹策动下，改换门庭，与国民党中央通电联络，得到了"冀晋豫边区挺进军第三纵队"的番号。伪军头子郭化民充当司令，伪冀南道尹王冠英充当副司令。他们突击整修城防工事，囤积作战物资，组织"督战队""敢死队",划片防御,企图固守城池。10月1日夜,天穹墨黑,伸手不见五指,王宏坤副司令员率冀南部队在夜幕掩护下,悄然而至。黎明时分,秋雨淅沥,八路军出其不意突然占领了车站和城郭西角的商业区。冀南和太行部队近万人,将邯郸城包围了个水泄不通。邯郸城区的面积不大,东西约1华里,南北约3华里。守军的防御重点在南关、西关及东北角的丛台。八路军的攻城部署是:以素存"夜老虎"之称的冀南第19团主攻南关,以善于土工作业和爆破的太行第10团主攻西关;冀南部队一部埋伏在北门外,同时向城东派出警戒,防敌向肥乡方向逃窜。10月4日黄昏,3发绿色信号弹腾空而起,顿时枪声鼎沸,火光闪烁,八路军发起总攻。西门外,第10团集中了两个营的轻重机枪和30多具掷弹筒,组成了强大的火力队。掷弹筒集中向城内打曲射,一次30发,从敌人头顶飞过,在他们背后的支撑点上开花。守军本来就是惊弓之鸟,身后的爆破使他们产生错觉,以为被抄了后路,乱糟糟地瞎喊一气:"不得了啦!八路军从背后杀上来了!"有人这么一喊,阵脚就全乱了。攻城爆破组的战士们把湿被子蒙在八仙桌上,两个人顶着朝城门处送炸药,登城组抬着几架云梯,迅速抵近城墙。随着一声巨大的轰响,西城门被摧毁了。第10团指战员一跃而起,裹挟着烟火,突入城内。与此同时,冀南部队也顺利突破,两路大军并肩扩大战果,与敌展开激烈巷战,直逼市中心敌伪司令部,炸毁了敌人的核心工事。退守丛台的敌人眼见即将陷入重围,纷纷用绳索从台上缒下,企图涉护城河逃命,全部被堵截当了俘虏。经过4个小时的激战,八路军胜利解放邯郸,除伪军司令郭化民等少数人漏网以外,其余全部被歼。其中生俘王冠英以下伪官兵1700余人,缴获迫击炮2门,轻重机枪31挺,粮食40多万斤,食盐100万余斤,布1万余匹,以及装满三间房子的各种药品。

  解放邯郸后,八路军仍未停止战斗的步伐。经短暂休整,即回师临铭关。临铭关守敌为土匪头子许仲琪(绰号许铁头,也叫铁磨头),所部残匪和伪军4大队石振江部约3000人左右。10月17日,由冀南胥光义和孔庆德的部队为主攻,激战一夜,守敌拼死抗拒。10月18日晚再次发起攻击,第1军分区10团由西门主攻,在火力掩护下架云梯登上城墙,终于将城攻下。许铁头见势不妙,带伪军从北门沿铭河向永年城逃窜,第1军分区和冀南部队协同作战,尾追歼敌。许铁头等500余人漏网,逃进永年城。石振江率部投降。至19日天明,八路军解放临铭关。共毙伤敌3万余人,俘敌2000余人,缴枪3000余支,缴弹药和军需品一部。秦基伟胜利地完成出击平汉线的任务之后,才到太行军区报到上任。新中国成立后秦基伟先后担任昆明军区、北京军区司令员、国务委员兼国防部部长。

在日军投降被遣返回国后，一些伪军有的说自己一直曲线救国，有的干脆自称国军番号，继续作威作福，鱼肉乡里，让老百姓十分气愤。晋冀鲁豫军区部队在人民的强烈呼吁中，逼攻日军缴械投降的同时，也顺便收拾这些汉奸土匪。

先任伪鲁西防共自治军司令兼郓城伪县长后兼任济宁伪道尹、恶贯满盈血债累累的汉奸头子刘本功，被国民政府任命为山东暂编警备第2师师长兼济宁城防司令，率5000余兵力固守鲁西重镇济宁城。晋冀鲁豫军区新组建的以杨勇将军为司令员的第7纵队，于12月31日至翌年1月2日，三天之内连克郓城、巨野、嘉祥县城。又在杨勇指挥下，马不停蹄，从刚解放的嘉祥出发，对济宁展开围攻。

第7纵队20旅59团是主力团，第20旅58团是由原来的梁山支队组建的，也是主力团。当决定打济宁的时候，第58团指战员战斗情绪十分高涨，可是纵队命令正式下达后，大家一听由59团担任主攻任务，第58团助攻，又听到第59团团长晋士林请求匡斌旅长备好3匹快马，为第59团向纵队司令部报捷，第58团全体同志出于革命英雄主义思想，谁也不服气。有些战士拍着胸膛举着拳头，愤愤不平地说："大反攻以来，老子还没有走过别人打开的城豁口！"行军时，本来安排第58团尾随第59团之后，可是第58团的战士硬是加快步伐向前闯！团长吴忠认为气可鼓而不可泄，于是因势利导，一面说服大家服从命令，一面赶在最前面，以率领大家尽早进入阵地。

夜间11时走至安居村，发现这里的运河桥被敌人撤退时拆掉了。吴忠一向习惯于亲自察看情况，为了不过早惊动济宁敌人，天再黑也不准打手电，他从身边战士接过一支步枪，用枪托捣开冰层，以探明河水深度，不慎踏入水中，幸好河水不深。他一面亲自带领大家从河堤上搬来捆捆高粱秸，填在水中，一面令人从村中借来门板，铺在高粱秸上面，很快搭成便桥。这时第59团也赶上来了，两团人齐头并进，顺利通过运河。可是这时吴忠才感到双脚冻得迈不开步了！警卫员急忙给他换鞋，不料湿鞋袜和脚冻在一起，脱不下来了。团参谋长宋次中扶他上担架，可他怎么也不上，蓦地跳了几跳，一拐一拐地跟上队伍猛跑起来。

1946年1月7日，第20旅攻下济宁南关，各团分别进入指定的攻城阵地，58

团在小土山、小闸口，第59团在大闸口、玉堂酱园。第19旅攻占北关，第21旅攻占东关，把济宁城包围得铁桶一般。第58团参谋长宋次中向全团下达团首长命令：2营爆破，1营主攻太白楼，3营协助59团攻南门城楼。1营长孙文轩高兴得跳起来，1营战士也个个欢呼雀跃。

在战斗动员大会上，团政委史洛说："59团主攻，我们团助攻，不服气是不对的，打仗要有全局观念，我们要一丝不苟地绝对执行上级分配的任务。再说大家也知道59团的前身是八路军第115师343旅有名的最能打硬仗的老7团，平型关大战得过特等奖。当然我们团的前身梁山支队被誉为新梁山英雄，我们也有老7团的一个连队……"政委讲完话以后，团长吴忠接着说："政委讲得很对，我们不要认为助攻就无仗可打，助攻更不是假攻，何况战场上情况千变万化，有时候助攻也有可能变为主攻。"战士们对吴忠的讲话报以长时间的热烈鼓掌。会后指战员投入紧张的攻城准备，都在鼓着劲力争变助攻为主攻。作战参谋杨国栋对大家说："等着瞧吧，跟吴忠当兵，仗仗都能打得过瘾。他是梁山的女婿，是半个梁山人，也是梁山好汉。"

吴忠到各单位检查并作鼓动工作，一会儿到第2营拿起铁锹同战士一起挖爆破城墙用的地洞，一会儿到第3营组织火力，说："要保证59团登上城楼，拿下敌人的重点火力点！"一会儿又到1营，亲自组织起梯子组、突击组、火力组，说："1营能不能尽快拿下太白楼敌人火力点，决定我们团能不能变助攻为主攻。"他总是在最前沿指挥，什么都要亲自动手，身先士卒。不离他左右的作战参谋杨国栋在战斗结束时说，这是吴忠的老习惯。

纵队司令员杨勇发布总攻命令后，第58团团长吴忠为了麻痹敌人，在总攻开始前亲自指挥1营向敌人布置在太白楼前的碉堡群多次发起佯攻。又火速跑到3营，对在3营督战的副团长郄晋武说："打城门楼，不光要火力支援，必要时可抢先竖云梯登城！"回1营发现那时全团仅有的一门92步兵炮射击无力，叫着炮手的名字说："佯攻不是给敌人闹着玩，要像真打一样，而且要打准目标！"炮手随即一发接一发打起来，弹无虚发，在敌人沿城墙下的碉堡群连连开花。吴忠高兴得大喊："好样的！"然后又指了指上面的太白楼说："就这样打下去，千万别抬高射击目标，全部消灭楼下敌人，又保护好太白楼文物古迹。李白和我都是川北人，是同乡，他有诗曰：ّ顾余不及仕，学剑来山东'呵，他不仅是诗仙也是剑客，在这里打仗，他会助我一臂之力的。"说到这里哈哈大笑，然后吟诗一首："诗仙伴咏冲刹声，酒楼助攻变主攻。任城父老盼解放，誓夺攻城第一功！"附近的战士热烈鼓掌。他在即将开始大厮杀的紧张时刻，以轻松幽默的语言和革命乐观主义、必胜的信念，感染着每一个在场的人，无怪乎全团上下战斗情绪这么高涨。吴忠刚刚吟罢诗，敌人的飞机就怪叫着俯冲过来，吴忠高叫一声："卧倒！"敌机上的机枪扫射的弹头扑哧扑哧地落进工事沿边的土层里，吴忠的棉大衣襟被串了3个洞。幸好，有惊无险。

纵队规定的总攻时间快到了，吴忠来到前沿指挥所，团参谋长已在这里多时了。吴忠不断看表。11时59分，"轰隆！""轰隆！"太白楼西侧和南城门，第58团、第59团各填装300多公斤黑色炸药的爆破点同时爆炸！响声震天，地动山摇，砖石碎块夹杂着敌尸满天横飞。爆破的浓烟尚未消散，随着3发红色信号弹升空，司号员们立即吹起嘹亮的冲锋号声。在猛烈的炮火支援下，第59团和第58团的勇士们冒着枪林弹雨和呛人的火药浓烟，发起勇猛的攻击，冲杀声同枪炮声交织在一起。守敌在飞机的掩护下及时调整火力，担任主攻任务的第59团登城云梯刚刚竖到南门城楼，就被敌人掀翻了，攻击受挫。吴忠是个有心人，一进入阵地，他就观察到太白楼的城墙在全城墙中是"凸"字形，两侧形成两处墙角。他特意请政委史洛和副团长郤晋武看，说："这墙角是绝好的竖云梯的位置。"在敌人集中火力对付第59团，东侧火力不甚猛烈的有利时机，吴忠指挥1营迅速在太白楼东墙角竖起云梯。云梯竖得牢，又比较隐蔽，敌人城门楼上的重机枪无法支援，太白楼守敌也只能用步枪阻击八路军登城。但是由于城墙过高，云梯差一人高达不到城顶。1营长孙文轩脱掉棉袄，挽起衬衣袖子，高喊着口号，带头登上云梯，利用城墙砖风化的凸凹部攀援而上。参谋长宋次中指挥火力组，以猛烈的火力予以掩护，第1连战士郑维和、王洪峰，第3连战士晋景云、郝云忠紧跟营长奋力上攀，登上城墙即与守敌展开白刃格斗。这时，一个敌人凶神恶煞般端着轻机枪冲了过来，孙文轩跃身冲上前去，用刺刀刺死了这个敌人，就在同时，他身中数弹，壮烈牺牲！陆续登上城来的勇士们打退敌人的反扑，一举攻占太白楼。然后，他们以太白楼和附近的一所小学为依托，迅速抄了南城门楼守敌的后路，将其全歼。当吴忠命令战士打开城门时，第59团的战士没有一人从城门进入，他们硬是从城门西侧自己爆破的城豁口冲击过去，歼灭这里的守敌后，才与第58团会师，并肩攻入市中心敌城防司令部。第19旅、21旅随后进城，全歼守敌。城内百姓得知第58团大都是梁山一带人，夸赞道："58团不愧为梁山好汉的后代！"

新四军的压轴戏

1945年8月9日毛泽东发出："八路军、新四军及其他人民军队，应在一切可能条件下，对于一切不愿投降的侵略者及其走狗实行广泛的进攻，歼灭这些敌人的力量，夺取其武器和资财，猛烈地扩大解放区，缩小沦陷区。"号召下达后，华中战场开始了全面反攻，尽管蒋介石和驻南京的日军总司令冈村宁次秘密勾结，达成了日军不向根据地的八路军和新四军投降的协议，但八路军和新四军不接受这个无理的协议。新四军的7个师在各自战区向日伪军发起了猛烈的最后一战。

苏中抗日根据地地处长江北岸，东濒黄海，西临京杭运河，北连盐阜、淮海，是华中的战略要地。1945年夏天，苏中部队已经发展到3万人枪。大反攻时，8月17日苏中军区组建了17个步兵团，成立了3个旅，通常称为新1、新2、新3旅。日本政府宣布投降后，盘踞和控制苏中沿江、运河和公路城镇的众多日伪军，唯国民党之命是从，拒绝向新四军投降。于是，苏中新四军主力及4个军分区武装立即投入了反攻作战，截至8月20日的10天作战中，在南通、如皋、靖江、泰兴周围，拔除了掘港、黄桥、官庄、河口、芦庄等30余处据点。苏中新四军的全面反攻，迫使敌伪纷纷向县城收缩。

8月22日，中共中央、中央军委指示，"以必要兵力着重夺取小城市及广大乡村"以造成一整片根据地，鉴于"目前苏中敌伪均集中县城"，因此，苏中军区调整兵力部署，决定以"集中对集中"的办法，攻克县城和重要集镇。收复宝应后，苏中新四军挥戈南下，集中新1旅和特务3团、特务5团、第1军分区特务1团及兴化独立团，于8月28日起攻打兴化城。兴化城垣坚固，工事密布，城外四周均系水网交错，兵力难以展开。兴化城内驻有伪军刘湘图部共6000余人。30日，新四军部队发起攻城，守城伪军用手榴弹和浇满汽油的布焚烧民居，阻止新四军进城，负隅顽抗，致使攻城突击部队伤亡较大，多次冲锋，皆不奏效。31日晚8时，攻城部队调用山炮猛轰西门，炸开城墙，突入城内，直插指挥部，活捉刘湘图。是役，经3天4夜激战，终于解放兴化城，毙伤日伪军700余人，俘日军4人及师长刘湘图以下官兵5000余人，缴获各种炮64门，轻重机枪122挺，长短枪3324支，汽艇4艘，电台6座。

在围攻兴化的同时，苏中新四军一部向东，于8月29日收复启东县城。东台县城、海门县城的伪军弃城逃往盐城方向。苏中新四军收复海门、东台后，一部进逼东台以北通榆公路，攻克刘庄、丁溪、草堰、白驹、七灶等据点10余处。9月8日起，苏中军区第3军分区司令员兼新一旅旅长陈玉生率4个团，激战3昼夜，于12日拂晓攻克泰兴城，俘伪军第19师师长蔡鑫元以下4000余人，缴获火炮70余门，各种枪支2800余支及大量弹药物资。新3旅第52团相继收复了大中集的外围据点裕华镇和新丰镇，迫使伪军第7旅第4大队大队长率部投降。9月13日，该团攻克大中集土圩子，击毙伪保安第7旅旅长谷振之，生俘伪旅参谋长吴瑛以下1500余人，缴获火炮4门、轻重机枪43挺、步枪900余支、电台3部、子弹2万余发及汽车等大批物资。接着，苏中第3军分区、第4军分区集中主力3个团及通如纵队、如西独立团等地方武装，对如皋城及其外围据点发动进攻。9月21日，打响了对如皋城的总攻，激战两个半小时，解放如皋，全歼伪军独立第19旅3000余人。新四军苏中部队还于9月12日收复水陆交通要冲海安镇及崇明县城。

两淮战役后，苏北地区只有盐城一座县城尚未解放。9月，黄克诚率第3师撤出苏北，经山东开赴东北。此时，伪军第二方面军第4军赵云祥所部万余人分驻盐城、伍佑、南洋岸等几个据点。该部同驻扬州的伪军第二方面军总部的联系已被完全切断，孤悬于解放区。汉奸头子孙良诚不断电令赵部坚守，接收国民党委任，盼国民党军从海州来接应。为了肃清苏北地区的伪军，夺取盐城这一战略要地，10月19日，新四军军部决定抽调苏中军区3个旅及盐阜军区3个团，发起盐城战役。10月30日夜，战役开始。新1旅以密集的炮火摧毁了伪军的地堡工事，然后从四面发起攻势，首先从北街突破，攻入伍佑，伪师长潘子明率部向盐城突围，陷入新3旅伏击圈中，潘子明在二墩被活捉。接着，新2旅、新3旅扫清盐城外围的三墩、南新河桥、大孔庄、九里窑等15处据点。这一阶段，共歼灭伪军3600多人，其中俘伪第39师师长潘子明以下1700余人。

当盐城城内伪军犹豫动摇之际，国民党军竟连续3次派出飞机，猛烈轰炸扫射城外新四军阵地，并向城内空投物资弹药，公开支持伪军负隅顽抗。对此，战役指挥部决定在军事上发动总攻的同时，加强对伪军的政治攻势。11月8日，攻城部队迅速攻占城郊九里窑、袁公庄等据点和飞机场，同时在盐城的中共地下党加强了对赵部第40师师长戴心宽的争取工作。在军事打击和政治争取下，伪第4军军长赵云祥、第40师师长戴心宽于10日率部起义。至此，楔入华中苏北解放区的最后一个敌占县城被解放。

12月19日，新组建的新四军华中野战军第7、8纵队及苏中军区部队在张鼎丞、粟裕的指挥下，向盘踞在高邮、邵伯等地拒降的日伪军发起进攻。高邮、邵伯是两淮门户，高邮城地势险要，城墙高大，有内城外城之分，四周水网纵横，城内驻有日军警备大队和伪军7个团。日本投降后，高邮的日伪军在蒋介石的庇护下，让24万民工在高邮城外加筑了一道10多公里长的坚固城垣，构筑了大量炮楼碉堡，烧毁了接城的民房400多间。城内伪军有恃无恐，屡屡拒绝新四军的劝降通牒。12月初，驻扬州的国民党汤恩伯部第25军积极策划进攻苏中解放区，企图打通与高邮的联系，向北沿运河楔入，将华中解放区分割成两部分。12月15日，粟裕致电陈毅，建议进行高邮战役。

高邮城像一把锁，扣在运河畔上，南锁扬州，北锁淮阴、淮安。驻守军是日军独立混成第90旅团第626大队。高邮城素有"铁壁铜墙"之称，几丈高的城墙和几丈宽的护城河将城池围得水泄不通。担任主攻高邮任务的是从苏浙回来的第3纵队，司令员陶勇，经过江南那几次大规模运动战的锻炼，这支部队已经具有了野战军作战的素质。华中军区司令员张鼎丞亲自挂帅，他刚从延安开七大回来，对于这场关键的战役也充满了必胜的信心。

高邮攻坚战打了8天，久攻不克。于是，新四军展开政治攻势，用大喇叭播放日本天皇宣布投降的声音。守城日军猛然听见自己的天皇宣布降诏的声音从城墙外的阵地上传来，个个惊呆了！激战的枪声戛然而止，仿佛整个世界从来都没有这样沉静过，天皇的声音一遍一遍在天空回荡……

固守城墙的日军士兵惊惶失措相互询问，我们都已经投降了，为什么还要打仗？战无不胜的武士道精神受到了致命的打击。

政治攻势后，军事攻势进入了更加蔚为壮观的进程，缴获敌人的山炮也拉上了阵地，雷鸣般的轰击和枪炮扫射汇成的橘红弹幕，铺盖着高邮内外的天空，坚固的城墙在轰击中剧烈颤抖，一个个梯子架上城墙，新四军战士开始了冲锋……

高邮城里的日军指挥部，气急败坏地将固守阵地的命令送到火线指挥官的手里，但在强大的军事和政治攻势面前，这些足以令指挥官掉脑袋的命令还是化为了一张张空纸。新四军一个团一个团翻越城墙涌进了城里，最后城门大开……日军司令部门口，失去抵抗意志的士兵们竟然三五成群地围着一堆堆的火堆，好像眼下的战斗和他们丝毫不相干，取暖好像比任何事情都重要，新四军部队出现在他们面前时，都没有妨碍他们继续烤火。只有一个值班模样的军官从司令部出来，用手阻止新四军第66团的去路，他笔直站立，仍然用侵略者傲慢的口气说："我们同意投降，但是我们要和你们的代表谈判。"

第66团政委骂了起来：狗日的，连南京总司令部都完蛋了，你一个大队还人模狗样摆谱，有什么资格要求谈判？正好，陶勇派了谢云晖和韩念龙代表新四军攻城部队来日军司令部接受投降，他们跟着值日军官走进司令部大房子里，看见一个50多岁、目光阴森的军官，全副武装地站在房子的台阶上，他大概看见进去的两位代表年纪轻轻的，不像是最高指挥官，便大声说："我是日本皇军派遣部队独立混成第90旅团第626大队的最高司令官，我只同你们最高司令官谈判！"

原来他就是欠下苏北人民累累血债的岩崎大佐！一股怒火不由地从两个谈判代表心底燃烧了起来。但他们是新四军的代表，不能感情用事。韩念龙是个有口才的政治干部，这时他严肃警告这个不甘心失败的司令官："我们就是最高代表！现在命令你们无条件投降！"

岩崎大佐从台阶上走下，瞪着眼珠子好一顿审视眼前这两个几乎比他小一倍年龄的代表。终于，岩崎打破短暂的沉默："好吧，不过，我们部队中心在南京，我愿意离开高邮去南京，城市和枪弹全部给你们。为了路途安全，我们带走部分轻武器。"

谢云晖严厉地重申了一遍："请记住——你们是无条件投降！你们天皇命令你们无条件投降，你没有资格提出条件。但是我们可以代表新四军保证你们及其家属的人身安全，保证不侮辱你们的人格。其他条件我们是不会答应的。"

这时，一个日军指挥官模样的人进来，在岩崎大佐耳朵边一阵嘀咕，只见这个最高指挥官面颊的肌肉微微在抖动……大概是新四军占领了全城。

岩崎大佐说："代表请坐，我们愿意无条件投降。"他最高司令官的傲气一扫而光，连忙伸手做出请屋里坐的手势。

韩念龙坚定地说："现在，你和你的部队必须解除武装，停止抵抗。你现在就交出武器。"

交出武器？！这让这个司令官既难过又难堪，他默默无声坐在那里，许久没有动静。

韩念龙忍不住又说了一遍，才看见岩崎的手慢慢摸索到腰上，解下指挥刀和手枪放在桌子上。他随后又叫来10多个指挥官，叫他们也按他的样子解除武器。然后，这些徒手的指挥官转身出门，到各个阵地下达受降的命令。

日本士兵一听投降，立即排列成整齐的队伍，按照新四军指定的地点依次放下手中的武器，整个受降过程，谁都没有难过和惋惜的表情。被缴了武器的士兵，嗷嗷地叫着，抱在一起，"喂，战争结束了！"阵地前沿到处都可以听见士兵相互打招呼的叫喊声。

受降结束后，一个士兵追了上来，将一支手枪补交上来，还兴高采烈地说一大堆谁也听不懂的日语，不过从他的表情可以看出他盼望战争早日结束、早日回到日本的心情。1945年12月，高邮的日军90旅团终于打出了白旗，向新四军投降，这是新四军在华中战场上唯一一次举行了受降仪式的解放战斗。至26日凌晨，迫使驻城内日军第96旅团警备大队大队长岩崎大佐以下891人，伪军第42师师长王和民以下3493人投降，缴获各种炮61门，各种枪4000余支。新四军第8纵队伤亡662人。

同时，苏中军区部队还攻克了扬州至泰州间的郭村、宜陵等集镇16处，歼灭伪军4000余人。至此，除扬州、泰州、南通、溱潼等城镇和海门外，苏中地区全部获得解放。据不完全统计，苏中新四军部队在大反攻中，攻克据点260多个，解放县城11座，创下了歼灭日伪军4万的赫赫战绩。

第九章
日本战败前后各方激烈博弈

日本宣布投降后,"陪都"重庆广播了给共产党领导的第十八集团军的命令:"所有该集团军所属部队,应就原地驻防待命","不许向敌人收缴枪械"。8月14日,蒋介石公开"邀请共党领袖来谈判",毛泽东欣然接受挑战赴重庆。8月21日,冈村宁次的副参谋长今井武夫在芷江机场,和中国国民政府陆军总部参谋长萧毅肃中将洽谈投降事宜。9月9日,在南京的受降仪式上,中国国民政府陆军总司令何应钦上将率领4名受降官接受日本驻中国派遣军司令官冈村宁次大将及小林浅三郎、今井武夫等6名投降代表的投降书。日本的太阳旗终于在中国正式落下。9月2日清晨,日本政府及军部在美国战列舰"密苏里"号上签署投降书,盟国代表麦克阿瑟上将和各战胜国代表在日本投降书上签字。日本投降后,盟军设立远东国际法庭,苏联在伯力设立法庭,国民政府在国内设立9处法庭对侵华军官分别审判。日本大小战争罪犯受到惩处。

国共两党领袖见面

日本宣布投降，事情来得好像有点突然。就在万众欢腾的时刻，蒋介石及其身边的心腹谋士都显得面带忧色。据蒋介石的拜把兄弟、军事委员会挂名副委员长冯玉祥回忆，蒋介石听到日本投降的消息后，"他一点欢喜也表现不出来"。接近侍从室的人后来的回忆也证实，胜利之日的蒋介石确是满面愁云，虽然对前来贺喜的官员勉强挤出点笑容，说几句"同喜！同喜！"然后又是眉关紧锁，全无欢颜。

蒋介石的心腹"文胆"、平时贴身的笔杆子陈布雷，当晚还对庆祝胜利的家人发了一顿无名之火。当山城彻夜狂欢时，他的孩子在窗外燃放爆竹欢呼，平素文质彬彬的陈布雷却立即走出来，指着怒骂道：

"不要放了！我们还在研究如何证实这消息是不是真的！"

看来，完全了解蒋介石心思的陈布雷比平时也是烦恼万分。除了对他"终身服膺"的"党国"前途忧虑外，这位多年来蒋介石的代笔人知道，又该为自己"从一而终"的主人起草难以写就的文电了。

无独有偶，远在汉中充当统辖三个战区"封疆大吏"的行营主任、后来和蒋介石搭档当了副总统的李宗仁在这个举国狂欢之夜也是一副忧愁之态。据他本人事后回忆，8月10日—15日的情况是这样的："汉中城乡此时也欢声震天，爆竹震耳欲聋。全城军民举行联合大游行，各机关、团体纷纷派代表前来行营道贺。各人心目中无不充满胜利还乡、前程似锦的美梦。但是我本人此时反觉得落落寡合，颇使登门道贺的人感觉诧异。"心情之所以如此悒郁，正在于感到自己奉身的政权已是"积弊太深，病入膏肓"，"前途荆棘正多"。

然而，在日本战败已成定局的形势下，8月11日，陪都重庆广播了两则消息：一是给国民党军各战区的命令，令各战区将士"一切依照既定军事计划与命令积极推进，勿稍松懈"。二是给第十八集团军的命令，说："所有该集团军所属部队，应就原地驻防待命"，不许向敌人收缴枪械，等等。

8月11日，毛泽东就预见到蒋介石国民党在日本投降后一定会从峨眉山上下来"抢桃子"，与抗日军民争夺胜利果实，起草了发至各战略区的电报《关于日本宣布投降后我党任务的决定》。电报指出，日本投降后，面对国民党军准备向解放区"收复失地",共产党领导的人民武装的任务分为两个阶段:目前阶段,"应集中主要力量迫使敌伪向我投降,不投降者,按具体情况发动进攻,逐一消灭之,猛力扩大解放区,占领一切可能与必须占领的大小城市和交通要道,夺取武器与资源,并放手武装基本群众,不应稍有犹豫";将来阶段,"国民党可能向我大举进攻,我党应准备调动兵力,对付内战,其数量与规模,依情况决定"。

就在同一天,蒋介石发布了三道内部命令:

一、命令国民党军前线各部队"对敌放弃要点,应即派部队进驻","距敌较远之部队,应察状况可能向前推进","对于敌人遗留之武器弹药材料财物,必须派兵严为看管",而共产党武装"如有争夺城镇,妨害我之行动,应断然剿办为要"。

二、命令各沦陷区伪军"应就现驻地点负责维持地方治安,保护人民。各伪军尤应乘机赎罪,努力自新,非本蒋委员长命令,不得擅自移动驻地,并不得受未经本委员长许可之收编"。

三、命令第十八集团军(八路军)总司令朱德、副总司令彭德怀"应就原地驻防待命。其在各地区作战地境内之部队,并应接受各该战区司令长官之管辖。政府对于敌军之缴械、敌俘之收容、伪军之处理及收复地区秩序之恢复,政权之行使等事项,均已统筹决定,分令实施。为维护国家命令之尊严,恪守盟邦协议之规定,各部队勿再擅自行动为要"。

蒋介石的第三道命令,涉及日本投降后国共两党冲突的核心,即中国共产党及其武装是否"合法"的问题。

8月12日,远东盟军总司令麦克阿瑟下令:日军只能向蒋介石军队投降,不得向人民的武装部队缴枪。麦克阿瑟的命令提振了蒋介石的勇气,他立即委任了各地区的受降将领。根据蒋介石的指示,中国战区划分为16个受降区:第一方面军司令官卢汉主管北越地区;第七战区司令长官余汉谋主管汕头地区;第四方面军司令官王耀武主管长衡地区;第九战区司令长官薛岳主管南昌九江地区;第三战区司令长官顾祝同主管杭州厦门地区;第三方面军司令官汤恩伯主管上海南京地区;第六战区司令长官孙蔚如主管武汉宜昌沙市地区;第十战区司令长官李品仙主管徐州安庆蚌埠海州地区;第十一战区司令长官孙连仲主管平津地区;第十一战区副司令长官李延年主管山东地区;第一战区司令长官胡宗南主管洛阳地区;第二战区司令长官阎锡山主管山西地区;第十二战区司令长官傅作义主管热河察哈尔绥远三省地区；第五战区司令长官刘峙主管郾城许昌商丘地区；第二方面军司令官张发奎主管广州海南地区；台湾行政长官陈仪主管台湾澎湖地区。

同时还委任了准备到各地区接收的行政长官。

英国驻华大使薛穆尔声言：英国有权重占它的领地香港。蒋介石分别致电美国总统杜鲁门和盟军总司令麦克阿瑟"商议"，终是胳臂掰不过大腿，香港脱离了日本的魔爪，重又沦于英国之手。

但是，蒋介石任命的接收大员大部分与接收地区较远，在敌后抗战的共产党武装与日降部队近在咫尺。近的不许接收，偏要等远的，于情理不通。受日军戕害多年的百姓不答应，八路军、新四军和游击队也不答应。

针对国民党蒋介石的做法，中国共产党和八路军坚持了独立自主方针，采取了针锋相对的对策。8月13日、16日，毛泽东两次致电蒋介石，揭露了其反共反人民的真面目，向全国人民指出了蒋介石要发动内战的阴谋，强调了共产党领导中国人民进行8年的艰苦抗战，做出了重大牺牲，夺回了大片的国土，因此，有权接受敌军的投降。8月15日，朱德总司令下令冈村宁次，叫他命令在解放区军队作战范围内的日军，向人民军队投降；华北日军接受聂荣臻将军的命令；华东日军接受陈毅将军的命令；鄂、豫两省日军接受李先念将军的命令；广东日军接受曾生将军的命令。

8月13日，朱德、彭德怀回电蒋介石：

重庆

蒋委员长勋鉴：

我们从重庆广播电台收到中央社两个消息，一个是你给我们的命令，一个是你给各战区将士的命令。在你给我们的命令上说："所有该集团军所属部队，应就原地驻防待命。"此外还有不许向敌人收缴枪械一类的话。你给各战区将士的命令，据中央社重庆十三日电是这样说的："最高统帅部今日电各战区将士加紧作战努力，一切依照既定计划与命令积极推进，勿稍松懈。"我们认为这两个命令是互相矛盾的。照前一个命令，"驻防待命"，不进攻了，不打仗了。现在日本侵略者尚未实行投降，而且每时每刻都在杀中国人，都在同中国军队作战，都在同苏联、美国、英国的军队作战，苏美英的军队也在每时每刻同日本侵略者作战，为什么你叫我们不要打了呢？……我们认为这个命令你是下错了,并且错得很厉害,使我们不得不向你表示:坚决地拒绝这个命令。因为你给我们的这个命令,不但不公道,而且违背中华民族的民族利益,仅仅有利于日本侵略者及背叛祖国的汉奸们。

第十八集团军总司令　朱德
副总司令　彭德怀
一九四五年八月十三日

紧接着,毛泽东为新华社撰写了评论,毛泽东质问道:"试问要伪军维持的那种'治安',不就是伪军在日寇指挥下维持了八年的那种'治安'吗?试问要伪军'保护'的那些'人民',不就是日寇和伪军一向保护的那些奴事日寇、鱼肉人民,为非作恶,发财致富的那些汉奸卖国贼吗?"

十四日,蒋介石的回电到了,电文竟是这样的:

万急,
延安
毛泽东先生勋鉴:
　　倭寇投降,世界永久和平局面,可期实现,举凡国际国内各种重要问题,亟待解决,特请先生克日惠临陪都,共同商讨,事关国家大计,幸勿吝驾,临电不胜迫切悬盼之至。

蒋中正未寒
一九四五年八月十四日

这样的邀请出乎大家的预料。

应该说,延安对于美国特使赫尔利对国共两党的政治调解最初充满期待。期待的核心是:中国共产党准备与国民党在政治上再次合作。而且这次合作希望达到的最终目的不存在任何杂质,无论当时还是现在看来,共产党人的要求甚至有些"简陋":"如果蒋介石签字承认,即是最大的让步,因为我们得到了合法地位,这是前所未有的。"但是,赫尔利从延安带回重庆给蒋介石的协议草案,被蒋介石看后就断然拒绝了。国民党方面的答复是:只有共产党领导的军队接受改编,并且全部移交给国民政府统辖,国民政府才有可能承认共产党的合法性。

8月20日，蒋介石发来第二封电报，邀请共产党人"共定大计"的口吻更加热烈：

延安
毛泽东先生勋鉴：

如何以建国之功收抗战之果，甚有赖于先生之惠然一行，共定大计，则受益拜惠，岂仅个人而已哉！特再驰电奉邀，务肯惠诺为感。

蒋中正
一九四五年八月二十日

8月23日，中共中央政治局召开扩大会议，会议讨论了毛泽东是否去重庆的问题。朱德同意，说要解决问题，去是有利的，对将来的选举也是有利的，"让蒋介石当总统，我们当副总统吧"。彭德怀也同意，但是建议暂时先不去，等和老蒋打一下，把他的气焰打下一点来再去。

就在政治局开会的时候，蒋介石的第三封邀请电到了：

延安
毛泽东先生勋鉴：

未养电诵悉，承派周恩来先生来渝洽商，至为欣慰。惟目前各种重要问题，均待与先生面商，时机迫切，仍盼先生能与恩来先生惠然偕临，则重要问题，方得迅速解决，国家前途实利赖之。兹已准备飞机迎迓，特再驰电速驾！

蒋中正
哿（二十四）

8月26日，中共中央政治局再次召开会议，毛泽东明确表示：去！这样可以取得全部主动权。他随后提出，在不损害根本利益的前提下，共产党武装可以让步的地域是：第一步广东至河南的根据地，第二步江南的根据地，第三步江北的根据地。

毛泽东起草了一封很长的电报，发至各中央局和各大战略区，电报将共产党人力争国内和平的态度表述得十分清晰：毛泽东决定去重庆与蒋介石见面。

他说："我们还要钻进去给蒋介石洗脸，而不是砍头。"中国有"洗心革面"的成语，意为通过改过面目一新。毛泽东接着又说："年纪愈大愈不愿意洗脸。"这一年，毛泽东52岁，蒋介石58岁。

8月28日，毛泽东在延安那个黄土漫漫的飞机场上，轻松地挥挥凉帽，和他的战友周恩来、王若飞一道登上了飞机。在国民政府军事委员会政治部部长张治中、美国驻华大使赫尔利的陪同下飞往陪都重庆。下午3点多，飞机在九龙坡机场降落，蒋介石的代表周至柔及各界知名人士在机场欢迎。

当晚，蒋介石设宴招待毛泽东。此后，双方指定的代表开始谈判。在谈判中，蒋介石提出了"统一军令"和"统一政令"的口号，想借此取消人民军队和解放区民主政权。他们还提出"不要另起炉灶"。毛泽东针锋相对，他幽默地回答："不要另起炉灶的话，我很赞成，但是蒋介石得要管饭。他不管我们的饭，我不另起炉灶怎么办？不是我们要另起炉灶，而是蒋介石的炉灶里不许我们造饭。"

蒋介石还以黄埔军校校长的身份，找到原黄埔军校政治部主任周恩来，故作深沉地说："盼告诉润之，要和就照这个条件和，不然，请他回延安带兵打。"

毛泽东闻之，微然一笑，"现在打，我实在打不过他，但我可以用对付日寇之办法对付他，他占点线，我占面，乡村包围城市。莫看我们只有几十万条破枪，试看鹿死谁手？"

毛泽东在重庆住了43天。在一些问题上国共两党达成了共识。通过谈判，完成了《国民政府与中共代表会谈纪要》（又称《双十协定》）。按时间计算，10月10日重庆谈判签字的那天，上党战役国共双方正在激烈进行。签字后不久，蒋介石发出"围剿"共产党军队的密电，中共中央也发出指示，要求解放区军民坚决粉碎国民党军队的进攻。1945年10月11日上午9时，毛泽东乘飞机离开重庆，返回延安。

中国全面内战的危险越来越大，引起了美国和同盟国的注意。关于中国的情况的报告，一个又一个送到美国白宫，送到杜鲁门总统的宽大办公桌上。美国驻华使馆在写给总统的报告中说："中国大规模内战的威胁正在增长中。"

日本派遣军总司令官的幻想

日本投降？日本会投降吗？与日本普通国民与底层的士兵相比，驻中国派遣军总司令官冈村宁次的消息自然是灵通的。8月9日苏联出兵的消息虽使他感到震惊，但他认为还有余力抵抗一时，虽然他的生活作息时间表被彻底打乱。

冈村宁次得知苏军出兵的消息后，马上按照对苏作战的预定方案，决定将1个师团从上海调至张家口，并紧急动员驻南京的第6军，准备开往南满参加对苏作战。自到南京任派遣军总司令官8个多月来，冈村宁次的生活还是很有规律的，他早晨7时起床，上午到总司令部听取参谋汇报，下午去兵器厂旁边的水池钓鱼，晚间读书或下围棋。遇到烦心之事，也练练书法，他的书法，达到了一定水平。看到国运日下，据说还能在暴躁时用禅师的内观之法定心安神。

8月10日，冈村宁次在办公室内忙了一天一夜。半夜时分，司令部情报课向冈村宁次呈上一份报告称："根据美英和重庆广播的消息，帝国政府已经准备接受波茨坦宣言。"随即，负责南京和上海警备的军官也向司令部报告说："支那市民到处传播帝国已经战败，有些地方还燃放了鞭炮。"

就在冈村宁次惴惴不安的时候，从东京大本营来了第1378号"大陆命"，上面赫然写着："为摧毁苏联的野心，重新开始作战。"

冈村宁次和司令部里的许多军官都被这一突如其来的命令搞得不知所从。第二天，冈村宁次派自己的贴身参谋西浦和野尻马上飞回东京，探明实际情况，自己则忙于调遣兵力，准备作战。

8月12日，东京大本营终于向冈村宁次发来密电，上面说明："帝国对最近苏联参加的波茨坦宣言的条款，准备以不变更天皇统治大权为条件，予以接受。"

据冈村自己回忆，这个消息对他真是"晴天霹雳"，投降一事已经被证实。冈村宁次不甘心失败，一面向派遣军发出"全军将士勿为敌之和平攻势所迷惑"的训示，一面向东京发出了主张保持国体的电报。同时，命令华北、满洲的日军纷纷向南京、汉口一带集中，准备回国参战。不过因交通工具缺乏，大批部队还滞留在长江边的码头和军站附近。

8月14日下午5时，冈村宁次收到自己的贴身参谋西浦从东京打来的电报称:"最坏事态,已成定局。"听到这一消息,冈村宁次仍不死心,6时又向日军总参谋长梅津美治郎大将发出了上奏电报,妄称:"应排除屈辱的求和,把战争进行到底,请求圣裁。"

冈村宁次刚刚发出电报,驻上海的日本海军中国方面舰队司令福田良三中将即来求见冈村宁次。由于日本最高统治者"分而治之"的体制,派驻中国的海军部队不归驻中国派遣军司令部管辖。且多年来陆海军矛盾一直很深。但此时此地,大厦将倾,冈村宁次立即告诉随身的参谋:"快请进!快请进!"

冈村宁次在院子里迎接面色憔悴的福田良三中将。两个人互相敬礼,随后,走进密室,支开了身边的人员,两个占领军最高头目从深夜一直谈到第二天清晨。面对大本营的方案与天皇的"终战诏书",二人无奈地提出一个应对方案:"将陆海军兵力向山东东部集结,并以烟台、青岛为根据地,形成半独立占领地区,以等待祖国命运终结。"

冈村宁次要把100多万侵华日军都集中到山东一隅,这种垂死挣扎的方案根本不切实际。不过冈村宁次害怕投降,手里有军队总会感到安心一些。他当然是担心受到正义的惩罚,他在中国担任侵略军要职多年,恶名几乎家喻户晓。一旦战败,他的下场一定很惨。

8月15日中午,根据大本营通知,驻中国派遣军司令部全体人员在南京大方巷的司令部大院里摆出平时向皇宫"遥拜"的队形,集体收听天皇的"终战诏书"录音。对于大多数人来说,这是第一次听到"玉音",对于冈村宁次来说,这个声音二十多年前就已经熟悉。在一片哀泣中,站在前面的冈村宁次也不禁滴下几颗泪。收听毕,他在长官训示讲话中,壮着胆子说:"值此圣战中途,而逢建国以来从未有过的罪恶事态,实无限悲痛,然事已至此,本职惟谨遵圣谕,以慰圣怀。"

冈村宁次此时开始搞阴谋诡计,他虽然表示谨遵圣谕,但在缴械地点和时间问题上打主意,以图保持军力。他向大本营参谋长梅津发电建议说:"国家间之战争虽已失败,但在作战上仍居于压倒性胜利之地位。以如此优势之军队而由软弱之重庆军解除武装,实为不应有之事。而且鉴于支那之政治形势,武装解除之后,生命安全将无保障,加之《波茨坦协定》并未涉及解除日军武装之场所及时机,因此,切望中央方面就其实施处进行交涉,或定为返回内地之后,或定为乘船地点。"他的意思是,我们在作战中仍然处于优势,不要向中国军队缴械,应该成编制返回日本。

东京大本营和天皇知道败局已经无法挽回，对中国派遣军也不完全放心，生怕他们固执己见，搅了日本投降大局。8月17日下午，一位客人突然飞到南京，原来是日本天皇近亲朝香宫鸠彦王前来传达"圣谕"。实际上是解释天皇的旨意、监督部队执行投降事宜。天皇广播了《终战诏书》之后，担心各驻外部队不了解东京困难情形，不服从"御命"而激怒盟国，于是派出3名皇族成员分别飞往长春、南京和越南西贡，向关东军、中国派遣军和南方军这3个驻外驻军总部进行"打招呼""说服"。

朝香宫鸠彦王对南京自然不陌生，8年前他作为上海派遣军司令官曾在这里下达过屠城命令。不过通过美方对皇室的谅解，他对自己的安全已不怎么担心，却害怕狂热的驻外军官阻止投降。因此，他一见到冈村宁次，就担心地问："阁下要扣留我吗？"

冈村宁次马上恭敬地回答："绝对没有这样的情况。自前天敬聆陛下诏书广播以来，一心一意谨遵圣命。"朝香宫鸠彦王听罢，忐忑的心才总算放了下来。傍晚7时，朝香宫鸠彦王在总司令部院里召集了全体人员，又一次传达了天皇的圣旨。回到屋里，朝香宫鸠彦王又向冈村宁次和小林参谋长介绍了皇族会议内容和天皇在最后的御前会议上所讲的话。冈村宁次一面流泪，一面保证绝对不会违背"圣意"。见目的达到，朝香宫鸠彦王匆匆飞走，永远离开了这个他犯下过滔天罪行的地方。

此时的冈村宁次实际上已另有打算，他把宝完全押在与国民党合作上。为此他一面与重庆方面进行"停战交涉"，同时命令日军对解放区军民不得缴械，"为了自卫可采取战斗行动"，使中国战场的日军在极不正常的情况下实施了向国民党军的单方面投降。

侵华日军悲咽烧毁军旗

8月16日早晨，侵华日军中资格最老的部队第3师团正行进在由柳州撤往九江的路上。这个师团，是日本大本营将精锐部队大量派赴南洋后留在中国战场的唯一的头等师团，也是日本军队中侵略中国历史最长的部队。在1894年甲午战争中，正是该师团在辽宁花园口登陆，成为最早将铁蹄踏上中国领土的日军部队。此刻，在日本侵华战争临近收场之时，那些过去穿着整齐的黄军装、手持一色的三八式步枪和"歪把子机枪"的粗壮的"皇军"们,已非昔日可比。这支从前线撤下来的部队中,只有少数人还穿着日本的制式军衣,上面补丁累累,其余的人多穿着从国民党军那里缴来的灰布军装,还有的人身着中国老百姓的便衣,只戴一顶尖顶的日式战斗帽作为识别标志。士兵们老少参差,高矮不齐。以第3师团的主力第6联队而论,此时全联队3000人中有三分之一以上是春季以后刚刚从本土送来的补充兵。而日本国内的征兵年限已是上至50岁下至16岁,体检标准降到身高1.48米和体重43公斤。在长途行进的队伍中,那些刚刚从本土强征来的新兵和上了年纪的老兵经常跟不上,立即会遭到以蛮横著称的下士官们的斥骂和拳打脚踢……

日本的江河日下已是每个人都感到的现实,以至大本营和派遣军司令部一再下达"自活"命令。所谓"自活",就是吃的用的都要靠现地掠夺和自己生产。由于国民党军在河南、湖南和广西败退时丢弃了不少仓库和物资,日军就此得到了些补充。然而,那些顽固的军国主义分子面对败象却仍天天鼓吹"皇军必胜",并封锁战况消息,蒙蔽着下级军官和士兵。第3师团的故乡是名古屋及其附近地区。在家乡出身地主或是街道头目的人,在部队里仍以较高的地位作威作福,管理着原来就是自己下属的乡亲,这样实行等级压迫和愚民政策也更为便利。那些作为日本陆军中下级骨干的尉官、士官和老兵们,又大都出身于缺少教育的贫苦家庭,从小接受的是皇权意识和日本神道合一的灌输,以在战场上尽忠成为"护国神""到靖国神社见面"为最大的光荣。许多人被这类疯狂的武士道灌输搞得如醉如痴。就在战败的前夕,日军官兵们听到的大本营战况消息中仍充满了"捷报",撤退被说成是"转进"。虽然细心人可以听出"告捷"的地方已离日本本土越来越近,然而许多自幼受盲目忠君教育的士兵却没有这种头脑,认为只要克服目前的艰难,终归可以"抓住战胜的神机"。直至接到要收听日本天皇广播的命令时,许多头脑简单的士兵还以为这是要鼓励他们继续奋战呢!

第3师团从5月初开始,就根据命令从广西前线向北一再后撤,准备集结到九江转为总预备队。由于铁路已遭游击队破坏,第3师团只好和当地其他部队一样靠步行移动。国民党军只是尾随跟进,并未发生重大战斗,但日军终日行军和宿营都提心吊胆,官兵们都已疲惫不堪,着装也越发破破烂烂。在紧张的行军中,各联队都没有收听广播。到了8月中旬,一些士兵在路边捡到了中国方面的传单,上面写着"日本已向盟国请求投降",送交军官后得到的回答只是:

"又是敌人的攻势宣传，不要理它！"

这天，天空突然传来了一阵引擎的轰鸣声，3架美军飞机凌空飞来。日军正行进在开阔的原野上，虽然紧急疏散，目标却无法隐蔽。要是往日，美机肯定又是轰炸又是扫射，可是今日却只盘旋了一圈就走了。接着，美机编队一批批飞过，对下面行进的日军仍是不理不睬。

日军有些基层军官说："奇怪！这是怎么一回事啊？大概有什么重大事件发生了！"一整天，这支队伍都充满疑惑，一个个像哑巴似的默默走着。当天下午到达长安驿附近，见到守卫在那里的日军警卫队，副官山本中尉抢上前去问："发生了什么重大事情？"

哭丧着脸的警备队的军官低声回答："昨天日本宣布投降了，我们警备队已经把重要文件烧掉。这场大东亚战争已经失败了！"

副官立即跑回来报告，整个第6联队顿时哗然。联队长松山良政大佐急忙与上级联络。第3大队长召集部下训斥道："日本军没有战败！我们联队不懂得什么叫败，大家不要被流言所惑，要贯彻初衷，各自向完成任务迈进！"

第6联队接着行军，一路上许多人垂头丧气，许多人似乎还抱着希望。天色终于亮了，疲惫已极的日本兵又在路边集合起来，以立正姿态聆听松山联队长传达的命令：

一、立即烧毁诏书、敕语。

二、整理重要命令及文件，做好随时可以烧掉的准备。

三、受到支那军队攻击时，不要采取积极反击，除为自卫不得已的场合外，不得攻击。

四、严戒征索物资等行为。

五、联队的官兵要更加提高士气，谨防流言蜚语，严守本分。

过去在日军中被视若圣物的天皇诏书、敕语如今都要付之一炬，可见大日本帝国已到了末日。到当地民众那里"征索"也就是掠夺的惯例突然被禁止，这显然是怕日后清算战争罪行。听到命令后日本官兵个个明白，昨天的所谓"流言"已经是铁一样的事实。队伍中多数人丧魂落魄，不知如何是好，一些军官和士官们由于根本不了解整个战局的变化，还在不服气的大声叫嚷："为什么要终战？我们没有战败！"

松山良政联队长望了望自己的下属，又传达了上级命令中最后一句话——"立即烧毁军旗"。对于明治维新后建立的日本军队，联队以上的军旗都是由天皇亲自授交部队长的，被视为部队的灵魂。哪支部队的军旗旧、弹洞多，就代表哪支部队的战功显赫。看到如今这一切全都完了，松山大佐喃喃地对身边的副官说："唉！现在就烧掉军旗，联队官兵将丧失士气，适当时机再烧吧。"他的话，很快在队伍里流传，日军底层军官和士兵才知道，这回是真的完蛋了。当行军到达宿营地后，只听得远处传来几声狼嚎般的号叫，不久副官向联队长报告："一名少尉、两名士官剖腹自决了！"

联队长松山大佐垂头丧气地说："告诉经理部军官，倒填死亡日期，算成8月15日以前阵亡！"各部队长都是按照这种方式处理那些自愿为败亡的"皇国"殉葬的人。向前填死亡日期，是为使他们的灵牌能进靖国神社，家属能有阵亡抚恤金，因而采取这种欺骗上司和国内民政部门的手段。

日军队伍中的多数士兵并不想死，对于很多被强征来的人来说，此刻最关心的就是早一点回到家里和亲人团聚。过去军纪森严、一片肃穆的行军行列，已是众口喧哗，议论的都是何时能回国。平时凶神恶煞般的中、小队长和曹长、伍长们，也没有心思再呵斥自己的部下。在第6联队里往日最受人羡慕的旗手内田少尉，也不再像往日那样神气地高举着联队旗行进，而是把旗帜包在旗杆上，一言不发地垂头走着。继续行军几天后，眼看保留这面破旗已经没有用处了，只会在受降时交给对手当战利品，而日本军队又不许把军旗交给敌人，松山大佐终于下令将它烧掉。8月23日，第6联队的军旗在金牛镇烧毁。这支日军中第一批建立、最早参加侵华的部队就此写下了结尾的一笔。其它师团、联队的军旗，差不多也在这几天前后烧毁了，旗杆及旗杆尖上代表军队属于皇室标志的菊花徽章也都被砸碎埋掉。此后在战胜国的博物馆中确实没能看到日军军、师团、旅团和联队旗帜，然而这可耻可悲的一幕却不是烧毁军旗就能抹去的。

第40师团第236联队一个士兵的笔记，对8月15日当天的情况做了这样的描述："自广州出发已近3个月了，8月14日行近南昌……在堤上放出步哨后，便分别在民宅宿营。第二天早晨起床后总感到对岸的情况很不寻常，聚集着黑压压的民众，哄哄嚷嚷鞭炮齐鸣。8月15日，手持白旗的重庆方面的军使来到联队，通知说：日本投降了。消息立即在士兵中传开。不久从联队本部回来的中队长集合全体士兵朗读了终战的诏书，通知日本已无条件投降了。向来认为我军的征战是战无不克的，这又是怎么回事啊？真是晴天霹雳。但究竟不是做梦，士兵们一个个耷拉了脑袋。枪声停止了。许久没有看见的友军飞机，大概带着什么任务，机尾拖着红色的风幡滑过晴空向西飞去。"这个士兵看见的这架拖着红幡的日本飞机，实际上就是奉命去芷江洽降的中国派遣军副参谋长今井武夫所乘的司令官专机，它的这次飞行又引出了历史上新的一幕……

从芷江到南京

　　1945年8月21日，小城芷江装扮得像个新娘，充满了惊喜的感情。城内搭起一座座松柏牌楼，上悬胜利之门的大字横幅。许多人家的门头挑起了国旗，墙壁上贴着红纸的标语。人们扶老携幼涌上街头，警察像喝了七分的酒，指挥车辆的动作夸张而浮躁。那些从外地流亡到此的人彼此拥抱，热泪涔涔地互问何日北归。

　　宽阔的机场附近，跑道和外侧草坪上排列着成百辆吉普车和各种型号的军车。数千名中、美军人拥集在指定的位置。四面八方赶来的记者围挤在插着白旗的吉普车旁，摄影记者忙着选择合适的拍摄角度。在紧张而兴奋的气氛中，人们焦急地等待着，要看看受降的日本鬼子是个什么样子！

　　中午12点，仍不见日本飞机的踪影。人群中涌起不安的情绪。难道有什么变故吗？

　　日军同重庆方面早有联系，即使双方部队在前方激战，高层联系也没有中断。日、蒋过去为了避人耳目，都是依靠私设的无线电台暗中进行秘密通讯，日本投降后，这些电台一夜之间都突然钻出来公开活动。至于日本政府宣布投降后，在中国的日军洽降地点在哪里，众人议论纷纷。有的报称在长沙，有的报称在福建建瓯，也有的说是在浙江玉山机场。后来经由日军冈村宁次的司令部证实，确认蒋介石指定的地点是芷江。

　　冈村宁次的副参谋长今井武夫受派执行的任务，是到国民党政府指定的芷江进行投降签字仪式的前期准备工作。一路上，他心头疑云重重，唯恐有失。直至飞到常德上空，当6架美军P—54战斗机如预先通知的那样在云层中出现的时候，他疑惑不安的心才落了底。但美军的战斗机不是来恭迎他的，这些心怀仇恨的美军飞行员，驾着先进的战斗机，像突袭那样，借助云层在日机的上下左右乱飞乱钻，弄得日机飞行员昏头昏脑，一度误将洪江当作芷江而耽搁了时程。今井武夫一行乘坐的MC运输机，特意调用了总司令冈村宁次的专机，但是这架饱经战火、技术落后的飞机漆皮脱落，遍体弹痕，显得迟钝而寒酸。在美军战斗机的骚扰和耍弄下，今井武夫内心混搅着惊慌、震怒和羞辱。12时11分，伫立机场苦候的人们终于看到了这架两翼下各缀一面日本国旗、两翼尾端分别拖着4公尺长的红布条的墨绿色飞机。这两根严肃的红布条可谓今古绝响，恰到好处地展示了蒋介石非凡的想象力。此前，除规定使用红布条外，蒋介石在给冈村宁次的电令中还规定了代表人数、飞行高度、到达时间、通讯波长、着陆顺序及所携带的日军战斗序列、兵力部署等。

在潮水般的口号声和老式照相机闪光灯千百道的闪照下，今井武夫出现在机舱门口。他头戴硬壳帽，小鼻子上架着黑框大眼镜，臂挎黑包，腰挂短剑，神情木讷，像个第一次出场的演员。看到日军飞机，受命接机的国军新6军政治部主任陈应庄少将走过来。不知是为了顾及自己的面子，还是顾及对方的面子，抑或是为了顾及双方的面子，遵照何应钦的指令，此时他佩带的是少校军衔。

陈应庄少将用日语自报了官职和姓名，令日军投降代表下机列队，由宪兵搜查全身，随即，没收了所有武器及违禁品。接着，领日本人至插白旗的接待专车吉普车旁让记者照相。记者们的镁光灯闪成一片。今井武夫为避免被羞辱的尴尬，急忙低头钻进吉普车中。

从机场去下榻处的路边挤满了中、美两国士兵，他们乘坐的吉普车不得已停下好几次，让堵车的士兵拍照。

日军代表住处墙壁上画着硕大的白色十字标志，四周有宪兵守护。这是一座日本式的木板平房，有食宿房屋各一栋。在大厅里，今井武夫向国民党军队代表介绍了他的随员：参谋桥岛芳雄大佐、参谋前川国雄中佐、译员木村辰男、上士久保善助、飞行员松原喜八少佐、小八童正及雇员中川正治。加上他自己共8人。

下午4点，今井带领3名随员走进洽降会议厅。

会议厅正中墙上挂着民国国父孙中山先生遗像，对面墙上挂着中美英苏四国国旗，旗中间镶嵌着一个金字大V。中国国民政府陆军总部参谋长萧毅肃中将早已正襟危坐在受降席上。他的前面是一张铺着白布的长条桌，右手坐着副参谋长冷欣中将，左手坐着中国战区美军参谋长巴特勒准将和译员王武上校。从别处赶来列席会议的汤恩伯、张发奎、卢汉、王耀武、杜聿明等国民党高级将领及文职人员也在座，组成了一个庞大的背景阵容。中美记者100多人从狭小的会场一直挤到外面的走廊里。

会议开始。萧毅肃用很大的声音自报家门,然后开始询问。当萧毅肃向今井武夫讨要身份证明时,今井武夫说:本人没有携带身份证明,因为这次是来联系停战协定的准备工作,不是来签订协议。今井武夫的话引起满座哗然。萧毅肃只得退一步,索看了冈村宁次的命令副本,然后宣布作战命令也可算作身份证明。

当萧毅肃向今井武夫索要蒋介石电令中规定带来的几份文件时,今井武夫说:电报已经收到,制成的略图已带来,但是台湾及法属印度支那地区的日本军不属中国派遣军管辖,只能尽所知道的情况概要附录于上。接着萧毅肃高声诵读了中国陆军第一号备忘录。这是这次会议的主件,详细规定了受降和接收的步骤和要求。在递交备忘录时,萧毅肃又对核心问题作了强调,即要日军保管好各地武器和财产,不得交与没有接收权限的任何军队及团体。这是暗示他们要抵制共产党接收。今井武夫说:日军精锐武器都在满洲国,在中国华南、华东、华中、华北部队的武器都是陈旧的了。

萧毅肃听了今井武夫的回答,心里感到憋屈窝囊。正当他无法排解的时候,今井武夫认为备忘录里有的条款还需酌议,提出在签字前再询问几点,萧将军迅速抓住这报复的机会,用极其轻松幽默的口气拒绝说:我看就不必了吧!

几十个相机镜头急忙集中在衔笔签名的今井武夫身上。当人们走出会场,晴朗的天空已挂起了重重阴云,但西面的天空还有一角阳光,映出东方云幕上的一道彩虹。

萧毅肃在会谈中虽未扬眉吐气,倒也不失大体。第二天副参谋长冷欣中将的表现则让众人大跌眼镜。为了把受降仪式搞得堂而皇之,蒋介石决定在南京设前进指挥所,委派冷欣为主任,筹洽有关事宜。而冷欣不是首先考虑南京活动怎样搞得顺利,而是始终为自己的性命担忧。在与今井武夫会谈时。冷欣开门见山地说:中国陆军前进指挥所的有关人员,将先行飞往南京,请转告冈村宁次大将妥为保护。

今井武夫显得漫不经心地说:南京治安并无任何不稳定现象,请放心。

冷欣岂肯放心:那就请贵官出具一份文书保证。

现场的记者一片哗然。记者严怪愚写道:在头一天的会议上,冷欣时而站立,时而屈膝而坐,瘦小的身体摇晃不已,简直像一个猴子。新闻记者们都认为他有失国格。

今井武夫不想在他看来不值一提的小事上反复纠缠。冷冷地说道：这种文件非但没有价值，而且没有必要。日军恭候阁下光临！

但冷欣依然追逐着这个话题：作为外交手续，无论如何要提出一个书面保证。多年以后，今井武夫在回忆录中写道：以战败一方代表的身分，等于被铐着双手，同这样一个人格脆弱、毫无将军气度和胜利者强健的自信心的对手谈判，让他感到对手很轻。

今井武夫答应回南京后就此事发一电报代替文书。

23日下午，中国陆军总司令何应钦出面接见了今井武夫。今井武夫脱帽行至何应钦面前，默然肃立，鞠躬达90度。何应钦对他不辞辛苦远道来芷江，表示慰问，并再次暗示不得让共产党接收。今井武夫心领神会。一小时后，今井武夫乘原机返回南京。

这天晚上，何应钦在芷江举行了一个庆祝胜利的鸡尾酒会。他捧着酒杯在烟雾缭绕的房间绕来游去，酒杯撞得叮当响。一个记者凑过来问：请问何总司令，为什么接受投降人员中没有一个共党官员？为什么没有给共党一个接收地区？

何应钦高高地扬起眉毛反问：你认为中国应该有两个政府、两个领袖吗？

记者又问：日本投降后，我们的政府对共党将作如何处置呢？

何应钦此刻并未喝多，说：只要他们不捣乱，服从指挥，政府中是可以给他们一个位置的。不过他们现在就不听指挥，在各战场上抢夺日军的武器。这是不能允许的。

8月27日，冷欣率前进指挥所200余人乘7架美军运输机在南京大校场机场着陆。冷欣走下飞机，恭候多时的今井武夫手执冈村宁次的名片迎上前来。如约定的那样，从机场到招待所，处处是相背而立的日军。轿车由日军装甲中队护卫，武装摩托车先导小笠原身披绶带端坐在摩托车斗内指挥，警笛尖啸。冷欣绷紧的神经慢慢松弛了下来。

南京古都在日军野蛮占领后散发着死亡气息，如今城池又渐渐复活。主要街道上到处搭起翠绿的牌楼，镶嵌着和平、胜利的金色字眼和V字标记。黄埔路两旁，每隔50米就竖着一根三色旗杆，联合国的旗帜在晴空飘扬。在这纷繁的喜庆气象中，有一条红布横幅特别引人注目。横幅上书"中国战区日本投降签字典礼"几个大字。

9月9日9时，中国的政治家们根据星相家的感受，选定三九良辰举行受降典礼。会场设在中央军校礼堂。这里的布置同样隆重而热烈。星罗棋布的国民党军队宪兵警卫闪烁着蓝光的钢盔和冲锋枪，使这高扬的气氛中打进了冰冷的楔子。

　　礼堂内受降席的两侧和二楼的观礼席上，400余名中外官员和记者已经到位。顶部的水银灯忽地全部打开，整个大厅光芒四射。中国国民政府陆军总司令何应钦一级上将率领四名受降官走进大厅。全场来宾均肃立致意。何应钦穿着亮闪闪的上将礼服，迈着四方步走到受降席中间的位置坐下，挺直腰杆，压平目光，用力摆出一尊刚柔相济、胸揽八极的胜利将军样子。他的右边是陆军二级上将顾祝同、陆军中将萧毅肃；左边是海军上将陈绍宽、空军上校张廷孟。翻译王武上校立于何应钦身后。

　　8点58分，在中国陆军中将王俊的引导下，日本驻中国派遣军司令官冈村宁次领着小林浅三郎、今井武夫等6名投降代表进入会场。冈村宁次投降，受降主官是他的中国朋友何应钦。冈村宁次在日记里写道：何应钦是我中国好友之一。这次他来使我想起1935年秋同他相见的情形。那时我任参谋本部第二部部长，曾出差南京，正值排日运动高潮，很难与中国要人见面。因此，我和须磨总领事在旅舍接见了来访的日本陆军大学毕业的中国军官们后，即拟回国。但突然接到何应钦（当时可能是总参谋长）电话，约我吃晚饭，并约定不谈一切政治问题。我大喜之下前往欢谈。他就是这样一个亲日派。如今向这位亲密友人何应钦投降，这是一段微妙的奇缘。

　　冈村宁次领着6名投降代表行至受降席前，向他的"亲密友人"行45度鞠躬礼。随即进入投降席落座。

　　何应钦宣布：记者可以摄影5分钟。

　　随后按照既定的程序，冈村宁次在投降书上签字盖章。他的一枚水晶图章给目击者留下了深刻的印象。自九一八事变以来，冈村宁次参与过两次中、日双方停战协定的签约，一次是1932年5月5日的《淞沪停战协定》，一次是1933年5月31日的《塘沽停战协定》，那都是他的光荣和骄傲。他把今天当作第三次，但相比之下，当年是在天上，如今是在地下。能强行自制的冈村宁次不禁一阵眩晕。有细心的记者观察到，他的章盖歪了。

　　投降书由日军驻中国派遣军参谋长小林浅三郎呈递，当他捧着投降书至受降席前敬礼时，何应钦即站起来致以答礼。按预先的规定，在整个仪式中投降者须敬礼三次，而受降方均不作答。

十多分钟后，仪式结束。

从这天起，太阳旗终于在中国正式落下。

但失败者心中未必真心服输。冈村宁次签署了投降书后，还对他的部队下达了恶狠狠的训示：

今奉大命，率我武勋赫赫战史辉煌之中国派遣军，不得已投降敌军。念及我征战万里、确信必胜、英勇善战之将兵，以及皇国之苦难前程，万感交集，无限悲痛……

后来，蒋介石公开与日寇联手反共。冈村宁次不仅没有被作为侵华战犯追究，反而以他"剿共"的经验，被蒋介石所倚重，成为蒋介石发动内战的高参。

受降后的蒋介石放开胃口，竭力独吞日军的武器装备，计有步枪68.5万多支，手枪60多万支，轻重机枪2.9万多挺，主要火炮1.2万多门，战车380多辆，装甲车150多辆，卡车1.5万多辆，军马7.4万多匹，各种飞机1万多架（可用者290多架）。此外还有大批的服装、粮食、营房及各种军用器材等。蒋介石用这些东西补充和强化了自己由美式装备武装起来的军队，加上收编的68万多伪军，使得蒋介石自认为有了消灭异己的资本。

"密苏里"号战列舰上的庄重签字

1945年9月2日清晨，日本横滨天色迷蒙，雨云低垂，仿佛愁郁阴沉着脸。这里曾经是炫耀一时的帝国舰队的主要军港，现在却停泊着强大的盟军舰队。在幢幢舰影中，有一艘舰显得格外巍峨雄壮、耀武扬威。它是一艘4.5万吨的战列舰，舰长800尺，装置有16寸大炮9门，其它小型炮几十门，火力范围广及20英里。它是当时世界上最大的四艘战列舰之一，堪为美国强大的海军力量的象征。重要的是，它以美国总统杜鲁门的故乡"密苏里"命名。更重要的是，日本向盟国投降的仪式将在它的甲板上举行，它将于这光荣的一天在历史上签下他们名字。

一艘驱逐舰驶近距海岸6海里远的"密苏里"号战列舰。美、英、中、苏等国的受降代表和盟国的海陆空将领先后登上了"密苏里"号的甲板。

又一艘驱逐舰驶来，它是"兰斯多恩"号，载着11名日本政府的投降代表。首席代表是曾两任外相、又为现任外相的重光葵。

关于由谁担任首席代表，日本人曾发生过争执。如果让皇族、新首相东久迩来领受这份耻辱，是断然不行的。让前首相近卫文麿也许是合适的，但他本人坚辞不就。推来推去，这个不好的差使最终落在倒霉的外相重光葵头上。

外相重光葵的着装看得出是经过认真挑选的。他头戴高礼帽，身穿燕尾服西装，脖子上系着考究的宽领带，戴着白手套的手拄着一根文明手杖，显得斯文而高贵。但他那条不争气的假腿却把他的形象弄得丑陋不堪，他在从后甲板上顶层甲板的扶梯时极为狼狈，每蹬一步都得哼唧一声。1932年"天长节"即日本天皇诞辰纪念日那天，他陪同司令官白川义则大将在上海虹口公园参加检阅式，不料朝鲜义士尹奉吉扔过来一个类似行军水壶的炸弹，炸死了白川大将，也让他丢掉了一条腿。从此，他的身体重量的一部分就倚靠一只假腿来支撑。

重光葵被所有人注视着，拄着拐杖，挣扎在痛苦的路途上。跟在他身后的军方代表、总参谋长梅津美治郎大将并不理会他的苦楚，闷着头往前走。梅津美治郎穿一件皱巴巴的制服和骑兵马裤，头戴野战帽，脚蹬长筒靴，衣装邋遢。他冷峻的神色写满仇恨，他仇恨这里的每一个人，包括走在前面的这个里通外国的主和派。最后还是一个美国人居高临下地拉了重光葵一把，才将一条假腿的重光葵拉上军舰。

8点整，海军乐队奏响了雄壮的进行曲，美国国旗在乐曲声中冉冉升起。8时40分，中国代表徐永昌一行6人和各国代表团成员走出了舱室。8时45分，战功赫赫的盟军总司令麦克阿瑟步出海军将官室，带领尼米兹五星上将和海尔赛上将，来到威力极猛的16寸大炮炮筒旁。顿时军乐大作，全体军官向总司令敬礼。

五星上将麦克阿瑟表演欲极强，一生都像在作戏，他还是那身几乎半个世界都熟悉的打扮：烫得笔挺的裤子，上身随便套了件敞领咔叽衬衫，胸前是五颜六色的勋章，手里拎着根褐色曲柄手杖。只是那根叼在嘴上的玉米芯烟斗，此刻掖在了兜里。他走上甲板后，立定，向人们举手致意，那趾高气扬的神态，就像6天前他在厚木机场走下"巴丹"号运输机时说的一句话："这就是结局。"

军舰右舷甲板中间摆着一张长8尺宽2尺的长方形桌子，桌上铺着绿色绒布。麦克阿瑟与尼米兹、史巴兹、魏德迈、史迪威等美军高级将领以及58名随员站在桌子的右边；桌后正面以中国代表徐永昌上将为首，依次排列着英国、苏联、澳大利亚、加拿大、法国等国代表。

重光葵、梅津美治郎等一行11人在桌子对面站定。另外的人员为3名陆军军官、3名海军军官和3名政府官员。军人穿咔叽呢军装，未佩带军刀。

9时正，受降仪式开始。

首先进行的是特别规定的"羞辱5分钟"程序，日本人在全体盟国代表严厉的目光下站立着，接受人们的审视。这时最难熬的恐怕是梅津美治郎，他曾坚决拒绝来此签署投降书，并以剖腹自杀相胁。

5分钟后，麦克阿瑟将军走到麦克风前，发表简短的书面讲话："我们各交战国的代表聚集在这里，签署一个庄严的协定，从而使和平得以恢复。涉及截然相反的理想和意识形态的争端，正在战场上见分晓，因此我们无需在这里讨论或争论。作为地球上大多数人民的代表，我们也不是怀着不信任、恶意或仇恨的精神相聚的。"

麦克阿瑟的演说里似乎还暗含一些别的意思。他持稿的手在微微抖动。麦克阿瑟继续念下去："我本人真诚地希望，其实也是全人类的希望，从这个庄严的时刻起，将从过去的流血和屠杀中产生一个更美好的世界，产生一个建立在信仰和谅解基础上的世界，一个奉献于人类尊严、能实现人类最迫切希望的自由、容忍和正义的世界。"

麦克阿瑟以庄肃的语调读毕，即令日本代表在投降书上签字。

重光葵神色黯然地拐到桌前，在椅子上沉重地坐下，脱去帽子和手套，摸出钢笔。他木然地做完这些，眼睛就散了光，显得呆头呆脑，像个白痴。侧立一旁的美军军官顿起反应，他们有的疑惑，有的愤怒，有的竟骂出了声："快签！他妈的！快签！"弄得他更是呆若木鸡。

站在桌子另一边的麦克阿瑟见状，对身边的斯萨兰德总参谋长说："你去告诉他在哪儿签名。"

重光葵哆哆嗦嗦签毕，梅津美治郎以大本营的名义签了字。

随后由盟国代表麦克阿瑟签字。

爱出风头的麦克阿瑟又抓住了一个作戏的机会。他为签字准备了5支笔，并让从日本集中营刚恢复自由、惊魂未定的温赖特将军和白西华将军站在他身旁。他神气十足地坐下来，用第一支笔写下Doug，转身将笔赠予温赖特将军；

用第二支笔写下Las，转身赠予白西华将军。第三支笔写下了MacArthur，另两支笔签署了另一份投降书。三支笔中，一支黑色的归美国政府档案馆，另一支黑色的赠给了他的母校西点军校，还有一支红色的笔，他留给了自己的夫人。

第二个签字的是尼米兹将军，他代表美国。中国的徐永昌将军、英国的布鲁斯·弗雷泽将军、苏联的杰列维扬将军、澳大利亚的托马斯·布莱梅将军、加拿大的穆尔-戈斯格罗夫上校、法国的雅加·勒克莱尔将军、荷兰的赫尔弗里希将军、新西兰的艾西特将军，分别代表本国政府在日本投降书上签了字。

签字仪式结束后，麦克阿瑟再次表达他的愿望："让我们祈祷……和平已在世界上恢复，祈求上帝永远保佑它。"

此时，上千架美军B-29轰炸机自东方而来，那摇天撼地的引擎声，仿佛就是麦克阿瑟所指的上帝的声音。

美国大兵逮捕东条英机等战犯

1945年9月11日，即"密苏里"号投降签字仪式后第九天，南京受降后隔了一天，在各国政府和人民的强烈呼吁下，麦克阿瑟下令逮捕首批被指控的39名战犯。日本前首相兼陆军大臣东条英机首当其冲。

下午4点余，两辆风驰电掣的美军敞篷吉普车穿过兵燹之余的废墟和焦土，在黯淡凄凉的东京街道上疾驰。

东条英机的私宅位于东京近郊的濑四川，是他任日本首相时建造的。这是一座木结构的两层楼房，美观而典雅。东条英机身穿短运动衫和黄军裤，足套长筒皮靴，坐在书桌前的摇椅里。他一根接一根地吸烟，书桌上的烟灰缸里塞满了烟蒂。他蹙着眉头，用狠毒的目光盯着烟雾中浮出的一张张愤怒的脸……自杀吧，自杀吧，自杀吧……他又一次落入空旷的山谷，耳边回荡着黑鸦群的聒噪。猛地打开抽屉，一把抓住那支0.32口径的科尔特自动手枪。这手枪是从被击毁的美军B-29重型轰炸机的飞行员手中缴获的。可是，他没有自杀的勇气。

4时20分左右，随着汽车的轰鸣声，30多名荷枪实弹的美国宪兵突然包围了东条英机的住宅，随后，大批记者也蜂拥而至。东条英机预感到而又惧怕的时刻到了。他怕落得墨索里尼暴尸街头的下场，在为自杀作最后的心理上的准备。几天前，他让铃木医生用墨汁在自己的左胸标出心脏的部位，也就是切腹入刀的位置。他随身还带着军刀和毒药氰酸钾。

大队士兵围住东条宅院后不久，两辆吉普车在东条英机私邸前停住，盟军总部军官保罗·克劳斯少校执逮捕令赶到。东条英机的卫兵打开院门，宪兵和记者一拥而入。进入院里，大家看到楼门紧闭。忽然，二楼书房的长窗突然打开，东条英机伸出脑袋："你们来敝处有何贵干？"

"你是东条英机吧？我们奉麦克阿瑟将军之命，请你到盟军总司令部报到。"克劳斯通过翻译说。

东条英机脸上的微笑没有了："你有公文吗？我要看公文。"

"请你把门打开，我这里有文件。"克劳斯晃了晃逮捕令。

东条英机的面孔陡然绷紧："我就是东条英机。没有政府的命令我不与任何人见面！"

克劳斯少校满脸通红，对翻译说："告诉这个狗杂种别再耽误时间，赶快收拾一下跟我们走！"

"哐"的一声，二楼的窗户被东条英机猛地关上。

克劳斯领着宪兵向楼门口冲去。就在这时，楼上传来一记沉闷的枪响。克劳斯撞开大门，踢开二楼书房的门冲了进去。他看到东条英机手里拿着冒着蓝烟的手枪。

东条英机歪倒在椅子上，"当啷"一声，手枪掉落在地。他左胸血流如注，窗前的地板上有一把短剑。跑进来的人们看到，东条英机的脸在痛苦地抽搐，额上渗出细密的汗珠。他摆摆手，示意要喝水。有人递上水，他喝了一口，眼光环视围拢上来的人，吃力地说："大东亚战争是正当的，正义的。我对不起帝国和大东亚各国所有民族。我不愿在征服者的法庭上受审。"

记者们不顾他说什么，争着拍照。自杀负伤的东条英机歪咧着嘴，那撮小胡子也有些变形，他的这副狼狈相被历史性地留下了照片里。

拍照完毕，大家这才注意到，东条英机的儿子低垂着头，默默地盘膝坐在书房一角的草席上。他曾催促父亲去死。然而他听到父亲低弱苍凉的声音："要这么长时间才死，我真遗憾。"

随即，东条英机被送到横滨美军第48野战医院救治。当晚，美军艾克尔伯格将军奉命来医院探视东条英机的伤情，东条英机接着演戏："我快死了。对不起，我给将军添了这么多麻烦。"

艾克尔伯格将军不无讥诮地问道："添麻烦——你是说今天晚上还是说过

345

去几年？"

东条英机以不大服输的口气回答："今天晚上。"

东条英机自杀未遂，成了一场闹剧和丑闻。对此，美国的《基督教科学箴言报》评论道："东条大将自杀未遂，美国报纸作了广泛的报道，而日本没有这样。美国人认为这次事件是最大战争罪犯的天罚，而对日本来说，这只是已经失去了信用、被抛弃了的家伙的最后耻辱。东条英机将受到远东国际军事法庭的严厉制裁。"

次日，日本第一总军司令部内人心惶惶。陆军元帅杉山元戎装整肃，胸佩勋章按时来这里上班。处理完公务，他便拒绝任何人进入他的办公室。下午5时55分，随着一声枪响，他的头部右侧太阳穴被自己开枪洞穿，一股黑血涂满铺在桌上的遗书。他当场毙命。杉山元之妻启子得知消息后，披上全白的丧服，喝了一些氰化钾后，走到自家佛间的佛像前坐下，用一把短刀刺进了心窝。她要仿效那位在甲午海战中罪行累累的乃木希典的夫人，随夫为日本军国主义殉葬。屡打败仗，享有"笨蛋元帅"之称的杉山元，以自己和妻子无声的自裁，似乎是想证明自己不是笨蛋？

9月11日发布第一批39名战犯逮捕令后，9月19日，盟军总司令部追加逮捕了原陆军大臣荒木贞夫等11名战犯；12月2日又发出对原陆军元帅、皇族梨本宫守正王和原外相广田弘毅等59名战犯的逮捕令；12月6日又下令逮捕前首相近卫文麿等。近卫文麿上台仅33天，就以卢沟桥事变为导火索，发动了侵华战争。此后两次派兵增援华北日军，并与军部宣布要进行"膺惩"中国的"圣战"，建立东亚"新秩序"，致使侵华战争全面展开。近卫政府还与德国和意大利法西斯签订了《三国轴心协定》，对内颁布《国家总动员令》，组织"大政翼赞会"，强化法西斯体制，一手把中国推进苦难的火海，一手把日本拽向黑暗的深渊。在包括中国政府在内的国际社会的要求下，盟军总部将近卫文麿列为甲级战犯，向他发出了逮捕令，限令他于1945年12月16日之前到东京巢鸭监狱报到。

近卫文麿接到逮捕令后，精心挑选出一包材料，交给跟随他多年的秘书牛场友彦，叮嘱他在必要的时候交给检察局，以使自己得到公正的评判。他一边料理自己的后事，一边在书房埋头撰写《回忆录》。《回忆录》长达万余字，通篇都是以谎言为自己的罪行辩护。

限令到巢鸭监狱报到的前夜，东京市郊豪华的近卫文麿私邸里灯火辉煌，近卫文麿邀请政府高官和自己的亲属,为自己举行最后的晚宴。近卫文麿席间与客人们甚至轻松地谈论了许多政治问题,他甚至连饮酒也和往常一样很有节制。晚宴散去,他就走进了书房。16日凌晨1时,整个宅邸都沉浸在梦的寂静中。近卫文麿像幽灵一样走出书房,要夫人千代子把儿子叫醒。

千代子更担心的是丈夫,她满脸狐疑地打量着近卫文麿:"这个时候,叫他来能有什么事?"

近卫文麿的神情十分诡异:"你叫他来一下,我有话吩咐。"23岁的次子近卫通隆来到他跟前,近卫文麿已经准备好了纸笔,他平静地说:"你坐下,记录我的话。"

儿子和夫人有了预感,被恐怖的阴影攫住,惊恐地看着他。

近卫文麿说出了他一生中最后的话:"我最感到惶恐不安的是,自中日事变发生后,由我所处理的政务中,曾酿成若干错误。然而我不能忍受被捕及身受美国法庭审讯之耻辱。我尤觉自己对日中战争须负责任……"近卫文麿与儿子谈了一个多小时。尔后将《回忆录》交给儿子说:"这里解释了最近几年我对各种问题所持的观点。"他又叮嘱儿子,在日本要永远保卫"国家治理方式",这是近卫家族的义务,因为近卫家族与皇室有着无法割断的血缘。谈话毕,近卫文麿忧愁离去。

6时许,千代子见丈夫的房间还亮着灯,匆匆走了进去。只见丈夫身裹白布僵挺在床上,双眼周围呈紫黑色,脸上留着痉挛的遗痕,身边桌上的盘子里放着一只装有氰化钾胶囊的瓶子。盟军司令部很快得到消息,侦察科长萨盖特带着宪兵和医生赶到。他们验明了正身,又撕开丧布进行检查。陆军摄影记者围着尸体拍个不停。近卫文麿的儿子和夫人把遗书交出后,便坐在一边的沙发上,无泪无语。日本贵族,大战犯近卫文麿因为自杀没有登上严酷的被告席,逃脱了军事法庭对他的审判。

1946年3月,盟军还逮捕了原日本军令部长永野修身等3人,4月26日逮捕了原驻苏联大使、外相重光葵和参谋本部参谋总长梅津美治郎大将。

对日本战犯的审判

日本投降后,同盟国决定设立国际军事法庭审判甲级战争罪犯,乙级、丙级战犯则交各国军事法庭自行审判。因此,确定向远东国际军事法庭提交的日本甲级战犯名单成为中国政府的重要问题。1945年9月,国民政府行政院召集外交部、司法行政部、军委会军令部、政治部、中央党部秘书处、宣传部、远东—太平洋分会等机构讨论日本战犯问题,之后专门组建战争罪犯处理委员会,负责调查和提出战犯名单。1945年9月底,国民政府行政院提出了包括134名军事战犯和48名政治战犯的日寇初步名单,包括自1931年九一八事变以来的日本首相和陆军大臣、外务大臣、大藏大臣,以及中国派遣军总司令冈村宁次为首的师团长以上级别军事主官。军政各界对这份名单经过一个多月的讨论,最终形成了20人的名单,经蒋介石亲自审定,确定其中12人作为第一批提交远东国际军事法庭逮捕审判的甲级战犯,此后又确定22人作为第二批甲级战犯。这其中,除近卫文麿自杀外,均被缉拿归案。

在后来的1947年,国民政府在1945年9月初步确定战犯名单的基础上,又公布了共261人的重要战犯名单,涵盖了甲级和乙级战犯。除了军事、政治战犯外,还包括主张侵华的政治社团头目,如神武会主持人菊池武夫,鼓吹侵华的报社主笔,如《东京日日新闻》的吉冈文六、《外交时报》的半泽玉城,以及日本产业株式会社社长鲇川义介、兴中公司总裁十河信二、伪华北开发公司总裁津岛寿一等经济、文化、政治领域的战犯。

1946年2月,国民政府国防部审判战犯军事法庭在南京成立。上海、北平、沈阳、武汉、广州、徐州、济南、太原、台北这九座城市也分别成立隶属当地军事机关的军事法庭,陆续开始对日本战犯进行逮捕和审判。虽然中国政府在遣返投降日军的同时,严令各战区、各港口运输司令部逮捕查扣被检控的战犯,但是,战后的混乱和日本投降前对相关证据的销毁,使一批原本经过调查可以确定的战犯成为漏网之鱼。同时,《同盟国互相解递战事罪犯及其他战事违法人犯公约草案》又要求引渡战犯必须提出该犯之罪证,使检控材料缺失的中国战犯审判工作更加举步维艰。

对南京大屠杀战犯的逮捕和审判颇具代表性。当时的华中方面军司令官松井石根已被列为甲级战犯，第10军司令官柳川平助、第16师团师团长中岛今朝吾等已经死亡，上海派遣军司令官朝香宫鸠彦王、第9师团师团长吉住良辅等则因退役等缘故未被逮捕。最后被引渡到庭的，仅有第6师团师团长谷寿夫等数人。

引渡谷寿夫时，东京盟军总部曾担心其人是否能在中国受到"公平审判"。为了有效追究罪责及审判公正，南京军事法庭的检察官连日搜集材料、传讯证人、制作证词，甚至挖掘了5处坟墓，检验尸骨上百具，以确定被屠杀者的死因和身份。南京市临时参议会成立了"南京市大屠杀案敌人罪行调查委员会"，向各行业收集证据并进行鉴定。南京市民也踊跃提供各种人证、物证，一份后来被列为"南字第一号"的关键证据，来历最为传奇。大屠杀后不久，南京华东照相馆的伙计罗瑾发现，一名日军少尉送来冲洗的照片充斥屠杀中国人的场面，便私下多冲洗了一套收藏。后来，他迫于生计考入汪伪警卫旅交通电讯集训队，仍将装有照片的相册带在身边。一次，日本教官到集训队营房检查，罗瑾将相册藏在厕所边泥墙内，事后却不见踪影。罗瑾以为相册被发现，急忙离队逃亡。其实，相册是被如厕的同队学员吴旋捡走的。吴旋看后意识到相册的作用，便将其珍藏起来，直到抗战胜利后提交给了南京市大屠杀案敌人罪行调查委员会。

1947年2月6日，国防部审判战犯军事法庭在南京励志社大礼堂审判谷寿夫，到场观众2000余人，司法部部长王宠惠和外交部部长王世杰都到场听审，场外围观者也有数百人。法庭上宪兵森严，审判席前摆放着作为证据的被害者头骨。法庭上，检察官以集体屠杀、屠杀、强奸、破坏财产、抢劫五项内容起诉谷寿夫。曾赴东京作证指控松井石根的红字会副会长许传音到场陈述所睹日军烧杀、强奸、抢劫行为及红字会收敛遗骨情形；法医潘英才说明在第6师团进攻路线上发现的遗骨多为枪伤或铁器所击致死；证人金陵大学外籍教授贝德士、史迈士和被害人家属姚家隆、被害人陈二姑娘分别陈述所见所历事实经过。当"南字第一号"证据等血淋淋的照片资料呈上时，谷寿夫"慌乱不能自持"。虽然谷寿夫百般否认，以"军人以服从命令为天职""治军严格未有暴行"辩护，但并未为法庭所采信。

1947年3月10日，南京军事法庭审判长石美瑜以谷寿夫在作战期间纵兵屠杀俘虏及非战斗人员，并强奸、抢劫、破坏财产罪被判处死刑。一个半月后的1947年4月26日11时许，身穿草绿色呢制日本军服的谷寿夫被士兵架下汽车，拖入南京东郊雨花台刑场，面朝中华门方向跪倒在地上。11时30分，行刑士兵向其脑后开枪，子弹从其面部射出，谷寿夫倒地身亡。四周围观的市民欢呼雀跃、掌声雷动。次日《中央日报》评论"此不可一世之杀人魔王，神色黯然，重临旧地，获得其应得的报应"。

对南京大屠杀中犯下罪行的中、下级军官的追究，原本应当是军事审判中的重要部分，但限于证据缺失，仅将当时日本报纸刊载屠杀中国人照片的第6师团中队长田中军吉和"百人斩"竞赛的两位当事人——第16师团炮兵小队长向井敏明、大队副官野田毅等三人引渡到庭。这三人在法庭上坚决否认媒体报道的行为。田中军吉称这张照片中他穿着夏装，而南京战役发生在冬季，不能作为证据。向井敏明、野田毅辩称"百人斩"是他们吹牛和记者编造的产物，目的是回日本后容易讨到老婆，但均被检察官一一驳回。三人最终被法庭判处死刑，1948年1月28日押赴雨花台刑场执行枪决……

据统计，除提交远东国际军事法庭的33名战犯外，国民政府战犯处理委员会共颁布战犯名单15批，共列战犯1575名，实际拘留战犯1111名（包括已列入名单战犯82名，人民控诉经军事法庭受理之战犯1029名）、嫌疑犯2104名。经过审判，共有167人被判处有期徒刑，41人被判处无期徒刑，110人被判处死刑。死刑犯除谷寿夫外，还有另外几个南京大屠杀参与者，如前香港总督矶谷廉介大将，第23军司令官酒井隆中将，第130师团师团长近藤新八中将，第92旅团旅团长平野仪一少将，台湾步兵第2联队长田中透少将等5名将官（如常熟宪兵队队长米村春喜中佐），还有被越南华侨指控的岘港宪兵队特高课长田岛信雄等。

抗战胜利后，中共也曾在其控制区内审判、处决了一批日本战犯。

1945年9月，晋察冀边区政府以特务罪名处决了石灰公司经理小林德、宪兵准尉井上久男等9名被捕的日本人。

在中共控制的东北，也逮捕处决了伪满政权中的日系官吏，如三江省次长手岛明义、通化省次长菅原达郎、安东省次长渡边兰治及副市长、副县长等20余人。

新中国成立后，1956年6月9日到7月20日，沈阳、太原两地军事法庭开始对在押战犯进行审判，其中，属关东军系统的师团长铃木启久、藤田茂以下8人，属伪满系统的武部六藏以下28人，属山西残留日军的城野宏以下9人被判处11年到20年不等的有期徒刑。

自1946年5月3日第一次开庭起，设在日本的远东国际军事法庭开始审判，前后近两年半时间。审判期间共开庭818次，审判记录4.84万页，有419人出庭作证，有779人书面作证，受理证据4300余件，判决书长达1213页，可以说是历史上最大的裁判。法庭接受了证明日本军国主义者犯有策划、准备、发动和执行侵略战争罪行的各种证据。在法庭的判决书里，确认了日本的对内、对外政策都是以准备和发动侵略战争为目的，以达到用武力统治世界。法庭还判定，从1931年开始以来的对华战争是侵略战争。判决书还确认，日军的暴行是有组织的，而且是按上级的命令执行的。

1948年11月4日，国际法庭对以东条为首的25名甲级战犯开庭宣判。当东条英机等人被押上审判台时，他们穿着破旧的衣服，个个耷拉着脑袋，心神不宁地站在被告席上，再也不像过去那样神气了。旁听席的观众都投以愤怒的目光，有些人还小声怒骂。

国际法庭庄严宣布：判处东条英机、板垣征四郎、土肥原贤二、松井石根、广田弘毅、木村兵太郎及武藤章绞刑；小矶国昭、平沼骐一郎、梅津美治郎、贺屋兴宣、星野直树、南次郎、佐藤贤了、冈敬德、岛田繁太郎、大岛浩、白鸟敏夫、铃木贞一、桥本欣五郎、木户幸一、畑俊六、荒木贞夫无期徒刑；东乡茂德20年徒刑；重光葵7年徒刑。宣判之后，全场报以热烈的掌声！

在苏联西伯利亚的伯力也有一场审判。1949年12月25日至30日，苏联滨海军区军事法庭在伯力对12名细菌战犯进行公开审判。

这12名战犯是：关东军司令官山田乙三，关东军医务队长梶塚隆二，关东军兽医处长高桥隆笃，关东军第一战区司令部军医处长川岛清，关东军731部队训练部长西俊英，关东军第二军团军医处工作员柄泽十三夫，关东军731部队第643支队长尾上正男，关东军第5军军医处长佐藤俊二，关东军100部队（细菌部队，基地设在长春以南的孟家屯）工作员平樱全作，关东军100部队上士三友一男，关东军731部队第643支队上等兵菊地则光，关东军731部队第162支队卫生兵久留岛祐司。这12人均系罪大恶极的细菌战犯，苏联远东军事法庭以侵犯苏联最高苏维埃主席团1943年4月19日法令第11条所规定之罪行对他们进行起诉。苏联之所以要审判这些战犯，是因为日本把侵略苏联当作主要任务，他们称苏联为"第一号对象"。1938年在哈桑湖（张鼓峰）地区和1939年在哈勒欣河（诺门罕）地区两次进行了反苏侵略战争。

关东军司令官山田乙三对用细菌武器进攻苏联的罪行供认不讳，他在1949

年11月3日法庭预审时供认，731部队准备对苏蒙中三国进行细菌战。在正式审判时，山田乙三再次承认了这一事实。法官问他："请你说说，细菌武器是预备用去仅仅反对苏联的吗？"

山田乙三回答说："不，不只是反对苏联，同时还认定可能使用细菌武器，去反对任何其它敌国和敌军。"山田还证实，关东军准备用飞机将细菌投放到苏联所有特别重要的地区。

731部队训练部部长西俊英说，为了准备对苏联进行细菌战，1942年731部队和100部队对苏联进行过侦察活动。此前，100部队曾奉命派遣细菌别动队到苏联边境附近活动，这种别动队在后来的几年内为进行军事破坏而把有毒细菌投放到中苏边境各地池塘里。

苏联远东法庭根据这些确凿证据，对山田乙三等12名细菌战犯分别判处2年至25年徒刑。判决后，这些战犯被送进苏联的劳动感化营。1950年，苏联将960多名战犯移交给了中国，其余战犯仍关押在苏联。随着苏联和日本邦交关系的恢复，到1956年，苏联释放了所有的日军战俘，包括关东军司令官山田乙三大将，之后又将一些战犯移交给了中国。这样，苏联移交给中国的战犯达到1000多人。

中国人民表示了宽广的胸怀，本着中日两国长远利益考虑，对战犯进行了教育和改造。这1000多人当中，除36人被判刑外，其余的人只要认罪态度较好，并有悔改表现的，都免于起诉并遣返日本，被判刑的成犯也于1963年全部获释。

与蒋介石国民党政府放跑的冈村宁次等人不同，被新中国释放的日本战犯，在服刑期间，经过狱方的教育，深刻反悔认识了自己的罪行，对于在中国所犯罪恶予以认罪。释放后，都能真诚谢罪，不少人回到日本后，为加强中日友好关系做出了贡献。

第十章
抗战胜利后亚洲出现新格局

苏军出兵中国东北，60万日本关东军官兵迅即缴械成为苏军俘虏。这些日本战俘没有在中国东北地区就地接受改造，也没有被遣送返回日本，而是被苏军像战利品一样拘押运送到苏联的西伯利亚、远东、哈萨克等边远地区的劳改营里强制服苦役。日苏开战前，在东北的日本"开拓团"有27万多人，日本战后回国的不足10万人。在中国东北的葫芦岛日侨俘大遣返历时6个月，遣返日侨俘计达105.1万多人。日本军国主义给被侵略国家和人民带来巨大的伤痛，也给本国人民带来严重伤害。截至1945年8月日本投降之前，日军共战斗伤亡133万人，死亡40.5万人。日本国内物价飞涨、人民生活陷入困境。境外，被强取豪夺的台湾、东三省归还中国，北方四岛交还苏联……日本军国主义分子破坏世界和平，最终付出了惨痛的代价。

60万日本战俘被押往西伯利亚

1945年8月9日,苏军出兵中国东北,给盘踞在东北地区的日本关东军以毁灭性打击,60万日本关东军官兵迅即缴械成为苏军的俘虏。然而,这些日本战俘并没有在中国东北地区就地接受改造,也没有被迅速遣送回日本,而是被苏军像战利品一样拘押运送到苏联的西伯利亚、远东、哈萨克等边远地区的劳改营里服苦役,直至1956年日苏两国政府恢复关系正常化的《日苏联合宣言》签订为止,历时整整11年,其中有6.2万人在苏联劳改营服苦役中死亡。

苏军利用一周左右的时间就摧毁了日本关东军,紧接着日本天皇宣布了"终战诏书",使亿万中国人沉浸在欢庆抗战胜利的空前狂欢之中。远在重庆的蒋介石国民政府对于抗战胜利的到来感到十分突然,没有做好接受日军投降的任何准备,对于接受日本投降的各项事宜,只能听命于美苏等同盟国的指令安排。在这种情况下,中国东北地区的日本关东军战俘遣返问题,就成了苏军大权独揽自己一家说了算的事情了。

60万日本关东军战俘被拘押运送到苏联的西伯利亚、远东、哈萨克等边远地区的劳改营里强制服苦役,主要原因是二战结束后的苏联劳动力严重短缺。俄罗斯观察家日尔诺夫所指出:"日本战俘对于苏联来说非常重要。要知道,战争已经使苏联的人力资源损失惨重。苏联国内许多人在战争中牺牲,因此战后在国民经济的一些领域和部门实际上很难找到人来工作……不过,尽管经济上的巨大好处促使苏联想继续使用日本战俘……而且使用战俘只需提供最低水平的食宿生活条件,无需苏联政府太多的投入,就能迅速启动被战争摧毁的工业、能源、交通等国民经济重要部门……"这大概就是当时苏联政府单方面决定拘押运送日本战俘到苏联强制服苦役的最直接原因。那么,日本战俘到苏联之后究竟从事哪些劳动呢?据《俄罗斯历史档案》2006年第1期刊登的俄罗斯学者 В.Н.卡拉曼和 Ю.П.休科夫斯卡娅的文章《滨海边疆区境内的日本战俘》称:"将日本战俘安置到远东地区的主要目的在于……利用他们在劳动消耗最大、体力劳动最繁重的国民经济领域和部门——比如有色金属、煤炭、采矿、林业、渔业部门从事劳动,而这些部门人力资源严重匮乏。但是,由于滨海地区大多数重要企业接受日本战俘的准备工作做得不好,所以根据联共(布)滨海边疆区委的专门决议，战俘们也被分派到当地的工业企业、集体农庄和国有农场、交通运输部门以及建筑部门去劳动。"据1945年9月4日苏联内务人民委员会滨海边疆区局副局长季姆琴科中校、战俘事务处处长凯达洛夫中校联合署名的《关于滨海边疆区接受日本战俘准备工作的情况材料》一文披露，滨海边疆区日本战俘的分配情况是这样的：……将日本战俘分别安置到如下单位：滨海煤炭联合企业，25000人；森林工业人民委员部下属的木材采运企业，18000人；建筑工业人民委员部下属企业，12000人；苏联交通人民委员部下属企业，5000人；国防人民委员部军事工程部下属企业，8000人；有色冶金工业人民委员部下属企业，2000人……尽管这份文件只是讲述了苏联的一个行政区——滨海边疆区分配、安置日军战俘的情况，但是从这份文件中我们可以看出，日本战俘在苏联劳改时的主要工作场所是矿井、矿场、木材采伐加工厂、工程建筑工地、石油加工厂、石油工业企业建设托拉斯、铁路和公路等。战俘被用来干重体力活——下矿井、伐木、搞建筑、铺公路。莫斯科大概是将这种劳动当作对战争期间所遭受的损失的一种补偿。此外，日本战俘还被安排到一些极其特殊的工作场所工作，2005年俄罗斯学者阿纳托利·斯米尔诺夫在《劳改营管理总局的原子弹幽灵》一文中披露了日本战俘在苏联劳改营管理总局掌控的与制造原子弹相关的工程里劳动的一些情况："日本战俘们在车里雅宾斯克州建筑地下工厂，也就是所谓的车里雅宾斯克－40工程，这个工程是用来制造原子弹的……作为特殊定额人员，战俘们无权随便越出工程工地一步，荷枪实弹的苏联士兵严密地监视着他们……""日本战俘进入各自的战俘营和劳改所之后，要立刻动手做一件事情，即给自己修建住处，因为苏联方面接受日本战俘的准备工作做得非常糟糕，许多厂矿企业几乎没有做好接受战俘的准备工作，日本战俘抵达苏联之后等于到了荒野之地，完全需要由战俘自己动手去修建包括住宅区、厨房、住所在内的一切必要设施。"许多日本战俘在苏联劳改营服苦役期间，工作勤奋、认真，组织纪律性较强，干活非常卖力，从不偷懒。"日本战俘的工作效率要比苏联工人和苏联囚犯好得多，因此在很长时间里苏联都不太愿意释放这些日本战俘回国。"据一个叫井上的中尉回忆：我和大批日军士兵在苏军刺刀的押解下，向黑河走去，蜿蜒的公路上，到处是徒步的或乘车的日军俘虏。几天后，我们穿过中苏边境线，和伪满官兵一道登上苏联的宽轨列车，进入苏联西伯利亚，然后下车步行几天，到了"收容所列岛"，开始战俘生活……在寒冷的西伯利亚，我们主要从事土木建筑、森林伐木、修建公路、煤矿开采等劳动。我主要做的是森林伐木，战俘们不但劳动繁重，伙食也很差，只有黑面包和盐水。我曾经动过逃跑的念头，但很快就放弃了，苏军士兵看守很严密，看到逃跑的，立即开枪射击，或者骑马、开车追击。我看过俄国的小说，里面曾经反映沙皇怎样将一些叛逆者流放西伯利亚的，我绝望地想，广袤的西伯利亚真是个流放的好地方啊，冬天，零下四五十度，逃走，也是冻死。夏天，蚊子比北海道的蝴蝶还大，跑出去，也得被蚊子咬死。在平时繁重的体力劳动中，日军战俘被冻死，饿死，累死的，屡见不鲜……

饱受苦难的日军战俘，不但骂苏联，还骂长官，骂陆军部，骂首相。他们的痛苦，不只是生活上的，更多是精神上的：优秀的大和民族，精锐的大日本皇军，怎么就战败投降了呢！60万精锐关东军，怎么就来这西伯利亚当劳役呢？

战俘们做苦工、发牢骚，在原始森林中一干就是几年，在这几年里，苏军也给他们念过报纸。日军俘虏们知道1945年9月2日日本外相重光葵、日本陆军参谋长梅津美治郎在美国的巡洋舰上签订了投降书。

日本"开拓团"和侨民被遣返日本

1945年8月日本投降，近160万日本侨民被遗留在中国东北，成了无家可归的难民。这些侨民约占海外日本人总数的三分之一以上。当时，在中国华北、华东、华南、香港、台湾等地的日侨多数随被缴了械的日军回到日本国内。但当时的日本政府刚经历失败，在盟军占领和接受中等待清算，哪里还顾得了这些国民。这些日本侨民尝到了当亡国奴的滋味，而处境更为悲惨的要算那些"开拓团"的人。

1936年5月，关东军通过《满洲农业移民百万户移住计划案》。日本政府拓务省根据关东军提供的方案拟订了日本的移民政策，广田内阁遂将"满洲移民政策"宣布为日本政府的国策。从1937年开始，日本分四期实施百万移民计划：第一期10万户，第二期20万户，第三期30万户，第四期40万户。1939年12月日本政府与伪满洲国公布的《满洲开拓政策基本纲要》，被称为移民政策中的"最高法典"。此后，日本又接二连三地颁布了《开拓团法》《开拓农场法》等法律。于是，"开拓团"进入中国东北，成了日本侵略中国东北的先遣队。

日本移民进入东北后,大都住在除旅顺和大连以外的城市里,很少有人去农村。关东军从对苏作战考虑,不断动员日本移民迁往北部广阔地带。为此,日本政府将农民组成"开拓团",并发给武器,重点开发黑龙江和松花江流域。"开拓团"成员都来自日本农村、渔村和山村,有些是城市里的无业游民,总而言之,都是些贫苦的人。"开拓团"陆续进入北满,他们不仅抢占了当地中国农民的土地,而且还强迫中国农民给他们充当苦力。"开拓团"与中国老百姓基本不来往,俨然成了上等公民。

1945年8月19日,根据战败后的局势,关东军司令官制定出为了帝国复兴让更多的日本人留在中国大陆的计划。同时,日本陆军大本营对苏作战参谋朝枝繁春大佐,作为大本营的特派军使飞到长春,向关东军司令部传达了日本最高战争指导会议精神,并亲笔起草一份送给苏军总司令华西列夫斯基元帅的《关于关东军方面停战状况的实施报告》。该报告称,目前日侨在中国东北总人数为135万人,他们基本都是从事文化教育、工商企业等方面事业的骨干,由于形势急转直下,他们负责的机构失去了功能,他们的活动也基本停止了。日方希望通过在苏军的帮助下,让日本侨民包括解除武装的军人恢复正常活动,并在苏军的庇护下继续在中国东北定居生活。同时,该报告还明确在东北定居生活的日本人可以放弃日本国籍。当时的日本政府竟然采取了这种令人齿寒的弃民政策。

苏联一方对此的态度十分明朗:我们决不允许在我们邻界的国土上,生活着一群与我们有宿仇,而且像狼一样险恶的人。

东北人民对日本鬼子侵略家园的行径愤恨之极,当地农民同日本"开拓团"因此结下了深仇大恨。这些日侨一度占据了中国东北城市最好的地段和农村最肥沃的土地。关东军溃败后,就轮到"开拓团"的人遭难了。"开拓团"撤退的工具是马车,但大多数人还得靠步行,他们没有日军保护。在艰难的逃亡途中,"开拓团"常常遇到苏军的拦截和飞机轰炸,以及中国地方武装的袭击。

在苏联红军的强大攻势下,关东军已溃不成军,他们在逃窜中常常遇见"开拓团"的人在艰难地奔波。"开拓团"的人为了让孩子能够活下去,见到日军后,央求他们带上自己的孩子。有的父母在万般无奈之下,只得将孩子遗弃在路边。在兵荒马乱的日子里,被遗弃的日本孤儿究竟有多少,没有人知道。不过,这些被遗弃的孩子,有许多被善良的中国人收养了。

在日本移民当中，还有一类是开拓"青年义勇队"移民。1938年1月，日本拓务省开始大量招募16岁至19岁的日本青年，组成义勇队开拓团。当时，有近10万日本青年移民到中国东北。1945年5月，中田庆雄作为日本青年移民来到中国东北某地，在那里参加训练。3个月后，苏联红军打进东北。8月12日，大雨滂沱，中田所在的义勇队开拓团在艰难中向勃利转移。第二天傍晚，义勇队好不容易来到勃利，可是，他们完全失望了。这里的日军已经全部撤走了，连交通工具都没有留下。此时，苏军飞机在空中来回轰炸、扫射。在此情况下，他们又转向牡丹江。义勇队在东北的深山老林里疲于奔命了一个多月，到9月中旬，他们得知日本已在8月15日宣布投降，关东军已向苏军缴械。于是．他们扯起白旗，向苏军放下了武器。

几个月后，中田庆雄从苏军收容所里逃了出来。然后，他来到延吉，被当地的一位农户收留。在这里生活了几年，中田庆雄的思想发生了很大的变化，逐渐对日本军国主义分子发动的这场侵华战争有了清醒的认识。多年后，中田庆雄说：侵略中国的是日本军国主义者，以德报怨的是中国人民。中国人民尽管长期遭受侵略，却宽宏大量地向我伸出温暖的救命之手。他们体现了人类最崇高的道德观。"1948年，中田庆雄在延吉当了一名工人。5年后，中田被送到复旦大学读书。1958年，他回到日本。

然而，不是所有的"开拓团"的命运都那么好。不知有多少日本青少年、妇女，悲惨地倒在中国东北严寒的冻土地上，他们有的是自杀，有的是被自己的亲人杀死的。那些逃脱无路，陷入绝望中的"开拓团"，通常是按照日本"武士道"的野蛮风俗选择自杀。黑龙江省桦川县宝山"开拓团"在关东军投降后，失去了保护，从外地运来的防身武器半路上又让人给劫了。"开拓团"里都是些妇女儿童，没有了武器，怎么能逃出去？团长只得将众人召集起来，对他们说：运送给我们的武器现在被人夺去了，俄国人又追杀过来了，我们的处境非常危险。为了不落入苏联人和中国人手里，我们只好"玉碎"了。他丧心病狂地叫道：以死来效忠天皇吧！他的话音一落，人群里出现了一阵骚动，妇女们抱头嚎啕大哭。在黑洞洞的枪口和闪着寒光的刺刀威逼下，那些可怜的妇女亲手将自己的孩子推到水井里，然后自己也跳进去。对于那些不愿意自杀的人，团长下令将他们统统赶进一间屋子里，把门窗关好，然后点起一把火。屋子里一片尖叫声，求生的欲望驱使着一些人往外逃，结果被屋外监视的男人开枪打死。大火还在燃烧着，就在这时，远处响起了密集的枪声。屋外的那十几个男人听到枪声,估计是中国人冲过来了,在团长的命令下,全部自杀了。中国人赶到后,救出了还活着的日本妇女和儿童,一共有30多人。儿童被中国人收养了,妇女们大多同当地的中国人结了婚。

据别洛鲍罗多夫回忆,8月20日,苏联远东第一方面军所属红旗第一集团军在审问日军第五军司令官清水时有这样一段对话:

苏军问道:"贵方自杀的人多吗?"

"没有人自尽。"

"剖腹自杀,这是'武士道'的法规吗?"

"是的,这是一条关系到荣辱的法规。"

"男人的法规吗?"

"是的,这是日本男性的最高法规。"

"那么为何要牵涉到妇女和儿童呢?"

"什么妇女和儿童?"

"你们军官和开拓团成员的妻子、母亲和孩子。"

苏军说得已够明白了,但清水假装糊涂,死活不肯认账。后来,苏军第365师送来一份报告才使清水无言以对。

8月10日,鸡西市哈达河"开拓团"1300多人在团长的带领下,乘坐马车从驻地出发,踏上了前程未卜的逃亡之路。起初,他们以为鸡宁有日军,所以满怀希望地赶往鸡宁。可是,等他们到达后,日军早已跑得无影无踪了,他们逃生的第一个希望就这样破灭了。于是,他们又向下一个目标逃去。这几天又下起了大雨,他们在泥泞的山路上艰难地爬行。天亮后,又遭到苏军飞机轰炸。8月12日,当他们逃到麻山时,遇到了一支从战场上溃退下来的日军。原来,苏联红旗第一集团军已经挺进到这里。两军正在交火,"开拓团"显然无法再往前走了。"开拓团"团长恳求留下一支军队,保护这些妇女和儿童,哪怕是很少的一些军人也行。然而,没有人理他。他们得到的答复是:"我们没有保护开拓团的责任。"

就在这时,走在前面的远藤久义失魂落魄地跑回来告诉团长,他们刚到一个山坡上,就遭到苏军的袭击,"开拓团"的男人大都被打死,剩下的男人将自己的妻子、儿女杀死了,然后自己也"玉碎"了。

团长感到"开拓团"的处境不妙,苏军机械化部队正向他们隐蔽的地方推进。最后他下令:"自决!"在他的催促下,妇女们给孩子们穿上新衣服,自己换上日本传统的和服，他们头上都扎着白带子。然后，他们双腿盘在一起，端坐在地上。男人们对着他们就是一阵扫射。有些男人在杀死家人后，开枪自杀。但是，那些自称要当敢死队队员的人，在杀死自己的亲人后，并没有立即自杀。他们被苏军俘虏，后来回到日本，重新组成了家庭。

苏联出兵东北和关东军投降后，到底有多少日本"开拓团"成员丧生，没有准确的统计。据日本公布的数字，日苏开战前，在东北的"开拓团"有27万多人，日本战后回国的不足10万人。在余下的17万人中，有很多人，特别是妇女和儿童被中国人收留，成了中国公民。后来，又有不少人被中国政府收容，并陆续返回日本。

还有另外一部分悲惨的日本女人。这些女人们则是以另外的方式来到中国的，包括从军慰问团和慰安妇两种形式。1940年初，浩代金子高中毕业后随着丈夫来到朝鲜，丈夫是日本驻朝鲜第17军的一个小队长。后来，丈夫战死在朝鲜，儿子下落不明。战乱中的浩代金子逃到中国延吉，被人介绍再嫁，成为牡丹江火车站宪兵小队长的妻子。1941年，牡丹江火车站来了一批日本慰问团，大多是年轻漂亮能歌善舞的女学生。宪兵小队长要求自己的妻子加入到这批从军慰问团中去，到绥芬河、东宁等地慰问演出。

从军慰问团员不是慰安妇，不提供性服务，她们的任务是用歌舞鼓舞日本军人的士气。浩代金子的第二任丈夫死于1945年8月与苏联红军的战斗中。她在中国东北没有一位亲人，开始逃亡，先到延吉，后到珲春，经人介绍嫁给了一个中国人。这一阶段，像她一样为了求生，嫁给中国男人的日本女人有11万人之多。此前十年间，嫁给中国人的日本女子不到一千人。

日本战败后，开拓团中弥漫着恐惧。不断有风声传来：苏联兵专门收拾日本女人，见孩子就打死，还有胡子兵要来扫荡，原来这块土地上的农民要回来报复。日侨，特别是开拓团民十分害怕，觉得不能忍受这样的侮辱，于是集中居住的开拓团频繁出现上百人相约集体自杀事件。佐渡开拓团就在他们生活的原地自尽，麻山开拓团530名开拓团民走到鸡西麻山，再也走不动了，团长下令先杀死孩子，大人再集体服毒。

尽管中国当地政府有些部门曾承诺将来要遣返所有的日本人，但考虑到一些日籍女子在日本投降前已与中国丈夫生儿育女，因此尊重她们个人的意愿，可暂不遣返。但是对日本投降后嫁在中国的，一律遣返。然而，还是有一部分刚刚嫁到东北的日本女子偷偷地留了下来，乡亲们对男人娶日本女人做老婆都非常理解。国民党官兵也藏匿熟识或有感情的日本女子，在沈阳就发现了20起。

　　由于日侨问题反响太大，中国国民党政府也开始正视该问题，同意美、苏两国关于遣返日侨的意见。最终决定从1946年4月起开始全面遣返滞留在中国东北的日侨俘虏。当时，中美双方曾设想同时利用东北地区的大连、营口、葫芦岛3个港口遣返日侨俘虏，这样会使遣返的速度更快一些。然而，这一设想遭到苏军的反对。苏军以大连、营口为商港，不能参与带有政治色彩的国际活动为由予以拒绝。但是，为了遣返日侨工作顺利进行，苏联方面承诺，苏军管理区即旅顺、大连地区的27万日侨由苏军负责遣返。因为苏军的拒绝，东北地区可利用的港口只有葫芦岛了。葫芦岛港开阔水深长年不冻，能够随时停泊巨型舰船，而且还有铁路直达码头，交通运输甚是便利，因此葫芦岛港责无旁贷地承担起中国政府遣返旅顺、大连地区之外的东北百万日侨这一重任。1946年5月7日上午，两艘装载着2489名日侨的美国轮船驶离了葫芦岛港。他们作为第一批遣返归国的人员，从这里迈出了归国还乡的第一步，由此拉开了葫芦岛大遣返的序幕。

　　从这一天开始，在长春、沈阳、鞍山、四平、营口到锦州、锦西、葫芦岛之间的铁路线上，每天都奔驰着载运日本侨俘的列车。这些列车几乎全是挡板很低、没有顶篷的货车。有的列车是平板车皮，四边立起几根木棒，再用木板围拢起来，以防有人跌落发生不测。遣返日侨只背着简单的行李，很多人只拿着一个啤酒瓶子或汽水瓶子，既当水壶又当枕头。1946年11月27日，最后一艘载运日侨俘的轮船"第一大海丸"从中国葫芦岛港离开。轮船离开之前，民国政府东北保安司令长官部日侨俘管理处处长李修业，应日侨善后联络处官员们的邀请，来到船上进行礼节性的送行。当李修业一行登上甲板时，候在上面的日本人全体起立，向中国军人行九十度鞠躬礼。应日侨善后联络处负责人野村的再三邀请，李修业处长作了即兴讲话：中国人民近几十年来，受尽了日本帝国主义的欺辱，千言万语也说不尽。现在日本战败了，投降了，但是我们没有采取冤冤相报的方式来对待你们，如果按你们日本人过去对待我们中国人的做法，你们这些人都应该枪毙。中国虽然穷，用来枪毙你们的子弹，还是不成问题。我们中国人胸怀大度以德报怨，把你们妥善地遣返回国，这是我们中华民族的崇高美德和人道主义。你们回去以后，要仔细地想一想，比一比，你们是怎样对待中国人的，中国人又是怎样对待你们的。希望你们以后只带友谊来，不要再带刺刀来,再见吧!

　　李修业处长演讲结束,日侨代表川岛丰太郎致了答谢词,日侨善后联络处负责人野村向李修业将军赠送了锦旗和感谢状。那锦旗上写着:感谢中国。当日下午4点16分,"第一大海丸"鸣笛三声,缓缓离岸。至此,举世瞩目的葫芦岛日侨俘大遣返画上了完整的句号……

　　葫芦岛日侨俘大遣返历时6个月,遣返日侨俘计达105.1万多人。此期间葫芦岛人民做出了巨大贡献。当时入境待运的日侨俘在葫芦岛停留时间短者7天,长者半月,也有一部分人停留一月两月乃至半年的。据史料记载,停留葫芦岛期间,日侨俘所需的食物全部由当地百姓负责提供。仅按每个日侨俘在葫芦岛食用2.5公斤粮食计算,105.1万人计需262万多公斤粮食,而当时葫芦岛周边地区的年产粮量仅为400万公斤。很多人家口粮不足,为了保证日侨安全遣返,他们常常把仅有的一点粮食贡献出来。高粱、苞米、地瓜、土豆什么品种都有,而他们自己则时常依靠野菜充饥。正是由于葫芦岛人如此仗义之举,很多归国日侨都把葫芦岛视为他们的再生之地,称葫芦岛是他们一生中最为难忘的地方。

　　多年之后,从这里遣返回国的日本人还回到这里,参观旧地,感谢中国,感谢葫芦岛。1994年,已是日本著名作家的国弘威雄回到葫芦岛,伫立在当年起航的码头,百感交集。决心将那段历史拍成纪录片,他表示:一方面是警示后人不要重蹈覆辙,永不再战;另一方面是告慰被战争夺去生命的地下亡灵。此后,国弘威雄变卖家产,筹资,到中国拍摄大型纪录片《葫芦岛大遣返》。1997年,该片在日本各地放映,引起了很大反响。当时任日本内阁总理大臣的桥本龙太郎还专门写信感谢他。

南千岛群岛——北方四岛:归于苏联

　　苏联所称的南千岛群岛,日本称作北方四岛,即择捉、色丹、齿舞、国后四岛。在18世纪时,千岛群岛南北两部分属日本和俄罗斯。19世纪,沙俄占领包括北方四岛在内的千岛群岛和萨哈林岛(库页岛)。1905年因日俄战争失败,沙俄被迫通过《朴次茅斯条约》向日本转让了千岛群岛和南萨哈林岛的控制权。日本在那里立足后,不仅封闭了俄罗斯通往太平洋的出口,而且封闭了通往堪察加和楚科奇半岛各港口的海上通道,成为进攻滨海地区和远东地区的基地。

第二次世界大战期间，日军加强了南千岛群岛的防务，集结了8万军队，修筑了9处机场，能容纳近600架飞机。其中占守岛的日军多达2.3万人，还得到第11战车联队的支援。

1945年苏联领导人斯大林出兵中国东北还有另外一个目标，那就是夺回南千岛群岛，因为它的位置太重要了。这块地方据于太平洋北端，东与白令海峡相望，北同鞑靼海峡相临，西与日本海相接，是太平洋海域的战略要地，因而成了美苏都想争夺的一块肥肉。

8月13日，杜鲁门向盟国发出"总命令第一号"，提出中国、苏联、美国受降范围：中国、中国台湾和北纬16度以北的印度支那地区由蒋介石军队受降；东北、北纬38度线以北的朝鲜和库页岛，由苏军受降。日本、菲律宾以及北纬38度线以南的朝鲜，由麦克阿瑟上将受降；太平洋其他地区由海军的尼米兹将军受降。至于东南亚、北纬16度以南的印度支那半岛及从缅甸到所罗门群岛，由英国将军蒙巴顿和澳大利亚的司令官协商划定。这样一来，美军就能将南千岛群岛的处置权从苏军手里接走。但斯大林怎么会同意呢！8月16日斯大林回电杜鲁门说，他不反对"总命令第一号"，因为这个命令将辽东半岛划给了苏军，斯大林对此很满意，但不同意将南千岛群岛划归美军受降。于是，斯大林告诉杜鲁门，这个命令得作一些修改，整个南千岛群岛应当包括在日本武装部队向苏军投降的地区之内。因为依据雅尔塔协定，"南千岛群岛应归苏联所有"。斯大林向杜鲁门建议说，北海道北半部也应该由苏军受降，然后在北海道的北半部和南半部之间画一条线，并且把位于该岛上的城市也划在里面，问题就解决了。斯大林特地强调，这一点对苏联的舆论是非常重要的，因为人们知道，1919年至1921年，日本人占领了苏联整个远东地区。如果苏联的军队在日本本土没有占领区，"俄国舆论就会大哗"。

很明显，斯大林要恢复沙俄在南千岛群岛上的所有权利。这样，斯大林就认为他能够向苏联人民交待，苏军为什么要在那个地方打仗？这是他出兵远东的目标之一。为了实现这个目标，他必须让杜鲁门总统接受《雅尔塔协定》的规定。最终，斯大林如愿以偿。

然而，麦克阿瑟却因此批评了他的总统。他对杜鲁门说："你在欧洲可以将事情办得井井有条"，但在亚洲却"弄得一塌糊涂"。他提醒杜鲁门说，为了维护美国在北太平洋的利益，如果俄国人侵入北海道，他将毫不客气地使用职权，把他们赶出去。麦克阿瑟担心他说话的口气可能会引起杜鲁门总统的不悦，所以又补充了一句说，这样做不是要故意冒犯总统的威严，只是在履行自由世界赋予的职责。

杜鲁门接到麦克阿瑟这封态度十分强硬的电报，决定调整美国在太平洋地区的政策。8月18日，杜鲁门电告斯大林，他同意修改"总第一号命令"，答应将整个南千岛群岛纳入苏军受降地区。但是，杜鲁门也提出了一些要求，说："美国政府希望在千岛群岛的某个岛屿上，最好在中部，拥有为陆海飞机建立空军基地的权利，以便用于军事和商业的目的。"至于日本北部岛屿北海道的受降问题，杜鲁门这样回答了斯大林："关于您所提出的有关北海道的日本部队向苏军投降的建议，我打算要日本本土各岛——北海道、本州、四国、九州的日本部队向麦克阿瑟将军投降，"

谁都知道，日本本土主要是由这四个大岛屿组成的。现在，杜鲁门把北海道划归美军受降，这无疑拒绝了斯大林的建议。不过，杜鲁门要了一个外交手段，声称麦克阿瑟指挥的盟国军队，理所当然地包括苏联的军队，由这些军队"临时性地占领日本本土"是合理的。不仅如此，杜鲁门还以同意将南千岛群岛作为苏军的受降地域为条件，希望在岛上获得一块地盘。这就等于在苏联的势力范围内挤进一个楔子，斯大林当然不会答应。

就在8月18日凌晨，也即沙俄失掉这个岛屿40年后，苏联人的军舰又开回来了。苏军太平洋舰队出动2艘驱逐舰，8艘护卫舰，4艘炮艇，4艘扫雷艇和2艘布雷艇，在飞机的掩护下，从阿瓦肯角起航浩浩荡荡地开向南千岛群岛。此时的苏军舰队，比沙俄太平洋舰队确实威风得多。这天雾气很大，苏军舰队闯入了美军布置的雷区，已有军舰触雷被炸。在此情况下，苏军太平洋舰队司令尤马舍夫只好向美军求援，要美军将雷区示意图送给他们，好让他们尽快登陆。然而，美国海军太平洋舰队司令尼米兹将军巧妙地拒绝了苏联人的请求：千岛群岛雷区布防图正在查找，一俟找到，立即奉送。不过眼下还得请你们稍待，不要急躁。

在没有美国人的援助下，尤马舍夫指挥的舰队最终还是在南千岛群岛登陆。但遭到日军第91师团的抵抗，直到接到天皇已经宣布无条件投降的正式消息，日军才放下了武器。

1945年8月15日夜，苏军步兵第101师和太平洋舰队奉命登陆作战。战役的关键是要拿下离堪察加半岛最近的占守岛，它有两处完好的海军基地片港和柏原港，拿下这里就等于控制了整个千岛群岛。为取得奇袭的效果，苏军进行了高难度的子夜登陆。由于当夜又起了大雾，苏军无法出动飞机支援，只能依赖岸炮和护航驱逐舰的炮火掩护登陆部队。

8月18日2时35分，苏军岸炮部队从12公里外堪察加半岛的洛帕特炮台轰击占守岛，以"基洛夫"号巡洋舰为首的苏联舰队也将180毫米口径的喀秋莎火箭弹一股脑儿地砸向日本人。在战役打响的最初时间里，日军根本不知道发生了什么事，因为从海上到背后都在向他们射击。日军司令部根本无法判断登陆的是什么部队，有多少人，直到在战场上听到俄语"乌拉"的喊声才明白，苏军来了。

4时30分，苏军登陆舰队靠近了占守岛的海军基地——片港，部队准备在狭窄的3公里地段抢滩。日军在制高点国端崎和第171高地拼命开火阻止苏军后续部队靠岸，日本人企图利用海面雾气以猛烈的炮火来挽回颓势。

苏军的1号登陆舰被日军炮弹直接命中，机舱被打坏。中尉亚斯特鲁勃不顾自己受伤、一半水兵牺牲的恶劣环境，借助浓雾的掩护，佯装军舰爆炸和失去战斗力，以迷惑日军，随后趁炮击减弱的机会，把剩下的人员组织起来检修，堵好漏洞，使军舰再次继续执行任务。

在登陆现场，当一艘军舰中弹起火、即将爆炸的危急时刻，步兵第373团党员叶尔马舍夫上尉拿起团旗高喊："团旗在我手里，跟我来！前进，小伙子们！"他第一个跳进冰冷的水中，向岸边游去，其他官兵也跟着他往前冲。混战中，苏军付出了较大的代价，但苏军护航舰一发炮弹打在国端崎的灯塔上引起大火，火光为登陆舰队在浓雾中驶向岸边提供了很好的方位物。凌晨5时左右，苏军登陆兵终于在片港湾建立了两个坚固的桥头堡。随着天色见亮，苏日双方都开始清楚各自的战场态势，在片港方圆不到3公里的地段，谁能前进一步就意味着将对手置于死地。从早上6时开始，日军以猛烈的炮火作为掩护，动用联队级规模的冲锋，试图把苏军赶下海去。日本人明白，一旦苏军在这里站住脚，他们的抵抗将毫无意义。

在苏军工兵临时挖的堑壕里，双方把刺刀、铁锹和枪托全都用上了，因为苏军多是身高力大的战士，无论是白刃格斗，还是摔跤，都占上风。下午14时，日军从171高地上把自己最后的预备队——战车第11联队投入使用，18辆坦克配合两个大队的步兵进行最后的挣扎。坦克展开队形后，随着越来越大的轰鸣声向阵地逼近，苏军战士已能清楚辨别出坦克上的青龙图案。当坦克靠近到只有200码的时候，苏军各种武器一齐开火，反坦克枪手瞄准坦克，步兵用冲锋枪和机枪狙击日军步兵，力图将敌步兵与坦克分割开。由于射击准确有效，不到两分钟，就有6辆日军坦克起火，但其它坦克很快冲到了苏军眼前。领头的一辆坦克里，一半身子露在炮塔外的日军指挥官池田末男大佐手持太阳旗指挥步兵前进。舒托夫少校用冲锋枪打了两个点射，池田末男当场毙命。科斯蒂列夫中士从堑壕里扔出集束手榴弹，使这辆坦克像蜡烛一样燃烧起来。

18时，苏军登陆兵在舰炮的掩护下冲击171高地。日军利用掩体进行拦阻射击，而苏军登陆兵却在开阔地上，无法靠近几十米外的日军火力点。海军中士、共产党员维尔科夫依托一块块石头向敌火力点运动，他猛力地将一枚手榴弹投进射击孔，火力点哑了一会，便又死灰复燃，维尔科夫全然不顾自己已多处负伤，一跃而起，朝火力点猛扑上去，用身体堵住了射击孔。经过两个小时的激战，红旗终于在高地上空飘扬。

8月19日，得知裕仁天皇发布终战诏书的日军一方面主动提出停战，但另一方面仍在积极备战，日军甚至将准备撤退的两个旅团重新展开，试图压迫苏军。但苏军并未受到停战的制约，继续向占守岛纵深进攻。直到当日18时，千岛群岛日本驻军司令堤不夹贵中将才接受无条件就地投降，此时日军已死伤1018人。至23日午后，占守岛守军全部投降。

苏军继续向南进攻，此后的一系列登陆基本未遭抵抗，至8月31日2时，苏军结束千岛群岛北部的战斗，同时开始进驻南千岛。8月28日凌晨，苏军在择捉岛登陆，1.35万日本守军不战而降。9月1日，苏军占领国后和色丹，苏军远东总司令部宣布"千岛登陆作战"完毕。9月2日，日本签署无条件投降书。直到5日，苏军才结束了占领齿舞的最后行动。在历时半个多月的战役中，日军伤亡1018人，被俘6万多人。苏联实际控制了包括"北方四岛"在内的整个千岛群岛。

苏军占领千岛群岛后，斯大林明显地强硬起来了。8月22日，斯大林致电杜鲁门，说他"未曾料到""按照克里米亚会议（雅尔塔会议）苏美英三国决议，千岛群岛将归苏联所有"。斯大林就此提出三点声明，明确拒绝了杜鲁门的要求。他一再表示：无论是在克里米亚，还是在柏林，三国决议都没有做出这样的规定，所以无论如何"也不能从在那里做出的决议中得出这样的结论"。斯大林如此这般声明，显然是有法律文件作依据。而且，斯大林还提请杜鲁门注意，您的要求"……通常是向一个战败国或者是向这样一个盟国提出的……因为这个盟国太无能,它不能保卫自己的领土,只好让它的盟友占领一块地盘。"

斯大林这一招很高明,无疑逼杜鲁门回答这样一个问题:苏联是战败国吗?还是没有能力保卫自己的领土?既然杜鲁门无法回答这个问题,斯大林就会替他回答:"我认为不能把苏联列为这两类国家中的任何一类。"接着,斯大林委婉地拒绝了杜鲁门在千岛群岛建立空军基地的要求:您的来电没有说明要求给予永久性基地的任何理由,我非常坦率地对您说,我和我的同僚都不了解是在什么情况下您想到"对苏联提出这种要求"。

8月25日,杜鲁门就千岛群岛基地问题还是回答了斯大林。他说,美国政府这样做的目的只想在日本受降期间在该岛中部取得降落权,以便在受降过程中采取联合行动,这也算是苏联对盟国的"一个重要贡献"。杜鲁门承认,在雅尔塔会议上,罗斯福总统确实在协定中支持苏联"得到这些岛屿"。对此,斯大林的要求并不是对美国的"冒犯"。杜鲁门仅从美苏两国以及他同斯大林"私人之间存在着密切的和融洽的关系"来考虑千岛群岛的归属问题,与斯大林从法律角度谈论这个问题相比,就显得苍白无力了。几天后,斯大林回电杜鲁门,表示双方的"误解已经消除"。斯大林不仅表示愿意为美国商用飞机在千岛群岛上的苏联机场降落提供便利,而且同意在受降期间美国有权于紧急情况下在千岛群岛一个岛屿上苏联的"机场降落"。

此时,苏军在千岛群岛的战斗全部结束,所以,斯大林在电报中特意提到千岛群岛上"我们的机场",就明白无误地告诉杜鲁门,千岛群岛已经属于苏联了。如果认为斯大林平白无故地答应让美国使用千岛群岛上的某个岛屿,那就错了。斯大林在表示"同意"意见后,也向杜鲁门提出一项要求:"在这个问题上,苏联政府期望美国政府采取互惠行动,给予苏联商用飞机在阿留申群岛之一的一个美国机场降落的权利。"理由很简单,从苏联的西伯利亚经加拿大到美国的航线太长,所以,斯大林希望在千岛群岛和西雅图之间建立一条"取道阿留申群岛的较短的航空线"。不能不承认斯大林更精于算计,这样,斯大林既在千岛群岛问题上满足了美国的要求,同时又陷杜鲁门于两难境地。

苏联用武力收回被日军占领的千岛群岛的"守门之战",大大改善了其在北太平洋地区的战略环境。此后,苏联与后来的俄罗斯一直实际控制着包括"北方四岛"在内的整个千岛群岛。

1946年2月22日,苏联最高苏维埃主席团以主席团的命令将"北方四岛"正式并入苏联版图。1947年至1948年间,"北方四岛"上的1.7万日本居民被遣返回北海道。

战败的日本政府无可奈何,日本民间也只能望岛兴叹。此后,每到2月7日"北方领土日",日本各家电视台都会大量播放要求返还"北方四岛"的各种宣传片,众多民众走上街道集会,要求政府竭尽所能,索还北方领土,国家和政党领导人也会发表相应的慷慨激昂的演讲。60年来,日本政府一直在任命"北方四岛"的市长和警长,尽管这些官员事实上从未上过一天班。他们和日本渔民坚持宣称那里是日本的领土。作为战败国日本尽管不甘心,也只能咬碎牙含血咽进肚中。

台湾回归祖国怀抱

日本1945年8月15日宣布无条件投降,战败的日本政府被迫执行《开罗宣言》及《波茨坦公告》中的规定,决定向中国政府正式移交台湾、澎湖列岛主权。8月26日中国战区受降主官、国民政府陆军总司令何应钦宣布,台湾、澎湖列岛为中国战区第十六受降区,受降地点设在台湾的台北。

与中国战区其他15个受降区的军事接收不同,中国战区的其他受降区是日本在1931年后逐步侵占中国领土后形成的中国沦陷区,而台湾受降区却是1895年日本根据《马关条约》割去中国领土台湾、澎湖列岛后,台湾、澎湖列岛变成了日本的殖民地。日本在对台湾、澎湖列岛实行50年殖民统治期间,建立了日本台湾总督府等较完整的日本政府统治机构。因而在台湾受降区,日本驻军人数相对较多。第二次世界大战期间,日本在台湾实施战时体制,推行"皇民化、工业化、南进基地化"的治台政策,台湾成为日本侵略东南亚国家及中国大陆的重要军事战略基地,日本派遣大批军队进驻台湾,到日本投降时驻台日军包括陆军、海军、空军等各军种部队仍有20万之多。这些日本驻军由于战争期间受中国军队及美军的地面军事打击较少,仅遭受美军的几次空袭打击,各部队编制员额充足,武器装备完备,军需供给充足,军队官兵伤亡很少,整个部队仍有一定的作战能力。此外,在台湾受降区内居住生活着数十万日本侨民,这些侨民有的很早就来到台湾,有的还与当地人成亲。一些台湾人受日本奴化教育影响,以生活日本化为荣,不以亡国为耻。像后来蒋经国选择的接班人李登辉就是这样的人，这些人有的还是政府官员，他们的态度也影响了一些百姓与住民。面对台湾复杂、艰巨的军事接收形势和任务，中国政府和中国军队比内地多花了数月时间，才隆重举行了受降典礼仪式，宣布中国收复台湾主权。台湾受降区受降典礼仪式于10月25日在台北公会堂（今台北中山堂）隆重举行。国民政府任命的台湾省行政长官、台湾省警备总司令陈仪上将为台湾受降区受降主官。

国民政府受降代表陈仪等人是10月24日从重庆启程的，陈仪与美军陆军上校哥德理、海军上校凯尔在上海虹桥机场短暂休息后，午后2时专机起飞，4时许降落在台北松山机场。机场上，国旗、彩旗似潮翻卷。当陈仪步下舷梯时，军乐大作，欢呼声、掌声响成一片。

距离飞机百米外的一角，站着一排神情沮丧的日本人，那是日方投降代表、台湾总督兼第10方面军司令安藤利吉为首的日本军政头目。当看到陈仪面呈胜利者的微笑走来时，一个个低眉垂头，显得十分尴尬。葛敬恩把陈仪介绍给安藤利吉："这位是台湾省接收主官、台湾行政长官兼警备总司令。"安藤利吉立正敬礼："欢迎陈将军。"勉强做出一副笑脸。

1945年10月25日早晨，台北各界人士纷纷涌入公会堂，受降典礼将在这里举行。会场内外人山人海，都想目睹这庄严一刻。8时55分，乐队高奏胜利进行曲，身穿崭新陆军上将服的陈仪缓步走入大厅，他的身后紧跟着台湾警备副总司令陈孔达、司令部参谋长柯远芬、行政长官公署秘书长葛敬恩、第70军军长陈颐鼎、空军第一路军司令张廷孟、海军第二舰队司令李世甲。

日方投降代表安藤利吉等5人则早已奉命到达，在一边站立等候，听从传唤。在中方人员指引下，以安藤利吉为首的日本代表低头鱼贯而入，至受降席前站成一排，向陈仪行礼。陈仪命令他们在投降席坐下。

大钟敲了9下，激动人心的时刻到了。葛敬恩宣布："中国战区台湾省接受日军投降典礼开始。"接着，陈仪起立，以庄重的声调宣读受降书：本官奉命，为台湾受降主官，兹以第一号命令，交与原日本台湾总督兼第10方面军司令安藤利吉。依照此项命令，台湾全境及澎湖列岛应交还中国，所有日本在台湾及澎湖列岛的陆海空军和警察，均应缴出武器，听候处理，希即遵行。

陈仪向日本末任台湾总督兼第10方面军司令、日军投降代表安藤利吉发出第一号命令："本人及本人所指定的部队及行政人员，奉命执行台湾、澎湖地区的日本军队及其辅助部队的投降手续，并接收台湾、澎湖列岛的领土、人民、统治权、军政设施以及资产等。"

安藤利吉点头应诺。台湾警备司令部参谋长柯远芬把受降书与第一号命令交与安藤利吉。安藤利吉躬身接过，扫视一遍后用毛笔签名。日军参谋长谏山春树把签了字的文本呈交陈仪，葛敬恩宣布受降礼成。安藤利吉双手接过陈仪发出的第一号命令受领证后，立即表示："对于本命令及以后之一切命令、规定或指示，本官及所属与所代表之各机关部队之全体官兵，均负有完全执行之责任。"说完，安藤利吉在受领证上签字盖章，然后率日方代表退后。

全场掌声雷动。安藤利吉等再向陈仪行礼，快步出了大厅。

受降典礼总共只有短短5分钟，却结束了日本对台湾长达50年的统治，宝岛重新回到祖国的怀抱。为永久纪念台湾从日寇统治下重归祖国怀抱，10月25日被定为"台湾光复节"。

1945年11月1日，台湾省行政长官公署与台湾省警备司令部联合组成台湾省军事接收委员会，陈仪兼任台湾省军事接收委员会主任委员，接受驻台日军的投降。台湾日军部队以日本第10方面军所属部队为主，另外，驻台日军部队还包括一部分日本空军和海军部队。台湾省军事接收委员会指派陆军第70军执行军事接收任务，该支中国军队从11月15日开始接收日军装备，日军第9师团驻地在新竹。日军第50师团驻地在屏东县潮州镇。日军第71师团驻地在台中、嘉义两地。日军第72师团驻地在善化。日军独立第75旅团驻地在丰原。日军独立第100旅团驻地在高雄。日军独立第103旅团驻地在嘉义。第70军各师从开始接收到接收完毕，持续了近两个月的时间。

驻台日军还包括一部分空军和海军部队，其中空军第8警卫师驻地在台中，中国空军第22地区部队从11月1日开始接收，翌年1月13日接收完毕，历时74天，接收持续时间最长。驻在澎湖列岛的日军守备队系日本驻台湾海军部队，由中国海军接收组组长李世甲率领海军第2舰队陆战队从11月15日开始接收，1946年1月13日接收完毕。到1946年1月中旬，8个军事接收组的工作基本完成。随后，国民政府进行了点验，对于缴械投降的驻台日军分别做出相应安置处理。

台湾省军事接收委员会主任陈仪早年两次到日本学习军事，曾进入日本陆军大学深造，且娶一位日本籍女人为妻，因而陈仪对日本有一定的感情。据此，陈仪要求中国军队在军事接收过程中对日军战俘要实行"勿记旧恨"的宽大原则。日军在投降过程中，极少数顽固不化的日军官兵曾一度策划与中国军队进行武力军事对抗，驻台日军第10方面军司令安藤利吉闻讯后立即予以制止，经过安藤利吉的劝告，部分策划与中国军队进行武力对抗的少数日军官兵放弃了武力对抗的计划。为使驻台日军缴械投降后能配合中国军队的军事接收及随后的遣返，台湾省军事接收委员会拟定出台了《台湾省警备总司令部战俘管理处教育计划大纲》和《台湾省警备总司令部战俘管理处巡回教育团教育实施办法》等文件，启发引导日军战俘正确认识1895年日本政府把不平等的《马关条约》强加于中国，强行占领中国领土台湾和澎湖列岛的侵略性质；启发引导日军战俘正确认识1931年以来日本国内极少数军国主义分子对外穷兵黩武，不断扩大和发动对中国大陆及东南亚国家侵略的法西斯性质；启发引导日军战俘正确认识中国根据《开罗宣言》和《波茨坦公告》等国际法文件规定，依法收回台湾主权的合法性和正当性，收到一定的效果。

经过约6个多月的军事接收，中国军队共接收驻台日军飞机890架，船舶525艘，各种车辆2097辆，各种火炮1315门，枪支13万余支（挺），弹药680多万发，还有一大批军事物资器材。军粮除留足驻台中国军队及日军战俘生活食用外，将多余部分拨借给地方，对抑制当时台湾岛内粮食市场价格上涨过快起了一定作用。日军旧营房一部分作为中国军队营房和军用仓库使用，不适合的营房建筑物予以拍卖。

1945年12月1日军事接收委员会成立战俘管理处，在日军战俘集中地区成立5个战俘管理所，又在担负遣返日军战俘及日本侨民主要运输任务的基隆港和高雄港成立"遣返日军战俘和日本侨民运输司令部"。驻台日军战俘方面成立"日本第10方面军善后联络本部"，安藤利吉任联络官，配合中方联系遣返事务。

被遣返的日军战俘及日本侨民数量很大，需要安排大量的运输船舶和较长的运输时间，为做好日本侨民遣返工作，军事接收委员会又成立"日本侨民管理委员会"负责具体事宜。遣返日军战俘及日本侨民所需运输船舶主要由美军提供。从1945年12月25日至1946年4月26日完成遣返任务，台湾共遣返日军战俘（包括少数韩国战俘）16.56万人，日本侨民29.27万人，总数达45万多人。日本侨民除少数有个人生产业务技术专长、本人愿意留在台湾工作劳动、中国又认为有留下使用必要之外，大多数皆予以遣返回日本。

美军依据《波茨坦公告》第10条规定"对于战争罪人犯，包括虐待吾人俘虏在内，将处以法律之裁判"，对于驻台日军中极少数犯有破坏和平罪、违犯人道罪等罪名的战争罪人犯提起诉讼。经调查核实，在1945年1月美军飞机轰炸台湾的作战中，部分美军飞行员跳伞后被驻台日军俘虏，日军第10方面军司令安藤利吉下令先对美军飞行员实施非人道的虐待，最后则予以杀害。据此，安藤利吉作为犯有违犯人道罪等罪名的战争罪人在缴械投降后被以战犯嫌疑逮捕。1946年1月12日，包括安藤利吉在内的20名驻台日军战犯嫌疑者被押送到上海等候审判。安藤利吉自感其罪行累累，于1946年4月19日在上海提篮桥监狱流泪写下给冈村宁次的遗书后服毒自杀。驻台日军中的其他战犯，经过审判后得到相应惩处。

1945年10月25日，中国政府正式收回宝岛台湾，失败的日本政府及驻台的一些军政人员对此极不甘心。早在日本投降前，驻台湾总督安藤利吉就感到台湾早晚会脱离日本，因此，日本人策划组织成立了一个"台湾自治委员会"，安藤利吉采取的放纵和怂恿的态度为"台独"埋下了种子。

"台湾自治委员会"将日本殖民统治时期在台培养的一些汉奸和暴发户网罗进该组织，并策动他们谋求"台湾独立"。日本宣布投降后，搞"台独"的是一些曾经为虎作伥的汉奸，他们的动机是怕日本投降后，台湾人民会清算他们的罪行，于是帮日本人大叫"台独"的好处。在台的日本浪人也乘机四处散播台湾独立的好处，中国管辖台湾的害处。此后，一些不明智的台湾人也迷上了"台独"活动，形成了一股较大的"台独"势力。同时，日据时代的一些台籍政客由于在国民党政权中备受冷落，也走上了"台独"的道路，成为又一股"台独"势力。几股台独势力合为一股，该力量得到加强。日本宣布投降前，台湾被强行划为日本的一个县（县在日本相当于中国的省），到太平洋战争结束前，驻台日军尚有40万之众，战力未损一兵一卒。且台湾许多青壮年被直接征收，参加日军"圣战"。日本侵略者已心安理得地认为台湾就是自己的。老谋深算的安藤利吉接到投降的命令后暗自盘算，经营半个世纪的台湾可以变成第二个满洲。他授意以牧泽义夫、宫中悟郎为首的少壮派军官，串联台湾名门望族林本源家族后裔文化汉奸林熊祥、林本源家族总管许丙等汉奸发动所谓"台湾独立自治运动"，企图以台湾为日本振兴之基地。

1945年秋，已投降的日本军政人员的"台独"阴谋引起了蒋介石的注意，陈仪去接收台湾前，蒋介石多次叮嘱陈仪，要注意防范"台独"活动，对"台独"组织及"台独"分子要严厉打击。陈仪到台湾后，根据蒋介石的指示，采取果断措施，对"台独"组织及其骨干分子作了严惩。1946年初，"台湾自治委员会"的主要成员许丙、林熊祥等人先后落网。同年7月29日，台湾省军事法庭以"共同阴谋窃据国土罪"将这些人处以重刑，"台湾自治委员会"随后土崩瓦解。这是国民政府接收台湾后，打击的第一个"台独"组织。

此后，"台独"活动死而不僵，在美国的一些"民主人士"支持下，死灰复燃，势力逐渐抬头。几年后从大陆败逃到台湾的蒋介石认识到，"台独"活动后面一直有日本人的影子，必须采取坚决手段对"台独"分子进行打击。1951年，廖文毅在日本东京正式成立了所谓"台湾民主独立党"，公开树起"台独"旗帜，开始了分裂中国的阴谋活动。1952年，蒋日签订"和平条约"，1954年12月美蒋间签订了"共同防卫条约"，在此期间，美国军队进驻台湾，军舰游弋台湾海峡。美国总统杜鲁门违背《开罗宣言》，炮制出所谓"台湾法律地位未定论"，为"台湾独立"制造依据。尾随美帝国主义的"台独"分子廖文毅等人认为"台湾独立时机即将成熟"，乃于1955年宣布组成"台湾临时国民会议"，草拟了"台湾共和国临时政府"组织条例，随后宣布成立"政府"。廖文毅出任"总统"。发行"临时政府"机关报《台湾民报》，公开鼓吹台湾脱离中国，依附日本，从此"台独"活动越演越烈。尽管在蒋介石的打压下，廖文毅等人的"台独"梦破灭。但"台独"一直阴魂不散，纠缠至今。

日本解除武装

1945年8月15日，日本宣布无条件投降后，美国政府没有和其他盟国进行任何协商，准备自行任命代表盟国占领日本的最高统帅。苏联获悉该消息后，提出要求参加对日本的占领和管制，并向美国大使建议，在占领日本时，最高统帅可以包括2个人，由苏、美将领华西列夫斯基和麦克阿瑟担任，但遭到美方的拒绝。美方坚持驻日盟军最高统帅由麦克阿瑟单独担任。1945年8月13日，美国把发给日本政府的"总司令第一号"命令通知各盟国。其中规定，"日本、菲律宾以及朝鲜北纬38度以南，由美国太平洋陆军部队最高统帅麦克阿瑟受降"。斯大林经过考虑后，默认了美方的要求。

1945年8月28日，首批美国海军陆战队在横须贺登陆，接着15万美军占领了日本全境，开始以盟国占领军的名义占领日本各地。从8月30日到9月6日，麦克阿瑟所率领的美军共46万人陆续进驻日本，控制了各大都市和战略要点。由于苏联拒绝派遣军队接受麦克阿瑟指挥，中国国民党政府忙于打内战，根本顾不上派出占领部队，只有新西兰和澳大利亚派出少量部队参加了占领军。9月7日，成立了"盟军最高统帅总司令部"，以美方为主体，除了设有参谋部外，还下设民政、民间情报、经济科学、天然资源等9个局，全面控制了日本的内政。1945年9月22日，美国提出了《占领初期美国对日政策》，明确美国占领日本的最终目标是：（1）确保日本不再成为世界安全与和平的威胁。（2）最终建立一个和平与负责的政府，该政府应尊重其他国的权利，并应支持《联合国宪章》的理想与原则中所显示的美国目标。这表明维护美国的利益成了美国对日政策的最高标准。

1945年9月2日，麦克阿瑟在受降的当天，发布第一号命令，宣布解散日本的陆军、海军和空军，解除所有日本军队武装并复员；强行规定军工厂停产，废弃有战斗力的军备。

1945年10月，美军指挥部对日本各战略要点实行了全面控制。整个国土被分成2个占领区：九州、四国和本州南半部划为美军第6集团军的占领区；本州北半部和北海道由美军第8集团军占领。10月2日，根据麦克阿瑟指示在东京成立了最高司令部，最高司令部除了建立纯军事部门（侦察处，作战处）外，还设立了管辖日本生活各领域的10个处，如经济科学处、外交处、自然资源处等。至10月15日，通过日本政府解除了336万军队的武装。

为了更有效地控制日本，麦克阿瑟接受了日本政府的请求，取消了军事管制，并通过日本天皇、政府对日进行间接统治，从而取得完全控制日本的主动权，以便把它限制在自己利益的范围内。

1945年12月，莫斯科3国外长会议决定在华盛顿设立由苏、英、美、中、法、荷、加、澳、新、印、菲11国（后缅甸和巴基斯坦加入）代表组成的远东委员会，作为制定占领政策的最高决策机构。在东京设立由美、苏、中、英4国代表组成的盟国管制日本委员会。会议商定，前者的决定必须通过美国政府向盟军总司令部发布指令，后者是盟军总司令的咨询机关，不能限制美国对日本的单独统治。新成立的11国代表组成的"远东委员会"虽然是在盟军最高统帅之上的决策机构，但实际上一切事务都由"盟军最高统帅总司令部"和麦克阿瑟来定。所谓盟国对日本的共同占领，只不过是形式而已，实际上是美国单独占领和管制。

美国占领日本后，对日政策的主要目的是彻底消除日本成为美国威胁。同时，也由于亚洲各国人民和日本人民要求铲除军国主义、实现民主主义的强烈愿望，美国解散了日本的军队及军事机构，对日本政府亦接连发出解散财阀、农地改革、制定日本国宪法等非军事化、民主化指令，以瓦解军国主义体制。

作为日本占领军的最高统帅，五星上将麦克阿瑟在部署安排审判战犯的工作同时，开始清洗军国主义分子。1946年1月4日，盟军总部向日本政府提交了一份清洗计划，列举了要求罢免和清除的七类人：第一类为战犯；第二类为职业军人和陆海军部的文官；第三类为极端民族主义、暴力主义和秘密爱国团体的主要成员；第四类为参与大政翼赞会、翼赞政治会和大日本政治会活动的主要分子；第五类为同日本扩张有关的金融机构和开发机构成员；第六类为占领地行政长官；第七类为其他军国主义者和极端民族主义者。上述人员均被要求免除公职，剥夺其竞选议员的资格，以排除其对政治的影响。此项计划清洗的范围之大、人员之广、影响之深，使日本人感到震惊。别的不说，单是日本战后币原首相领导的内阁成员就有5人属于被清洗之列。币原首相企图以总辞职来抵制这一计划，但被顶了回去，只得以改组内阁度过危机，弄得许多与此有关的日本人提心吊胆。至1948年3月清洗工作完成时，总共约有20万人被开除公职（其中包括1800名财阀家族成员），约1300个政治或半政治性的极端民族主义团体被解散。

受清退政策影响，被清退的20万人虽然没有进监狱，但丢了饭碗，因此引起普遍不满。他们中间大多数是有文化有能力有才干的人。麦克阿瑟后来回忆写道：我也以为这种做法未必明智，因为这往往会失去许多有才干的从政人员，而他们在组织一个新日本的过程中是很难被取代的。

但不管怎么说，这种清洗在当时是必要的，它毕竟净化了日本政界，使许多没有政治污点的新人上台执政，对推动改革起了重要作用。

1945年10月，当时的日本首相币原喜重郎专门指定了一个委员会负责修改宪法工作。这个委员会由著名政界领袖组成，主席是内阁成员松本静治博士。就在委员会开始运转的同时，各种对宪法的修改意见就以社论、信件乃至对委员会成员访问的形式提出来。修宪成了人们在街谈巷议中、报纸上甚至家庭中辩论的焦点。当时币原内阁组织了一个以国务大臣松本烝治为首的宪法问题调查委员会，经过三个月的酝酿，松本向内阁会议提交了一份宪法修改草案。但该草案基本承袭了原来的帝国宪法，仍维护天皇的统治大权，只不过把天皇神圣不可侵犯改为天皇至尊不可侵犯。在草案正式提交盟军总部前，《每日新闻》于2月1日抢先披露了草案内容。对这一极为保守的草案，麦克阿瑟当然是不能接受的。在惠特尼的鼓动下，他决定采取冲击疗法，于2月3日下令由惠特尼领导的民政局亲自拟定修改方案，并提出修改三原则：1.天皇处于国家元首地位，皇位世袭；天皇依据宪法所行使的职能要体现国民的基本意志。2.日本要废止运用国家权力发动战争，放弃以战争作为解决争端的手段；日本不拥有军队和交战权。3.废除日本的封建制度；贵族的权利只限于尚在的一代。

在美国等国法律学者的指导下，新宪法草案终于制定出来。当麦克阿瑟的助手阿尔蒙德将军把它交到日本继任首相吉田茂手中时，脸色阴沉的吉田茂只说了一句话："这无异于对日本的一次革命！"

1946年4月10日，即在麦克阿瑟主持下的日本新宪法草案出笼后不久，日本根据新的选举法举行了战后第一次国会选举。在这次选举中，1300多万妇女首次获得了选举权，在1300多万张选票上写上了她们所要选的人。由于妇女参政及一张选票可以连记几个候选人，其选举结果在日本政界引起极大变动。在新选出的466名议员中，没有一个政党在国会中占有半数以上的席位，其中自由党141席，进步党94席，社会党93席，协同党14席，共产党5席，其他党派38席，无党派81席。新议员的成分也有了巨大变化，老牌职业政治家只有6人进入议会，其他议员来自各个阶层。妇女破天荒地有39人当选为议员。在宣布选举结果的第二天，一位立法界人士来见麦克阿瑟，非常不安而苦恼地对他说：我遗憾地告诉您，有一件可怕的事情发生了。麦克阿瑟一惊，忙问是什么事。那个人回答说：有一个妓女被选进了众议院。麦克阿瑟又问：她得了多少票？那个人叹口气说：25.6万张。麦克阿瑟一本正经地对他说：那么我应当说，这恐怕不会是全靠她那暧昧的职业得来的吧。过后，他给全体当选议员包括那位妓女在内发了贺信。麦克阿瑟极力把美国模式的民主向日本推广，战后的日本由此逐渐融汇了西方文明的东西。麦克阿瑟虽然是个军人，他却极力把自己塑造成为一个能文能武的总督形象。由他主导为日本制定的这部符合近代西方君主国家模式的新宪法，被称为"和平宪法"。

1946年2月8日，宪法修改草案公布。随后，宪法草案被分发到日本各地进行讨论。人们认真地辩论，并提出修改意见。政府在报纸和电台里安排了大规模的教育性节目，解释所有的要点，并解答问题。

1946年11月3日，新宪法正式颁布，并于六个月后的第二年（1947年）5月3

日起施行。新宪法的颁布保障了日本向现代资产阶级民主制度的平稳过渡，对战后日本的复兴起了重大作用。它除了在日本的国体、政体及放弃战争与武装力量等方面做出重要规定外，其改革精神几乎触及日本社会的方方面面。其中包括建立地方议会、地方自治政府和地方管理机构，实行地方自治制度，从而改变了过去那种中央集权的领导体制，改变了过去那种带有浓厚军事封建色彩的官吏制度。

日本新宪法共11章103条，其中第2章第9条规定：日本放弃以战争作为解决国际争端的手段。这一条款被形象地称为"和平条款"。

"和平宪法"贯穿了去军事化的思想，作为军事强国的日本从此消失。

同时，美国对日本执行"战争赔偿计划"和偿还被占领领土。中国出于各种原因没有向日本索取战争赔款。领土问题在盟军的干预下也未能划清，如钓鱼岛等问题，为日后的冲突埋下了祸根。

1950年朝鲜战争爆发后，美国基于其自身需要，指令日本重新发展军事力量。同年，日本组建"警察预备队"，后改称保安队，1952年成立"海上警备队"，1954年新建航空自卫队，7月颁布《防卫厅设置法》和《自卫队法》，将保安队、海上警备队分别改称为陆上自卫队和海上自卫队，将陆、海、空三军正式定名为自卫队，并成立了防卫厅和参谋长联席会议，健全了统帅指挥机构。

近些年来，日本一小撮军国主义余孽，蠢蠢欲动，极力图谋修宪。修宪是这些人的第一步，他们还计划有第二步、第三步……已经引起了日本本国人民和周边国家人民的警惕和反对。日本政府对战争态度暧昧，右翼势力日本态度强硬，军国主义大有复活的趋势。

日本战败，中国等被法西斯侵略的国家相继解放和胜利，世界格局和亚洲格局较前发生了深刻的变化。战前的6个帝国主义强国中，德国、意大利和日本3个发动侵略战争的法西斯国家被彻底打败；英国、法国力量受到严重削弱；美国则在战争中发了横财，国民生产总值比战前增加一倍以上，军事力量跃居资本主义各国的首位。美国的军事势力扩展到亚太、南亚，妄图建立在世界上的统治地位。

与此同时，世界民主进步势力有了很大发展。社会主义国家苏联进一步得到巩固，成为世界政治舞台上与美国抗衡的主要力量。亚洲的部分国家开始建立人民民主制度。亚洲、非洲和拉丁美洲各殖民地人民争取独立和解放的斗争风起云涌。

战后美国扩张战略的重点虽然在欧洲，但从其整个战略利益考虑，也把中国划入了他的势力范围。为了控制中国，美国政府积极支持国民党政府。抗日战争胜利后，担任远东盟军统帅的麦克阿瑟严令侵华日军只能向国民党军投降，指令侵华日军继续维持其占领区的"法律"和"秩序"，以待国民党接收。美国还提供大批飞机、军舰将远在中国西南等大后方的国民党军运至南京、上海、北平、天津和秦皇岛等地，并直接派海军陆战队进驻塘沽、天津、上海和青岛等地，帮助国民党军抢占和控制战略要地，采取"扶蒋灭共"政策。

在对待中国革命的问题上，苏联领导人一方面不希望中国完全成为美国的附庸，尤其不愿意美国势力渗入中国东北地区，因此对中国共产党及其领导下的人民革命力量给予了一定的支持；另一方面，又过高地估计了美国支持下的国民党的力量，过低估计了中国人民的革命力量，使中国共产党在确定自己的革命策略时面临着复杂的情况。中国共产党人和进步力量，只有根据自己的国情去制定方针和策略。所幸，最终找到了一条正确的道路，开始了富国强兵的征途。

参考文献

中共中央党史研究室：《中国共产党历史》，中央党史出版社2010年12月版。

《中国人民解放军军史》编写组编：《中国人民解放军军史》，军事科学出版社2010年6月版。

军事科学院军事历史研究所编：《中国人民解放军的八十年》，军事科学出版社2007年12月版。

军事科学院军事图书馆编：《中国人民解放军组织沿革和各级领导成员名录》，军事科学出版社1990年9月版。

肖思科：《山坳圣地》，解放军文艺出版社1995年7月版。

马正建：《湘水潇潇》，解放军文艺出版社1995年7月版。

杨景民：《陪都风云》，解放军文艺出版社1995年7月版。

柳建伟：《红太阳白太阳》，解放军文艺出版社1995年7月版。

魏碧海：《铁流东进》，解放军文艺出版社1995年7月版。

冯捷：《晋绥鏖兵》，解放军文艺出版社1995年7月版。

傅建文：《太行雄狮》，解放军文艺出版社1995年7月版。

常敬竹、董保存：《江淮出师》，解放军文艺出版社1995年7月版。

顾保孜：《铁血N4A》，解放军文艺出版社1995年7月版。

雷铎：《南粤之剑》，解放军文艺出版社1995年7月版。

李金明：《晋察冀军民抗战纪实》，解放军文艺出版社1995年7月版。

粟裕：《粟裕战争回忆录》，知识产权出版社2004年5月版。

杨成武：《杨成武回忆录》，解放军出版社2005年4月版。

徐焰：《最后的秋日》，解放军文艺出版社2004年5月版。

尹家民：《谁为中国声辩》，解放军文艺出版社2004年5月版。

雷铎、曹柯、谢岳雄：《粤海军民征战纪实》，解放军文艺出版社1995年7月版。

李金明：《百战将星——孟庆山》，解放军文艺出版社出版2004年7月版。

《当代中国丛书》编辑部编：《刘伯承传》，当代中国出版社1992年1月版。

《当代中国丛书》编辑部编：《聂荣臻传》，当代中国出版社1992年1月版。

《当代中国丛书》编辑部编：《徐向前传》，当代中国出版社2007年6月版。

《当代中国丛书》编辑部编：《罗荣桓传》，当代中国出版社2006年2月版。

《当代中国丛书》编辑部编：《叶剑英传》，当代中国出版社1992年6月版。

《当代中国丛书》编辑部编：《陈毅传》，当代中国出版社1991年12月版。

《当代中国丛书》编辑部编：《贺龙传》，当代中国出版社1993年6月版。

李金明主编：《抗日先锋队》，河北少儿出版社1997年8月版。

河北军区政治部编：《神兵》，河北人民出版社1980年4月版。

河北军区政治部编：《河北革命回忆录》第四集，河北人民出版社1979年8月版。

俞天任：《有一类战犯叫参谋》。语文出版社2009年1月版。

冈村宁次：《冈村宁次回忆录》，中华书局1981年6月版。

郑洞国：《郑洞国回忆录》，东方出版社2012年11月版。

俞天任：《军国的幕僚》，中国友谊出版公司2007年7月版。

崔永元：《我的抗战》，中国友谊出版公司2010年1月版。

萨苏：《国破山河在》，山东画报出版社2007年8月版。

关河五十州：《一寸山河一寸血》，武汉出版社2011年8月版。

王晓华、戚厚杰：《抗战正面战场档案全纪录》，团结出版社2011年8月版。

陈钦：《我的河山》，中信出版社2013年6月版。

汪宇燕、何明编著：《苏联出兵东北始末》，人民出版社2005年7月版。

张光迪回忆，李金明撰写：《彼得洛夫传奇》，《党史博览》1995年第4期。

后 记

2014年的9月，接到人民日报出版社万方正编辑的电话，问能否在抗日战争胜利暨第二次世界大战胜利70周年之际，提供一部反映1945年中国战场的书稿。我们研究军史多年，已经掌握了很多史料，波澜壮阔的抗日战争胜利已经过了这么多年，从各个角度介绍抗战题材的作品数不胜数。特别是经过历史沉淀，能拿出一部有分量地反映抗日战争的纪实作品，其实也不是一件容易的事。

1945年是第二次世界大战结束、法西斯覆灭的一年，也是日本帝国主义侵华战争彻底失败的一年。这一年是中国人民从黑暗到黎明并最终取得胜利的一年，是历经多年欺凌屈辱，终于雪耻扬眉载入史册的一年。仅把结果展现给读者吗？这肯定是不够的。中国战场是世界战场的一部分，不说中国与日本打仗，仅是与美国、苏联及其他盟军的瓜葛，就够复杂的了。

事情发展一般都有起因、过程和结果，有的还需要说明之后对其他方面的影响。不介绍起因，不介绍过程，不介绍影响至后来的重大历史事件，就很难介绍清楚历史事件的因果，特别是中国抗战这样重大的历史事件。

作者从事的工作，就是研究军事历史。"以史鉴今，可以知兴衰"，通过研究历史与战争，以求有利于人民军队的发展，达到最终胜利的结果。另一位年轻作者，也在部队工作，从事与信息有关的工作，对未来的战争很有兴趣，读过很多史书，也有很好的见解。这部书稿初稿有近50万字，这样的篇幅，对于一本书，有些长了。于是，删减、补充、修改，辛苦自不必说，最终能否让读者满意，我们心里其实没谱，如果有充裕时间，相信我们会改得更好些。也希望有识之士看过这本书后，给我们提出意见，以便再版时，书的质量得到提高。

对于后人，应该知道那场并不遥远的战争是怎样发生的，战争过程有怎样的曲折经历。因为战争的发生、发展，一定有脉络可寻。只不过随着时间的推移，有的看得更清楚，有的却更模糊，甚至有一叶障目不见泰山的的情形。这就需要全面地看，用历史的眼光来看。

有关中国抗日战争的史料，大部分已经超过包括中国在内的各参战国的保密期限，很多材料已被研究者不断解密，这为全面介绍这一场战争提供了新的可能和便利。旧的资料，新的解读，成了这本书的一个看点。

写纪实类的作品，有一条基本常识，就是一部作品要有不少于10倍以上的信息量。本书的作者，曾经进行多年的采访，接触了大量老八路和汉奸，也接触过日本老兵，积累了大量的第一手资料，本书写作时根据需要作为参考。此外，参考的各类书籍达五十多部，其他媒体如报纸、刊物、网络的信息也参考了一些。这样，就避免了片面性和局限性，力争使阐述的历史和人物真实可靠，不负前人，不误后人。

作者认为，这本书除了供想了解那段历史的一般读者阅读外，也适宜于懂军事的政治家和有政治家头脑的军事指挥员阅读。当年日本帝国主义失败的原因很多，日本的陆海军高级军官在战后秘密集会，研讨反思日本战败的原因。其中一条就是日本的政治问题常常用军事手段解决，军事问题则用政治手段解决。可以说是大谬之极，不仅涂炭了中国和东南亚各国，也贻害了日本自己。"帝国"一词，在中国今天的语句中，无疑是有很强贬义色彩的词汇。我们常称的日本，其自称为"大日本帝国"，可见一孔之见多么害人。

前事不忘，后事之师。善良的人们，不论是亚洲的还是欧洲的，要懂得借鉴历史，警惕造成人类灾难的战争重新降临。特别要警惕那些有可能成为战争制造者的狂人。天道昭昭，邪总是不能压正的。正义一定会胜利。